AF155565

Edouard Laboulaye

Paris in Amerika

Nach der 19.Auflage des französischen Originals

Edouard Laboulaye

Paris in Amerika
Nach der 19.Auflage des französischen Originals

ISBN/EAN: 9783744634267

Hergestellt in Europa, USA, Kanada, Australien, Japan

Cover: Foto ©Andreas Hilbeck / pixelio.de

Weitere Bücher finden Sie auf **www.hansebooks.com**

PARIS IN AMERIKA

VON·

DOCTOR RENÉ LEFEBURE

aus Paris,

Mitglied der Gesellschaft der französischen Steuerzahler
und der Verwalteten von Paris
etc. etc.

AEGRI SOMNIA.

Nach der 19. Auflage des französischen Originals

übersetzt

von

Dr. Hermann Pemsel.

Zweite Auflage.

Mit einem Vorwort von Eduard Laboulaye.

ERLANGEN, 1868.

VERLAG VON EDUARD BESOLD.

Inhalt.

Monsieur,

Je suis charmé d'apprendre que le public alle-
mand a fait un si bon accueil à *Paris en Amérique* que
vous allez en publier une seconde édition. Je crois
que le traducteur peut réclamer justement une part
de ce succès, car sa traduction m'a paru non seule-
ment fidèle, mais très-agréable à lire; j'espère aussi
que ce qui a valu une si favorable reception à mon
roman, ce sont les idées qu'il défend.

Se gouverner soi-même, faire soi-même ses propres
affaires, vivre et se développer en pleine liberté, c'est
aujourd'hui le voeu de tous les peuples civilisés. Tra-
vail, paix et liberté, voilà un idéal qui n'est pas seule-
ment celui des Américains.

Puissent l'Allemagne et la France parcourir, la
main dans la main, cette noble et pacifique carrière;

c'est le désir le plus ardent d'un homme qui a tou-
jours cru que, si le Rhin coulait entre les Allemands
et les Français, c'était pour les réunir et non pas pour
les diviser.

Recevez, Monsieur, avec tous mes remerciements,
l'assurance de ma parfaite considération.

Edouard Laboulaye.

Glatigny-Versailles, le 3 juin 1868.

An den Leser.

Lieber Leser, dieses kleine Buch, das ich dir hier übergebe, ist zu deinem und meinem Vergnügen geschrieben. Ich widme es weder dem Glück noch dem Ruhm; denn das Glück ist eine Dirne, die seit sechstausend Jahren den jungen Leuten nachläuft; der Ruhm ist eine Marketenderin, der es nur unter Soldaten wohl ist. Ich bin alt und friedfertig; meine einzige Lust ist es, die Wahrheit nach meiner Manier zu suchen und auf meine Weise zu sagen. Besitze ich nicht die volle ernsthafte Würde eines Ochsen, einer Gans, eines . . . . (ergänze nach deinem Belieben), so verzeihe mir; die ersten Aufzüge des Lebens bringen uns genug zum Weinen, so dass man wohl noch lachen darf, ehe der Vorhang fällt. Wenn man seine Jugendillusionen verloren hat, nimmt man es weder mit der Komödie noch mit den Komödianten ernsthaft.

Ergözt dich dieses kleine Buch, so ist's gut; ärgert es dich, so ist's besser; wirfst du es fort, so hast du Unrecht; begreifst du es, so bist du um so viel klüger als Machiavell. Lass es zum Brevier deiner verlorenen Stunden werden, es wird dich nicht gereuen. *Non est hic piscis omnium.* Die Widersprüche von gestern sind Wahrheiten für morgen. Auf gutes Verständniss!

Eines Tages erkennst du vielleicht beim Schein meiner Laterne die volle Hässlichkeit der Götzenbilder, die du heute noch anbetest; vielleicht gewahrst du auch durch die weichenden Schatten hindurch in ihrem himmlischen Lächeln die Freiheit, die Tochter des Evangeliums, die Schwester der Gerechtigkeit und Barmherzigkeit, die Mutter der Gleichheit, des Wohlstandes und des Friedens. Dann, lieber Leser, lasse die Flamme, die ich dir anvertraue, nicht erlöschen; erleuchte, erleuchte jene Jugend, die uns jezt schon, den Weg zur Zukunft erfragend, vorwärts treibt und drängt. Mag sie thörichter werden als ihre Väter, aber auf andere Weise; das wünsche und hoffe ich.

Darauf bitte ich Gott, er möge dich vor Unwissenden und vor Dummköpfen bewahren. Vor Schlechten, das ist deine Sache; das Leben ist ein Handgemenge: du bist als Soldat geboren, wehre dich; oder besser noch, lerne bei den Amerikanern auf's neue den alten französischen Wahlspruch: *Vorwärts! immer und überall vorwärts!*

Lebewohl, mein Freund.

René Lefebure.

New-Liberty (Virginien), den 4. Juli 1862.

Erstes Kapitel.

Ein amerikanischer Geisterseher.

„Mr. Jónathan Dream, Geisterseher und transcendentales Medium aus Salem in Massachusetts, ersucht Sie, der psychologischen und medianimischen Abendunterhaltung beizuwohnen, welche er Dienstag den 1. April in seiner Wohnung, Mondstrasse Nr. 22, veranstaltet.

„Somnambulismus, Verzückung, Vision, Prävision, Prophezeiung, Doppelsehen, Hellsehen, Ahnung, Erforschung und Verrückung der Gedanken, Geisterbeschwörung, Conversation, Verse und Schrift von Geistern, Gedanken aus dem Jenseits, entschleierte Geheimnisse des künftigen Lebens u. s. w. u. s. w.

„Der Saal wird Punkt 8 Uhr geschlossen."

— Bei Gott, dachte ich beim Lesen dieses Briefs, es wird mich freuen, mit einem amerikanischen Medium Bekanntschaft zu machen, mit einem Collegen in positiver und experimenteller Pneumatologie; denn auch ich bin Geisterseher! Ist man gleich nur ein einfacher Bürger von Paris, so hat man doch schon Cäsar, Napoleon, Voltaire, Frau von Pompadour, Ninon, Robespierre und andere Gestalten aus dem Grabe beschworen; und ich darf es sagen, was es auch meiner

1

Bescheidenheit kosten mag, diese erlauchten Persön-
lichkeiten haben mich niemals durch ihren Geist in
Verlegenheit gesetzt; sie haben mir alle Antworten gegeben, wie wenn ich sie ihnen eingeblasen hätte. Sehen wir doch, ob Mr. Jonathan Dream mit seinen trans-
atlantischen Ansprüchen mehr Geist oder mehr Geister
hat als sein ergebenster Diener Daniel Lefebure, Doctor
der Medicin und in der Geisterseherei Schüler der Herren Hornung aus Berlin, von Reichenbach und Baron
von Guldenstubbe.

In einem hübschen Zimmer, im Hintergrunde eines
hermetisch verschlossenen, aber von Lichtern strahlen-
den Salons (was für unsere Geisterzusammenkünfte etwas ungewöhnlich ist) traf ich Mr. Jonathan Dream vor
einem runden Tisch sitzend. Er hatte die nachdenkli-
che Stellung und das begeisterte Gesicht einer Sibylle.
Vor ihm sassen in vollster Sammlung ein halbes Dutzend
Anhänger, nervöse Leute, unverstandene Frauen, alte
Jungfern, ältliche Wittwen; es ist immer wieder das
nämliche Publikum. Jeder schrieb den Namen der
Todten, die er zu befragen wünschte, auf ein Papier;
ich that wie die Andern.

Die Namen wurden in einem Hut gemischt und der
erste, den man herauszog, war der Joseph de Maistre's.
Jonathan sammelte sich einen Augenblick, legte die
Hand an's Ohr, um die Stimme, die ganz leise zu ihm
sprach, besser zu vernehmen und schrieb dann rasch,
was folgt:

„Es gibt keine unfruchtbare Erkenntniss; alle Erkenntniss
gleicht der, von welcher die Bibel spricht: Adam erkannte
Eva und sie gebar.“

„Ohne Credo kein Credit.“

— Ah, ah, dachte ich, diese Paradoxen haben

kein schlechtes Aussehen, sie tragen ganz den Typus
ihres Erzeugers; nur scheint es mir, dass ich sie schon
irgend wo anders gesehen habe, wenn ich nicht irre,
bei Baader. Uebrigens gibt es vielleicht jenseits kein
literarisches Eigenthum und es ist möglich, dass man
sich zu seiner Unterhaltung mit gegenseitigem Ideen-
diebstahl beschäftigt.

Als zweiter kam Hippokrates. Er hatte die Gefälligkeit, französisch zu sprechen. Sein Dolmetsch
schrieb folgendes:

> „Der Mensch, welcher am meisten denkt, ist der, welcher
> am schlechtesten verdaut. Unter übrigens gleichen Verhältnis-
> sen wird der, welcher am wenigsten denkt, am besten ver-
> dauen."

— Ach! seufzte eine kleine Frau, deren mageres
Gesicht unter einer Fülle grauer Locken verschwand,
das ist die Antwort eines Arztes, eine brutale Antwort,
die Antwort eines Mannes an Männer. Nicht der Gedanke ist es, der das Herz unterwühlt, es ist . . . .
Und sie seufzte auf's Neue.

Man rief Nostradamus; man fragte ihn um seine
Meinung über die Zukunft Polens, Frankreichs und
Italiens. Hier folgt wörtlich die Antwort des grossen
Wahrsagers, der als ein erhabenes Genie immer An-
dern die Sorge überlässt, seine Aussprüche zu ver-
stehen:

> En France, Italie et Pologne,
> Beaucoup d'esprit, peu de vergogne,
> En Pologne, France, Italie,
> On est sage après la folie.
> En Italie, Pologne et France,
> Moins de bonheur que d'espérance.

Wir mussten uns mit diesem Orakel begnügen,

das zu tief war, um deutlich zu sein. Nach dem provençalischen Zauberer kam Kosciusko an die Reihe. Der polnische Washington war an diesem Abend schlechter Laune; er gab nur die lateinische Devise von sich: *In servitute dolor*, *in libertate labor*; in der Knechtschaft Schmerz, in der Freiheit Plage. Dreimal wurde er gefragt und dreimal schleuderte er uns dieselbe mürrische Antwort wie einen uns unfühlbaren Vorwurf in's Gesicht.

Der letzte Zettel verlangte, man solle Don Quixote, Tom Jones, Robinson oder Werther befragen, was die ganze Versammlung zum Lachen brachte, obgleich man wahrhaftig wenig in der Stimmung dazu war. Der Urheber dieser Unverschämtheit, ich muss es zu meiner Schande gestehen, war ich. Todte und Lebende langweilen mich seit so langer Zeit, dass ich erfreut gewesen wäre, zu erfahren, was in dem Kopfe von Leuten vorgeht, die niemals existirt haben.

Jonathan Dream warf den unbequemen Zettel in den Papierkorb, erklärte die Sitzung für geschlossen und geleitete uns mit vielen Verbeugungen zur Thür. Im Augenblick, wo ich hinausgehen wollte, legte er mir die Hand auf die Schulter und bat mich zu bleiben.

— Collega, sagte er zu mir, als wir allein waren, indem er auf eine eigenthümliche Weise lächelte; Sie haben an mich eine Frage gerichtet, welche diese Laien für indiscret halten; sind Sie vielleicht derselben Meinung? Blinder, dann haben sie niemals die Geheimnisse der ewigen Wahrheit ergründet! Sie bilden sich ein, dass Don Quixote und Sancho, Robinson und Freitag, Werther und Lotte, Tom Jones und Sophie niemals gelebt haben? Wie! kann doch der Mensch kein Atom in der Materie erschaffen und Sie bilden sich ein, dass er ganze unvergängliche Geister aus nichts fertig erzeugen kann! Glauben Sie nicht etwa an Don Quixote mehr, als · an Artaxerxes und alle persischen Könige? Steht nicht Robinson lebendiger vor Ihren Augen als Drake und Maghellan?

. — Wie, der geniale Don Quixote hätte gelebt? Und ich könnte mich mit dem weisen Gouverneur der Insel Barataria unterhalten?

— Ohne Zweifel. Begreifen Sie doch, was ein Dichter ist; er ist ein Seher, ein Prophet, der sich in eine unsichtbare Welt erhebt. Dort wählt er unter den Millionen Wesen, die über diese Erde dahingegangen sind und deren Gedächtniss hienieden verloren ist, diejenigen aus, deren Andenken er bei den Menschen wieder aufleben lassen will. Er ruft sie herbei, er spricht zu ihnen, er hört sie, er schreibt nieder, was sie sagen. Und was dann die einfältige Menschheit für eine Erfindung des Künstlers hält, ist nur das Bekenntniss eines unbekannten Todten; aber wie können Sie, als wirklicher oder angeblicher Geisterseher, darin eine übernatürliche Stimme verkennen? Wie können Sie sich täuschen lassen gleich der Menge? Sind Sie nicht weiter vorgedrungen auf den Wegen der Geisterbeschwörung?

Indem er so sprach, warf Jonathan Dream den Kopf zurück, erhob seine Arme, schloss und öffnete seine Hände und ging auf mich los, wie wenn er mich in den Wogen seines Fluidums ertränken wollte.

— Collega, sagte ich zu ihm, Sie sind, wie ich sehe, zwar Geisterseher, aber doch ein Mann von Geist; ich bezweifle gar nicht, dass Sie im Stande wären, uns eine kleine Rede à la Don Quixote zu schreiben, oder einige Sätze zu improvisiren, die 'eines Sancho wurdig wären. Aber wir sind beide allein und wir sind beide Auguren. Wir haben das Recht zu lachen, wenn wir uns begegnen. Lassen wir es dabei bewenden; ich wünsche Ihnen glücklichen Erfolg. In Frankreich ist das nicht schwierig; denn das Volk, welches sich für das geistreichste der Erde hält, ist natürlich am leichtesten an der Nase zu führen. Wenden Sie sich nur an die Pariserinnen.

— Halt, schrie der Magier mit wüthender Stimme. Hätte ich mich getäuscht? wären Sie ein Schwindler? oder halten Sie mich für einen Charlatan, für einen Betrüger, für einen Gaukler? Erfahren Sie, dass Jonathan Dream niemals ein unwahres Wort gesprochen hat. Ah! Sie zweifeln an meiner Macht, lieber Mann? Welche Probe verlangen Sie? Soll ich Ihnen alle Ihre Gedanken nehmen? Das würde nicht besonders schwer sein. Soll ich Sie einschläfern, Sie durch die Kälte, die Hitze, den Wind, den Regen führen? Soll ich....?

-- Nur keinen Magnetismus, erwiderte ich. Ich weiss, dass hier ein natürliches Phänomen vorliegt, das bis jetzt noch nicht genau erforscht ist und mit dem Sie Missbrauch treiben. Wenn Sie mich überzeugen wollen, dürfen Sie mich nicht einschläfern. Wir sind in keiner Akademiesitzung.

— Gut, sagte er, indem er seine blitzenden Augen auf mich richtete; was würden Sie dazu sagen, wenn ich Sie nach Amerika versetzte?

— Mich? ich müsste es sehen, um es zu glauben.

-- Ja, Sie, schrie er, und nicht allein Sie, sondern auch Ihre Frau, Ihre Kinder, Ihre Nachbarn, Ihr Haus, Ihre Strasse, und wenn Sie ein Wort sagen, ganz Paris. Ja, fügte er in fieberhafter Erregung hinzu, ja, wenn ich will, wird morgen früh ganz Paris in Massachusetts sein; nur eine unbewohnte Ebene wird an den Gestaden der Seine zurückbleiben.

— Mein lieber Hexenmeister, Sie müssten Ihr Geheimniss dem Herrn Seinepräfecten verkaufen; es hätte uns vielleicht einige Millionen erspart. In Abwesenheit der Pariser hätte man ihnen ein anderes Paris gebaut, nagelneu, rechtwinklig und einförmig wie New-York; ein Paris ohne Vergangenheit, ohne Denkmäler, ohne Erinnerungen; alle unsere Architekten und unsere Verwaltungsmänner wären vor Freude ausser sich gewesen.

— Sie versuchen zu scherzen, sagte Jonathan, Sie haben Furcht. . . . Ich wiederhole es Ihnen: wenn ich will, wird Paris morgen in Massachusetts stehen und Versailles daneben. Nehmen Sie die Herausforderung an?

— Ja, gewiss, ich nehme sie an, antwortete ich lachend. Und doch setzte mich die Zuversicht dieses Teufelskerls in Verwirrung. Ich war kein Neuling in Uebertreibungen; ich lese täglich zwanzig Zeitungen und ich habe mehr als einen Minister auf der Rednerbühne gehört; aber diese Stimme eines Verzückten imponirte mir unwillkürlich.

— Nehmen Sie diese Schachtel, sagte der Zauberer in gebieterischem Ton, es befinden sich zwei Pillen darin, eine für Sie, eine für mich; wählen Sie, fragen Sie mich nicht weiter.

Ich war zu weit gegangen, um noch zurückzuweichen. Ich verschlang eine der Pillen, Jonathan nahm die andere und rief mit hohler Stimme, indem er mich verabschiedete:

— Auf Wiedersehen morgen, auf der andern Seite des Oceans!

In der Strasse angelangt befand ich mich in einem
sonderbaren Zustande. Ich lief in einem Zug auf die
elyseischen Felder, ohne des weiten Weges gewahr zu
werden. Ich fühlte mich lebhafter, leichter, elastischer,
als je eine menschliche Creatur. Ich glaubte, wenn
ich mich streckte, die Hörner des Mondes ergreifen zu
können, der sich am Horizont erhob. Alle meine Sinne
waren in unglaublicher Weise geschärft. Von der
Place de la Concorde sah ich die Wagen um den *Arc
de l'Étoile* kreisen, und hörte zugleich das Tiktak der
grossen Uhr auf dem Thurme der Tuilerien. Das Leben kreiste in meinen Adern mit nie gekannter Schnel-
ligkeit und Wärme; ich fragte mich, ob mich nicht
etwa schon eine unsichtbare Hand über den Ocean
führe. Um mir Gewissheit zu verschaffen, betrachtete
ich die blasse Scheibe des wachsenden Mondes, die
langsam am Himmel aufstieg. Ich war sicher, den
Meridian von Paris nicht verlassen zu haben, kehrte
beschämt über meine Leichtgläubigkeit nach Hause zurück und schlief ruhig ein, lächelnd über Mr. Dream
und seine tollen Drohungen.

Zweites Kapitel.

Ist es ein Traum?

Während der Nacht hatte ich einen Traum. — War es ein Traum? Jonathan sass an meinem Bett und betrachtete mich mit spöttischer Miene.

— Nun, sagte er, Ungläubiger, was sagen Sie zu der Ueberfahrt? Hat Sie die Reise nicht zu sehr ermüdet?

— Die Reise? murmelte ich; ich bin nicht aus meinem Bett gekommen.

— Nein, aber Sie sind in Amerika. Werfen Sie sich nicht wie ein Rasender aus Ihrem Bett; warten Sie, ich will Ihnen erst einige Aufklärungen geben, damit die Bestürzung Sie nicht tödtet. Zunächst habe ich Ihr Haus eingerissen. In einem freien Lande lebt man nicht wie in einer Kaserne, mit allen möglichen Leuten durcheinander, ohne Ruhe und ohne Würde. Aus jeder der Schubladen, welche Sie Stockwerke heissen, habe ich eine Wohnung nach amerikanischem Zuschnitt gemacht; ich habe sie nach meiner Manier möblirt, eingerichtet und mit einem kleinen Garten versehen. Ich habe freilich beinahe zwei Stunden ge-

braucht, um die vierzigtausend Häuser von Paris so
herzurichten; aber das schadet nichts; dafür sind Sie
jetzt Ihr eigner Herr im Hause, und das ist die erste
von allen Freiheiten. Von jetzt an haben Sie nichts
mehr von Ihren Nachbarn und Ihre Nachbarn nichts
mehr von Ihnen zu leiden. Küchen- und Stallgeruch,
Kinder-, Ammen- und Frauengeschrei, Hundegebell,
Katzen- und Klaviergeheul, das Alles ist jetzt vorbei.
Sie sind nicht mehr eine blose Nummer in einem Bagno
oder Spital, ein Häring in der Tonne; Sie sind jetzt
ein Mensch; Sie haben eine Familie und einen eignen
Herd.

— Mein Haus eingerissen! Ich bin zu Grunde gerichtet. Was haben Sie denn aus meinen Miethern gemacht?

— Seien Sie beruhigt; sie sind alle da, jeder in
einem bequemen Haus. Das sind jetzt Erbpächter, die
Ihnen fünfzig Jahre lang ihren Erbzins zahlen werden,
ohne dass Sie es nöthig haben, sich gegenseitig alle
drei Jahre zu überlisten und zu prellen, so gut es geht.
Hier rechts habe ich Monsieur Leverd, den Krämer, hin-
gesetzt, der heute Mister Green heisst. Aus Monsieur Petit,
dem Banquier im ersten Stock, ist Mister Little geworden,
und er spielt noch eine ebenso wichtige Rolle mit seinen Millionen. Der Advokat im zweiten Stock, Monsieur Reynard, heisst *Sollicitor* Fox, und wird dabei
nichts an seiner Bosheit einbüssen. Links werden Sie
den Miether aus dem vierten Stock mit seiner ganzen
Gicht treffen, den tapfern Oberst Saint-Jean, jetzt *the
gallant colonel Saint-John*, und endlich Monsieur Rose,
den Apotheker, der als Mister Rose nicht weniger wichtig und majestätisch ist wie früher. Sie selbst, mein
lieber Lefebure, sind kraft Ihrer Auswanderung der

Herr Doctor Smith geworden, ein Glied der zahlreich-
sten Familie, die aus dem angelsächsischen Stamm hervorgegangen ist. Suchen Sie Ihr Glück zu machen,
indem Sie Ihre Patienten in der neuen Welt umbringen oder heilen; an Namensverwandten fehlt es Ihnen
nicht.

Ich wollte aufstehen und rufen; aber die Blicke
meines schrecklichen Besuchers hefteten mich unbeweglich an mein Bett.

— A propos, sagte er lachend, Sie werden nicht
wenig erstaunt sein, wenn Sie Ihre Frau, Ihre Kinder,
Ihre Nachbarn englisch reden und durch die Nase sprechen hören. Sie haben ihr Gedächtniss in der alten
Welt gelassen und sind jetzt alle Yankees vom rein-
sten Wasser. Es ist das eine wunderbare Wirkung
des Klimas, die schon der Fürst der Geisterseher, der
grosse Hippokrates, beobachtet hat. Die Hunde hören
auf zu bellen, wenn sie sich dem Polarkreis nähern;
das Getreide wird unter dem Aequator zur unfruchtbaren Quecke; ein Yankee in Paris dünkt sich ein geborner Marquis und ein Franzose in den vereinigten
Staaten verliert sogar die Scheu vor der Freiheit. Ihnen selbst freilich, Sie Ungläubiger, habe ich alle Ihre
Vorurtheile und Erinnerungen gelassen; es liegt mir
daran, dass Sie meine Macht mit vollster Kenntniss
der Situation beurtheilen. Sie sollen erfahren, ob Jonathan Dream ein Geisterseher ist. Sie stecken jetzt
in einer amerikanischen Haut, die Sie nur durch meinen guten Willen wieder los werden sollen.

— *But I cannot speak english*, rief ich; aber erschreckt hielt ich inne, denn ich pfiff wie ein Vogel.

— Nicht übel, sagte der unerträgliche Spötter; in
ein paar Tagen werden Sie *shall* und *will*, *these* und

those mit der ganzen Leichtigkeit und Anmuth eines Schotten verwechseln.

— Leben Sie wohl, setzte er hinzu, indem er sich erhob; leben Sie wohl, man erwartet mich um Mitternacht bei der Favorite des Sultans im Harem zu Constantinopel; um zwei Uhr muss ich London sein und die Sonne werde ich in Peking aufgehen sehen. Noch ein letzter Rath: Denken Sie daran, dass ein Weiser über nichts erstaunt. Wenn Sie in Ihrer Umgebung diese oder jene seltsame Erscheinung sehen, so entsetzen Sie sich nicht, denn man würde Sie zu unsern *Lunatics* sperren. Das würde für Ihre Beobachtungen störend sein.

Ich sprang in die Höhe; aber drei Ströme magnetischen Fluidums in mein Gesicht warfen mich unbeweglich und sprachlos zurück.

Der Verräther grüsste mich hierauf mit sardonischem Lächeln, ergriff einen Strahl des Mondes, der durch das Zimmer zog, band ihn wie einen Gürtel um den Leib, stieg durch das Fenster und verschwand in der Luft. War es Schrecken, Magnetismus oder Schlaf? Ich verlor die Besinnung.

> J' venni men così com' io morisse,
> E caddi, come corpo morto cade.

Drittes Kapitel.

Zambo.

Als ich wieder zu mir kam, war es Tag. Mein Sohn sang mit lauter Stimme das *Miserere* aus dem *Troubadour;* meine Tochter, eine Schülerin von Thalberg, spielte mit einem unvergleichlichen Feuer Variationen von Sturm über ein Thema von Donner. In der Entfernung hörte ich meine Frau das Dienstmädchen ausschelten und letzteres schreiend antworten. Nichts war in meiner friedlichen Behausung verändert; die Angst dieser Nacht war nur ein eitler Traum; ich war von diesem gespenstischen Schrecken befreit und konnte, einer süssen Gewohnheit folgend, mit offenen Augen bis zum Frühstück träumen.

Um sieben Uhr trat wie gewöhnlich der Diener mit der Zeitung in mein Zimmer. Er öffnete das Fenster und die Jalousieladen; der Glanz der Sonne und die Frische der Luft berührten mich auf's angenehmste. Ich wandte den Kopf dem Lichte zu. Entsetzlich! Meine Haare sträubten sich; ich besass nicht einmal die Kraft zu schreien.

Vor mir stand grinsend und tänzelnd ein Neger

mit Zähnen wie Pianotasten und mit einem dicken,
hochrothen Lippenpaar, das Nase und Kinn fast unsichtbar machte. Der Kerl war ganz in Weiss gekleidet, wie wenn er dadurch noch schwärzer erscheinen
wollte; er näherte sich mir und rief, indem er seinen
Krauskopf schüttelte und seine grossen Augen rollte:

— Massa wohl geschlafen, Zambo wohl zufrieden.

Ich schloss die Augen, um diesen Alp los zu werden; die Beklemmung drohte mir die Brust zu zerspren-
gen. Als ich den Muth hatte wieder aufzublicken, war
ich allein. Aus dem Bett springen, an das Fenster
laufen, mich an Arm und Kopf schütteln, war das Werk
eines Augenblicks. Vor mir stand eine lange Reihe
kleiner Häuser, wie Kartenhäuschen aufgestellt, sechs
Druckereien, drei Zeitungsexpeditionen, überall Annoncen, das überschüssige Wasser die Rinnsteine überflu-
thend. Auf der Strasse geschäftige, schweigsame Leute
mit den Händen in der Tasche, ohne Zweifel, um ihre
Revolver darin zu verbergen; kein Lärm, keine Stras-
senrufe, keine Bummler, keine Cigarren, keine Kaffeehäuser, und so weit mein Auge reichte kein einziger
Polizeidiener, kein einziger Gendarm! Es war geschehen! Ich befand mich in Amerika, unbekannt, einsam,
in einem Land ohne Regierung, ohne Gesetze, ohne
Armee, ohne Polizei, inmitten eines wilden, gewalt-
thätigen, habsüchtigen Volks. Ich war verloren!

Verlassener, einsamer als der schiffbrüchige Robinson sank ich auf einen Lehnstuhl, der sofort unter
mir zu tanzen begann. Ich erhob mich zitternd, suchte
mein Bild im Spiegel und erkannte mich selbst nicht
mehr. Vor mir stand eine hagere Gestalt, die kahle
Stirn mit wenigen röthlichen Haaren besäet, das bleiche
Gesicht von einem hellen Backenbart umrahmt, der

bis zu den Schultern baumelte. Das also hatte ein boshaftes Geschick aus einem Pariser von der Chaussée d'Antin gemacht! Ich erbleichte, meine Zähne klapperten, der Frost schüttelte mich bis in mein Innerstes.

— Ich will ein Mann sein, rief ich, ich muss meine Familie und den französischen Namen aufrecht halten. Ich muss die verlorene Herrschaft über meine Sinne wiedergewinnen. Das Ungemach macht die Helden!

Ich wollte rufen: keine Glocke; endlich bemerkte ich einen Messingknopf, auf den ich auf's geradewohl drückte. Plötzlich erschien Zambo wieder wie einer jener Teufel, die aus einer Schachtel herausspringen und zum Gruss die Zunge herausstrecken.

— Feuer, rief ich, mache mir Feuer; ich will ein grosses Feuer im Kamin.

— Hat denn Massa keine Zündhölzchen? sagte Zambo, indem er auf ein Feuerzeug wies, das auf dem Kamin lag. Kann sich denn Massa nicht bücken? fügte er ironisch hinzu. Dann drehte er unten am Kamin eine Schraube, liess ein Zündhölzchen über den Eisenrost gleiten und daraus mit einem Male Tausende von Flammenzungen hervorschiessen.

— Lieber Gott! ist es denn erlaubt, rief er im Hinausgehen, armen Neger zu stören, der sich sonnen will?

— Wildes Volk, schrie ich, indem ich mich dem Feuer näherte und mich an der sanften und gleichmässigen Wärme neu belebte; wildes Volk, das keine Feuerschaufel, keine Feuerzange, keinen Blasbalg, keine Kohle, keinen Rauch kennt; barbarisches Volk, das nicht einmal das Vergnügen kennt, ein Feuer zu schüren! Einen Hahn drehen, um sein Feuer anzuzünden, auszulöschen und zu regeln, ist die Erfindung einer

Nation ohne jede Poësie, die nichts dem Zufall überlässt, und die sich fürchtet, eine Minute zu verlieren,
weil Zeit Geld ist.

Nachdem ich mich erwärmt, dachte ich an meine
Toilette. Vor mir stand ein Tisch aus Acajou, über-
laden mit Schwanenköpfen aus Messing und anderen
geschmacklosen Verzierungen, aber besetzt mit englischen Fayencen, die durch den Reichthum der Farbe
und Zeichnung das Auge erfreuten. Auf diesem Tisch
befanden sich Bürsten, Schwämme, Seifen, Oele, Pom-
maden u. s. w. im Ueberfluss, aber nicht ein Tropfen
Wasser. Ich drückte wieder auf den Messingknopf
und Zambo erschien noch mürrischer als er mich verlassen hatte.

— Warmes und kaltes Wasser zum Waschen; rasch,
ich muss eilen.

— Das ist doch zu stark, rief Zambo; Massa kann
nicht drehen den Hahn zum kalten Wasser und den
Hahn zum heissen Wasser, die dort in der Ecke sind?
Auf Ehre, das ist zum Davonlaufen; ich kann nicht
länger einem Herrn dienen, der nicht einmal das versteht. Er ging hinaus und warf mir die Thüre vor der
Nase zu.

— Zu jeder Zeit und überall heisses Wasser, das
ist bequem, dachte ich, aber es ist eben die Erfindung
eines Volkes, das nur an seinen *Comfort* denkt. Gott
sei Dank, so steht es bei uns noch nicht. Es können
ein oder zwei Jahrhunderte vergehen, ehe das edle
Frankreich zu dieser Pflege der Weichlichkeit, zu dieser weibischen Reinlichkeit herabsinkt.

Nichts erfrischt die Gedanken mehr als das Rasiren. Nachdem ich mich rasirt hatte, fühlte ich mich
wie neugeboren; ich begann selbst mich mit meiner

langen Gestalt und meinen vorstehenden Zähnen auszusöhnen. — Wenn ich ein Bad nähme, dachte ich,
so würde ich mich vollends beruhigen; ich könnte mit
mehr Muth dem Anblick meiner Frau und meiner Kinder entgegensehen. Ach, wer weiss, vielleicht sind sie
ebenso verändert wie ich.

Ich läutete, Zambo erschien mit ärgerlicher Miene.

— Mein Freund, wo ist in der Stadt eine Badeanstalt? beschreibe mir den Weg.

— Eine Badeanstalt, Massa, wozu?

Ich zuckte die Achseln. — Dummkopf, zum Baden natürlich.

— Massa will ein Bad nehmen? sagte Zambo, indem er mich augenscheinlich mit Ueberraschung und
Furcht betrachtete. Und deswegen lässt mich Massa
mitten aus dem Garten kommen?

— Ohne Zweifel.

— Das ist zu stark, rief der Neger, indem er sich
eine Handvoll Haare ausriss. Was? es ist ein Badezimmer neben jedem Schlafzimmer und Massa lässt
Zambo heraufkommen, um ihm zu sagen: „Mein Freund,
wo kann man baden?“ So spasst man nicht mit einem
Amerikaner.

Der Neger stiess eine kleine verborgene Tapeten-
thüre auf und schob mich in ein elegantes Kabinet, in
dem sich eine Badewanne von weissem Marmor befand.

— Schön, Zambo! rief er in komischer Wuth, drehe
den Hahn für Massa, Hahn für kaltes Wasser, Hahn
für heisses Wasser; bereite das Bad; lege die Wäsche
zum Wärmen in den Kasten; mach' nur die Amme,
Zambo, Massa kann sich nicht mit eigner Hand bedienen.

Ich musste wohl schweigen, denn ich wünschte gar nicht, dass er mich zum Reden brächte. Ich liess Zambo seinen Aerger austoben; aber ich verfluchte im Stillen diese schauderhaften amerikanischen Häuser, diese ungeselligen Wohnungen, wahre Gefängnisse, die man nicht verlassen kann, weil man dort Alles bei der Hand hat, was wir in Paris auswärts aufsuchen dürfen, theuer freilich, aber dafür recht weit.

Viertes Kapitel.

At home.

Ich verliess das Bad, ohne darin die gewünschte Ruhe gefunden zu haben, und stieg ganz nachdenklich die kleine Treppe hinab, die zum Erdgeschoss führte. Was war aus meinem Hause geworden? Unter welcher Maske sollte ich meine Familie wieder finden? Ich trat in den Speisesaal, Niemand war darin; ich ging hindurch zum *Parlour;* auch hier Niemand. Indess betrachtete ich die beiden Zimmer, um mich an das Aussehen meiner neuen Wohnung zu gewöhnen. Der Speisesaal, der mit einem Teppich versehen war, enthielt als einzigen Schmuck eine alte, schwere Truhe aus Acajou, besetzt mit Theegeräthe in *british metal*, glänzender als Silber, und mit chinesischen Tassen. Ueber dem Büffet drei mittelmässige Kupferstiche. In der Mitte Penn's Unterhandlung mit den Indianern unter der Ulme von Shakamaxon; rechts Washington zu Fuss mit seinem Pferde und seinem Neger; links das Bild des derzeitigen Souverain, des ehrlichen alten Abé, mit andern Worten des ehrenwerthen Abraham Lin-

coln, vormaligen Fenzenspalters, dermalen Präsident
der vereinigten Staaten.

— Das also, schrie ich, sind die schützenden Ge-
nien meines neuen Heerdes! Was sind sie für mich,
einen Franzosen, der erzogen ist in dem Cultus der
Macht und des Erfolgs? Ein friedlicher Quaker, ein
General, der der Kaiser einer neuen Welt sein konnte
und sich damit begnügt, der erste Beamte eines freien
Volkes zu bleiben, ein Arbeiter, der durch seine Anstrengung Advokat und durch Zufall Präsident geworden ist, das sind also die Helden Amerikas! Die Moral der grossen Männer scheint in diesem halbwilden
Lande noch dieselbe zu sein, wie die des gewöhnlichen
Bürgers. Was lässt sich von einer Nation mit solchen
Vorurtheilen erwarten? Sie wird die Welt sicher nicht
mit einem neuen Cäsar beglücken!

Im Parlour stand ein Piano aus Palisander, ein
Schreibtisch voll Papiere, ein Schrank mit Büchern. Da
standen drei oder vier Bibeln unter den Werken von
Francis Quarles, Bunyan, Jeremy Taylor, Law, Jonathan Edwards, Channing, ohne Zweifel recht ehrenwerthe Leute, deren Namen ich aber zum ersten Male
las. Ich hatte schon an den Titeln genug, da ich für
die Theologie selbst an den Abenden, wo ich nicht
recht einschlafen kann, nur wenig Geschmack besitze. Darauf folgten einige Geschichtschreiber und
Moralschriftsteller, Franklin, Emerson, Marshall, Wa-
shington-Irving, Prescott, Bancroft, Lothrop-Motley,
Ticknor; hierauf einige ernsthafte Romane und dann
eine Masse von englischen, amerikanischen, deutschen
und selbst spanischen Dichtern. Und Frankreich, wo
blieb Frankreich? Leider fand ich mein Vaterland nur
durch einen *Telémaque* repräsentirt, dem auf englisch

die Darstellung oder vielmehr die Entstellung der französischen Aussprache beigefügt war. Vielleicht kam dann eines Tags meine Tochter, meine theure Susanne, um mir zu meinem Geburtstag mit ihren lieblichen Lippen zu deklamiren: *Calepso ne povait se consolère diou départe d'Joulis!* Schrecklicher Gedanke!

Aergerlich warf ich das Buch zur Seite und ging in den Garten: ein kleiner Winkel zwischen vier Mauern, die sich hinter Epheu und Geisblatt verbargen; überall Veilchen, Rosenstöcke, frische Blumen; im Hintergrunde ein kleines Gewächshaus und ein chinesischer Kiosk, ein bequemer Ort, um Thee zu trinken, eine Cigarre zu rauchen und die Sterne zu betrachten. Im Garten Niemand, als Zambo, wie eine Bronzestatue auf einem weissen Marmortische ausgestreckt. Das Gesicht nach der Sonne gekehrt und mit Fliegen bedeckt, erholte sich der Neger schnarchend von dem schrecklichen Verdruss, den ich ihm bereitet hatte. Der Schelm benützte meinen Dienst nur, um nach Belieben zu faullenzen und zu schlafen.

Dieser einsame Spaziergang in der Behausung des schlafenden Dornröschen fing an, mich zu langweilen; ich wollte Zambo aufwecken, um zu meinem Vergnügen mich wenigstens mit einem Christenmenschen zanken zu können, als ich Stimmen hörte, die aus dem Souterrain des Hauses kamen oder, wie es die Franzosen in Amerika in ihrem Patois nennen, aus dem *basement*, ein Wort, das hoffentlich noch lange Zeit nicht in dem Wörterbuche der Akademie stehen wird.

Ich stieg einige Stufen hinab und bemerkte endlich in einer grossen Küche zwei Frauen, die so stark beschäftigt waren, dass sie nicht einmal das Geräusch meiner Schritte vernahmen. Die eine, die mir den

Rücken zukehrte, die ich aber an ihrer Stimme erkannte, war meine theure Jenny, die Mutter meiner
Kinder; die andere, die ich bald würdigen lernen sollte,
war ein blondes Geschöpf von enormer Grösse, fünf
Fuss acht Zoll hoch, und hatte mehr das Aussehen eines schottischen Grenadiers, als einer Tochter Eva's.
Es war Martha, die Köchin, von Geburt eine Pensyl-
vanierin, ihrer Religion nach *Dunkerianerin* oder *Dun-
keristin,* etwas Aehnliches wie eine Quakerin, eine vortreffliche Person, die den ganzen Tag brummte und
nur den einzigen Fehler hatte, dass sie jeden, der einen Knopf an seinem Rocke trug, als einen Heiden
und Zöllner ansah. Für dieses überspannte Gemüth
war nicht das Kreuz, sondern eine Spange das Symbol des Christenthums.

Wollte man nach dem Ernst der beiden Frauen
und nach der Lebhaftigkeit ihrer Unterhaltung urtheilen, so nahte in diesem Augenblick ein grosses culinari-
sches Werk seiner Vollendung. Jenny (war es denn
wirklich Madame Lefebure?) knetete in einer Serviette
eine unförmliche Teigmasse und legte sie sorgfältig in
einen Topf voll Wasser. Martha ihrerseits versenkte
das kostbare Gefäss in einen grossen Ofen von Guss-
eisen, der eine ganze Seite der Küche einnahm. Es
war ein wahrhaft monumentaler Bau mit unzähligen
Röhren und Behältern, aus denen der Dampf aufstieg.
Backofen, Waschkessel, Bratspiess, Kochofen, heisses
Wasser, heisse Luft, Alles fand sich in diesem Ofenun-
geheuer, das wie ein Triumphbogen die Inschrift trug:

G. Chilson's cooking range, Boston.

Ich bezweifle, ob Satan selbst mit all' seinen Hilfsquellen jemals einen besser geheizten Höllenofen erfunden hat.

Als Alles in Ordnung und ein Heer von Kesseln
und Pfannen in Reih und Glied gestellt war, drehte
sich meine Frau um und stiess bei meinem Anblick
einen freudigen Ruf aus.

— Guten Morgen, mein Lieber, sagte sie zu mir;
hoffentlich hast du gut geschlafen. Du betrachtest
unsere Vorbereitungen; es wird ein Pudding, wie der,
den du neulich so gut gefunden hast. Ich habe ihn
eben eigenhändig gehackt und die Mischung selbst gemacht; denn ich weiss deinen Geschmack besser als
Martha zu treffen. Du wirst hoffentlich zufrieden mit
mir sein und mich belohnen für alle Mühe oder vielmehr für alle Lust, die es mir macht, dir zu dienen.

Mit diesen Worten näherte sie sich mir und bot
mir ihre Stirn. Sonderbar! Es war meine Frau und
doch war sie es wieder nicht. Dasselbe Gesicht, die
nämlichen Züge wie in der alten Welt, abgesehen von
einer etwas geröheten Nasenspitze; aber zugleich etwas Ruhiges und Glänzendes im Auge, etwas Sanftes
in der Sprache, etwas Liebevolles in ihren Mienen,
was ich in unserm Haushalt im alten Paris niemals
beobachtet hatte; ich sah mich geliebt, gehegt und ge-
pflegt; das entzückte mich. Ich umarmte auch Madame Lefebure oder vielmehr Mistress Smith auf das
zärtlichste, ohne mich um Martha's Gegenwart und
meine zwanzigjährige Ehe zu kümmern. Verzeihet mir,
ihr Pariser Ehemänner, ich war eben in Amerika!

— Martha, sagte meine Frau, indem sie ihre Kü-
chenschürze abnahm und ihr seidenes Kleid ordnete,
das sie aufgeschürzt und nach hinten aufgesteckt hatte;
Martha, du gehst jetzt zu Mr. Green. Der letzte Kaffee, den wir von ihm hatten, war nicht gut; es war
brasilianischer Kaffee, aber mein Mann trinkt nur den

von St. Mauritius gern. Lass dir kleine, runde Bohnen geben, ich werde sie selbst brennen. Ich habe auf dem Markte frische Erdbeeren bemerkt; nimm welche mit, um ein Paar von den kleinen Torten damit zu füllen, die du so gut machen kannst, und die im vorigen Jahre meinem Manne und meinen Kindern so gut geschmeckt haben. Sag dem Gärtner Hofmann, dass es schon überall Nelken gibt ausser in unserem Garten, und dass mein Mann die drei neuen Sorten erwartet, die er mir versprochen hat. Vergiss auch die Lilien nicht, die ich für Susanne ausgewählt habe und die Geranien, die für Henri bestellt sind. Hole mir endlich beim Buchhändler die jüngste Predigt des hochwürdigen Doktor Bellows *über den Zustand der Nation;* es ist ein Werk voll Beredsamkeit und Patriotismus. Mein Mann, der so gut liest, soll sie uns Abends vorlesen; es wird den Kindern und mir viele Freude machen.

Wie schwach sind wir doch! ich fühlte mich angezogen und bezaubert von dieser neuen Musik, in der mein und meiner Kinder Name mit jedem Takte wiederkehrte. In Paris in Frankreich musste ich eine ganz andere Tonart vernehmen. Meine Frau besass alle denkbaren Vorzüge, aber ihre übertriebene Bescheidenheit machte mir das Leben sauer. *Es machen wie Jedermann,* war die Devise von Madame Lefebure. Gott weiss es, was ich es mir kosten lassen musste, um uns ja von Niemanden zu unterscheiden! Um zu wohnen *wie Jedermann,* hatten wir ein Logis, zu welchem man einhundertundzehn Stufen stieg, allerdings in einem prächtigen Hotel, dessen Hausmeister mich über die Achsel ansah und für sich einen Bedienten und einen Zimmerputzer hielt. Um es mit der Bedienung zu

halten *wie Jedermann*, hatten wir einen Schlingel von
Lakai, einen lügnerischen Trunkenbold in prächtigem
Aufzuge, mit gelber Hose und rother Weste, der mir
sehr viel kostete, mich verkehrt bediente und mich
blos hinderte, mich nach meinem Belieben anzuklei-
den, zu essen und zu trinken. Um gekleidet zu sein
wie Jedermann, brauchten meine Frau und meine Tochter Kleider von einem wahrhaft wahnsinnigen Preis,
und Crinolinen, von denen jede einen Wagen ausfüllte,
so dass ich selbst nur auf dem Kutschbock Platz fand.
Um endlich aufzutreten *wie Jedermann*, musste ich
nach Einladungen haschen und Leuten zulächeln, für
die ich im Grunde meines Herzens die souverainste
Verachtung fühlte. Das war eben Sitte! Der gute
Ton verlangte, dass man den Reichthum anbetete und
sich lieber ruinirte, ehe man sich von der guten Gesellschaft trennte. Davor musste ich mich vor Allem
hüten. Das Gegentheil wäre Originalität gewesen, ein
grober Fehler, eine Geschmacklosigkeit, die Frankreich
den Engländern überlässt.

Dank meiner Frau und ihren weisen Rathschlägen
führten wir, wie ich glaube, eine schwere Rolle mit
Anstand durch; die Leute, die uns jeden Tag zur bestimmten Stunde und bei jedem Wetter im *Bois de
Boulogne* spazieren fahren sahen, mussten uns Gerechtigkeit widerfahren lassen. Ich darf sagen, dass wir
unsern Rang in Paris zu wahren wussten, und dass
wir gewissenhaft das mühsamste Leben führten, das
sich denken lässt; wir machten jeden Vormittag zwanzig Besuche und fehlten bei keiner Abendgesellschaft.
Das Alles war ganz gut; aber, soll ich es gestehen?
Hier in einem wilden Lande gewann meine derbe Natur die Oberhand; ich war glücklich, nichts mehr von

Jedermann hören zu müssen; es gefiel mir, dass meine Frau sich nur mit mir beschäftigte und nichts höheres kannte als ihren Gatten, ihre Kinder und ihr Haus. Ich fühlte mich als König in meiner Wohnung und ich war so zufrieden mit meinen Unterthanen und ihrem Gehorsam, dass ich auf der Treppe meinen Arm um Jenny schlang und sie wiederholt küsste. „*For shame master Smith*", flüsterte sie hocherröthend mit einem Tone, der mich in eine Zeit zurückversetzte, wo wir um zwanzig Jahre jünger waren.

Fünftes Kapitel.

— · —

Ohne Mitgift.

Während sich Zambo müde schlief und meine Frau mit Martha den Tisch deckte, um das Frühstück aufzutragen, fing ich an den „*Paris-Telegraph*" zu lesen, ein riesiges Journal zu billigem Preise, das als Motto den verrückten Satz trug: *The world is governed too much*, die Welt wird zu viel regiert. Der derbe Ton dieses Blattes missfiel mir. Uns gibt man, Gott sei Dank, eine bessere Erziehung. Uns liesse eine geordnete Regierung im Interesse des guten Geschmacks nicht in die schlechte Gewohnheit verfallen, dass wir die Dinge bei ihrem natürlichen Namen nennen. Sollte man es zum Beispiel glauben, dass der *Paris - Telegraph* es wagte, einen ehrlichen Millionär mit dem Prädikat „Spitzbube" und „Mörder" zu belegen, weil er in Folge eines ohne Zweifel entschuldbaren Irrthums der Nordarmee sechzigtausend Paar Schuhe geliefert hatte, deren Sohlen von Pappe waren und die natürlich der Feuchtigkeit der Bivouaks nur unvollkommen widerstanden? Wie soll man Geschäfte machen in einem Lande, das grosse Spekulationen so wenig achtet!

Das ganze Journal war in diesem beklagenswerthen Tone gehalten. Nichts entging den Schmähungen dieses unverschämten Winkelschreibers, dieses erbärmlichen Zeitungsschmierers. Das oder jenes Gesetz war abscheulich, weil es die Handlungsfreiheit der Bürger beeinträchtigte; der oder jener Beamte war ein Jeffries und ein Laubardemont, weil er dem Schurken, der sich vertrauensvoll den Armen der Gerechtigkeit überlassen hatte, in eine unschuldige Schlinge gleiten liess: hier war ein Bürgermeister ein Verres oder ein Esel, weil er wohldenkenden Actionären ein Monopol überliess, das, wie alle Monopole, für Jedermann von Vortheil war. Da soll man sich die Mühe nehmen die Menschen zu regieren, um dann täglich solche Schmähungen zu erfahren!

— Unglücklicher Pamphletist, rief ich, wenn du die Ehre hättest, unter dem liebenswürdigsten und aufgeklärtesten Volke der Erde zu leben, so wüsstest du von Geburt an, dass ein Tadel über Gesetze, Richter oder Beamte ein Majestätsverbrechen gegen die Gesellschaft ist. Das erste Dogma eines civilisirten Volkes ist die Unfehlbarkeit der Obrigkeit. Verflucht sei der Erfinder der Presse und vor Allem der freien und wohlfeilen Presse! Die Presse ist wie das Gas ein Licht, das zu gleicher Zeit die Augen verdirbt und die Lunge vergiftet.

— Warum wird nicht gefrühstückt? fragte ich barsch meine Frau, um diesen unerfreulichen Gedankengang zu unterbrechen. Wo sind die Kinder? warum kommen sie nicht herunter?

— Sie sind ausgegangen, mein Lieber, werden aber bald wieder kommen. Henri hält diesen Abend seine erste Rede in der *Akademie für jugendliche Vor-*

träge; er wollte vor dem öffentlichen Auftreten erst noch die Akustik des Saals prüfen.

— Und über welchen Gegenstand wird unser sechzehnjähriger Cicero denn sprechen?

— Hier ist sein Concept, sagte Jenny, und reichte mir mit mütterlichem Stolz ein Papier, das von unterstrichenen Worten, von Gedankenstrichen und Ausrufungszeichen wimmelte.

Der Titel, der mit grossen Buchstaben an der Spitze stand:

„Von der Verbesserung der Frauen in ihrer Eigenschaft als Erzieherinnen des Menschengeschlechts"

schien mir mehr ehrenwerth, als deutlich.

— Zum Teufel, rief ich, die Welt muss vor lauter Tugend noch untergehen! Wenn wir mit sechzehn Jahren an etwas dachten, so war es ganz gewiss nicht, wie mein Herr Sohn thut, die Verbess..........

— Mein Lieber . . . . ., unterbrach mich Jenny. Diese Stimme brachte mich zum Schweigen und gerade zur rechten Zeit; ich brach mitten im Worte ab und fühlte, dass ich wider meinen Willen über und über roth wurde.

— Mein Lieber, fuhr meine Frau fort, die meine Verlegenheit nicht bemerkte; ich vermuthe, dass es in Henri's Stellung nächstens eine Veränderung geben wird. Er wiederholt mir alle Tage, dass er uns nun schon zu lange zur Last sei und dass das seinem Vater zuwider werden muss, mit einem Worte: ich glaube, Henri will sich einen Beruf wählen.

— Geduld, Madame Smith, das hat noch Zeit; es ist meine Sache, dafür zu sorgen.

— Mein Freund, unser Sohn ist schon sechzehn

Jahre alt; alle seine Kameraden haben eine Stellung, auch er muss seine Laufbahn beginnen. Sprich mit ihm, er hat volles Vertrauen zu dir, Niemand kann ihm besser rathen, als du.

Ich fing an, im Zimmer auf und ab zu gehen, während sich meine Frau aus dem Fenster nach unseren Kindern umsah.

— Ja, mein Sohn! dachte ich, die Sorge für deine Stellung ist meine Sache und ich habe schon lange Alles so vorbereitet, dass es dir nicht fehlen kann. Nicht ohne Grund habe ich dir vor sechzehn Jahren meinen Freund Regelman zum Taufpathen gegeben, damaligen Souschef, nunmehrigen Bureauchef im Zolldepartement des Finanzministeriums. Ja, mein lieber Henri, schon jetzt bist du, ohne es zu wissen, Candidat für die Hoffnung auf ein Supernumerariat im Finanzministerium. In zwei Jahren bist du Baccalaureus; und in drei Jahren, wenn du drei oder vier Examina glücklich bestanden hast und gehörig protegirt wirst, *tu Marcellus eris!* Ich sehe dich schon jetzt im Geiste als Souschef von fünfunddreissig Jahren mit einem Gehalt von zweitausend vierhundert Franken und mit der Ehrenlegion, wie dein Herr Pathe; ich erblicke dich, wie dein Vorbild, sanft, demüthig, höflich, gefällig gegen deine Vorgesetzten, streng, rauh, befehlerisch gegen deine Untergebenen und ich sehe dich von Stufe zu Stufe bis zum Personalreferenten steigen. Wenn mich mein Vaterstolz nicht täuscht, so wirst du mit fünfzig Jahren der Schrecken und die Hoffnung von zehntausend grünen Uniformen sein. Welches Glück! welche Zukunft!

— Da kommt Henri, rief meine Frau vom Fenster aus. Er spricht mit Mr. Green; ganz gewiss verlangt er von ihm einen guten Rath, vielleicht noch mehr.

— Was soll das heissen, meine Liebe? Mit dem Krämer Green? Mein Sohn spricht mit so geringen Leuten?

— Geringe Leute? versetzte meine Frau voll Erstaunen. Mr. Green ist ein ehrenwerther Mann, ein guter Christ und steht allgemein in hoher Achtung; er ist dreimalhunderttausend Dollars werth und wendet das Vermögen, das er seiner Arbeit verdankt, auf's beste an.

— Bravo! rief ich. Glückliches Land, wo die Krämer Millionäre sind und Rathschläge ertheilen, wie die Advokaten, vielleicht gar Plätze vergeben, wie die Minister. Gut, mag mein Sohn sich um die Gunst Seiner Excellenz vom Zuckerhut und Schwefelfaden bewerben. Aber rufe Susanna, ich glaube nicht, dass sie mit Mr. Green etwas zu schaffen hat.

— Susanna ist in ihrer Vorlesung über Gesundheitspflege und Anatomie.

— Anatomie, grosser Gott! Meine neunzehnjährige Tochter studirt Anatomie? Sie secirt vielleicht sogar?

— Was hast du, mein Lieber? erwiderte meine Frau mit einer Ruhe, die mich in die Wirklichkeit zurückversetzte. Susanne wird einmal Kinder bekommen. Willst du, dass sie sie in Unwissenheit aufzieht, ohne etwas von ihrer Körperbeschaffenheit zu verstehen? Hast du ihr nicht selbst hundert Mal gesagt, dass das Studium des menschlichen Körpers einen nothwendigen Theil einer jeden guten Erziehung ausmacht?

— Und wer ist denn der Arzt, dessen Klugheit

man die Sorge überlässt, jungen Mädchen Anatomie zu lehren?

— Frau Hope, eine unserer ärztlichen Berühmtheiten.

-- Weibliche Aerzte! Molière herbei! Wie! In diesem Land, dem Widerspiel aller andern, sind es also nicht Männer, die unsere Mütter, Frauen und Töchter behandeln? Es sind wohl auch Frauen, die die Geburtshülfe in der guten Gesellschaft besorgen? Das geschieht nirgends, das ist unanständig, Madame Smith, das ist unanständig.

— Ich hätte eher das Gegentheil geglaubt, lieber Mann, aber du verstehst es besser als ich. Wenn also jemals unsere Tochter einen jener ernstlichen oder leichten Zufälle hätte, die eine Frau in ihrer Schamhaftigkeit kaum sich selbst zu gestehen wagt, so würdest du es vorziehen, wenn ich einen Arzt kommen liesse?

— Keineswegs, du missverstehst mich, meine Gute; ich wollte nur sagen, dass es alte Gebräuche gibt, die man achten muss, wie alle alten Irrthümer. Oder vielmehr das heisst . . . ., ich werde dir das ein anderes Mal auseinandersetzen. Wer begleitet denn Susannen in ihre Vorlesung?

— Niemand.

— Niemand? Mit neunzehn Jahren und schön wie ein Engel geht meine Tochter allein und ohne Begleitung über die Strasse?

— Warum sollte sie es anders machen, als ihre Freundinnen? welche Gefahr besteht für sie? Bildest du dir etwa ein, dass es in Amerika einen Mann gibt, der schlecht oder wahnsinnig genug wäre, um die Achtung zu verletzen, die der Jugend und Unschuld gebührt? Väter, Gatten, Brüder, Söhne, Aller Arme

würden sich erheben, um den Elenden zu strafen; aber
es ist in unserm edlen Lande eine solche Unwürdig-
keit noch gar nicht vorgekommen. Diese Erbärmlich-
keiten und Laster überlassen wir der alten Welt.

— Uebrigens ist Susanna, wie ich glaube, gut aufgehoben, setzte meine Frau mit sanftem Lächeln hinzu. Alfred, der jüngste Sohn von Mr. Rose, ist von
Indien zurückgekommen; ich habe ihn gestern mit seinem Vater und seinen acht Brüdern spazieren gehen
sehen, und du weisst, dass er und Susanna seit langer
Zeit mit einander verlobt sind.

— Was! meine Tochter verliebt in den neunten
Sohn eines Apothekers? und ihre Mutter kündigt mir
eine solche Nachricht mit vollster Ruhe an?

— Warum soll sie· nicht den heirathen, den sie
liebt? sagte Jenny, indem sie ihre schönen blauen Augen fest auf mich richtete. Habe ich nicht ebenso gehandelt, mein Lieber? Thut es mir leid? oder dir?

— Aber welchen Stand, welches Vermögen hat
denn der junge Mann?

— Sei ruhig, mein Lieber; Alfred ist ein Ehrenmann; er wird Susannen nicht heirathen, ehe er ihr
eine feste Stellung anbieten kann. Susanne wird nöthigenfalls zehn Jahre warten.

— Und hast du an die Mitgift gedacht? Weisst
du denn, was der junge Mensch verlangt, der jetzt
unsere Tochter compromittirt? Weisst du, was wir thun
können und wieviel von unserer geringen Habe wir
opfern müssen?

— Ich verstehe dich nicht, Daniel. Verkaufen wir
denn unser Kind? Muss man denn einen jungen Mann,
einen Liebhaber, bezahlen, damit er sich entschliesst,
ein reizendes Mädchen, dessen Anblick unser Auge

erfreut und das ebenso schön als gut ist, zur Lebensge-
fährtin zu nehmen? Woher hast du denn diese sonderbaren Ideeen, die ich zum ersten Male von dir höre?

— Ohne Mitgift! rief ich; in einem Land, wo jeder vom Morgen bis zum Abend vor einem Dollar auf
den Knieen liegt!

— In Amerika, mein Freund, liebt man sich, man
heirathet aus Liebe, und man ist sein ganzes Leben
glücklich, sich gegenseitig wiederholen zu können,
dass man sich aus Liebe gewählt hat. Jedes bringt
sein Herz als Mitgift und ich hoffe, dass man bei einer
freien, jungen und hochherzigen Nation, wie der unsrigen, niemals eine andere kennen wird.

— Ohne Mitgift! dachte ich, ohne Mitgift! das än-
dert die Sache, wie Harpagon sagt. Dann ist die Ehe
kein Geschäft mehr. Reich oder arm ist die Braut immer sicher, geliebt zu sein; man heirathet sie ihrethal-
ben und nicht um ihr Geld; der Vater, der zagend die
Hand seiner Tochter weggibt, braucht wenigstens nicht
zu fürchten, dass sie einem unedlen Spekulanten in
die Hände fällt. Ohne Mitgift! Manchmal haben doch
die barbarischen Völker unbewusst eine Zartheit des
Gefühls, die unserer Civilisation alle Ehre machen
würde.

— Da kommt Susanne, rief meine Frau, die ihren
Beobachtungsposten wieder eingenommen hatte. Alfred
ist bei ihr, ich hatte mir's gedacht.

Ich lief zur Thür. Meine Tochter, meine theure
Susanne war schöner als je! Ihre langen, blonden
Haare fielen in Locken über ihre Schultern; ihr lächeln-
des Auge, ihre vertrauensvolle Miene, ihr energischer
Schritt verliehen ihr einen neuen Reiz. Es war die
Unschuld eines Kindes und der Liebreiz einer Frau.

Sie fiel mir um den Hals; leidenschaftlich drückte ich sie an mein Herz und trug sie auf meinen Armen bis in den Speisesaal.

Erst dort bemerkte ich, dass Susanne nicht allein in's Haus gekommen war. Neben mir stand das Ungeheuer, das mir meine Freude und mein Glück rauben wollte. Susanne nahm ihn bei der Hand und stellte ihn mir auf die unbefangenste Weise vor.

-- Mr. Alfred Rose, lieber Papa, kennst du ihn nicht mehr?

Ich erkannte ihn nur zu gut; und recht hübsch war er, der verdammte Kerl! Ich seufzte und schlug grimmig ein in die Hand dieses künftigen Schwiegersohnes, der so freundlich war, mich zum Schwiegervater zu wählen, ohne mich darum zu fragen. Ohne Mitgift! dafür glaubte er sich also berechtigt, die Frau zu heirathen, die er liebte? Wie kann man Rücksichten erwarten von diesen ungeschliffenen Leuten, die gewohnt sind, immer geradeaus zu gehen!

Sechstes Kapitel.

——

Worin der Leser mit Mr. Alfred Rose und dem Nachbar Green Bekanntschaft macht.

Während Alfred und ich uns schweigend gegenüberstanden, unterhielten sich die beiden Frauen leise mit ausserordentlicher Lebhaftigkeit; die Mutter lächelte, die Tochter blickte bittend zu ihr auf.

— Mein Freund, sagte Jenny plötzlich, indem sie die beiden jungen Leute an der Hand nahm, hier stehen zwei Kinder, die mit Gottes Hülfe einen christlichen Hausstand gründen wollen und dazu um deinen Segen bitten.

— Meinen Segen! Ich habe gesehen, wie Pius IX. Rom und die Welt segnete mit jener Milde und Hoheit, die auch den Ungläubigsten auf die Kniee wirft; ich habe gesehen, wie fromme Bischöfe der Unschuld und Andacht von Firmkindern ihren Segen gaben. Das war schön und gross, es war ein heiliger Erguss! Aber ich Sünder schrieb mir nicht das Recht zu, zu segnen, nicht einmal meine Kinder. Ich umarmte Susanne und Alfred, vereinigte ihre Hände in den meinigen und weinte.

Die Undankbaren waren so glücklich, dass sie meine Thränen gar nicht sahen; sie eilten aus meinen Armen in die Jenny's.

— Möge der Gott Abraham's und Sarah's, rief Jenny, möge der Gott Isaak's und Rebekka's, Jakob's und Rahel's euch segnen, meine Kinder, und euch ein christliches Leben verleihen!

— Amen, antwortete eine Stimme, deren Ernst mich erschütterte. Es war Martha, die mit dem Blick und der Miene einer Prophetin hinzutrat.

— Mann, sagte sie, du nimmst dieses Weib vor Gott; Weib, du nimmst diesen Mann vor Gott, in guten wie in bösen Tagen, in Gesundheit wie in Krankheit, für das Leben, für den Tod; vergiss es nicht, der Ewige wird daran gedenken.

-- Nein, sicher, ich werde es nie vergessen, rief Alfred mit erhobener Hand, ich nehme Gott zum Zeugen.

Soll ich es zu meiner Schande gestehen? Ungeachtet der ausgezeichneten Erziehung, die ich in Frankreich erhalten habe, und obgleich man mich von Kindheit an daran gewöhnt hat, nur scherzhafte Dinge ernsthaft zu behandeln, fühlte ich mich doch bis in's Innerste bewegt durch die Feierlichkeit dieser Verlobung. Mein Heerd schien mir geheiligt gleich dem Abrahams, und Gott unsichtbar gegenwärtig, um die Verbindung meiner Kinder zu weihen.

Zambo's Eintritt verjagte diese ernsten Gedanken. Er hatte den Garten und das Gewächshaus geplündert, um der Braut ein enormes Bouquet zu überreichen. Er begleitete sein Geschenk mit solchen Grimassen und mit so komischen Verbeugungen, dass ich wider meinen Willen lachen musste.

— Wann die Hochzeit, junger Herr? fragte der

Neger; morgen, übermorgen, in acht Tagen? Zambo
wird singen, Zambo wird tanzen.

— Susanne, sagte ich auf meine Tochter blickend,
der Hochzeitstag ist doch noch nicht bestimmt?

— Lieber Vater, wir erwarten deine Befehle, antwortete meine Tochter mit einer falschen Bescheidenheit, die mir einen Seufzer entriss.

— Und wir warten auf nichts anderes, setzte Alfred hinzu; ich habe ganz nahe hier an der Ecke der
vierten Avenue ein Haus gemiethet und eingerichtet.
Alles ist bereit, die zu empfangen, die mir die Ehre
erweisen wird, mein Schicksal und meinen Namen zu
theilen.

— Mein Sohn, sagte ich zu Alfred und erstickte
beinahe an diesem Worte, Susanne hat Sie gewählt,
wir nehmen Sie ohne weitere Prüfung an, aber entschuldigen Sie die wohlberechtigte Neugierde und Unruhe eines Vaters. Seit wann lieben Sie denn eigentlich meine Tochter, und da Sie selbst vom Schicksal
sprechen, welche Grundlage hat denn dieser Hausstand,
dessen Glück uns so nahe berührt?

— Es würde mir schwierig sein, zu sagen, seit
wann ich Susannen liebe, antwortete der junge Mann.
Es scheint mir fast, dass ich mit dieser Liebe geboren
wurde. Sicher liebte ich sie schon, als wir zusammen
in die gemeinsame Schule gingen und den Weg dahin
neben einander zurücklegten, sie ganz Kind, ich halb
Jüngling. Seit jener Zeit haben wir so oft zusammen
gespielt, gesprochen, gebetet; ich habe sie immer so
heiter, gut, liebenswürdig gesehen; wir haben so oft
mit offener Seele uns unterhalten; ich habe so oft die
ganze Schönheit ihres Gemüths erkannt, dass ein Tag
gekommen ist, wo ich fühlte, dass Susanne die Frau

ist, die mir Gottes Güte bestimmt hat. Als Susanne
sechzehn Jahre war, habe ich sie gebeten, mich als
ihren Verlobten zu betrachten, wir haben uns verlobt,
sie hat es Ihnen noch am nämlichen Tage gesagt; das
ist die Geschichte unserer Liebe.

· — Also, sagte ich seufzend, Achtung und Freundschaft haben Sie zu dieser sogenannten Liebe geführt?
Nichts Plötzliches, nichts Blitzartiges? keine Leidenschaft,
keine Poesie?

— Ich bin vierundzwanzig Jahre alt, sagte der
junge Mann; ich liebe Susannen, ich habe niemals eine
andere geliebt und werde niemals eine andere lieben;
ich achte sie mehr als irgend Jemanden auf der Welt;
ich liebe sie mehr als mich. Ist das Klugheit, ist es
Leidenschaft? Davon weiss ich nichts; aber ich hoffe,
Susanne wird nicht mehr von mir verlangen; sie wird
zufrieden sein, wenn ich sie bis an mein Ende auf
dieselbe Weise liebe.

— Ganz wohl, mein Sohn, Sie sind überaus verständig; Sie werden so glücklich sein, als Sie es verdienen, und werden viele Kinder bekommen. Aber
wie steht es mit der Geldfrage?

— Ich hatte kein Vermögen, sagte Alfred, und das
schob meine Pläne weit hinaus; ich war einundzwan-
zig Jahre alt und entschlossen, meinen Weg rasch zu
machen; ich zweifelte nicht am Erfolg.

— Ohne Zweifel hatten Sie mächtige Gönner? Hoffnung auf irgend einen guten Platz in der Staatsverwal-
tung? Vielleicht hatte Ihr Vater dem Vetter oder der
Base eines Senators eine Gefälligkeit erwiesen?

— Ich hatte nichts als meinen Kopf und meine
Arme und den Wahlspruch jedes ächten Yankee: *Go
ahead, never mind, help yourself!* Das hilft mehr als

fremde Stütze. In einem Lande, das so rasch wächst wie das unsrige, muss jeder, der kein Dummkopf ist und einen festen Willen hat, schliesslich auf eine glückliche Chance stossen. In meiner Stellung als Chemiker bei einem reichen Indigohändler hörte ich oft, wie mein Herr es beklagte, dass die Schiffe nach Indien nur halbe Ladung führten. Die Auffindung eines neuen Frachtartikels war der stete Traum unserer Rheder. Ich entdeckte einen, an den Niemand gedacht hatte und für den der Absatz sicher war: das Eis. Es wird niemals soviel Eis geliefert werden können, als Indien verbrauchen kann. Die Schwierigkeit bestand nur in der Aufbewahrung unterwegs; hier galt es ein Problem zu lösen. Dank meinem Vater bin ich in einem Laboratorium aufgewachsen; Physik und Chemie waren meine erste Unterhaltung. Ich bedurfte zur Isolirung meiner Eisblöcke eines schlechten Wärmeleiters. Ich versuchte es mit den Sägespänen, die bei uns keinen Werth haben. Die Erfindung war fertig. Es fehlte nur noch an Kapital.

Es ist in Amerika niemals schwer, Geld zur Ausführung einer guten Idee finden; ich dachte an Mr. Green, der grosse Geschäfte in Reis, Kaffee, Gewürzen und Indigo macht. Er hatte Vertrauen zu mir und wagte eine Expedition. Ich reiste mit meiner Ladung nach Calcutta; wir hatten glückliche Fahrt; ich verkaufte mein Eis mit erheblichem Gewinn und kehrte zurück, nachdem ich drüben vortheilhafte Lieferungen für zwanzig Jahre abgeschlossen und eine Rückfracht für mein Schiff erlangt hatte. Nach meiner Rückkehr fielen tausend Dollars auf meinen Antheil und jetzt stehe ich an der Spitze des Hauses Green, Rose & Compagnie. Der Erfolg ist gewiss. Wenn ich will, kann ich ihn heute discontiren. Vorläufig kann ich meiner Frau zehn bis zwölftausend Dollars jährlich anbieten.

— Sechzigtausend Franken jährlich, rief ich; etwas Hübsches, der Handel, wenn man Glück hat! Ich betrachtete meinen Schwiegersohn näher; ich fing an, ihn genial zu finden. An der Stirne und am Kinn hatte er offenbar etwas von Napoleon.

Ich hatte gänzlich den Laden seines Vaters vergessen, als uns Zambo Mr. Rose anmeldete, der auch seinen Antheil an der gemeinsamen Freude haben wollte. So schätzbar der vortreffliche Mann war, ein Apotheker konnte doch nicht der Schwiegervater sein, den ich für meine Tochter gewünscht hätte; ich hatte von einem Unterpräfecten geträumt; aber was will man machen in einem so ursprünglichen Lande, das die Centralisation, um die uns Europa beneidet, noch nicht erlangt hat!

Mit Rose kamen Mr. Green und Henri. Den Apotheker hatte ich gleich erkannt an dem medizinischen Air, das sich nicht leicht verliert; aber der Krämer im schwarzen Frack und weisser Binde war für mich eine neue Erscheinung. Seine Sprache und seine Manieren waren eben so auffallend als sein Anzug. Green, der Oel- und Kaffeehändler sprach mit der Ueberlegenheit und Kaltblütigkeit eines Mannes, der Millionen in Bewegung setzt

— Nachbar, sagte er zu mir mit grösster Höflichkeit, durch diesen jungen Mann, der Ihr Schwiegersohn und mein Compagnon ist, gehöre ich auch ein wenig mit zur Familie. Aber es wird dabei nicht bleiben. Henri hat mich besucht; er ist ein intelligenter Junge, er gefällt mir, ich habe eine Stellung für ihn gefunden. Alfred lässt sich jetzt nieder; wenn man heirathet, kann man nicht in der Welt herumlaufen; aber doch brauchen wir einen zuverlässigen Menschen in Calcutta. Ich habe an Henri gedacht ungeachtet seiner Jugend. Man kommt niemals zu früh in's Geschäft. Drei Jahre Aufenthalt in Indien werden ihn zum Mann machen; wir geben ihm eine Tantième, die ihm, wenn er fleissig ist, vier oder fünftausend Dollars jährlich abwirft. Sie vertrauen mir ein Kind an; in drei Jahren haben Sie einen Mann dafür. Was sagen Sie zu meinem Plan? Behagt er Ihnen so gut, wie Ihrem Sohn?

— O, mein Sohn, dachte ich, ich hatte für dich eine andere Zukunft geträumt! Vielleicht ist es so besser für dich; vielleicht hast du weder die politische Anlage, noch die erforderliche Feinheit, um dich zum Rang eines Büreauchef emporzuschwingen. Das Loos ist gefallen, du wirst blos Millionär!

Ich dankte Green, der ganz leise zu mir sagte:

— Nachbar, dabei wird's nicht bleiben. Sie kennen Margarethchen, mein zwölftes Kind, ein kleines reizendes Mädchen von zehn Jahren, aber schon so niedlich, wie eine Puppe. Ich habe die Idee, dass wir sie in sechs oder sieben Jahren zur Mistress Henry Smith machen können. Bis dahin werden wir Acht auf den jungen Mann und auf sein Vermögen haben; zählen Sie auf mich.

Das war zu stark! Ich, der Dr. Lefebure, Bürger und Gelehrter bei mir zu Hause, einem Krämer verschwägert und verpflichtet! Gewiss, ich liebe die Gleichheit; ich bin Franzose; die Prinzipien von 1789 sind mein Evangelium.

Die Sterblichen sind gleich; nicht die Geburt erzeugt
Verschiedenheit; sie wird durch Tugend nur erreicht,

wie unser unsterblicher Voltaire sagt.

Ich verlange, dass man diese Gleichheit allenthalben proclamirt; es ist mir recht, wenn man diese Gleichheit in unsere Gesetze einführt; man wendet sie ja
doch nicht an; aber die Gleichheit in unsere Sitten einführen, niemals, niemals!

Stets wird der Mensch, der nichts thut, einen höheren Standpunkt einnehmen, als der, der seine Finger mit Arbeit beschmutzt.

Ich wollte eben den Zauber stören und das perfide
Anerbieten zurückweisen als meine Frau die Nachbarn
zu einem Stück Schinken und einer Tasse Thee einlud.

— Daniel, sagte Jenny, sprich das Tischgebet.

— Meine Liebe, ich bin so erregt, dass ich nicht
mehr weiss, was ich thue. Vertritt meine Stelle und
sprich es für mich.

— Lieber Gott, sagte Jenny, segne dieses Haus
und Alle, die darinnen sind. Segne auch, die daraus
weggehen und mögest du, o Herr, unter ihnen nur
reine und gehorsame Herzen finden!

Jedermann sprach das Amen mit so andächtiger
Stimme, dass der Lauf meiner Ideen dadurch vollständig durchkreuzt wurde. Ich betrachtete meine Freunde,
meine Kinder, meine Frau; Green, der mit solcher
Schlichtheit das Vermögen meiner Familie begründete;
Henri, der mit sechzehn Jahren, mit der Entschlossenheit eines Mannes und dem Eifer eines Knaben sich
durch Arbeit eine Stellung in der Welt erringen wollte,
und weder vor Gefahr, noch vor Entfernung zurück-
schreckte; die zarte und reine Liebe zwischen Susanne
und Alfred; und endlich meine Frau, meine gute Jenny,

die aufmerksam und hingebend nur an die Andern dachte, die Königin dieses Bienenstocks, aus dem der Schwarm entflog!

Und ich, unnütze Drohne, der nichts verstand als zu murren, musste mir sagen, dass ich allein bleiben würde an diesem Heerd, den jetzt noch Susannen's und Henri's Freude belebte. Rose hatte neun Kinder, Green fünfzehn; Gott segnet die grossen Familien, und wenn wir weiser sein wollen, als er, so verkehrt er unsere falsche Klugheit und straft uns mit der Einsamkeit, die wir gesucht haben. . . . . . . Ich weiss nicht mehr, was ich Alles dachte; denn Zambo machte die Thüre auf und trat mit erschreckter Miene ein, indem er rief:

— Die Sturmglocke! die Sturmglocke! Horcht, es brennt.

Siebentes Kapitel.

Der Brand.

Beim ersten Schrei Zambo's war der Apotheker an das Fenster gelaufen. Jetzt wandte er sich zu Green.

— Lieutenant, sagte er, das Zeichen gilt uns, es brennt in der zwölften Avenue.

— Sergeant, ich bin bereit, erwiederte der Krämer, indem er sich erhob. Doctor, setzte er hinzu, indem er mir auf die Achsel schlug, eilen Sie, der Wagen wartet nicht.

— Schön, dachte ich, als ich sie mit Alfred und Henri fortgehen sah; jetzt spielen sie Nationalgarde. Die Nationalgarde! Das ist ein Geschenk, welches uns Amerika durch den Bürger Lafayette übersandt hat, und das sich bei uns recht hübsch bewährt hat! Lauft nur zu dieser unnützen Parade, ihr guten Freunde; wohl bekomm's euch! Ich für mein Theil bleibe zu Hause. Was spricht Green von einem Wagen? Glaubt er etwa, dass ich wie ein Maulaffe hinlaufen werde, um das Feuer zu sehen in einem Lande, wo es, wie man sagt, alle Tage brennt? Ich trat zum Fenster; starke

Rauchwolken stiegen zum Himmel, Funken sprühten; das Feuer wuchs.

— Rasch, Herr, rasch, der Wagen kommt, rief plötzlich Martha.

Ich drehte mich um; vor mir stand Zambo mit einer Hacke in der Hand und mit einem Lederhelm auf dem Kopf; Martha hielt eine Jacke von rothem Stoff und einen breiten Turngürtel; es war meine Uniform, ich war Feuerwehrmann!

Ich Feuerwehrmann? Ich wollte gegen diese neue Beleidigung, die mir das Geschick anthat, protestiren; aber Martha hatte sich meiner bemächtigt. In einem Augenblicke war ich angekleidet, gegürtet, behelmt, bewaffnet und auf das Dach eines ungeheuren Omnibus gehoben, der in seinem Innern eine rauchende Dampfmaschine barg. Zwei prächtige schwarze Pferde trugen Feuerspritze und Spritzenmänner im Galopp davon.

— Fürchte nichts, Daniel, rief Martha mit erhobener Hand, du wirst dem Herrn dienen; der Allerhöchste wird dich aus den Flammen retten, wie seine Diener Sadrach, Mesach und Abednego.

Dieser biblische Segen, der förmlich nach Brand roch, erweckte mir ein Frösteln.

— Sonderbare Idee, rief ich, für Unbekannte seine eigene Haut zu riskiren, während man doch eine Feuerwehr bezahlen könnte!

— Was reden Sie da, Doctor? unterbrach mich eine scharfe Stimme, an der ich meinen Nachbar Reynard als Sollicitor Fox wieder erkannte. Bürger, setzte er hinzu, indem er irgend ein altes Plaidoyer auf wärmte, wenn ihr frei sein wollt, so macht selbst eure Polizei und euer Heer. Wer sich Wächter anstellt,

stellt sich Herren an. Lieber Freund, fuhr er zu mir gewendet fort, woher haben Sie diese sonderbaren Ideeen, sind Sie kein Freund der Freiheit?

— Die Freiheit über Alles! beeilte ich mich ihm etwas verlegen zu antworten; seinen Mitbürgern zu Hülfe eilen ist eine Pflicht und eine Lust, die ich Niemanden überlassen möchte, ich bin stolz darauf, Feuerwehrmann zu sein!

— Doch nicht so sehr wie Green, lieber Nachbar, versetzte der Mensch mit pfiffiger Miene. Der ist vergnügt, dass es in's Feuer geht! Er ist teufelmässig schlau, flüsterte er mir in's Ohr; *devilish smart*, wiederholte er viermal, indem er mit den Augen zwinkerte.

Er öffnete seine Dose, seufzte, nahm langsam zwei Prisen und fuhr dann fort: — Unser Hauptmann, der brave Oberst Saint-John will sich zurückziehen; Green ist Lieutenant und ehrgeizig. Er will Hauptmann werden, um höher zu steigen. Er ist teufelmässig schlau; aber er mag sein Spiel noch so geheim halten, ich schaue ihm doch in die Karten.

Fox war kaum mit seinen heimlichen Mittheilungen zu Ende, als wir an Ort und Stelle waren. Keine Polizei, keine Vorsichtsmassregel. Eine neugierige Volksmasse stand auf den Trottoirs und liess zum Glück die Mitte der Strasse gutwillig frei. In einem Augenblick war die Maschine in Stand gebracht, die Pumpenstöcke eingesetzt, Wasser war überall. Während der Lieutenant den Hauptheerd des Feuers untersuchte und seine Befehle ertheilte, stellte ich mich mit meinem liebenswürdigen Nachbar an die Schläuche.

Vor uns stand ein Haus in vollem Brand, die Flammen leckten aus den zerbrochenen Fenstern; plötzlich hörte man aus dem ersten Stock jammervolle Rufe;

eine weisse Gestalt glitt wie ein Schatten vorüber, eine weibliche Stimme rief um Hülfe. Sofort lehnte Green eine Leiter an die Mauer, stieg hinauf und verschwand mitten im Rauch.

— Verdammt schlau, sagte Fox mit einer teuflischen Grimasse zu mir, *devilish smart;* er spielt *va banque,* der Ehrgeizige!

— Hieher Kinder, hieher, rief Rose, vollauf mit Löschen beschäftigt. Ich hob mit aller Kraft an dem schweren Schlauche, aber ich konnte meine Augen nicht von dem Fenster abwenden, durch das Green eingetreten war. Das Herz klopfte mir, die Unruhe erstickte mich.

Plötzlich erschien Green wieder mit einer Frau in den Armen und stieg begrüsst von dem Hurrah der Menge herab.

Kaum am Boden erhob sich die Frau: — Mein Kind, schrie sie; wo ist meine Tochter? Sie zitterte an allen Gliedern, weinte, streckte die Arme nach dem brennenden Fenster aus und wollte sich wieder in die Höllengluth stürzen Vergebens suchte man sie zurückzuhalten; sie entriss sich unsern Armen, lief gegen das Haus und, von der Flamme zurückgetrieben, sank sie mit herzzerreissendem Geschrei nieder und raufte sich die Haare aus.

Alle sahen sich fragend an; das Feuer brauste wie ein Orkan, das Dach war angegriffen und drohte einzustürzen, das Kind war verloren. — In diesem Augenblick packte mich ein unbeschreibliches Gefühl: der Anblick dieser armen Frau, die Worte Martha's, das Beispiel Green's, der Gedanke, dass ich Franzose sei — was weiss ich? Es war ein Zustand von Trunkenheit.

Ich lief zur Leiter und war oben, ehe ich wusste, was ich that.

Rose wollte mich aufhalten. Ich rief:

— Ich bin Vater, ich werde dieses Kind nicht sterben lassen!

Aber im Zimmer ergriff mich die Furcht; ringsum zischte das Feuer, das Holzwerk krachte, die Scheiben knackten; es war ein unheimlicher Lärm. Erstickt von der Hitze, geblendet vom Rauch begann ich zu rufen, keine Antwort; ich schrie, kein Laut. Ich war in Verzweiflung. Da zeigte mir eine hell aufschlagende Flamme durch die Finsterniss hindurch eine verschlossene Thüre mir gegenüber. Das Schloss mit einem Beilschlag sprengen, in die Kammer eilen, an die Wiege laufen, in der ein Kind weinte, diesen Schatz auf meine Arme laden, das Alles war das Werk eines Augenblicks.

Welche Freude! aber ach, sie war nur kurz. Von Rauch umgeben, halberstickt wusste ich nicht mehr, wo ich war; das Herz klopfte mir, ich schwindelte, ich war verloren!

— Hieher, Doctor! Hieher, Daniel! rief Rose's Stimme, aber aufgepasst beim Zurückgehen!

Der Rath war gut; ich hatte mich kaum gewendet, als ein kräftiger Wasserstrahl, von der geschickten Hand des Apothekers gelenkt, mich vom Kopfe bis zu Fuss überschwemmte und mich beinahe umwarf. Dank diesem Manöver, das einen Augenblick die Flamme aufhielt und den Rauch zerstreute, konnte ich das Fenster sehen; ich lief hin, betrat die Leiter und liess mich zu Boden gleiten, geschwärzt und rauchend, wie ein nasser Feuerbrand. Einen Augenblick nachher stürzte das Dach mit furchtbarem Geprassel zusammen.

Martha hatte Recht, Gott hatte mich gerettet wie Abednego.

Es wäre vergebens, die Freude der armen Mutter zu beschreiben; ich hatte ein Kind gerettet und die Ehre des französischen Namens gewahrt. Meine Thorheit war nicht ohne Folgen geblieben; die eine Seite meiner Haare war abgesengt, meine Wange aufgeritzt und der linke Arm von der Hand bis zum Ellbogen verbrannt; aber was war das Alles gegen das, was ich gewonnen hatte?

Höchstens eine Stunde nach dem Vorfall kehrten wir in unsere Wohnungen zurück und überliessen den zuletzt Gekommenen die Sorge, die rauchenden Trümmer vollends zu löschen. Gewandt und erhobenen Hauptes kletterte ich auf den nämlichen Omnibus, den ich Morgens in so übler Laune bestiegen hatte. Da war auch Fox und zwinkerte mit den Augen, wie wenn er einäugig wäre.

— Green ist schlau, sagte er, indem er mit dem Ellbogen an meinen kranken Arm stiess, dass ich vor Schmerz laut aufschrie; aber Sie sind noch verdammt viel schlauer. Es lebe der Hauptmann Smith! fügte er händereibend hinzu.

Ich antwortete ihm nicht; ein neues Schauspiel fesselte mich.

Auf allen Trottoirs bewegte sich eine endlose Menge in unglaublicher Ordnung. Fast alle Männer hielten ein Papier in der Hand, das sie bei unserm Vorüberfahren schwenkten.

— Es lebe der muthige Lieutenant! Es lebe Green! schrieen sie. Es lebe Smith! Es lebe der heldenmüthige Feuerwehrmann!

— Das sind sie, sagte man, indem man mit den

Fingern auf uns zeigte; der da ist Green; der dort ist
Smith! Hurrah! Die Hüte hoben sich, die Taschen-
tücher flogen, die Frauen zeigten uns ihren Kindern,
die ihre kleinen Händchen wie zum Grusse bewegten.

Aber durch welches Geheimniss kannte denn die
ganze Stadt schon meinen Namen und meine That?
Ich wusste es nicht und fragte nicht darnach; man gewöhnt sich rasch an den Ruhm; aber die Rührung
übermannte mich, und wenn ich auch versuchte, die
Menge mit der Bescheidenheit und Ruhe eines Helden
zu betrachten, — als ich mein Haus erreichte, war ich
in Thränen. Das Volk umgab Jenny, meine Tochter,
Martha, die wieder predigte, und Zambo, der wie ein
Narr umhersprang. Ich stürzte in ihre Arme und ungeachtet ich aussah wie ein Schornsteinfeger, Gott
weiss, wie ich sie Alle umarmte. Ich glaube, ich habe
selbst Zambo schwarz gemacht.

Vor dem Eintritt in's Haus zeigte mir Jenny lächelnd die Druckerei uns gegenüber, die des *Paris
Telegraph*, jener schmähsüchtigen Zeitung. Ein ungeheurer Anschlag überragte das Haus und auf eine halbe
Meile konnte man lesen:

Fünfte Ausgabe

PARIS - TELEGRAPH

Schrecklicher Brand

Der muthige Lieutenant Green!!!

Der heldenmüthige Feuerwehrmann Smith!!!!

ERHABENES WORT:

Ich bin Vater, ich werde dieses Kind nicht sterben lassen!

Absatz 50,000 Exemplare.

Sechste Auflage unter der Presse.

4*

Also das war der Tempel, wo der Ruhm gespendet wurde! Das konnte die Eitelkeit etwas heilen!

Mit welcher Freude lief ich in das Badezimmer und warf mich in's Wasser, um mich zu reinigen und meinen verbrannten Arm zu erfrischen. Diessmal fand ich die Einrichtung vortrefflich, die mir jeden Augenblick heisses Wasser in meine Wohnung führte. Was Zambo betrifft, so wollte er mich diessmal gar nicht verlassen; er behauptete, dass Massa seine Dienste nothwendig hätte und ihn nicht entbehren könnte. Der wackere Bursche wollte mich gern zum Plaudern bringen, um sich bei der Nachbarschaft wichtig zu machen. Mein Ruhm war auch der seine; er war gewissermassen durch Stellvertretung selbst ins Feuer gegangen. Als ich zum *Parlour* hinabstieg, konnte die Expedition des *Paris-Telegraph*, von Käufern umlagert, die Nachfrage nicht mehr befriedigen; die Menge drängte sich unter meinen Fenstern, um mich zu sehen. Mit meinem Arm in der Binde, meinem zerkratzten Gesicht und meinen verbrannten Haaren konnte ich mich ein Held dünken.

Nichts mangelte der Freude dieses schönen Tages. Bald kam die Musik der Feuerwehr und brachte mir ein Ständchen; Green an der Spitze der ganzen Compagnie hielt eine Ansprache an mich.

In diesem sehr wohlverfassten *speech* vergass der Krämer mit rührender Bescheidenheit seine eigene That gänzlich. Er sprach nur von dem Muthe, den ich bewiesen hatte und bat mich im Namen der Compagnie, den Posten eines Hauptmannes anzunehmen.

Ich entgegnete: — Kameraden! Freunde! Ich bin verwirrt durch eure Güte, aber der Himmel bewahre mich davor, das Beispiel des Lieutenant Green und die Hülfe des wackern Sergeant Rose zu vergessen! Jenem verdanke ich eine gute Handlung, diesem das Leben. Erlaubt mir, dieser Schuld der Dankbarkeit eingedenk zu bleiben und stets den trefflichen Green und den braven Rose als meine Vorgesetzten zu betrachten. Ich bleibe in euern Reihen, Kameraden, wie ihr als einfacher Feuerwehrmann in einem freien Lande. Stolz auf eure Freundschaft und euern Muth möchte ich unser bescheidenes Kleid nicht gegen die Uniform eines Generals vertauschen. Es lebe Amerika! Es lebe die Freiheit!

Meine Antwort hatte Erfolg, namentlich der Schluss, der doch eigentlich nichts taugte. Green fiel mir um den Hals; Rose gleichfalls und Fox nahm mich bei Seite, um mir ganz leise zu sagen: — Kamerad, Sie sind teufelmässig schlau, Sie blicken hoch hinauf; aber es ist gleich, ich durchschaue Sie. Und er fuhr fort, mit beiden Augen zugleich zu zwinkern, ohne dass ich die Bedeutung dieser geheimnissvollen Sprache zu errathen vermochte. Auf ein Zeichen von Green begann das Ständchen von neuem; zugleich sah ich längs der Druckerei des *Paris - Telegraph* eine Tafel aufsteigen, wie eine Flagge, die man am grossen Maste aufhisst. Auf dieser transparenten Tafel, die von farbigen Laternen erleuchtet war, las man in fusshohen Buchstaben folgende Inschrift:

Achte Auflage

PARIS - TELEGRAPH

Der heldenmüthige Feuerwehrmann Smith, der neue Cincinnatus!!!

Wie Amerika die Bürgertugend belohnt.

Absatz 100,000 Exemplare.

Neunte Auflage unter der Presse.

— Was soll das heissen? rief ich. Zamho, hole mir die Zeitnng; dahinter steckt irgend ein schlechter Spass.

Die Zeitung kam und ich las darin zu meinem grossen Erstaunen Green's Rede und meine Antwort. Man hatte sie auf der Stelle stenographirt und gedruckt. Meine Ablehnung trug mir den Titel Cincinnatus ein. Weshalb? Ich konnte es niemals erfahren; aber das Wort machte sich ganz gut auf dem Anschlag. An einem Menschen, der der neue Cincinnatus heisst, muss immer etwas sein.

Unter meinem *Speech* und unter der lächerlichen Aufschrift: Wie Amerika die Bürgertugend belohnt, las man die beiden folgenden Briefe:

Der Schwan
Feuerversicherungsgesellschaft
Akazienstrasse Nro. 10.
(Gründungskapital zehn Millionen Dollars, Dividendenantheil der Versicherten).

„Herr Doctor!

„Der Muth, welchen Sie bei dem heutigen Brandunglück entwickelten, hat die Aufmerksamkeit unseres Verwaltungsrathes auf Sie gelenkt.

„Die Stelle eines Gesellschaftsarztes zur Untersuchung der bei Brandfällen Verwundeten und Verunglückten ist augenblicklich unbesetzt.

„Wir hoffen, dass Sie uns die Ehre erweisen werden, diesen Posten anzunehmen.

„Das Honorar beträgt 400 Dollars.

Der Director
X. X . . .

„Herrn
Doctor Daniel Smith,
Feuerwehrmann in der 7. Compagnie."

Die Vorsehung

Kinderspital, gegründet durch freiwillige Jahresbeiträge von
10 Dollars.

Nussbaumstrasse Nro. 25.

„Herr Doctor!

„Der Arzt, welcher die schönen Worte gesprochen hat: *Ich bin Vater, ich werde dieses Kind nicht sterben lassen,* ist der Mann, dem seine Hingebung und sein Talent die Pflege kranker Kinder als natürlichen Beruf anweisen.

„Die Stelle eines Oberarztes an unserem Krankenhause ist frei und wir hoffen, dass Sie dieselbe annehmen werden.

„Die tägliche Ordinationsstunde ist von sechs bis acht Uhr. Der Gehalt beträgt 2000 Dollars.

Die Krankenhausverwaltung.

A. . . T. . .

„Herrn

Doctor Daniel Smith,

Feuerwehrmann in der 7. Compagnie".

— Zambo, fragte ich, sind denn Briefe für mich gekommen?

— Nein, Massa, der Briefträger war noch nicht da.

— Es ist nicht anders möglich, als dass hier irgend eine Mystification vorliegt.

— Man klopft am Thor, Massa, sagte Zambo; hören Sie: eins, zwei, drei; das ist die Post; ich komme gleich.

Der Neger brachte mir vierzig Briefe, einen Berg von Papier; Kranke fragten mich um meine Sprechstunde, andere baten mich, sie so rasch als möglich zu besuchen, vier Collegen beriefen mich zu Consultationen, sechs Apotheker boten mir eine Association an, und endlich, sonderbar, zwei sorgfältig versiegelte Briefe theilten mir wirklich im Vertrauen mit, was der *Paris-Telegraph* bereits mit einer Indiscretion, die ich ihm recht gern verzieh, veröffentlicht hatte.

Ich war mit einem Male berühmt! Mein Glück begann! Ein Tag, eine muthige Stunde machte mir einen Namen und that mehr für mich in Amerika, als zwanzig Jahre Arbeit in der alten Welt. Aber, dachte ich, und dieser Gedanke gab mir die nöthige Demuth wieder, hätte ich etwas erreicht ohne diese schwatzhafte Zeitung, ohne diese Posaune, die meinen Namen nach allen Theilen der neuen Welt geschleudert hat? Jedenfalls war es mein erster Gedanke, dem Redacteur zu danken, wer er auch sein mochte. Es war zu spät, das Büreau verschlossen, das Transparent erloschen, mein Ruhm verschwunden; ich verschob meinen Besuch auf den folgenden Tag.

Ich brachte den Abend mit meinen alten Freunden, mit meiner Frau und meinen Kindern zu. Man liess mich die geringsten Einzelnheiten des schrecklichen und ruhmreichen Ereignisses wiederholen. Jenny erblasste, als ich von meinen Gefahren sprach, sie erröthete, als ich die Freude der Mutter schilderte, die ihr Kind wiederfand. Susanne drückte mir die Hand und sah Alfred an.

Ich glaube, die Unterhaltung hätte die ganze Nacht gedauert, wenn nicht Martha eine grosse in Leder gebundene Bibel mit Messingschliessen auf den Tisch gestellt hätte.

— Lies, sagte sie zu mir, und besänftige deine Eitelkeit; vergiss nicht die Geschichte Haman's, des Sohnes Medatha's aus dem Stamme der Agagiter, und gedenke, dass es hier einen Mardachai gibt, der die Kniee nicht vor dir beugen wird.

— Sei ruhig, Martha, antwortete ich, vor meiner

Thür steht kein Galgen von fünfzig Ellen Höhe und ich will Niemanden hängen lassen.

Jenny öffnete die Bibel und las uns das dritte Kapitel aus Daniel vor. Die Quakerin war entzückt, Zambo nicht minder, und ich dachte ernstlich nach über die Güte Gottes an meiner Statt. Der Abend war sehr vorgerückt, als wir uns nach einem so schön ausgefüllten Tage trennten. Ermüdet, etwas leidend, aber zufrieden mit mir selbst ging ich zu Bette und träumte die ganze Nacht von Ständchen, Ankündigungen, Hurrahs und Reden.

Achtes Kapitel

Truth, Humbug & Comp.

Kaum erwacht lief ich an's Fenster; ich wollte
mich meiner beginnenden Berühmtheit erfreuen und
nochmals die Veröffentlichung meines Namens bewundern. Die Tafel war an ihrem Platz; alle Vorübergehenden liessen ihre Blicke darauf fallen; aber, oh Eitelkeit des menschlichen Ruhms! Man las darauf:

Ankunft der Persia.
Wichtige Nachrichten aus Europa.

London: Consol. $92^3/_4$.
Liverpool: Baumwolle gestiegen um 20%.
— Pökelfleisch (Cleveland), Bestellungen auf 4000 Tonnen
zu 14 Dollars.

Höchst wichtig für Landwirthe!!!

Vier schöne italienische Esel, Zuchtthiere von erster Qualität.
Näheres bei Gebrüder Ginocchio, Wilhelmsstrasse Nr. 70.

— Krämervolk, rief ich entrüstet, ungebildete Nation, bei der Geschäfte und Gefühle, Baumwolle und

Ideen durch einander in einer Reihe stehen, ich danke
Gott, dass ich dir nicht angehöre! Es lebe das Land des
Ideals, es lebe Frankreich, das sich durch ein wohl-
klingendes Wort immer hinreissen lässt, Frankreich, das
Gott sei Dank an seine Interessen immer erst denkt, wenn
es zu spät ist! Unser Unverstand ist mehr werth, als
die Weisheit dieser Yankees; unsere Armuth ist edler
als ihr Reichthum. Vier Zuchtesel und der Preis des
Schweinefleisches sind für diese unwissenden Farmer
wichtige Neuigkeiten aus Europa! Und von Frankreich, von den neuen Moden, vom letzten Hofball,
vom neuesten Roman, vom jüngsten Lustspiel, von
alledem kein Wort! Blasse Vandalen, ich fühle für
euch nur noch Verachtung.

Während ich so meinem gerechten Zorn freien
Lauf liess, wollte ich gleichwohl dem Journalisten danken, der Tags vorher meinen Namen genannt hatte.
Was er auch für ein Winkelschreiber sein mochte, ich
durfte ihm schicklicher Weise nicht verpflichtet bleiben;
wenn ich ihn mit meinem Besuche beehrte, so war
ich vollständig quitt mit ihm.

Ich trat in ein unbedeutendes Haus. Auf einer
Messingplatte an der Mauer las man: *Paris - Telegraph.*
Eigenthum und Verlag von Truth, Humbug & Comp. Ich
öffnete eine Thüre von grünem Tuch und befand mich
gegenüber einem kleinen Mann, der ganz in Schwarz
gekleidet und bis oben zugeknöpft war; es war Mr.
Truth. Er sass vor einem Schreibtische aus Acajou
und hielt eine gewaltige Scheere in der Hand, mit der
er aus einer englischen Zeitung lange Streifen aus-
schnitt, die er dann in eine Art Briefkasten warf, der
mit der Druckerei in Verbindung stand. Das war gewiss eine billige Redactionsweise.

— Was wünschen Sie, mein Herr? fragte er, ohne den Kopf zu erheben oder seine Arbeit zu unterbrechen.

— Ich bin der Doctor Daniel Smith, antwortete ich ernst und gemessen, Feuerwehrmann in der siebenten Compagnie, derselbe, dessen Lob Sie in Ihrem gestrigen Abendblatt zu verkünden die Güte hatten.

— Schön, sagte der Journalist, indem er mit dem Ausschneiden fortfuhr. Was wünschen Sie?

— Ich wünsche, Ihnen den schuldigen Dank abzustatten.

Erstaunt sah er mich an.

— Sie schulden mir keinen Dank, Herr Doctor. Die Veröffentlichung Ihrer schönen Handlung lag in meinem Geschäft; Sie haben mir gestern mehr als zweihundert Dollars eingebracht. Sie sind mir also keineswegs verpflichtet.

Hierauf nahm er seine Beschäftigung wieder auf, ohne mich nur zum Sitzen einzuladen.

— Herr Truth, erwiderte ich trocken und würdevoll, die Motive Ihrer gestrigen Handlungsweise sind mir vollkommen gleichgültig. Sie haben mir einen Dienst erwiesen, ich bin und bleibe Ihr Schuldner.

Ich wollte eben das Zimmer verlassen, als er den Kopf drehte und seine grossen schwarzen Augen, deren schmerzlicher Ausdruck mir auffiel, fest auf mich richtete.

— Doctor, sagte er mit keuchender Stimme, wenn Sie absolut darauf bestehen, sich einer eingebildeten Schuld zu entledigen, so haben Sie hier die Gelegenheit. Sagen Sie mir mit vollster Aufrichtigkeit, an welchem Uebel ich leide und wie lange ich noch zu leben habe.

Er erhob sich, legte die Hand auf's Herz und hielt plötzlich inne. Ein heftiges Asthma befiel ihn. Ich ergriff seinen Puls, ich lauschte auf seinen Athem, ich untersuchte ihn; die Symptome liessen keine Täuschung zu.

— Doctor, sagte Truth, ich verlange von Ihnen die volle Wahrheit. Wenn man wie ich gewohnt ist, sie aller Welt zu sagen, so ist man auch stark genug, sie für seinen Theil zu hören. Ich muss wissen, woran ich bin.

— Sie leiden, antwortete ich, an einer übrigens keineswegs unheilbaren Herzkrankheit. Cigaretten aus Stramonium werden Ihnen eine Erleichterung gewähren. Wollen Sie aber geheilt werden, so brauchen Sie eine reine Luft, ein ruhiges Leben, Ruhe für Körper und Geist, lauter Dinge, die Sie in einem Zeitungsbüreau nicht finden.

— Ich danke, Doctor, erwiderte er; den nämlichen Rath hat mir mein Arzt heute Morgens gegeben. Ich muss den Anstrengungen meines Geschäfts entsagen; meinethalben; je eher je besser. Ein Yankee schaut niemals hinter sich. Doctor, kaufen Sie mir meine Zeitung ab, für zwanzigtausend Dollars bekommen Sie meinen Antheil; in sechs Monaten haben Sie sie verdient. Wollen Sie?

— Teufel, rief ich, Sie gehen rasch! Ich Journalist! Das ist eine Ehre, an die ich niemals gedacht habe.

— So denken Sie daran! Für einen Ehrenmann ist es der erste Stand. Gibt es etwas Schöneres, als seine Brüder auf dem Wege der Gerechtigkeit und Wahrheit zu führen?

Wer die Stellung eines Journalisten nur von weitem ansieht, achtet sie kaum; aber Jeden, der näher hinzutritt, erfasst eine unbegreifliche Lust, sich damit zu beschäftigen. Die Journalisten gehören zu demselben Stande wie die Schauspieler. Man verachtet und man beneidet sie. Diese Vagabunden haben Geist; wenn man sich an sie drückt, fühlt man sich weniger spiessbürgerlich. Es gibt keine noch so hübsche Frau, die es nicht glücklich macht, sich den grossen Modeschönheiten nähern zu können; jeder Staatsmann hat eine Stunde, wo er dem Pressgesindel schmeichelt, wenn er nicht am Ende gar selbst in die Reihen der Zeitungsschreiber tritt. — Der Vorschlag des Redacteurs kitzelte meine Eitelkeit; der Gedanke, die öffentliche Meinung zu leiten, behagte mir. Wieviel könnte das Publikum, diese unwissende, dumme Masse von einem Manne lernen wie ich! Nur das Gefühl meiner Würde hinderte mich, dieser thörichten Idee nachzugeben.

— Die Leitung eines Journals, sagte ich zu meinem Patienten, ist etwas zu schwieriges für Jemanden, der nicht in dieser Beschäftigung aufgewachsen ist.

— Nein, nichts ist einfacher. Setzen Sie sich zwei Stunden hier neben mich, so will ich Sie in das ganze Geschäftsgeheimniss einweihen. Im Grunde lässt sich Alles auf eine einzige Regel zurückführen: Sagen Sie die Wahrheit, die volle Wahrheit, nichts als die Wahrheit!

Die Neugierde trug den Sieg davon. Ich warf mich in einen grossen Lehnstuhl von braunem Leder, nahm meinen Stock zwischen die Beine und stützte meinen kranken Arm auf den Knopf; dann ergriff ich eine Tabaksdose, die irgend Jemand auf dem Tische hatte stehen lassen, sah Mr. Truth an und sprach: — Mein lieber Aristides, Ihre Devise ist sehr schön; aber ist sie nicht zu schön? Ich habe bisher auf dem Gebiet der Journalistik die Lüge für die Regel und die Wahrheit für die Ausnahme gehalten.

— Wo haben Sie denn das gesehen, machiavellistischer Doctor? Im alten Europa vielleicht? In Spanien, in Russland, in der Türkei freilich, überall, wo die Presse ein Monopol in den Händen der Regierung bildet, haben die armen Journalisten nur das Recht, sechs Tage lang gar nichts zu sagen unter der Bedingung, dass sie am siebenten eine offizielle Lüge schreiben; aber was sollte das Lügen helfen in einem freien Lande, wo Jeder denken kann, was er will und drucken darf, was er denkt? Die Wahrheit ist unsere Waare; sie verlangt das Publikum von uns. Die Lüge verdirbt unseren Credit und bringt uns schmählichen Ruin. Wir dürfen alle Laster haben, nur dies eine nicht. Sehen Sie die englische *Times* an; sie ist wankelmüthig, heftig, beleidigend, aber niemals lügnerisch. *In flagranti* auf einer Lüge ertappt würde ihr Eigenthümer ein Einkommen von hunderttausend Dollars verlieren. Um diesen Preis kann man das Laster meiden; man ist wahrhaft aus Berechnung und tugendhaft aus Interesse.

Diese amerikanische Tugend blendete mich nicht. Ich suchte eben eine Antwort, als ich eine Marderschnauze zwischen der Thür bemerkte. Es war mein ehrenwerther Nachbar und Waffenbruder, der Sollicitor Fox, der sich schleichenden Trittes näherte und uns mit grosser Höflichkeit die Hand reichte.

— Guten Morgen, mein lieber Truth, wandte er sich lächelnd an den Journalisten. Ich komme im Auftrag des Banquiers Little, um mit Ihnen ein wichtiges

Geschäft zu besprechen. Ihr Blatt kann dabei zweitausend Dollars verdienen. Zweitausend Dollars, wiederholte er, jede Sylbe betonend.

— Schön, antwortete der Redacteur kalt, das geht
meinen Associé an.

Er läutete. Eine kleine Thüre öffnete sich, aus
der nicht ohne Mühe ein dicker Mann trat, dem sein
riesiger Körperbau, sein Kahlkopf, seine grossen Ohren
und seine vorstehenden Zähne das Aussehen eines Ele-
phanten in menschlicher Kleidung verliehen.

— Guten Morgen, Doctor Smith, schrie er laut
lachend, guten Morgen; ich erkannte Sie gleich an
Ihrem Arm in der Binde. Was sagen Sie denn zu
meinem gestrigen Anschlag, lieber Cincinnatus? Der
heutige ist noch besser, nicht wahr? Truth, die vier
Esel sind verkauft; Ginocchio hat uns eine Anweisung
für das Inserat geschickt. Guten Morgen, Fox, Sie sind
so klein, dass ich Sie zuerst für den Schatten des Doc-
tors ansah. Ihr Advokaten habt ein so zartes Gewissen, dass Ihr vor lauter Bedenken ganz zusammen-
schrumpft. Was bringen Sie uns denn?

— Es handelt sich um Folgendes, erwiderte Fox,
wenig erbaut von Mr. Humbug's Höflichkeit. Das Haus
Little hat eine kleine mexikanische Anleihe abgeschlossen, vorerst zehn Millionen Dollars. Jedes Loos beträgt zweihundert Dollars zum Emissionspreise von hundert sechzig, jährliche Verloosung, Rückzahlung zum
Nennwerth. Zehn Procent Zinsen, zwanzig Procent
Provision, es ist ein schönes Geschäft!

— Für Little, sagte Humbug lachend. Und ihr
braucht jetzt Annoncen: *mundus vult decipi, ergo deci-
piatur.* Seien Sie ruhig, Fox, ich will Ihnen einen guten Platz in der Zeitung geben. Zwischen den Salben

von Holloway und den Morrison'schen Pillen wird sich eure mexikanische Anleihe prachtvoll ausnehmen.

— Ich wollte mich mit Ihnen über den Preis verständigen, sagte Fox.

— Sie fragen mich, was die Anzeigen bei uns kosten? Wort für Wort einen Cent, hundert Worte einen Dollar; für diese allgemeine Ablagerungsstätte bestehen feste Preise, wie Sie wissen.

— Entschuldigen Sie, lieber Humbug, versetzte Fox mit Augenzwinkern, Sie haben mich missverstanden. Als ich vom Preis sprach, meinte ich nicht den Annoncentarif. Herr Little wünschte gern, dass der Plan dieses nützlichen und patriotischen Unternehmens in die Zeitung selbst aufgenommen würde, gerade damit er nicht das Aussehen einer Annonce hätte. Wir bezahlen, was verlangt wird. Verstehen Sie mich?

— Ich fürchte es, Meister Fox, antwortete der Dicke unter fortwährendem Lachen. Aber, wie der alte Plautus sagt:

Stultitia est venatum ducere invitos canes.

Sie sind zu spät aufgestanden, lieber Fox. Auf dieser Seite des Wassers gehen die Einfaltspinsel nicht in eine so grobe Schlinge; das ist blos gut für die Grünspechte in der alten Welt. Uebrigens wenden Sie sich an meinen Associé, da es sich nicht um meine Annoncen handelt. Sie haben verstanden, was er will, lieber Collega?

— Vollkommen, antwortete Truth mit derber Stimme. Mr. Little braucht meine Ehre, um seine Anleihe unterzubringen und er lässt mich fragen, wie theuer ich mich verkaufe.

— Mein lieber Truth, Sie nehmen die Dinge zu schlimm, sagte Fox mit schmeichlerischem Ton; Sie sind puritanischer, als die Pilger von Plymouth. Wir verlangen nichts von Ihnen als was uns andere Zeitungen versprochen haben. *Der Luchs, die Sonne, die Tribüne* werden unsere Anleihe empfehlen, ich hoffe wenigstens; wir stehen in Unterhandlung.

— Nun, wenn Sie diese Zeitungen haben, versetzte Truth, was wollen Sie hier? wozu brauchen Sie mich?

— Aus einem ganz einfachen Grund, vortrefflicher Freund, sagte Fox mit honigsüsser Stimme. Auf der Börse setzt man eben nur in den *Paris - Telegraph* Vertrauen und es ist daher ganz natürlich, dass wir versuchen, euch auf unsere Seite zu ziehen. Wir bringen zu diesem Zweck gern jedes Opfer.

— Fox, schrie der Journalist blass vor Aufregung, dort ist die Thüre.

— Ihr ergebenster Diener, Herr Truth, versetzte der Advokat, indem er verschwand.

— Der Ihrige nicht, antwortete mein Patient. Bis morgen werde ich erfahren, was an dieser Anleihe ist und dann werde ich es schon sagen.

— Mein Lieber, sagte ich zu ihm mit ärztlicher Würde, Sie werden sich nur noch kränker machen, Niemanden helfen und sich eine tödtliche Feindschaft zuziehen.

— Viel' Feind', viel' Ehr'; wir sind Soldaten, unser Platz ist das Gefecht.

Bei diesen Worten fasste er mit beiden Händen an seine Brust und sank in seinen Stuhl zurück.

— Doctor, rief Humbug, helfen Sie ihm; Sie sehen, er erstickt. Wie kann man sich von dieser Canaille so aufregen lassen! Truth, alter Egoist, Sie thun Alles, um sich umzubringen und mich, Ihren alten Freund, zu ruiniren. Wie geht es?

Truth reichte ihm mit einem traurigen Lächeln die Hand. Unwillkürlich fühlte ich ein gewisses Mitleid mit dem armen Menschen, der sein Leben für eine Chimäre und für einen so beklagenswerthen Beruf opferte.

———

Neuntes Kapitel.

Worin die Wahrheit ihr Theil erhält.

Als die Krise vorüber und der Kranke wieder zu Athem gekommen war, stützte Humbug seinen Ellbogen auf den Tisch und sprach mit schlecht erkünstelter Heiterkeit:

— Mein lieber Truth, Sie werden Ihrem wahren Beruf nicht mehr lange widerstehen; Sie müssen Geistlicher werden. Die Laster sind aus einem guten Teig; sie lassen sich ohne Widerrede kneten. Auf dem Rücken des Nächsten geisselt man sie jeden Sonntag so heftig man will, und dann geht man in aller Ruhe zum Frühstück oder zum Mittagessen. Aber man darf sich diesen Zweifüsslern, die sich für Menschen halten, weil sie nicht auf allen Vieren gehen, diesen Wölfen im Cylinderhut, diesen Füchsen mit Brillen, diesen Affen mit Halsbinden, diesen Eseln im schwarzen Frack nur recht nähern, um über ihre Gefühllosigkeit, ihren Geiz, ihre Feigheit und ihre Dummheit zu lachen. Wer es ernst mit ihnen nimmt, stirbt an gebrochenem Herzen.

— Hier steht mein Nachfolger, lieber Humbug,

sagte Truth, indem er mich an der Hand nahm; der Doctor wird ein guter Associé für Sie sein.

— Der Doctor? versetzte Humbug, unmöglich! er sieht aus wie ein Reh.

— Nun, rief ich, aus welcher Thiergattung nimmt man denn die Redacteure?

— Zu einem guten Journalisten, sprach Humbug mit komischem Ernst, gehören die Zähne eines Hundes, die Witterung eines Hundes, die Unverschämtheit eines Hundes, der Muth eines Hundes und die Treue eines Hundes. Die Zähne eines Hundes, um die Schurken einzuschüchtern; die Witterung eines Hundes, um sie schon von weitem zu bemerken; die Unverschämtheit eines Hundes, um ihnen ungeachtet aller Grimassen und Drohungen gehörig nachzubellen; der Muth eines Hundes, um sie an der Kehle zu packen; die Treue eines Hundes, um auf den ersten Ruf der Wahrheit Folge zu leisten.

— Herr Annoncendirector, versetzte ich ungeduldig, ich traute Ihnen keine so lebhafte und uneigennützige Sympathie für die Wahrheit zu.

— Warum denn, weiser Aeskulap? versetzte er heiteren Tons. Glauben Sie, ich weiss nicht, dass zweimal zwei vier macht? Was bestimmt den Werth der Annoncen? Die Zahl der Leser. Was führt die Leser herbei? Die öffentliche Meinung. Gewinnt man also durch eine Täuschung dieser Meinung? Die Wahrheit bildet den Körper einer Zeitung; die Annoncen sind nur die Crinoline, ein lächerliches Kleidungsstück, das Lüge und Eitelkeit liefern. *Desinit in piscem mulier formosa superne.* Wer ist Schuld daran? Geist und Geschmack des Publikums.

— Mein Lieber, erwiderte ich, indem ich zur Unterstützung meiner Worte die Tabaksdose in den Händen drehte, nicht jede Wahrheit lässt sich gut aussprechen. Es gibt Wahrheiten, die die Gesellschaft verwirren und zersetzen würden.

— Ja, lieber Doctor; die Wahrheit ist revolutionär.

— Ach, rief ich, Sie gestehen es selbst zu.

— Ohne Zweifel. Betrachten Sie nur die Reformation; um welchen Preis hat sie die Gewissen befreit?

— Ja wohl, sagte ich, indem ich meinen Stock aufstiess; das ist es gerade!

— Und das Evangelium, versetzte Humbug. Welche kolossale Umwälzung! Zerstörung der antiken Civilisation, Entthronung der heidnischen Götter, Sturz und Untergang der Cäsaren: Welches Glück, wenn man diese Wahrheit, die eine alte Welt tödtete und eine neue erzeugte, gleich im Ursprung hätte ersticken können! Und die französische Revolution! Nun, lieber Hippokrates, antworten Sie mir nichts?

— Mein Herr, rief ich, lassen Sie diese geheiligten Dinge bei Seite Der Widerstand der privilegirten Klassen hat allein alles Unheil angerichtet. Gestehen Sie nur, es giebt Wahrheiten, die erschrecken.

— Ja wohl, wie das Licht die Diebe.

— Es gibt Wahrheiten, die denen, welche sie hören, verhasst sind.

— Ja wohl, weil sie die Trunkenheit stören, oder Gewissenbisse erwecken.

— Es gibt Wahrheiten, die gefährlich sind für die, welche sie aussprechen.

— Ja wohl, wenn sie Sclaven oder Bedientenseelen sind.

Ich kehrte diesem schamlosen Sophisten, der sich

nicht scheute, die weisesten Vorurtheile anzugreifen und das Kissen zu schütteln, auf dem die Welt - seit zweitausend Jahren in Frieden schläft, einfach den Rücken; ich wandte mich an Truth, der wieder angefangen hatte, Ausschnitte zu machen und uns gar nicht zu hören schien.

— Woran denken Sie, mein Lieber? fragte ich; langweilt Sie unsere Unterhaltung vielleicht?

— Doctor, antwortete er lächelnd, verzeihen Sie meiner Phantasie; ich dachte an Pilatus; ich sah im Geiste diesen grossen Statthalter Christum fragen: *Was ist Wahrheit?* und dann hinausgehen, ohne die Antwort abzuwarten. Zur Zeit von Tiberius Cäsar würden Sie einen trefflichen Statthalter für Judäa abgegeben haben.

— Wie! setzte er lebhafter hinzu, merken Sie nicht, dass für uns die Wahrheit das Leben und die Lüge der Tod ist? Blicken Sie ringsum nach den Ländern, in denen Glück, Aufklärung, Ehrlichkeit, und Frömmigkeit regieren; sind es nicht gerade die, wo Jeder das Recht hat, die Wahrheit zu sagen, die ganze Wahrheit, ohne Ansehen der Person, ohne Scheu vor Vorurtheilen, Vorrechten und Missbräuchen? Sehen Sie dagegen auf die Länder, die in Elend, Unwissenheit und Unsittlichkeit versinken: sind es nicht die, wo die offizielle Lüge unter jeder Form Alles beherrscht? Betrachten Sie die Grösse Englands, das Wachsthum Amerikas, den steigenden Wohlstand Australiens. Welche Macht hat in achtzig Jahren unsere vereinigten Staaten von drei Millionen auf einunddreissig Millionen Einwohner gehoben? Täuschen Sie sich darüber nicht, es ist die Wahrheit. Lassen Sie nur die Politiker Systeme construiren und neue Verfassungsformen ersinnen; betrachten Sie lieber die bei freien Völkern bestehenden Institutionen. Schule, Vereine, Versamm-

lungen, Presse; bedeutet das Alles etwas anderes, als
eben so viele Werkzeuge, um die Wahrheit fortzupflan-
zen und ihr alle Herzen zu gewinnen? Zählen Sie die
Zeitungen bei einem Volke, so werden Sie seinen Rang
auf der Stufenleiter der Civilisation finden; das ist ein
Massstab, der niemals trügt. Warum? Weil die Wahrheit nichts anderes ist, als das Gesetz, das die sittliche
Welt beherrscht; weil es Naturgesetze für die Menschen
gibt wie für die Dinge. Wer diese Naturgesetze erkennt und achtet, erkennt und achtet die Wahrheit
oder, um es deutlicher zu sagen, er erkennt und achtet Gottes allmächtige Gegenwart in der Welt.

— Lieber Truth, antwortete ich, ein wenig aufgeregt durch diesen Redefluss, Humbug hat Recht; Sie
sind zum Prediger geboren. Allein die Erfahrung hat
mich seit langer Zeit gelehrt, dass die Praxis das gerade Gegentheil der Theorie ist. Wie viele Wahrheiten
gibt es, die von weitem bewunderungswürdig und bei
näherer Prüfung nichts sind! Ich höre es täglich wiederholen, dass alle Menschen Brüder sind, dass die
Frau dem Manne gleichsteht, dass die Regierungen nur
der Völker wegen da sind. . . . .

— Zweifeln Sie daran, fragte Truth?

— Nein, theoretisch keineswegs; aber versuchen
Sie es nur einmal mit der praktischen Ausführung die-
ser schönen Grundsätze; zu welchen Zuständen werden
Sie kommen?

— Zu denen des Evangeliums, antwortete der
Journalist mit merkwürdigem Ernst. Wenn Sie ein
edleres Ideal kennen, nennen Sie es; wenn Sie ihm
nichts an die Seite zu setzen wissen, so spielen Sie
nicht die traurige Rolle eines Mephistopheles. Die Menschheit muss glauben und hoffen.

— Nun, theurer Doctor, wenn Sie nicht an die Theorie glauben, rief Humbug mit unverschämter Miene, wissen Sie, was Sie damit sagen? — Wenn Sie Ihren Kranken eine Arznei geben, wissen Sie, was Sie thun?.... Aergern Sie sich nicht; wenn Sie es wissen, so treiben Sie erst recht Theorie ; wenn Sie es nicht wissen, wie können Sie dann daran denken, auf Ihre Gedankenlosigkeit stolz zu sein?

Ich vergrub mich in meinen Stuhl, kreuzte Arme und Beine, blickte Humbug fest in's Gesicht und sprach:

— Hören Sie mich ernsthaft an, wenn Sie zu etwas Ernsthaftem fähig sind. In der Theorie, ich wiederhole es, liebe ich die Wahrheit ebensosehr wie Sie selbst; aber die Presse ist nicht die Wahrheit. Sie ist ein Gemenge von Leidenschaften, Schmähungen und Lügen, das jedes zartfühlende Herz empört. Die wilde Freiheit, die in diesem Lande regiert, ist nicht nach meinem Geschmack. Ich habe lange über diesen Gegenstand nachgedacht und ich werde Ihnen jetzt sagen, wenn Sie mir folgen wollen, wie man auf vernünftige Weise die Presse einrichten und die Wahrheit organisiren kann, wie man die Möglichkeit der Sünde beseitigt und nur die Freiheit zum Guten bestehen lässt.

-- Hindern Sie doch die Hunde am Bellen, rief Humbug laut lachend; die Quadratur des Zirkels ist gefunden.

-- Ich setze voraus, fuhr ich fort, ohne auf diesen dummen Scherz zu antworten, ich setze voraus die Existenz einer aufgeklärten, sittlichen, väterlichen Regierung, die nur an das Wohl ihrer Unterthanen denkt.

— Doctor, das ist Theorie!

— Nein, mein Lieber, das ist praktische Erfahrung. Diese Regierung hat intelligente Minister.....

— Ich verstehe, fuhr der Spötter fort, aufgeklärte, sittliche, väterliche Minister, die nur an das Wohl ihrer Untergebenen denken.

— Ja wohl, und unter diesen Ministern stehen Tausende von Beamten. . . . .

— Natürlich sämmtlich aufgeklärt, sittlich, väterlich u. s. w. mit einem Wort, ein Heer von Engeln in Uniform.

— Ums Himmels Willen, Humbug, schweigen Sie, rief Truth, lassen Sie ihn sein Märchen weitererzählen; er ist ein Franzose, der geistreich zu sein glaubt, weil er eine Anzahl von Paradoxen aufstellt und diese mit Phrasen zusammenflickt.

— Herr Truth, antwortete ich trocken, Vernunft und Erfahrung sprechen durch meinen Mund, hören Sie mich an. In die Hände dieser weisen Regierung, die Alles kennt, Alles sieht, Alles hört, frei von Vorurtheilen und Leidenschaften ist, lege ich gewissermassen die Wahrheit nieder. Nicht als ob ich der Regierung damit ein Monopol geben wollte, denn ich bin ein Freund der Freiheit; nur muss sie geregelt, begrenzt, sittlich geläutert sein. Vor Allem werde ich die Zahl der Drucker beschränken und so von vorneherein eine verständige und massvolle Censur begründen, indem ich die Drucker in eine conservative Priesterschaft verwandte; dann werde ich die Zahl der Zeitungen beschränken, so dass ich nur eine kleine Anzahl von Tribünen errichte, aber diese in wahrhafte Lehrstühle umbilde, von denen nur Anstand und Mässigung sprechen dürfen. Es wird fortan Journalisten geben, wie es Geistliche gibt, das heisst, Diener der Wahrheit, denen die Regierung Amt und Glaubensbekenntniss anweist. Wenn dann ungeachtet der

weisen Leitung des Staates irgend ein unverschämter
Zeitungsschreiber den Ernst seiner Pflichten vergisst
und die gebührende Achtung vor der Obrigkeit, der
Personifikation aller Gerechtigkeit und Wahrheit, verletzt, dann werde ich nicht nach dem Geschwornenge-
richt greifen, dessen schwerfällige Hand manche zweifelhafte Unschuld durchschlüpfen lässt; nein, der stets
väterlichen und schutzreichen Polizei werde ich die
heilige Aufgabe lassen, die Lüge zu brandmarken und
sie nöthigen Falls zu ersticken, bevor sie geboren ist.
Die Polizei, stets klug, aufgeklärt, uneigennützig, weiss
am besten, was ihr passt und was ihr hinderlich ist;
sie wird die Frechheit und Unwissenheit zu strafen wissen; sie wird jede Opposition im Keime ersticken, wie
Herkules die Schlangen in der Wiege. Dank dieser
sinnreichen Einrichtung werden die Zeitungen eine unschuldige Nahrung sein, eine Arznei statt eines Giftes;
die Presse wird eine Fackel in der sicheren Hand der
Regierung; kein Brand ist mehr zu fürchten. Man
wird nützliche Vorurtheile und heilsame Irrthümer schonen; man wird die Wahrheit nach den Bedürfnissen
des Staates, nach der Fassungskraft des Volkes bemes-
sen; und erscheint im Ausland irgend eine neue Entdeckung, so wird man erst warten, bis sie sich in ihrem Geburtslande bewährt hat, ehe man ruhige und
ruheliebende Gemüther unnützerweise damit beschwert.
Das ist meine Theorie; was sagen Sie dazu, Humbug?

— *Damned rascal!* rief er und versetzte mir einen
Faustschlag auf die Schulter, der einen Stier aus dem
Gleichgewicht gebracht hätte. Wenn man so glücklich
ist, Geist zu besitzen, hat man doch immer etwas Dum-
mes zu sagen! Ich habe fast schon den Augenblick
kommen sehen, wo dieser Duckmäuser mit seiner feier-

lichen Miene einen alten Yankee, wie mich, mystificirt.

— Diese groben Argumente, sagte ich, indem ich meine Schulter rieb, sind nicht nach meinem Geschmack. Zu Boden schlagen ist keine Antwort.

— Erdrosseln auch nicht, schrie der Journalist lachend. Fahren Sie fort, Doctor; Sie sind unterhaltender, als Sie denken. *Verba placent et vox.* Aber ich muss weg; ich muss jetzt das Blatt vorbereiten; Zeit ist Geld; Sie richten mich zu Grunde.

Mit Truth allein, fragte ich diesen, ob er nicht von der Tiefe meines Systems ebenso durchdrungen sei, wie ich; ob die stürmische Unordnung der amerikanischen Presse den Vergleich aushalte mit diesem fest-gegliederten Mechanismus, der in kurzer Zeit das hitzigste Volk der Welt zügeln und ihm Geschmack an politischer Mässigung und an unschädlicher Freiheit beibringen müsse.

— Doctor, sagte er mit Sanftmuth, ich bin ganz der Ansicht Humbug's; ich glaube, Sie scherzen mit unserer Einfalt. Diese Lehre, die Sie uns wie eine neue Entdeckung hinstellen, kenne ich schon lange Zeit. Sie ist das Dogma der Inquisition: die Wahrheit erhält eine offizielle Stellung, wird *instrumentum regni,* ein Monopol für Kirche und Staat. Vor drei Jahrhunderten hat Luther diese gefährlichen Chimären weggefegt und jeden Christen wieder in sein Gewissen und in sein Recht eingesetzt. Die Wahrheit ist im Anfange der Welt aus der Büchse der Pandora mit unzähligen anderen Gütern hervorgegangen, die in ungeschickten Händen gleichfalls Uebel sind; die Wahrheit zu suchen ist die Aufgabe Aller; kein Einzelner darf sich ihrer bemächtigen. Suchen Sie sich nicht mit Phrasen ab-

zufinden. Regierung, Minister, Beamte, sind sie nicht
Alle Menschen, die nicht unfehlbarer und nicht klüger
sind als wir? Aus ihnen die Verkäufer der Wahrheit
machen, ist ein leerer Traum; die Wahrheit gehört Jedermann, wie die Luft und das Licht; die einzige Möglichkeit
ist, sie zu ersticken, die Menschen zwar nicht am Denken, aber am Reden zu hindern. Wem soll eine so abscheuliche Einrichtung nützen? Der Regierung? Sie
wird ihr zuerst zum Opfer fallen. Man wird sie ohne
Unterlass betrügen; eine Hand voll Intriganten wird
genügen, um den ehrlichsten Beamten irre zu leiten
und in die tollsten Abenteuer zu verwickeln. Sehen
Sie denn ausserdem nicht, dass Sie ihrer Regierung
die vollste Gewalt geben, Unrecht zu thun, wenn sie
sich nur bemüht, Gründe für das Unrecht ausfindig zu
machen? Würden die Bürger dabei gewinnen? Von
dem Tage an, wo die Sache des Staates nicht mehr
die ihrige ist, nehmen Sie ihnen die edelsten, schönsten und grössten Güter des Lebens: die Liebe zum
Vaterland, die Liebe zur Freiheit. Unterdrücken Sie
die Bewegung, die von der Rednerbühne und der Presse
ausgeht, so wird die Gesellschaft nur noch ein stehendes Wasser sein, aus dem Verderben und Tod aufsteigt. Sichern Sie vielleicht wenigstens den materiellen Wohlstand, den einzigen Köder, der die Menge
lockt? Nein, im Gegentheil: der Reichthum ist die
Frucht der Freiheit; nur in den Ländern, wo jene unzähligen Zeitungen aus dem Boden aufschiessen, deren
Stimme Sie so erschreckt, gibt es Sicherheit, Wohlstand, Handel und Industrie. Das Schweigen ist der
Triumph der Dummköpfe, die Nacht ist nicht das Reich
der ehrlichen Leute; lassen Sie uns das Licht, den
Lärm und das Leben. Erinnern Sie sich, dass man

auch in Rom über die Sprache der Tribunen schrie, dass Sylla sie eines Tages zur grossen Befriedigung aller wohldenkenden Köpfe zum Schweigen brachte, und dass von da ein Verfall begann, vor dem nicht einmal das Christenthum die Welt bewahrte.

— Erlauben Sie mir, antwortete ich, erstaunt über die Wendung, welche der Streit nahm; ich behaupte keineswegs den Stein der Weisen für die Politik gefunden zu haben. Jedes System ist des Missbrauchs fähig; das hängt lediglich vom Umfang der Anwendung ab Gestehen Sie mir aber, dass die Sprachweise Ihrer Zeitungen schauderhaft ist und dass es kein grösseres Uebel gibt als ihre schamlose Frechheit.

— Doctor, Sie wissen, was das Evangelium sagt: *An ihren Früchten sollt ihr sie erkennen.* Zeigen Sie mir ein Land, wo es mehr Aufklärung, mehr christliche Liebe, mehr materiellen Wohlstand gibt, als in Amerika.

— Ich sehe allenthalben blos Skandal, antwortete ich. Selbst die Grundsäulen der Gesellschaft verschwinden in diesem Flugsand, den ihr Demokratie nennt. Was achtet ihr denn eigentlich? Die Religion? Nun gut! Wenn bei euch ein Geistlicher durch leichtfertiges Betragen seine Pflicht verletzt, werden sofort zwanzig Journalisten ein Gelächter aufschlagen, wie der unwürdige Sohn Noah's, statt dass sie vor Aller Augen eine Schwäche verbergen, deren Schande auf die Kirche zurückfällt.

— Die Schande, versetzte Truth, trifft nur die Kirche, die es mit dem Schuldigen hält, nicht die Kirche, die ein brandiges Glied von sich stösst.

— Schont ihr etwa die Rechtspflege? Erst gestern hat Ihr Blatt mit cynischer Schärfe einen Richter angegriffen, der in einem Augenblick übler Laune irgend einen Schelm etwas zu rauh anliess. Wie soll man den Richter achten, wenn er nicht für unfehlbar gilt?

— Die Rechtspflege, erwiderte Truth, ist für den Angeklagten da, nicht der Angeklagte für die Rechtspflege.

— Wenn einmal, fuhr ich fort, ein untergeordneter Beamter seine Amtsbefugnisse überschreitet, zufällig das Gesetz vergisst und aus Versehen einen Unschuldigen verhaftet: sofort werden zehn Zeitungen über Tyrannei heulen wie Hunde, die den Mond anbellen; sie werden das ganze Land in Feuer setzen für das niedrigste Subject; was weiss ich? für einen Bettler, für einen Dieb, der etwa ohne genaue Beobachtung der Formen verhaftet worden ist.

— Mit vollem Rechte, versetzte Truth; die Freiheit des niedrigsten Subjects berührt Alle. Sobald die gesetzlichen Formen verletzt werden und ungerechter Weise Hand an einen Bürger gelegt wird, sind Alle bedroht. Wer das nicht fühlt, versteht nicht, was Freiheit ist.

— Ist es denn nicht manchmal nothwendig, das Standbild des Gesetzes zu verhüllen und das Land unter Hintansetzung falscher Rechtsbedenken zu retten?

— Doctor, Sie halten es immer mit Pilatus. Auch er liess sich durch ein falsches Rechtsbedenken nicht aufhalten; er wollte lieber einen Unschuldigen verurtheilen, als seine Stelle auf's Spiel setzen. Er war ein ganz geschickter Mann, und ich begreife gar nicht, warum die Welt so strenge über ihn urtheilt.

— Aber wohin führt das? fuhr ich fort, und die Kälte meines Gegners brachte mich immer mehr in

Hitze. Zwölf oder fünfzehn Zeitungen werfen sich dann zu Herren der öffentlichen Meinung und des Staates auf.

— Fünfzehn Zeitungen, rief Truth erstaunt, was wollen Sie damit sagen? Wir haben hier dreihundert und das ist wenig genug für eine Bevölkerung von anderthalb Millionen. Boston hat hundert auf nicht ganz zweimalhunderttausend Einwohner; freilich fasst man in dem puritanischen Boston Freiheit und Civilisation anders auf als hier.

— Dreihundert Zeitungen, rief ich aus, überrascht von dieser furchtbaren Ziffer. Wer beherrscht und leitet dann die öffentliche Meinung? Der erste Beste kann sich ohne weiteren Beruf als Gesetzgeber und Prophet geberden; der erste beste Träumer kann reden, was er will und seine Meinung der Menge aufdringen. Das ist der schauderhafteste Despotismus!

— Lieber Freund, sagte Truth mit leiserer Stimme, um auch mich wieder in eine weniger schreiende Tonart zu versetzen, fangen Sie Ihren Scherz nicht von neuem an; Humbug unterhält er, mir thut er weh. Da wo Jedermann sprechen kann, gibt es keinen *ersten Besten*, keinen *Beruf*, keinen *Propheten;* es gibt hier nur ein Recht, das jedem Bürger gebührt und von dem er in seinem besondern oder im allgemeinen Interesse Gebrauch machen kann. Wer hat jemals daran gedacht, bei einem freien Volke die öffentliche Meinung zu beherrschen oder zu leiten? Gibt es einen Yankee, der sich nicht selbst sein Verfahren vorzeichnet und der nicht mit vollster Sachkenntniss seine Partei und seine Fahne frei wählt? Die Presse ist nichts, als das Echo der öffentlichen Meinung. Diese unzähligen Zeitungen haben nur einen einzigen Zweck: Anhäufung von Thatsachen, Belehrungen und Ideeen, Vervielfältigung und Verbreitung des Lichts! Je mehr es ihrer gibt, desto mehr kann jeder Bürger lesen, nachdenken und selbst urtheilen. Die Wahrheit Allen zugänglich zu ma-chen gilt uns als Ehrensache und der angebliche Despotismus der Presse existirt nur in Ihrer Phantasie. Höchstens wäre er da möglich, wo eine übelberathene Regierung aus der Presse ein Monopol gegen sich selbst macht und dadurch, dass sie nur zehn oder fünfzehn Blätter duldet, eine Coalition von Parteien gegen sich herbeiführt, die von Natur auseinanderstreben. Aber in Amerika, wo es zwei- oder dreitausend Zeitungen gibt und wo täglich noch neue entstehen, hat die Zahl der Tyrannen die Tyrannei vernichtet.

— Meinethalben; ihr habt nun einmal eine Verfassung, von der nichts im Aristoteles steht, eine Pressdemokratie. In diesem glücklichen Lande regiert Alles, nur die Regierung nicht. Ihr Journalisten (und bei euch ist ja Jeder Journalist) seid mehr als Kirche, Rechtspflege und Staat! Was seid ihr denn?

— Die Antwort ist leicht, sagte Truth, wir sind die Gesellschaft.

— Aber wenn die Gesellschaft, wenn das ganze Volk regiert, wer wird denn dann regiert?

— Doctor, antwortete der Redacteur lächelnd, wenn Sie sich auf der Strasse bewegen, wer wird denn dann bewegt? Müssen Sie denn absolut ein Gängelband haben? Wenn Sie Ihre Leidenschaft beherrschen (was Sie nicht immer thun), wer wird dann beherrscht? Es gibt ein Alter der Reife für die Völker wie für die Einzelnen. Mag China ewig kindisch bleiben, ich beklage es; aber wir Christen, wir Bürger eines freien Landes, sind kein Volk von Blödsinnigen und Schwachköpfen; wir sind seit langer Zeit grossjährig und besorgen unsere Angelegenheiten selbst. Was bedeutet diese Volkssouveränetät, die wir seit siebenzig Jahren an die Spitze unserer Verfassung stellen, anderes als eine Grossjährigkeitserklärung?

— Gleichnisse beweisen nichts, versetzte ich trocken; was für den Einzelnen wahr ist, kann nicht für eine Nation gelten.

— Lauter Phrasen, Doctor; eine Nation ist eine Summe von Individuen und was für zehn, für zwanzig, für tausend Personen gilt, gilt auch für eine Million. Bei welcher Ziffer soll denn der Unterschied anfangen?

— Nein, sagte ich, es ist nicht wahr, dass eine Nation blos eine Summe von Individuen ist; sie ist etwas ganz anderes.

— Also das Ganze bei einer Addition ist etwas anderes als die Summe aller Einheiten?

— Falsch! rief ich, müde mit einem so beschränkten Menschen zu streiten; der Unterschied springt in die Augen. Wie heisst das Zauberwort, das alle Staatsmänner anrufen, um sich der Sonderinteressen zu entledigen? Es ist das allgemeine Interesse. Wenn man Rechte und Ansprüche beseitigen will, die der Regierung hinderlich sind, auf was beruft man sich? Auf ein höheres Interesse, auf das Interesse der Gesellschaft. Das öffentliche Wohl ist der Gegensatz zu den Rechten der Einzelnen; so denkt und handelt man wenigstens in einem civilisirten Lande. Ich frage Sie, was aus der Politik werden würde, wenn es genügte, den Willen der Majorität zu hören und die Interessen und Wünsche der Einzelnen einfach zu summiren; sie würde ein Krämergeschäft, eine Beschäftigung für den ersten besten ehrlichen Mann werden. Denken Sie sich

einen Cäsar, einen Richelieu, einen Cromwell, einen
Ludwig XIV., die auf die Stimme eines Bauern hören,
oder auf die Abstimmung von ein paar tausend Bürgern! Was sollte aus den politischen Combinationen,
den Allianzen, den Kriegen, den Eroberungen werden,
aus allen diesen glänzenden Thaten, diesem Glücks-
spiel, in dem die Helden triumphiren? Eine Nation zum
Sieg und zum Ruhm führen, der Masse des Volkes
Ideeen beibringen, die ihr fremd sind, sie zu Dienern
ehrgeiziger Pläne machen, die sie nichts angehen: das
ist das Werk eines Genie, das lieben die Völker; sie
beten immer diejenigen an, die sie mit Füssen treten.
Sich selbst überlassen, werden die armen Leute ihren
Kohl pflanzen, und ihre Geschichte würde, wie der
Schluss eines Feeenmärchens, nicht mehr als zwei Zeilen einnehmen: „sie lebten lange glücklich und hatten
viele Kinder." Was sollte bei diesem schönen System
aus der Geschichte werden? Und womit sollte man
unserer Jugend Rhetorik beibringen?

Ich fühlte es, ich war beredt. Truth war offenbar
verwirrt und betrachtete mich mit sonderbarer Miene.

— Doctor, sagte er, ich hasse alle Sophismen;
aber unter allen am meisten zuwider sind mir die Paradoxen einer vergangenen Zeit, diese Lügen, die seit
lange todt sind. Sie machen mir den Eindruck einer
alten Buhlerin, die man aus Versehen nicht begraben
hat und die nun unter der Jugend herumstreift, der
vor ihrer Schminke, ihren falschen Haaren und ihren
Runzeln ekelt. Washington hat der Welt ein Beispiel
gegeben, wie ein ehrlicher Mann ein freies Volk regiert; die Probe ist gemacht, das Jahrhundert des politischen Eigennutzes ist vorüber; unsere Zeit verlangt
aufopfernde Hingebung. Wer das nicht begreift, wer

die Stimme der neuen Generationen überhört, wer
nicht einsieht, dass Industrie, Friede und Freiheit die
Königinnen der neuen Welt sind, ist nichts als ein
Träumer und ein Verrückter. Seine Bahn führt nicht
zum Ruhm, sie führt zur Lächerlichkeit.

— Genug, mein Herr! rief ich, indem ich mich erhob; unwillkürlich führte ich die Hand an meinen ab-
wesenden Degen. Wenn ich meine Uniform als Arzt
der Nationalgarde angehabt hätte, würde ich diesen
Unverschämten gezwungen haben, sich mit mir zu
schlagen; mit dem Degen in der Hand würde ich ihm
ohne Widerrede bewiesen haben, dass Amerika von
der Civilisation nichts versteht und dass ein Franzose
niemals Unrecht hat.

Zehntes Kapitel.

Die Höllenküche.

Während Truth überrascht von meinem Feuer und meiner Aufwallung unruhige Blicke auf mich fallen liess, trat Humbug ein mit einer Anzahl von Correcturbogen in der Hand, die er auf den Schreibtisch legte.

— Rasch, schrie er laut, es ist Zeit zum Geschäft: *nunc animis opus, Aenea, nunc pectore firmo.* Doctor, helfen Sie uns mit Ihrem rechten Arm; nehmen Sie dieses Papier und helfen Sie die Aufschrift vorbereiten.

— Schreiben Sie: *Niederlage der Bundestruppen.* So, das nimmt unsere ganze erste Seite eine. Und er warf einen Correcturbogen in den Briefkasten.

— Niederlage! sagte ich; ihr wollt dem Land anzeigen, dass es geschlagen worden ist? Setzt doch lieber: *erfolgreiche Concentrirung nach rückwärts aus strategischen Gründen;* sonst wird eure Unklugheit überall Unruhe und Schrecken hervorrufen.

— Doctor, Sie sind unverbesserlich, versetzte Truth; man ist dem Lande die ganze Wahrheit schuldig. Glauben Sie denn, dass eine Schlappe hinreicht, die Yankees niederzuschlagen, und dass sie wie Kinder vom

Zufall abhängig sind? Ein Sieg würde uns vielleicht gleichgültig machen; eine Niederlage bringt uns die doppelte Kraft an Energie, Soldaten und Geld. — Wie viel Todte?

— 3000 Todte, erwiderte Humbug, 6000 Verwundete, 2400 Vermisste.

— Schreiben Sie die Zahlen, sagte Truth; Doctor, vergessen Sie sie ja nicht auf der Ankündigung. Weiter, was macht der Congress?

— Im Senat, erwiderte Humbug, eine lange Verhandlung über die Sclaverei. Mr. Summer hat die Abschaffung der Sclaverei im Bundesgebiet Columbia durchgesetzt. Das ist schon ein erster Schritt. Doctor, schreiben Sie: *Bewunderungswürdige Rede des beredten Senators für Massachusetts.* So, unser erstes Blatt ist voll; jetzt kommt die Beilage.

— Im Repräsentantenhause nichts Interessantes; drei Ordnungsrufe, die Zeit in Zänkereien mit dem Präsidenten verloren.

— Wie gewöhnlich, sagte Truth; weiter. Hier ist der Leitartikel; schreiben Sie, Doctor: *Rückkehr zum Gesetz und zur Freiheit; Wiederherstellung der Habeas-Corpus-Acte.*

— Was! rief ich erstaunt; im Augenblick einer Niederlage, wo man alle Gewalt concentriren und *manu militari* regieren muss, wollt ihr die bürgerliche Freiheit mit allen ihren Gefahren wieder einführen? Nach meiner Erfahrung, meine Herren, müssten in diesem Augenblick alle Rechte suspendirt werden. Nichts gibt einem Volke mehr Zuversicht, als wenn es sich ganz und gar mit Leib und Seele in den Händen der Regierung sieht. Wahrhaftig, ihr versteht nichts von Politik.

— Der Despotismus hat keine Macht, antwortete Truth; je freier ein Volk ist, um so williger und gehorsamer ist es, um so entschlossener zu allen Opfern. Wenn Sie von ihm unterstützt sein wollen, müssen Sie sich ihm anvertrauen. Fahren Sie fort: *Veröffentlichung von Diebstählen in der Marine.* Schreiben Sie, Doctor, und unterstreichen Sie diese Worte, damit man sie auf der Ankündigung gesperrt druckt.

— Das ist zu keck, rief ich, denken Sie doch an die Interessen, die Sie verletzen, an die Klagen, die Sie hervorrufen.

— Gut, mögen die Diebe sich beklagen, sagte Truth; ich erwarte sie, ich habe Beweise.

— Beweise, wer hat Ihnen die geliefert?

— Wo Sie eine Rednerbühne aufstellen, antwortete Truth, wird sich auch Jemand zum Sprechen finden. Bei einem Volke, dem man Stillschweigen auferlegt, arbeiten die Diebe und die Bestohlenen schweigen; bei einem Volk, wo jeder Bürger ein thätiges Glied der Nation ist und das Recht hat, im Namen des Landes Anklage zu erheben, verbergen sich die Diebe und die Bestohlenen erheben Lärm. Ein Aufwand von zwanzig Millionen für die Polizei kann es in Russland nicht verhindern, dass Milliarden gestohlen werden; man nimmt nur die Polizei noch mit in den Kauf; bei uns, wo Jedermann Polizei ist, kann man ohne Scheu nicht einen Heller stehlen. Die Unterdrückung der Spitzbüberei im Grossen ist nicht der geringste Vortheil der Freiheit. Weiter, zu den Nachrichten vom Auslande.

— Hier, sagte Humbug, sind die drei Correspondenzen aus London.

— Drei Correspondenzen? rief ich, erstaunt über diesen Luxus.

— Es gibt drei Parteien in England, antwortete Humbug, und wir müssen daher auch drei Organe für ihre Stimmung haben.

— Erste Correspondenz, Farbe des alten Pam: „Krieg mit Amerika; Gerechtigkeit ist etwas schönes, aber die Baumwolle ist mehr werth; verbrennen wir die ganze Welt, um England damit zu heizen." — Zweite Correspondenz, Farbe der Derbypartei: „Der alte Pam macht sich lustig über das Volk, er schreit nach Krieg, hat die Taschen voll Festungen und Panzerschiffe, spielt Soldatenspiel und will doch nur zwei Dinge erhalten: den Frieden und seine Stellung. Man rufe uns ins Ministerium, wir werden ebenso patriotisch und weniger kostspielig sein." — Dritte Correspondenz, Farbe Bright und Cobden: „John Bull, mein Freund, deine Regierung spasst mit dir, sie kitzelt deine Eitelkeit, um dich um deinen letzten Heller zu bringen. Sei ein Mann, nimm dir ein Beispiel an deinem Vetter Jonathan und besorge deine Angelegenheiten selbst; erst wenn die Völker sich nicht mehr von diesen gefährlichen Charlatans behandeln lassen, die man Diplomaten und grosse Staatsmänner heisst, werden sie als Brüder leben; dann werden sie den Frieden und ihre Existenz wohlfeil haben."

— Ich hoffe, sagte ich zu Humbug, dass Sie der Mittheilung dieser drei Correspondenzen an das Publikum Ihre Ansicht beifügen werden.

— Keineswegs, antwortete Humbug; Jonathan ist gewohnt, sich seine Meinung selbst zu bilden; er hat zu gute Augen, um eine Brille aufzusetzen.

Die Thüre wurde rasch geöffnet; drei junge elegant gekleidete Frauen näherten sich uns; die älteste, die noch nicht fünfundzwanzig Jahre vorüber war, ergriff das Wort mit bescheidenem nnd zugleich zuversichtlichem Tone.

— Mein Herr, sagte sie zu Humbug, wir sind abgesandt von den hiesigen Kleidermacherinnen; wir ersuchen Sie, anzuzeigen, dass wir unsere Arbeit einstellen, und dass wir nächsten Montag ein Meeting halten werden, um über die Mittel zur Beseitigung des gegen uns geübten Druckes zu berathen; wir wollen unsere Rechte wiedererlangen und sicher stellen.

— Die Schneider sind reich, versetzte Humbug; bevor ihr sie zwingt, werdet ihr eure Ersparnisse verzehren müssen; habt ihr eine Million zu verknuspern?

— Mein Herr, sagte die jüngste mit eigensinnigem Tone, mit hundert Dollars für Inserate werden wir auch zum Ziel kommen. Wir werden den Herren Schneidern und der ganzen Welt zeigen, was fünfhundert Frauen vermögen, die sich in den Kopf gesetzt haben, nicht nachzugeben. Diese Lehre wird allen Wucherern und Tyrannen nützen, die Despoten der alten Welt werden auf ihren Thronen erblassen. Haben Sie nur die Güte und setzen Sie morgen die von unserm Ausschuss berathene und verfasste Ansprache an das Publikum in Ihre Zeitung.

Hierauf reichte die Amazone dem Redacteur ein zusammengefaltetes Papier und Humbug las mit lauter Stimme diesen frechen Scherz, dieses merkwürdige Denkzeichen weiblicher Thorheit und Verkehrtheit in einem Lande, wo selbst die Frauen an die Freiheit glauben.

Die Kleidermacherinnen

an

die Bürger von Paris in Massachusetts.

Um die Missachtung unserer Rechte zu rächen, um Gerechtigkeit zu erlangen, haben wir, die Kleidermacherinnen der Stadt
Paris in Massachusetts, eine Arbeitseinstellung beschlossen; bin-
nen acht Tagen müssen unsere Unterdrücker nachgeben oder wir
sind beschäftigungslos.

Wer will uns Arbeit geben? Wir wollen nicht müssig bleiben, aber wir wollen auch nicht umsonst für Leute arbeiten, die
bezahlen können.

Wer braucht eine Handreichung? Wir können Hüte und
Kleider machen, Pudding, Kuchen und Torte bereiten; wir können nähen, sticken, stricken, braten, kochen. Wir können Kühe
melken, Butter und Käse machen, Hühner füttern, den Garten
bestellen; wir können die Küche fegen, das Zimmer kehren, Betten machen, Holz spalten, Feuer schüren, waschen und bügeln
und vor Allem sind wir in kleine Kinder vernarrt. Mit einem
Wort, jede von uns kann einer Haushaltung auf's beste vorste-
hen. Unsere früheren Prinzipale werden auf Verlangen unseren
Verstand und unsere Geschicklichkeit bezeugen.

Rasch heran, ihr Herren! Wer liebt schwarze Augen, schöne
Stirnen, volle Locken, den Jugendreiz einer Hebe, die Stimme
eines Seraphim, das Lächeln eines Engels? Ihr alten Herren, die
ihr eine gute Haushälterin braucht, ihr jungen hübschen Männer,
die ihr eine fleissige und hingebende Frau wollt, heran, das Aus-
gebot beginnt! Eins, zwei, drei: der Zuschlag erfolgt! Wer ist
der glückliche Bieter?

Näheres bei dem Ausschusse der Kleidermacherinnen,
Pappelstrasse Nr. 20.

— Bravo, meine Damen, sagte Humbug; noch heute Abend kommt die Anzeige in die Zeitung und wir wollen auch auf die Ankündigung setzen: *Arbeitseinstellung der Kleidermacherinnen*, damit es Niemand übersieht.

Mit diesen Worten machte er eine tiefe Verbeugung und begleitete die drei Frauenzimmer mit einer Höflichkeit zur Thüre, wie wenn er einen Präfecten zu verabschieden gehabt hätte.

— Ist es möglich, rief ich, dass in Amerika die Frauen das Recht haben zu thun, was sie wollen? Schlägt man damit nicht der Erfahrung und der Vernunft in's Gesicht? Meetings von Schneiderinnen! Warum nicht auch eine Coalition von Wäscherinnen, oder eine Arbeitseinstellung von Hebammen? Die Revolution in Hosen ist schrecklich, die in Unterröcken ist lächerlich.

— Lächerlich ist es blos, antwortete Truth mit seiner gewöhnlichen Ruhe, dass die Hosen sich das Recht zuschreiben, die Unterröcke zu unterdrücken.

— Schön, versetzte ich, füllen Sie nur diese tollen Köpfe mit dem Rausche der Freiheit; Sie werden schon sehen, wer das erste Opfer wird.

— Doctor, Sie sind wahrhaft kläglich, versetzte Truth; bei dem ersten Stoss, den Ihre veralteten Vorurtheile erleiden, schreien Sie, als ob die Welt unterginge. Die Frauen, mein Lieber, bilden die Hälfte der Menschheit; diese tiefe Wahrheit hat schon Aristoteles constatirt; aber seit zwei tausend Jahren hat Niemand ausser den Amerikanern den Philosophen verstanden. Wenn unsere Frauen unsere Hoffnungen, unsere Besorgnisse nicht theilen, werden sie uns ihre Schwächen und Launen theilen lassen. Wir brauchen Frauen, Töchter und Mütter, die die Freiheit leidenschaftlich lieben, damit ihre Gatten, Väter und Söhne diese heilige Liebe niemals aufgeben. Ihnen erscheinen diese Scheiderinnen lächerlich, ich bewundere sie, so sehr ich über ihre Annonce lachen muss; ich liebe die Grossherzigkeit, die der Gerechtigkeit vertraut und ihr Recht vertheidigt. Aus solchen Herzen erwächst ein grosses Volk, darin liegt die Ueberlegenheit unseres schönen Landes.

— Wir wollen die Zeitung fertig machen, sagte Humbug; hier sind die Marktberichte. Baumwolle, Wolle, Kohlen, Eisen, Mehl, Getreide, Schweine, Hammel, Stiere, Heu, Leder, Zucker, Kaffee. Nichts besonderes, ausser beim Mehl; die guten Marken sind um zwei Procent höher als das gewöhnliche Mehl verkauft worden.

— Welche Marken? fragte Truth, und sagte dann, indem er in einem Verzeichniss nachsah: Colfax, Stevens, Pennington; wir müssen diese Namen unterstreichen und sie mit grossen Buchstaben drucken. Sie lachen, Doctor, aber das ist keine Kleinigkeit; in der persönlichen Verantwortlichkeit des Einzelnen beruht die Kraft und das Leben einer Republik. Jeder muss auf der Stirne tragen, was er ist und was er thut. Dem Ehrlichen einen Namen und Vermögen verschaffen, dem Schurken Schmach und Ruin bereiten, darin liegt das ganze Geheimniss aller Moral und Regierungskunst; kein Gesetzgeber hat die Lösung dieser Aufgabe gefunden, und unsere Presse löst sie alle Tage.

— Schade um die schöne Tirade über ein Mehlfass!

-- Deren Anwendung Sie sofort sehen sollen, sagte Humbug; sehen Sie! Schweinemarkt, zwanzig verdorbene Tonnen mit den Marken von Thomas und Williams. Wenn ich die Namen dieser zwei Spitzbuben unterstreiche, so verschliesse ich ihnen den Markt.

— Sie dürfen es nicht, rief ich, dazu sind Sie nicht berechtigt. Genügt es Ihnen nicht, die Regierung zu spielen, wollen Sie auch noch die Polizei machen?

— Ganz richtig, ehrenwerther Doctor, versetzte Humbug; wir sind die Polizei und noch mehr! wir sind das öffentliche Gewissen. Wir spenden Ehre und Vermögen: *honestus rumor alterum patrimonium est.* Reissen Sie nur Ihre Augen auf und schreien Sie so laut Sie wollen, wenn es Ihnen Spass macht. Aber wirklich, wenn Sie im Ernst reden, sind Sie kein Amerikaner.

— Du weisst nicht, murmelte ich, du weisst nicht, wie sehr du Recht hast. Du hast keine Idee, in welchem Grade ich einen Don Quixote verachte, der verrückt genug ist, das Interesse Anderer, das Interesse des ersten Besten in die Hand zu nehmen, ohne jeden Beruf dazu und ohne jede Bezahlung. Das wird aus einem Lande ohne Beamte! Da muss sich dann jeder selbst um seine Angelegenheiten bekümmern. Das ist lächerlich! In Frankreich überhebt mich eine verständige und festgeschlossene Verwaltung jeder derartigen Sorge; dort bin ich Fürst, man bedient mich; dort geniesse ich in Frieden ein Glück und eine Grösse, die mich nichts kostet als mein Geld. Das ist der Triumph der Civilisation, oder ich verstehe nichts davon.

— Der Börsenbericht! rief ein junger Mann, der ganz athemlos hereintrat.

— Nichts neues? fragte Humbug.

— Nichts als die mexikanische Anleihe.

— Was sagt man darüber, Eugen? fragte Truth.

— Vollständig durchgefallen; es ist blos eine Gaunerei vom alten Little.

— Wie! eine Gaunerei! sagte ich, indem ich den

Courszettel las; die Anleihe ist doch um einen Dollar über den Emissionspreis gestiegen.

— Little hat mit einer Hand gekauft, was er mit der andern verkauft hat, sagte Truth; der Scherz ist nicht mehr neu und wird bei uns niemals Erfolg haben; dazu sind wir nicht dumm genug. — Lieber Rose, fügte er hinzu, indem er sich an den neuen Ankömmling wandte, machen Sie mir bis morgen einen Artikel über diesen Gegenstand; gehen Sie zu den Wechselagenten, suchen Sie die ganze Wahrheit zu erfahren.

— Sie sollen ihn bis heute Abend haben, Herr Truth; ich werde mehr Aufklärung erhalten als ich brauche.

— Mein Lieber, sagte ich zu dem jungen Mann, den ich an seinem Namen als einen Sohn des Apothekers und, leider, als einen Bruder meines Schwiegersohnes erkannte, es muss sehr schwierig sein, Geschäfte zu machen, wenn man sie so zum Nutzen des Publikums bloslegt.

— Mein Herr, sagte Eugen ganz erstaunt, je besser ein Geschäft bekannt ist, desto leichter ist es zu machen. An der Börse ist die Lüge der Ruin; die Wahrheit ist Reichthum.

— Schön, sagte ich; sie schwatzen Alle den nämlichen Unsinn. In Paris, dem Centrum der Intelligenz, der Hauptstadt des Geistes, weiss Jedermann, dass sich das Publikum am meisten zu den Unternehmungen drängt, von denen es am wenigsten versteht. Was kann uns denn eine offen zu Tage liegende Unternehmung geben? Höchstens fünf oder sechs Procent, während eine unbekannte fünfzehn oder zwanzig verspricht;

darin liegt das Geheimniss des Banquiers. Hier zu
Lande tauscht man Werth gegen Werth, ein erbärmli-
cher Handel; in Paris kauft man die Erwartung; das
hat den Reiz der Lotterie, die Poesie des Spiels. Was
liegt einem Franzosen daran, wenn er sein Geld verliert? das ist Prosa. In Gedanken Reichthümer verschlingen, im Traum Leidenschaften, Launen und Ehrgeiz befriedigen, das ist ideal; man bezahlt freilich die
Illusion, aber kann man sie jemals zu theuer bezahlen?

— Freund Humbug, rief eine kreischende Stimme,
hier ist eine kleine Anzeige, die ich gern in deine Zeitung einrücken möchte, du wirst mir eine bilige Rechnung machen; die Zeiten sind hart.

Der Sprecher war ein kleiner Mann mit langem
Ueberzieher und ungeheurem Hute; seine Gestalt, seine
Kleidung, sein ganzes Auftreten schien Jedermann zu-
zurufen: Betrachtet mich, ich bin ein Quaker.

Humbug nahm die Anzeige und lachte.

— Die Annonce ist sehr spassig, sagte er; aber
ich verstehe sie nicht; er las, was folgt:

Villa Montmorency.

Seth Doolittle, Besitzer des Gasthofs zur Rose in Montmorency, beehrt sich zur Kenntniss des geschätzten Publikums zu
bringen, dass die Verliebten, welche während der Sommermonate
bei ihm absteigen, nur die Häfte der gewöhnlichen Preise bezahlen.

— Warum diese Ausnahme? fragte ich.

— Freund, antwortete der kleine Mann, indem er
die Hände über der Brust kreuzte und seine Augen
zum Himmel hob, nichts ist schöner, nichts ist achtungs-
werther als die Liebe. Setze einen jungen Mann einem
weissen Kleid und einem Paar schwarzer Locken ge-

genüber, die im Winde flattern, so hat er ein so himm-
lisches, ein so ätherisches Gefühl, dass er sich die
ganze Woche nicht herablassen wird, den Braten an-
zurühren. Es wäre Diebstahl, diese Engel des Himmels, die niemals die Rechnung nachsehen, den gewöhnlichen Preis bezahlen zu lassen; mein Gewissen
widersetzt sich dieser Ungerechtigkeit.

— Dieses Bedenken ist sehr ehrenwerth, versetzte
ich und biss mir auf die Lippen; ich bedaure, einen
so edlen Mann nicht gleich erkannt zu haben.

— Du konntest mich nicht wohl erkennen, erwiderte Seth mit niedergeschlagenen Augen; denn du
hast mich niemals gesehen; aber Schwester Martha
hat mir ihren Herrn und den schrecklichen Vorfall von
gestern mit solcher Treue beschrieben, dass ich im ersten Augenblick errathen habe, wer du bist.

Der tugendhafte Gastwirth sprach Martha's Namen
mit einer ausdrucksvollen Salbung aus, an die ich mich
erst später wieder erinnerte; ich würde vielleicht mehr
Acht darauf gegeben haben, wenn nicht in diesem Augenblick ein Mensch, der in grösster Eile in das Zimmer stürzte, gerufen hätte:

— Wichtige Neuigkeit, Herr Truth; wichtige Neuigkeit, Herr Humbug; soeben ist unser Bürgermeister
verurtheilt worden. Man hat ihn in strafbarer Unterhaltung mit einer Schauspielerin vom *Lyceum* überrascht; er muss dem Ehemann zehntausend Dollars
Entschädigung bezahlen.

— Doctor, sagte Humbug, nehmen Sie die Feder
und schliessen Sie unsere Ankündigung; unser Blatt
hat heute einen schönen Inhalt; der Absatz ist gesichert.
Lassen Sie uns sehen:

Niederlage der Bundestruppen.

3,000 Todte, 6,000 Verwundete.

Bewundernswürdige Rede des beredten Senators für Mas-
sachusetts.

Rückkehr zum Gesetz und zur Freiheit.

Oeffentliche Anzeige von Marinediebstählen.

ARBEITSEINSTELLUNG DER KLEIDERMACHERINNEN.

STRAFRECHTLICHE VERURTHEILUNG DES BÜRGER-
MEISTERS.

— Schön, fuhr er fort, das ist ein guter Tag; wir
haben die Schurken heute nicht übel angebellt. Nun
druckt, Kinder, rief er in die Druckerei, und in einer
Viertelstunde könnt ihr die Tafel aushängen.

Eilftes Kapitel.

—

Von dem Grundsatze der Unantastbarkeit des Privat-lebens.

Ich sank wieder in meinen Lehnstuhl und dachte still über das traurige Schauspiel vor meinen Augen nach. Eine Alles verschlingende Anarchie, allgemeine Spionage, allgemeine Verwirrung, die Regierung in Aller Händen, und hier diese aufgeblasene Presse! Solchen feindlichen Elementen gegenüber kann man niemals Ordnung in ein Volk bringen.

— Nun, lieber Doctor, sagte Truth mit schmei-chelnder Stimme, Sie wissen jetzt, wie man eine Zei-tung redigirt. Lockt es Sie nicht? Wollen Sie mein Nachfolger werden?

— Niemals! niemals! antwortete ich und schob un-willkürlich meinen Stuhl ein paar Schritte zurück. Was ich sehe, entsetzt mich; Ihr spielt mit Allem, was ich gewohnt bin, als achtungswerth und heilig zu betrach-ten. Man mag einen Minister oder einen Abgeordne-ten angreifen, das ist mir geichgiltig, daran bin ich gewöhnt; Minister haben jeder Zeit den Journalisten zur Zielscheibe gedient, und wer zwei oder drei zu

Fall gebracht hat, gilt als der grösste Zeitungsschreiber. Wenn es Länder und Völker gibt, die ein solcher Kampf unterhält, wohl bekomm's ihnen! ich wünsche ihnen zur Heilung blos zwei oder drei Revolutionen. — Aber das Privatleben, mein Lieber, muss unantastbar bleiben; verstehen Sie, mein Lieber, absolut unantastbar.

— Wer behauptet das? fragte Humbug mit einer Naivetät, welche seine Unwissenheit bewies.

— Royer-Collard, antwortete ich, ein grosser Metaphysiker, der niemals eigne Ideeen gehabt, aber die Anderer in Erz gegossen und auf Marmor eingegraben hat. Dieser Mann, dieser berühmte Gelehrte hat die goldenen Worte ausgesprochen, die man in jedem Zeitungsbüreau anheften sollte: *Das Privatleben muss unantastbar sein.*

— Da hat Ihr Metaphysiker eine grosse Dummheit behauptet, antwortete Humbug. Kann man einen Menschen entzwei schneiden? Kann man ein Schurke im Privatleben und ein Fabricius im öffentlichen Leben sein? Was heisst Privatleben? Wo fängt es an, wo hört es auf? Wann ist ein Angriff gegen das Privatleben, wann gegen das öffentliche Leben gerichtet? Wenn unverschämte Lieferanten unsere Marine bestehlen, greift man dann durch Bekanntmachung der Spitzbuben das Privatleben an? Wenn der ehrenwerthe Mr. Little, der reich geworden ist durch das, was er Andern abgenommen hat, es wieder einmal versucht, Schwachköpfe zum Vortheil seiner unersättlichen Habsucht zu plündern, und ich sage ihm, dass er ein Gauner ist, ist das ein Angriff auf sein Privatleben?

— Mein Herr, erwiderte ich dem Unverschämten, ich hätte Ihnen Manches zu antworten; aber es genügt

7*

ein Wort. Der Bürgermeister von Paris ist einer unglücklichen Schwäche unterlegen. Vielleicht ist er in
eine Schlinge gefallen, die ihm irgend eine niedere Si-
rene gestellt hat; jedenfalls hat er diesen Fehler nicht
in seiner Eigenschaft als Gemeindebeamter begangen.
Wozu also dieser Skandal, diese Verlästerung eines
Mannes, dessen Fehltritt Sie nach alledem nichts angeht?

— Wozu? sprach Truth mit der Kälte eines Robespierre; um ihn zu nöthigen, seine Entlassung zu nehmen. Verlangen Sie vielleicht, dass wir in unseren
Familien die Achtung vor dem Band der Ehe und den
Abscheu vor dem Laster predigen, während ein Ehe-
brecher im Stadthaus thront? Das ist unmöglich. Die
Ehrenhaftigkeit des Privatlebens gibt uns eine Garantie
für die Tüchtigkeit im öffentlichen Leben. Ausserdem
wäre die Politik nur eine Komödie, wo Jeder eine
Maske aufsetzt, eine Rolle spielt und zu seiner Unterhaltung von Gewissen, von Rechten und von Pflichten
spricht, ohne eine Sylbe davon zu glauben. Mögen
kindische Völker an diesen gefährlichen Possen, die
immer ein schlechtes Ende nehmen, Gefallen finden,
meinethalben; in Amerika treibt man Alles ernsthaft.
Mögen unsere Wüstlinge, wenn sie ihre Gesundheit
ruiniren und ihr Geld vergeuden wollen, über den
Ozean gehen; bei uns muss man achtbar sein, um geachtet zu sein.

— Hier ist ein Brief vom Bürgermeister, sagte ein
Hilfsarbeiter; er nimmt seine Entlassung.

— Es ist noch Zeit, Herr Truth, rief ich; halten
Sie inne mit dem Drucke des Journals und lassen Sie
daraus eine Verurtheilung hinweg, die nur mehr einen
einfachen Bürger betrifft, ein Urtheil, das einen Mann

entehren und eine Familie unglücklich machen wird. Entfernen Sie von Ihrer Tafel jene gehässigen Zeilen, die einen ohne Zweifel entschuldbaren Fehler auf's neue und in einer von der Gerechtigkeit nicht beabsichtigten Weise geisseln. Gibt es denn nur Catonen in Amerika? und hat unter euch, die ihr immer das Evangelium im Munde führt, keiner die Geschichte von der Ehebrecherin gelesen? Im Namen des Himmels, seien Sie menschlich!

— Ich bin weder menschlich, noch unmenschlich, antwortete Truth mit eisigem Tone; ich bin kein Einzelner, ich bin ein Journal, das heisst ein Echo, eine Photographie. Die Tafel bleibt wie sie ist; der Schuldige thut mir leid, aber ich habe einen Beruf zu erfüllen und ich mäkle nicht mit der Wahrheit.

— Aber diesen Beruf, rief ich entrüstet, haben Sie sich selbst angemasst.

— Ist er darum weniger heilig? versetzte der Redacteur. Suchen Sie doch meine Stellung zu begreifen. Wie erhält sich die Freiheit in einer Gesellschaft, die ganz mit ihren eigenen Interessen beschäftigt ist und die sich dabei doch selbst regiert? Wie werden hier grosse Ideen erzeugt und verbreitet, wie verschafft man dem Recht allgemeine Achtung, der Tugend Verehrung, dem Verdienste Belohnung? Nur durch die Presse, deren Erfindung noch bewunderungswürdiger ist als die des Dampfes und der Elektrizität. Wir Journalisten sind das Echo der Gesellschaft, ein furchtbares Echo, eine schmetternde Posaune, die jeden Schall vergrössert, ihn bis an's Ende der Welt trägt und auch das schlaffste Gewissen aufweckt. Gut oder schlecht, uns dient Alles; das Gute, um jedes Herz mit Freude und Nacheiferung, das Schlechte, um es mit Entrüstung

und Ekel zu erfüllen. Sie haben gestern eine heldenmüthige That vollbracht. Wer hätte in Russland oder
in Spanien davon erfahren? Ein paar Freunde, einige
Nachbarn, ein Städtchen. Dank uns wiederholen jetzt
einunddreissig Millionen Menschen den Namen des Doctor Smith; drei Millionen junge Leute beneiden Sie um
Ihren Muth und geloben sich, Ihnen nachzuahmen.
Das ist das Werk der Pamphletisten, die Sie so wenig
zu achten scheinen. Heute liegt ein Skandal vor, ein
Fehltritt, den ein Beamter begangen hat. Die Rechtspflege hat den Thäter verurtheilt, die Presse verurtheilt
die That und erweckt dagegen bei der ganzen Nation
Hass und Abscheu. Je höher der Fall, um so stärker
die Lehre; unsere Härte wird vielleicht eine Familie
in Gram versetzen und einige ängstliche Gemüther verletzen; aber sie wird Tausende, die die Straflosigkeit
ermuthigen würde, vor einer ähnlichen Schwäche bewahren. Ohne Zweifel wird uns unsere Strenge eine
tödtliche Feindschaft einbringen. Aber was liegt daran?
Können wir zwischen unserer Pflicht und unserem Interesse schwanken? Doctor, seien Sie nicht so strenge
gegen uns. Wie viele Staatsmänner würden im Stande
sein, den Beruf eines Journalisten auszufüllen bei den
Eigenschaften, die er fordert, wie viele würden sich
entschliesen, unser gefährliches und bescheidenes Amt
zu übernehmen?

— Bravo Truth, rief Humbug; Sie sprechen wie
ein Buch, lieber Freund, und wie ein Buch, das Wahrheit spricht: *Rara avis in terris, nigroque simillima cygno.*

— Es gibt einen Ehrgeiz, der die Verborgenheit
liebt, versetzte ich, wüthend über Truth und über mich
(denn die Worte dieses Sophisten hatten mich tief getroffen). Mancher hält sich für tugendhaft, wenn er

nur Sittenstrenge auf seine Fahne schreibt, und ist dabei doch im Grunde, ohne es zu wissen, der Sklave seiner eigenen Interessen und jagt blos seinem Glück nach.

— Das Glück, sagte Humbug, ist für die Journalisten nicht vorhanden. Doctor, mein Freund, die Welt ist ein Theater, worin es drei Klassen von Personen gibt, Schauspieler, Zuschauer, Verfasser. Zuschauer sind Sie oder Green oder Rose, kurz alle diese guten Leute, die weder Laster noch Tugenden besitzen und die im Schatten ihres Weinstockes und ihres Feigenbaumes leben. Die Schauspieler sind eine eifersüchtige Truppe, die allen Schauspielergesellschaften gleicht. Der Intrigant, der Schwätzer, der Geizhals, der Hasenfuss, der Tyrann, der Bediente spielen hier ihre Rolle zum grossen Vergnügen des Publikums, das häufig Beifall klatscht, zuweilen zischt und immer bezahlt. Die Träger der Hauptrollen müssen natürlich schöne Costüme, Paläste, Gold, viel Gold haben. Sie kennen und benützen die Launen der Menge. Was die Verfasser, die Dichter, die Schriftsteller anlangt, die das Zugstück geschrieben, die Lieblingsarie componirt, der Masse Geist gegeben haben, so wirft man ihnen ein Stück Brod zu und verachtet sie. Was ist auch die Idee für einen geschickten Mann? Nichts als eine Cocarde, und die Hauptsache ist, sie zur rechten Zeit aufzustecken. Schreien Sie zwanzig Jahre, dass die Freiheit das Glück der Völker ausmacht, so wird Ihre Stimme blos dem Herrschenden verhasst, dem Beherrschten lästig werden. Kommt dann endlich der Tag, wo das Volk müde ist, die Bürde länger zu tragen, die es zu Boden drückt, dann wird der erste Beste, der kühn genug ist, das Wort auf seine Fahne

zu schreiben, das Sie zwanzig Jahre wiederholt haben,
der Erwählte der Menge sein; Ehre, Geld, Macht, Alles fliegt ihm zu. In einer Stunde wird dieser erste
Spieler sein Glück machen; er wird auch gar nicht
genug Verachtung besitzen für den verkommenen Journalisten, der ihm durch zwanzigjährige Leiden und Gefahren seinen Triumph vorbereitet hat. Das Volk aber
wird urtheilen wie der Schauspieler. Wollen Sie eine
Moral zu meiner Geschichte haben? Paris wird einen
Bürgermeister wählen. Passen Sie auf; man wird dabei an alle Welt denken, nur nicht an den einzigen
Mann, der dieser Stellung Ehre machen würde. Dieser
Mann ist Truth. Wenn er eines Tags vor Gram stirbt,
wird er nicht einmal zwei Zeilen Lob in seiner eigenen
Zeitung haben, falls ich zufällig nicht mehr da bin. So
belohnt man in Amerika die Bürgertugend! und dennoch sind wir das erste Volk der Welt: *Ab uno disce
omnes.* Jetzt urtheilen Sie über unseren Ehrgeiz.

— Lieber Freund, sagte Truth zu Humbug, zählen
Sie denn die Ehre, von Ihnen geliebt und gelobt zu
sein, für gar nichts?

Die Thüre öffnete sich und liess zum zweiten Male
eine Marderschnauze sichtbar werden, die nur Fox an-
gehören konnte. Er war es, freundlicher als je.

— Herr Truth, sagte er mit seiner süssesten Stimme,
würden Sie wohl die Güte haben, in Ihrer trefflichen
Zeitung anzuzeigen, dass der ehrenwerthe Mr. Little
soeben eine Stiftung von zehntausend Dollars für das
Kinderspital, von fünftausend Dollars für die Armen
und von fünftausend Dollars für die Stadtbibliothek gemacht hat?

— Die mexikanische Anleihe scheint gut zu gehen,

sagte Humbug; Little ist ein gottesfürchtiger Jude, der dem Herrn seinen Zehenten entrichtet.

— Die mexikanische Anleihe ist gänzlich aufgegeben, antwortete Fox; Mr. Little hat sich überzeugt, dass die von der mexikanischen Regierung gebotenen Garantieen nicht zureichend sind.

— Woher kommt denn dann diese verdächtige Grossmuth? fragte Humbug; dahinter steckt irgend eine scheussliche Spekulation. Diese zwanzigtausend Dollars werden uns theuer zu stehen kommen.

— Immer voll Argwohn, unterbrach ich ihn; und wesshalb?

— Weil ich ein alter Redacteur bin, antwortete Humbug; ich glaube an die Tugend der Banquiers so fest wie an die Einfalt der Quaker.

— Sie werden schon noch bekehrt werden, alter Sünder, entgegnete Fox lachend.

— Grosse Neuigkeit an der Börse! rief Eugen Rose beim Eintritt.

— Wir wissen es schon, sagte Humbug, die mexikanische Anleihe ist zurückgezogen.

— Ja, aber was ihr noch nicht wisst, dass der Bürgermeister seine Entlassung genommen hat, und dass man Mr. Little als Candidaten für ihn aufstellt.

— Wirklich? sagte Fox; das ist gar nicht möglich. Mr. Little hat mir davon kein Wort gesagt, und ich bezweifle sehr, ob er bei seinen zahlreichen Geschäften einen so wichtigen Posten annehmen könnte.

— Trefflicher Fox! rief Humbug, er ist so unschuldig wie ein Lamm; Sie werden schon sehen, ehrlicher Advokat, dass sich Mr. Little doch zu diesem grossen Opfer entschliessen wird.

— Aber wir, sprach Truth, sind zu zartfühlende

Leute, um ihm eine so schwere Last zuzumuthen, und wir werden daher seine Wahl bekämpfen.

— Und warum? rief Fox.

— Das ist das Geheimniss der Komödie, versetzte Humbug, das wird nicht verrathen.

— Also, entgegnete Fox, sollen wir euch immer gegen uns finden, ihr tugendhaften Puritaner, hochmüthiges, unverträgliches Volk! Aber ich will verdammt sein, wenn ich euch nicht noch eines Tags in eurem eigenen Wespenneste verbrenne, ihr unnützen Hornissen, die ihr uns immer die Ohren vollsummt!

-- Fox, mein Freund, sagte Humbug, stellen Sie meine Geduld und meinen Arm nicht auf die Probe; ich könnte Sie leicht durch das Fenster spazieren lassen.

Fox wartete nicht auf die nur zu wahrscheinliche Ausführung dieser Drohung, und auch ich ging hinweg voll Aufregung und Verwirrung über das, was ich gehört hatte. Vernunft und Erziehung sagten mir, dass die Presse stets eine gegen die Regierung und die Gesellschaft gerichtete Waffe ist; hundertmal hatten mir die verständigsten Minister diese kostbare Wahrheit eingeimpft; aber auf der andern Seite war ich tief erschüttert von der Grösse und Hochherzigkeit, die ich bei Truth, von dem Muthe und der Entschlossenheit, die ich bei Humbug gefunden hatte. Die Sache der ehrlichen Leute gegen die Schurken führen, von denen die Welt strotzt, jeden Tag auf der Jagd und ohne Unterlass auf der Verfolgung des Diebstahls, der Ungerechtigkeit, der Lüge, das ist immerhin etwas. Ein Volk, das solche Männer zählt, ist kein gewöhnliches Volk.

— Bah! sagte ich zu mir, um diese eiteln Bedenken zu verjagen; das sind Ausnahmszustände. Das Ver-

nünftigste würde es doch sein, die Zeitungen ganz zu
unterdrücken; man wird mir entgegnen, dass das nur
die Arznei und nicht die Krankheit entfernt; aber, wenn
die Krankheit unheilbar ist, so weiss man sich zu fassen und stirbt, wenn man sterben muss, ohne Klage.
Das ist ein grosser Vortheil . . . . . für die Aerzte.

Ich war so weit in meinen Gedanken, als mich
mitten auf der Strasse eine Stimme anrief, die Stimme
Susannens. Sie fuhr in einem zweirädrigen Cabriolet,
das Martha führte. Das Pferd hatte einen sichern Tritt
und Martha war eine vorsichtige Person, die von dem
Zügel mehr Gebrauch machte als von der Peitsche;
aber an der Ecke der *rue Taitbout* und der *rue du Hel-
der* oder vielmehr (ich täusche mich) an der Ecke der
siebenten und achten Avenue gibt es ein entsetzliches
Pflaster aus kleinen Steinen, das vermuthlich irgend
ein eigennütziger Thierarzt gelegt hat; denn seit zehn
Jahren vergeht kein Tag, an dem hier nicht Pferde
stürzen. Das Schicksal von Martha's Pferd war gewiss;
in meiner Nähe stürzte das arme Thier plötzlich auf
die Kniee, Martha wurde über den Kopf des Pferdes
hinweggeschleudert, Susanne fiel in meine Arme, warf
mich durch den Stoss zu Boden und rollte mit mir über
die Strasse. Wüthend und mit Staub bedeckt erhob
ich mich; Susanne hatte ein zerkratztes Gesicht, Martha
blutete.

— Bist du verwundet, Martha? rief ich.

— Nein, mein Herr, es hat nichts zu bedeuten;
die Rechte des Ewigen hat mich gestützt; nur die Nasenspitze hat ihr Theil bekommen.

Wir beschäftigten uns nun beide damit, das Pferd
von Blut zu reinigen und wiederaufzurichten.

Als das Thier wieder angespannt war, rief ich:

— Bei Gott, es ist eine Schande, dass die Gemeindeverwaltung seit zehn Jahren vor meiner Wohnung, in
einer der belebtesten Strassen der Stadt eine solche
Fallgrube duldet. Und wüthend lief ich in das Redac-
tionsbureau zurück.

— Herr Doctor? was haben Sie, sagte Humbug lachend;
haben Sie den Wahlkampf mit Fox etwa schon begonnen? Nach Ihrem Rocke zu schliessen sind Sie nicht
obenauf geblieben.

— Abscheulich! rief ich; abscheulich, seit zehn Jahren das Pflaster in einem solchen Zustande zu lassen,
dass so eben mein Pferd gestürzt, meine Tochter im
Gesicht verwundet und meine Köchin fast umgekommen ist; ich bin wüthend, ich werde mich beklagen,
ich verlange Gerechtigkeit. Wir sind zu Paris in Amerika,
ich werde sie erlangen. Die Oeffentlichkeit wird Alles
auf meine Seite bringen. Geben sie mir eine Feder
und Tinte, damit ich einen recht scharfen Brief an
Sie aufsetze, worin ich die Verwaltung nach Gebühr be-
handle.

— Hier haben Sie, was Sie wünschen, sagte Humbug, und ausserdem noch einen Dollar.

— Einen Dollar? Wozu?

— Wir zahlen Jedem, der uns eine *vermischte Nachricht* bringt, einen Dollar; zieren Sie sich nicht, Doctor;
nehmen Sie ihn und lassen Sie ihn unter Glas und
Rahmen setzen. Er wird Ihnen stets ins Gedächtniss
rufen, dass die Presse die Stimme Aller ist, und dass
Sie diese grosse Wahrheit in dem Augenblick begriffen
haben, wo ein Unfall Sie traf.

— Humbug, antwortete ich, diese Worte, die Sie
mit gewohnter Leichtigkeit hervorsprudeln, haben mehr
Tragweite, als sie glauben; ich werde sie nie vergessen.

Und Morgens, wenn ich meine Zeitung lese, wird mich
jede Klage an ein Leiden erinnern, das morgen vielleicht das meinige sein kann, ein Uebel, dem ich ab-
helfen oder zuvorkommen kann, wenn ich mich der
Stimme des Publikums anschliesse.

— Bravo, Doctor, Sie sind ein grosser Philosoph.
Ihre Augen öffnen sich und Sie rufen: *et lux facta est.*
Gleichviel; Sie werden bald noch eine andere ebenso
gewichtige Wahrheit begreifen, dass nämlich schliess-
lich die Pressfreiheit nur den ehrlichen Leuten nützt.
Daher weiss man auch, wo man ihre Feinde zu suchen hat.

Zwölftes Kapitel.

Eine Candidatur in Amerika.

Alle diese Erörterungen hatten mich verwirrt. Gewiss, ich war nicht so schwach, die politische Ueberzeugung zu verleugnen, die mir die Lehrer meiner Kindheit beigebracht hatten, ich verabscheue die Renegaten. Wenn man im Irrthum geboren ist und das Gewissen fordert es, dass man ihn abschwört, so fordert die Ehre, dass man ihn beibehält; und ein Franzose wird stets nur auf die Ehre hören. Lieber hätte ich mich zerhacken lassen, als öffentlich zugestanden, dass diese Yankees nicht so Unrecht hatten. Aber im Grund meiner Seele empfand ich den Verlust meiner Unschuld; ich hatte mich der Presse bedient und hatte nicht einmal die Kraft, mich dessen zu schämen. Unzufrieden mit mir sank ich in einen unruhigen Schlummer; als ich erwachte, war es noch Nacht. Die Sophismen von Truth und Humbug waren wie Pfeile in meinen Geist gedrungen; hier in meinem Bett suchte ich vergeblich nach Antworten, als ich plötzlich mitten im Dunkel und in der Stille auf der Strasse eine Stimme hörte, die mich rief. Es war die Stimme meiner Tochter; ein Vater irrt sich darin nicht.

Meinen Schlafrock anziehen und an das Fenster laufen, war das Werk eines Augenblicks; ich neigte mich hinaus, um in die Finsterniss hinabzusehen. Mein Kopf stiess an ein mir unbekanntes Hinderniss. Es knackte und sofort blendete mich glänzender Sonnenschein, heitere Rufe begrüssten meine Erscheinung. Die Strasse war voll Menschen, ein ungeheurer Anschlag bedeckte mein ganzes Haus und mein Kopf, von einem riesigen O umgeben, bot den Vorübergehenden ein höchst lächerliches Schauspiel.

— Papa, bleibe so stehen, sagte Susanne, indem sie vergnügt aufsprang und in die Hände klopfte; so wird ganz Paris den Anschlag lesen. — *Green for ever*, wiederholten die Yankees im Vorüberlaufen. *A very good trick*, setzten sie hinzu und zeigten lachend ihre grossen Zähne.

Rasch kleidete ich mich an und lief auf die Strasse. Paris war nur noch eine endlose Anschlagsäule; Candidaten von allen Farben, blau, roth, weiss, gelb, grün, rosenfarben breiteten auf allen Mauern ihre Verdienste und Vorzüge aus. Mein Haus war dem Grün gewidmet. Die Worte *Green for ever* dehnten sich dort in drei Fuss hoher Frakturschrift aus; mir gegenüber hatte die Druckerei eine unermessliche Tafel aufgezogen, auf der man las:

Bürger
der ersten Stadt der Welt!
Keine Banquiers!
Keine Advokaten!
Keine Schwindler!
Wählt den grossherzigen Patrioten,
den heldenmüthigen Kaufmann,

den guten Familienvater,
den Sohn unserer Stadt,
Wählt den ehrenwerthen und trefflichen GREEN!!!

Diese demokratische Posse belustigte Susannen;
Mr. Alfred Rose stand bei ihr mit dem ehrenwerthen
Apotheker und seinen acht andern Söhnen. Henri
tanzte vor Freude wie ein Kind, das der Lärm entzückt. Ich meines Theils habe wenig Geschmack für
diese Orgien des Volks; ein Wort kennzeichnet sie:
Viel Lärmen um nichts.

— Nachbar, sagte der Apotheker zu mir, unser
Hauptmann geht ins Feuer; ich hoffe, dass Sie uns die
Hand reichen werden; die Gegenpartei ist mächtig und
wir werden ihn nur durchsetzen, wenn wir gehörig
reden und handeln.

— Lieber Herr Rose, antwortete ich ihm, mit Ihrer gütigen Erlaubniss werde ich zu Hause bleiben.
Ich habe bei allem dem kein Interesse. Ich bin wie
ein grosser Herr, der zur Führung seiner Geschäfte
eine gewisse Anzahl von Intendanten hält, die er bezahlt, ohne dass er sich nur die Mühe gibt, sie selbst zu
wählen; was unter meinen Leuten vorgeht, kümmert
mich nichts. Was ist denn ein Maire von Paris? Ein
Mann in Uniform, der alte Jungfern und trostlose Wittwen
verheirathet und zweimal des Jahres in einen Galawa-
gen steigt, um dem Herrn Präfekten seine Aufwartung
zu machen und im Stadthaus zu speisen. Das ist eine
grosse Ehre, die man nicht zu theuer erkaufen kann;
aber was geht das mich einfachen Bürger an, der doch
kein anderes Recht geniesst, als ein Budget zu bezahlen, um das er nicht gefragt worden ist? Ich weiss
nicht, wen ein Maire vorstellt, aber sicher nicht die

Bewohner seines Bezirks. Mag ihn wählen, wer da will; ich bin Arzt, ich kümmere mich um nichts.

Mr. Rose ergriff zur Antwort meinen Arm und fühlte mir den Puls.

— Entsetzlicher Doctor, sagte er zu mir, bei Ihren ewigen Spässen läuft mir die Gänsehaut auf; ich habe wirklich geglaubt, Sie sind verrückt. Muss ich Ihnen als Bürger eines freien Landes erst sagen, dass heute unsere wichtigsten Interessen auf dem Spiel stehen. Ist nicht der Bürgermeister die erste Persönlichkeit der Stadt, der Repräsentant unserer Ansichten und Wünsche? Ordnet nicht der Bürgermeister unter Mitwirkung unseres Gemeinderathes Alles, Polizei, Märkte, Strassen, Schulen, mit der souverainen Machtvollkommenheit, die ihm unsere Wahl überträgt? Im Staate hat er Vorgesetzte, in der Stadt keine. Kann ihm Jemand Befehle geben? Ist er nicht unser rechter Arm, unser Organ, unser Minister? Ist er nicht uns allein für seine Handlungen und für sein Budget verantwortlich? Und eine solche Wahl soll uns gleichgültig lassen? Ich meines Theils kümmere mich wenig darum, was die Herren Schönredner aus dem Westen und Süden in Washington anfangen; aber Paris, das gehört mir, das geht mich an; es ist das Grab meiner Väter, die Wiege meiner Kinder. Ich liebe Alles in Paris, selbst seine Warzen und Flecken; ich liebe seine alten Strassen, wo ich in meiner Kindheit gespielt habe; ich liebe seine neuen Boulevards, diese frischen Verkehrsadern; ich liebe seine gothischen Kirchen, die mir von der Vergangenheit erzählen; ich liebe seine Bahnhöfe und Schulen, die mir von der Zukunft sprechen. Für mich haben vierzig Generationen diesen Fleck Erde bereichert; diese Erbschaft habe ich von meinen Vätern

8

überkommen; ich will sie vermehren und meinen Kindern überlassen. Ich will nicht, dass man ohne meine Erlaubniss an einen Stein oder an eine Einrichtung meiner theuern Stadt, meiner wahren Heimath rühre. Ich gehöre Paris, Paris gehört mir an!

— Rose, mein Freund, rief ich, Sie sind der Cicero aller Apotheker; aber die Beredsamkeit hat nun einmal das Vorrecht, das Gegentheil der Wahrheit zu behaupten. Sie wollen doch nicht im Ernste davon sprechen, einem von uns, einem einfachen Bürger, die Polizei in einem solchen Pandaemonium zu übertragen? Hier bedarf es einer festen und unabhängigen Hand, die uns wider unseren Willen leitet.

— Papa, sagte Susanne, warum quälst du den guten Rose? Du weisst wohl, dass der Bürgermeister die *Policemen* ernennt; du hast ja selbst den aufstellen lassen, der unsere Strasse bewacht.

— Am Ende lasst ihr auch, setzte ich mit einer Miene des Bedauerns hinzu, die Gemeindeumlagen von denen bewilligen, die sie bezahlen?

— Ohne Zweifel, erwiderte Rose; wer sollte denn sonst das Recht haben, eine Ausgabe zu bewilligen, als der, der sie bezahlen muss?

— Nun, das wird ein hübsches Budget geben! Das ist die rechte Manier, um Millionen zu bekommen! Und wenn ihr neue Strassen eröffnet, so fragt ihr wahrscheinlich erst die Bewohner, um alle egoistischen Privatinteressen gegen euch ins Werk zu setzen?

— Wen sollte man denn sonst befragen? sprach der naive Apotheker; die Strassen gehören, wie ich glaube, für uns Einwohner und die Gesammtheit unserer Privatinteressen bildet das allgemeine Interesse.

— Vortrefflich! vortrefflich! rief ich lachend; sie

sind Alle mit derselben Eselsmilch aufgezogen. Guter Gott! Wie nothwendig wäre es, mit Hammerschlägen die grossen Ideeen der Civilisation in diese beschränkten Köpfe einzugraben! Könnten sie die Wunder der Centralisation sehen, so würden sie endlich begreifen, dass unsere Angelegenheiten niemals besser besorgt werden, als wenn man sie, ohne uns zu fragen, in die Hände solcher gibt, die dabei kein Interesse haben! Und die Umlagen für die Schulen und die Grösse des Aufwandes hiefür wird etwa auch von den Familienvätern bestimmt? Ich möchte das Resultat wohl kennen.

— Den Schulaufwand, sagte Mr. Alfred, der gern seine Bildung glänzen lassen wollte, den Schulaufwand bewilligen Alle. Die Erziehung ist eine öffentliche Schuld, zu deren Tilgung beizutragen Jeder für eine Ehre hält. Vorgestern wurde die Steuer für 1862 festgesetzt; sie beträgt zwei Dollars auf den Kopf, ohne zu rechnen, was der Staat gibt.

— Sechzehn Millionen Franken von den Einwohnern von Paris für die Schulen der Stadt bewilligt! rief ich. Das ist nie vorgekommen und wird nie vorkommen; das ist unmöglich!

— Papa, entgegnete Susanne lebhaft, da Alfred es sagt, muss es doch wahr sein.

— Nun, meine Freunde, rief ich, man muss mit den Wölfen heulen. Wenn unsere Angelegenheiten wirklich die unsrigen sind, wenn Paris uns und nicht dem Staate gehört, wenn wir unser Geld selbst bewilligen und ausgeben, wenn alle diese unglaublichen, monströsen, der Erfahrung und Vernunft zuwiderlaufenden Dinge wahr sind, so räume ich der allgemeinen Thorheit das Feld! Ein Pariser, der kein Fremder ist in seiner Stadt, ein Pariser, der in Gemeindesachen eine

Stimme hat, ein Pariser, der sprechen darf und auf den man hört, ist ein Phönix, den man nur in Amerika sieht. So lasst uns denn stimmen; es lebe Green, Bürgermeister von Paris . . . in Massachusetts!

— Es lebe Green, rief die ganze Schaar und setzte sich nach dem Laden des Krämers in Bewegung.

— Papa, sagte Susanne, umarme mich, bevor du gehst. Weisst du schon, setzte sie ganz leise hinzu, dass dein Name auch auf der Liste steht?

— Auf welcher Liste, mein Kind?

— Auf der Liste der Gemeindebeamten. Eine Anzahl von Wählern schlägt dich im *Paris - Telegraph* als Inspector der Strassen und Wege vor, neben Mr. Humbug, der Friedensrichter werden soll. Siehst du, Papa? und das Fräulein zog die Zeitung aus der Schürze. Was ist das für ein Land, wo ein verliebtes Mädchen die Zeitung liest und sich für Wahlen interessirt!

Ich nahm den *Paris-Telegraph;* wirklich stand mein Name in grossen Buchstaben und von einer geeigneten Empfehlung begleitet an der Spitze der Liste. Die Wirkung war eine höchst eigenthümliche. Ich verstehe mich darauf, die Verwaltung in Allem zu kritisiren; dafür bin ich Pariser. Die Gebieter tadeln und verspotten ist der einzige Theil der Freiheit, den uns selbst der grosse König nicht rauben konnte. Damit trösten und rächen wir uns für unsere politische Unthätigkeit. Aber selbst verwalten und befehlen, handeln, statt zu schreien, die Opposition verlassen, um sie mir gegenüber zu sehen, sie durch Eifer und Erfolg zum Schweigen bringen, das war für mich eine neue, reizende Aussicht; schon schlich sich der Ehrgeiz in meine Brust. Ich dachte daran, dass ich Tags vorher grob gegen Humbug gewesen war (und doch ist eine Zeitung eine Macht!), und dass ich vielleicht mit Rose und seinen Söhnen zu rauh gesprochen hatte; das waren zehn Wähler! Rasch umarmte ich Susanne, lief dem Apotheker nach und knüpfte mit ihm ein vertrauliches Gespräch über Pillen meiner Erfindung an. Diese Pillen waren bestimmt, eine Revolution in der Praxis hervorzurufen und den Arzt, der sie erfand wie den Apotheker, der sie verkaufte, zu reichen Leuten zu machen. Ein Extract aus eingedampften Kamillen ist ein unfehlbares Heilmittel für die Dyspepsie, jene unheilbare und schmerzliche Krankheit aller gescheuten Leute. Ich hatte bisher die Akademie der Medicin mit dieser wunderbaren Entdeckung überraschen wollen; seit sechs Jahren war mein Bericht in der Arbeit; aber wenn uns der Ehrgeiz erfasst, verlässt uns die Klugheit. Schon blendete mich der akademische Ruhm nicht mehr, die Inspection der Strassen eröffnete mir die politische Laufbahn, ich war Candidat!

Dreizehntes Kapitel.

Canvassing.

Warst du je verliebt, lieber Leser, erinnerst du dich, wie dein Herz lebhaft, dein Auge feurig, dein Gedanke rasch, dein Leben leicht war in diesen glücklichen Tagen? Dann weisst du, was ein Candidat ist. Ungeachtet meines schlechten Gesichts erkannte ich auf fünfzig Schritte Wähler, die ich nie gesehen hatte; ich fand in einem Winkel meines Gehirns die Geschichte einer Masse Menschen, mit denen ich nie gesprochen hatte, und nicht nur die ihrige, sondern auch die ihrer Frauen, Kinder, Väter, Grossväter und Vettern. Rechts, links, überall vertheilte ich Versprechungen und Händedrücke. Herablassend zu den Kleinen, bescheiden gegen die Grossen stellte ich alle Missstände ab und pflasterte alle Strassen neu. Cicero war sicher als Bewerber um das Consulat nicht beredter, nicht grossherziger, nicht liebenswürdiger als ich.

Green schloss sich uns an. Er war, man darf mir's glauben, ein recht dürftiger Candidat. Die Wähler, die auf ihn gerathen waren, hatten keine glück-

liche Hand; in derselben Strasse hätten sie leicht eine
bessere Wahl treffen können. Ein Krämer hat nicht
die hohe Bildung empfangen, die ihm gestattet, mit
Menschen und Dingen zu spielen. Keine Schmeichelei
an die Menge, keine jener Versprechungen, die dann
auf dem Boden der Wahlurne zurückbleiben, keine jener liebenswürdigen Lügen, die das ständige Feuer-
werk bei allen Wahlen sind. Green war kalt und
besonnen wie ein Kaufmann, der ein Geschäft macht
und jeden Abschluss überlegt. Wenn er einem Wähler die Hand gedrückt und dabei gesagt hatte: „ich
werde mein Bestes thun“, oder „die Stellung ist schwierig“, oder „wählen Sie Mr. Little, wenn Sie ihn für
fähiger halten“, so glaubte er genug gethan zu haben.
Auf meine wohlwollenden Vorwürfe antwortete er mit
eiskaltem Tone: — Mein Gewissen verbietet mir, mehr
zu thun, ich darf nicht mehr versprechen, als ich halten kann. — Gewissen bei einem Candidaten! das
war ein ächtes Krämerbedenken. Wenn man Glück
haben will, muss man sein Gewissen am Tage vor der
Wahl hinter Schloss und Riegel setzen und es erst am
Tage nach der Wahl wieder herausnehmen. In Frankreich weiss das Jedermann.

Ich würde auf diesem Wahlgange vor langer Weile
gestorben sein, hätte uns nicht der unermüdlich heitere
Humbug begleitet. Immer bereit, Rede und Antwort
zu geben, konnte man seine Spur an dem Gelächter
verfolgen, das er hinter sich liess. Man bereitete uns
nicht überall den besten Empfang; der Angelsachse
trägt im Hass wie in der Freundschaft eine rauhe Frei-
müthigkeit zur Schau; das amerikanische Salz ist nicht
gerade sehr attisch. Aber Humbug war ein vorzügli-
cher Ballspieler; jeden Scherz fing er auf und warf ihn

auf den ersten Schlag zurück. Wen er einmal getroffen hatte, der liess ihn in Ruhe.

— Green Candidat! Das ist eine Schande! sagte ein Börsenspieler mit bleichem Gesichte und verstörten Zügen. Denkt euch nur den Krämer im Stadtrath! Wenn man mit der Glocke läutet, wird er rufen: *Gleich, Herr, gleich; was steht Ihnen zu Diensten?* In die Hölle mit ihm und seiner ganzen Sippschaft!

— In die Hölle? sagte Humbug; was sollen wir dort deinem Vater, dem Bankerotteur sagen? Dass du bei deinem dritten Bankerott bist und auf den vierten wartest?

— Green Candidat! versetzte ein Ladendiener, ein Stutzer in Glanzstiefeln, der bei jedem Wort mit seiner unschuldigen Reitpeitsche die Luft durchhieb; Green, ein Krämer, der nicht einen Esel von einem Pferde unterscheiden kann!

— Nur nicht ängstlich, mein Sohn, sagte Humbug; unter Tausenden würde er dich erkennen.

— Diese Antwort ist eines Mannes würdig, der von seinem Geist lebt.

— Wenn du nichts anderes zum Leben hättest, mein Sohn, wärst du nicht so dick dabei geworden wie ich, antwortete Humbug, und setzte seinen Weg unter dem Gelächter der Menge fort.

Wir traten in das Gasthaus zur Union, der Wirth war uns als einer der einflussreichsten Wähler der Stadt bezeichnet. Aber in seinem Haushalte schien die Frau die Führung zu haben. Kaum begann Green, so schnitt ihm die hitzige Matrone das Wort ab.

— Verdammt sei die Politik! sagte sie.

— Verdammt sei die Gastwirthschaft! antwortete Green mit einer tiefen Verbeugung.

— Joseph, schrie die gebieterische Juno, man beschimpft deine Frau, man beleidigt dich, und du stehst
dabei wie ein Klotz? Hast du denn das Blut eines
Truthahns in den Adern?

Joseph blieb bei dieser schrecklichen Stimme
stehen und riss die Augen auf. Ich glaube, der brave
Wirth hätte uns auf der Strasse gern die Hand gedrückt;
sein breites Gesicht, seine herabhängende Lippe, sein
dicker Bauch kündigten keine kriegerische Neigung an;
aber unter den Augen seiner Frau hielt er es für zweckmässig, sich in Wuth zu versetzen. Krieg nach aussen war das einzige Mittel, Frieden nach innen zu erhalten.

— Er soll nur kommen, der schöne Candidat, rief
er mit seiner fetten Stimme, der er einen boshaften
Klang zu geben suchte; ich habe da eine Halfter, um
ihn daran aufzuhängen.

— Danke bestens, lieber Freund, antwortete ihm
Humbug mit sanftem Tone; wir würden uns ein Gewissen daraus machen, dich dieses Familienstücks zu
berauben.

Wir wollten mit lautem Lachen aus der Höhle
Polyphem's flüchten; aber der Rückzug war uns abgeschnitten. Auf der Schwelle des Hauses stand die Frau
aufrecht, wie eine Schildwache, hielt Humbug an und
fragte zitternd vor Zorn:

— Wisst ihr, wer ich bin?

— Wer kennt und bewundert Sie nicht? versetzte
Humbug mit süsslichem Tone; Sie sind ein reizendes
Kind, das das Unterscheidungsalter noch nicht er-
reicht hat.

Er machte eine Verbeugung und liess die würdige
Frau stehen, so stumm und dumm wie Loths Frau, als
sie zur Salzsäule wurde.

Doch das waren nur Scharmützel; es gab aber auch öffentliche Versammlungen, wo man die Ansprüche der Candidaten erörterte; dort wurden Schlachten geliefert und der Sieg entschieden. Der Augenblick unserer Trennung war gekommen, jeder musste mit seiner Person in's Feuer. Man wies mir das *Lyceum* zu. Ich betrat den ungeheuren Saal, den eine erregte Menge füllte. Man erkannte, man rief mich, alle Blicke richteten sich auf mich; Furcht ergriff mich, ich hätte gern auf diese fatale Candidatur verzichtet, die mich dem Publikum preisgab. Leider war es zu spät.

Vor mir stand ein Mann auf einer Bühne, sprach und gestikulirte mit der äussersten Lebhaftigkeit. Man hörte ihn eine Weile stillschweigend an, dann brach plötzlich Alles in ein schreckliches Hurrah oder in ein Grunzen aus; denn so klatscht und zischt man bei den Angelsachsen. Dieser Volkstribun, der die Leidenschaften der Menge aufwiegelte, war der Advokat des Banquiers Little, Fox, unser Gegner.

So sehr ich den Schelm verwünschte, musste ich doch ein gewisses Talent, mit dem er jetzt Missbrauch trieb, an ihm anerkennen. Abwechselnd ernst und scherzhaft hatte er eine Manier, seine Gegner zu loben, die sie lächerlich machte und seine Freunde zu verspotten, dass sie in Aller Augen dadurch gehoben wurden. Er schloss mit einer raschen Aufzählung der Reichthümer, welche das Bankwesen in Amerika verbreitete. Little ward zu einem Jupiter, der als Goldregen auf den Schooss einer neuen Danaë fiel. Nach der Rede des Advokaten gruppirten sich Eisenbahnen, Kanäle, Dampfschiffe als Wahlgeleite um den Banquier, während uns der Sprecher mit geringschätziger Geberde den Krämer eingetaucht in seinen Syrup und versenkt in seine Sardinen und Stockfische schilderte. — Freunde des Friedens, rief er zum Schluss, wollt ihr diesen Verfertiger chemischer Zündhölzchen, dessen Waare man bei jedem Brand als Ursache findet, zum Haupt der Stadt machen? Freunde der Freiheit, wollt ihr diesen Stockfischhändler wählen, der den Sklaven der Südstaaten ihre Nahrung liefert und der morgen insolvent ist, wenn seine Abnehmer, durch unser Verdienst befreit, seine verpestete Waare liegen lassen? Nein, niemals werdet ihr in diese Schande versinken. Ich, ein ächter Yankee, ein Patriot, stolz auf unseren Ruhm, ehe ich meine Stimme diesem Menschen geben möchte, würde ich lieber stimmen für den .... Er hielt an, zwinkerte mit den Augen und fuhr mit leiserer Stimme fort: .... für den, welchen unsere Frauen in ihrem grenzenlosen Mitleid *einen armen gefallenen Engel* nennen; seinen Namen werde ich euch nicht sagen.

Donnernder Beifall begrüsste den Redner; er stieg von der Erhöhung herab und nahm eine Unmasse von Complimenten und Versprechungen entgegen. In jeder Versammlung gibt es immer einen Haufen von Schafen, die blökend jedem Redner folgen. Aber dieser Erfolg genügte dem Verräther nicht; er ging gerade auf mich zu, reichte mir seine Hand, die ich nicht zurückzuweisen wagte und rief, dass man es im ganzen Saal hören konnte: — Jetzt sind Sie an der Reihe, Doctor Smith; offenes Spiel, das ist der Wahlspruch der Amerikaner.

Mit einem kalten Schweisse auf der Stirn erhob ich mich; von allen Seiten schrie man: *Hört! Hört!* Der Lärm, das Anstarren von allen Seiten, die darauf folgende Stille, das Alles nahm mir das Bewusstsein;

eine rothe Wolke zog an meinen Augen vorüber, ich brachte keinen Laut aus dem Halse, mein ganzer Körper zitterte unter den gewaltigen Schlägen meines Herzens. Was würde ich nicht für die Beredsamkeit dieses Elenden gegeben haben! Meine Grundsätze waren edler als die seinen, mein Patriotismus aufrichtiger; aber der Advokat hatte die Gewohnheit, die Fertigkeit für sich, während man mich, einen Bürger des civilisirtesten Landes der Erde, nicht einmal reden gelehrt hatte. Ich war besiegt, besiegt ohne Schwertstreich.

Vor Zorn und Scham wollte ich umsinken, als plötzlich Henri, mein Sohn, der mich erbleichen sah, auf die Tribüne sprang und zu verstehen gab, dass er sprechen wolle. Hochaufgerichtet, mit erhobenem Haupt, mit gespreizten Füssen, die linke Hand im zugeknöpften Rock, grüsste er mit der Rechten anmuthig die Menge und wartete, bis der Tumult sich legte.

— Das ist sein Sohn, sein Sohn, murmelte man auf allen Seiten. *Hört, hört!* Jeder betrachtete das Kind mit Neugierde, eine tiefe Stille entstand, man hätte eine Fliege hören können.

— Bürger, Freunde, sprach er mit heller und durchdringender Stimme, ich will nicht den Banquier Little, den fürchterlichen Goliath bekämpfen; freilich an Steinen fehlt es uns nicht; der Philister hat ihrer nur zu viele in unseren Garten geworfen; aber ich besitze von David nichts als die Jugend und ich habe nicht die Kraft, mich mit einem so geübten Gegner zu messen; Alles, was ich versuchen will, ist die Vertheidigung meines Vaters und meiner Partei. Ich bin überzeugt, dass unter euch kein einziger ist, ihr edlen Männer, der nicht sagt: Dieser junge Mann hat Recht.

— *Hört, hört!* rief es auf allen Seiten; er spricht ganz gut.

— Der ehrenwerthe Sollicitor, fuhr mein Sohn fort, indem er den Nachdruck auf das Beiwort legte, liebt die Krämer nicht. Das wundert mich; denn er macht einen solchen Aufwand an grobem Salz, dass ich froh wäre, wenn ich es auch so verstünde. Wenn er mir von seinem Vorrath ablässt, will ich dafür ihm Zucker in den Kauf geben, der ihm fehlt. Zucker besänftigt die Galle; ohne ihn sieht man Alles schwarz und ist ungerecht gegen Waffengefährten und Freunde.

Ich weiss nicht, woher mein Herr Sohn diese etwas geringhaltige Beredsamkeit nahm; allein sie war jedenfalls nach dem Geschmack der unwissenden Menge; man lachte, man klatschte, die Frauen schwenkten ihre Tücher, Henri verbeugte sich lächelnd; er hatte die Versammlung gewonnen.

— Ich will nichts Uebles von den Banquiers reden, fuhr mein sechzehnjähriger Tribun fort; die Banquiers gleichen den Zahnärzten, man muss sie sich nicht zu Feinden machen, denn wer weiss, ob man sie nicht morgen braucht; aber muss man denn die Interessen der Stadt in ihre Hände legen? Ich erinnere mich, dass meine Grossmutter, eine ehrwürdige Frau aus Connectitut, eine Enkelin unserer Urväter, der Colonisten, mir oft wiederholte, was sie von ihren tugendhaften Vorfahren gehört hatte, dass der Banquier eine Stütze des Staates sei, wie der Strick eine Stütze für den Erhenkten: er erdrosselt ihn.

— Dreimal gegrunzt auf die Banquiers! rief eine kreischende Stimme, die offenbar irgend einem unter der Menge versteckten schlechten Zahler angehörte.

Der Schrei fand Widerhall und der Saal erzitterte von einem Geheul, das für mein Vaterohr so wohl klang wie eine Beethoven'sche Sonate.

— Meine Grossmutter, fuhr der Junge aufgeregt durch den Beifall fort, gab uns oft Räthsel auf, um uns an Winterabenden am Kamin die Zeit zu vertreiben. Wenn man, sagte sie, einen Banquier, einen Sollicitor und einen Schneider zusammen in einen Sack steckt und einen davon auf's Gerathewohl heraus zieht, was kommt dabei auf jeden Fall heraus?

— Ein Spitzbube, antworteten zwanzig Zuhörer, entzückt über diese Erinnerung aus ihrer Kindheit.

Henri näherte sich dem Rand der Tribüne, legte einen Finger auf den Mund und sagte halblaut:

— Dieses Wortes hat sich allerdings meine Grossmutter bedient; aber heut zu Tage würde man sagen: ein glücklicher Millionär.

— Gewiss, fügte er hinzu, ich will nichts über den Reichthum sagen, ich hoffe auch noch meinen Weg zu machen so gut wie ein Anderer.

— Und du wirst es weit bringen, kleiner Riese, rief eine laute Stimme aus der Versammlung.

— Zeigt mir, fuhr mein Sohn fort, ermuthigt durch diese Meinung, zeigt mir ein Vermögen, das auf ehrenhafte Weise verdient ist, durch Schiffahrt nach Indien, nach Terreneuve, nach den Molukken, ich werde es achten, wie ich in Green's Person zwanzig Jahre Arbeit, Berechnung, Sparsamkeit verehre . . . . Aber sprecht mir nicht von diesem zufälligen Reichthum, von diesen Millionen, die in einer Stunde im Spiele gewonnen werden; das ist fremdes Gut, das nur ein Geschickterer in seine Tasche praktizirt. Vermögen ohne Arbeit, Vermögen ohne Ehre! *(Hört! Hört!)*

— Und übrigens, liebe Mitbürger, wollt ihr denn den Reichthum belohnen? Zieht ihr nicht Muth und Hingebung vor? Ist nicht Green der muthige Hauptmann, der in ein brennendes Haus dringt, um vielleicht eure Frau oder Tochter zu retten? Habt ihr nicht alle gewissermassen das Kind adoptirt, das mein Vater gestern den Flammen entriss? Und ihr Frauen! ihr, unser Gewissen! ihr Sterne unserer Seele! ihr Mütter, Gattinnen, Töchter, Schwestern, redet! für wen soll man stimmen? *(Hört! Hört!)*

— Ich liebe die muthigen Leute, die sich nicht scheuen, ins Feuer zu gehen, fuhr mein junger Gracchus fort, aber ich habe keinen Geschmack für die, welche fortwährend darin leben. Ich bin nicht darüber erstaunt, dass der *gentleman,* dessen Namen man nicht genannt hat, die Sympathieen unserer Gegner geniesst; es ist natürlich, dass der ehrenwerthe Mr. Fox seinen Repräsentanten aus seiner Familie oder aus seinen Freunden wählt; aber wir, die wir weniger hohe Verbindungen haben, brauchen vor Allem einen ehrlichen Mann an der Spitze unserer gemeinsamen Angelegenheiten. Unser Mann braucht seinen Namen nicht zu verbergen, er ist der Sohn seiner Arbeit, ein Kind unserer Stadt, er heisst Green!

— Hurrah für Green! Hurrah für Smith! schrie die Menge von dem Eindruck hingerissen. Der Sieg war unser.

Mitten in diesem Lärm suchten mich Henri's Blicke. Er wollte sich eben seinem jungen Ruhme entziehen, als ein kräftiger Jäger aus Kentucky, einer jener Riesen, die sich rühmen, halb Pferd, halb Krokodil zu sein, meinen Sohn auf seine Schultern lud und ihn durch den Saal trug. Es entstand ein Beifallsdonner, dass man glaubte, die Mauern würden bersten. Die Männer drückten dem Wunderkinde die Hand, die Frauen umarmten ihn. Ich wollte rufen: — Er ist mein, ich bin sein Vater! aber der Schrecken schnürte mir zum zweiten Male die Kehle zu und ich seufzte ganz leise: — Mein Gott! warum bin ich nicht mein Herr Sohn!

Vierzehntes Kapitel.

———

Vanitas vanitatum.

Als die Menge sich verlaufen hatte, um den Ruhm und den Namen des künftigen Webster weithin zu verbreiten, konnte ich erst den Redner mit Musse umarmen und mit ihm den Weg nach Hause einschlagen. So sehr ich mich der stummen Rolle schämte, zu der meine Furchtsamkeit mich verdammt hatte, konnte ich doch der Lust nicht widerstehen, den jungen Cicero zu necken.

— Nun, kleiner Schelm, sagte ich, woher hast du denn diese Leichtigkeit zu plaudern, jene Zuversicht, die sich durch nichts stören lässt? Improvisiren, deklamiren, die Rede mit entsprechenden Gesten begleiten, diese Kunst, die seit dem Alterthume verloren war, wo hat man dich das Alles gelehrt?

— In der Schule, versetzte mein Sohn. Du weisst es ja, Papa, du hast mich ja selbst oft genug meinen *Enfield's speaker* repetiren lassen. Hatte ich genug Nachdruck, habe ich nicht etwa die Arme über die Höhe des Kopfes erhoben? Bist du zufrieden?

9

— Und deine Kameraden können alle schwatzen, wie du?

— Natürlich, Papa. Ein Volk von Stummen, das gäbe hübsche Bürger! Reden und gestikuliren ist für uns so nothwendig, wie schreiben und lesen. Es ist keiner unter uns, der nicht später in der Gesellschaft, in der Gemeinde, im Staate irgend eine Bedeutung erlangen wird. Als Mitglieder eines *Meeting* oder einer Gesellschaft, als Wähler, als Candidaten, als Beamte, als Senatoren, immer werden wir genöthigt sein, öffentlich zu sprechen; man gewöhnt uns also schon in der Schule daran. Das Improvisiren ist nicht schwer und dabei sehr unterhaltend. In unseren Erholungsstunden halten wir Reden; ich habe schon mehr als hundert Reden an meine künftigen Wähler gehalten; aber meine Stärke besteht in der Geste. „Die Bewegung", sagt Demosthenes in meinem *Enfield*, „die Bewegung! die Bewegung!" Sieh' mich an, Papa.

Und nun geht mein Gassenjunge vor mir her und deklamirt irgend eine Rede von Lord Chatham. Er geht, er hält an, er hebt die Augen zum Himmel, er schlägt die Hände zusammen, streckt die Faust vor, schlägt mit der Hand auf's Herz und fällt mir zum Schluss laut lachend um den Hals, während ich, sein Vater, unfähig ein Wort zu reden oder einen Arm zu bewegen, ganz verwirrt stehe vor dieser unnatürlichen Frühreife, dem Resultat einer ungesunden Erziehung. Mein Sohn war keineswegs ein Wunder, er war blos ein allzu geschickt dressirter Yankee.

— Unglückliches Kind! rief ich; wozu soll dir nun, wenn du nach Indien gehst, diese Schauspielerkunst nützen; es ginge noch an, wenn du Advokat würdest.

— Vielleicht werde ich's noch einmal, Papa, antwortete mein Sohn. Lass mich drüben zehntausend Dollars gewinnen; nach meiner Rückkehr studire ich und associre mich mit einem bewährten Anwalt.

— Und dann? fragte ich, erschreckt durch diesen jugendlichen Ehrgeiz.

— Dann, Papa, lasse ich mich im Staate Massachusetts zum Abgeordneten wählen und werde später hier Senator.

— Und dann?

— Dann, Papa, werde ich Abgeordneter beim Congress und später Senator beim Bunde.

— Und dann?

— Dann, Papa, werde ich Minister, wie Mr. Seward, oder, wenn es mir nicht glückt, Präsident, wie Mr. Lincoln.

— Und dann? rief ich; dann wirst du ohne Zweifel die Stelle Lucifers einnehmen; denn du hast ja einen wahrhaft dämonischen Ehrgeiz und Hochmuth.

— Papa, rief das Kind, beunruhigt durch meine Heftigkeit, alle meine Kameraden machen es wie ich. Unsere Lehrer wiederholen uns alle Tage, dass wir die Hoffnung des Vaterlandes sind, dass das Gemeinwesen unser bedarf. Die Pflicht, nicht der Ehrgeiz führt uns in die politische Laufbahn. Der Bürger dient seinem Lande am besten, der es am weitesten bringt.

— O ihr Heiden, ihr Heiden! rief ich; da stehen wir wieder mitten in der Skandalgeschichte Athens und Roms. Die erste Pflicht eines Christen, mein Lieber, ist demüthig zu bleiben, die Politik zu fliehen und sich nie in die Angelegenheiten seines Landes zu mischen, falls ihn nicht die Obrigkeit dazu zwingt.

— Papa, das lehrt man uns nicht auf der Kanzel. Am letzten Sonntage erst wurde uns ein Papst genannt, ich glaube Pius VII., der, allerdings als er noch Bischof war, das Wort sprach: *Seid gute Christen, so werdet ihr gute Bürger sein.* Alle unsere Freiheiten stammen aus dem Evangelium; man wiederholt uns ohne Unterlass, dass die christliche Sittenlehre zur Demokratie führt, das heisst zu brüderlicher Gleichheit und zur Achtung vor dem geringsten Individuum. *Liebet euch untereinander,* was will das anderes heissen, als dass der Stärkere den Schwächeren mit seinem Vermögen, mit seinem Rath, mit seiner Hingebung unterstützen soll?

Ich ergriff Henri beim Arm und sagte zu ihm:

— Armes Kind, die Thorheit deiner Lehrer hat dich verblendet. Sieh' hin, wozu die Demokratie führt.

Vor uns ging gemessenen Schritts ein Mann, der in einem hölzernen Futteral steckte. Auf dieser wandelnden Anschlagsäule las man in grossen Buchstaben:

Der Luchs

demokratisches Tagblatt.

Mitbürger!

Hütet euch vor Intriganten und Dummköpfen!!

GREEN
SMITH } Die Entlarvung des lächerlichen Kleeblatts.
HUMBUG

— Geben Sie mir den *Luchs,* sagte ich zu einem Zeitungsverkäufer.

— Hier, mein Herr, antwortete der Mensch in heiterem Ton; aber wenn Sie recht lachen wollen, so müssen Sie die *Sonne* oder die *Tribüne* lesen, da werden Sie erst sehen, wie das *Kleeblatt* gehörig hergenommen ist.

Der *Luchs* genügte mir; ich öffnete das abscheuliche Blatt. Green war mit feinem Spott überhäuft, Humbug erhielt derbe Wahrheiten; aber ich, grosser Gott, wie war ich behandelt? Welche Lügen! Welche Beleidigungen! Welche Greuel!

Ich zerknitterte das erbärmliche Pamphlet, ich wollte es eben in den Koth werfen, wohin es gehörte, als ich an der Schwelle meines Hauses das heitere Antlitz und das unverschämte Lächeln Humbug's erblickte.

— Sie triumphiren, Herr Redacteur, rief ich und hielt ihm den *Luchs* unter die Nase. Wahlen sind für euch Festtage, das sind die Saturnalien der Verläumdung!

— Mit der Verläumdung, sagte der Dicke, ist es wie mit dem Rothlauf: Tritt es heraus, so wird man gesund; tritt es zurück, so stirbt man daran.

— Nur in euren Demokratieen werden solche Schändlichkeiten gedruckt!

-- Das glaub' ich! antwortete der Sophist, glücklich, ein neues Paradoxon gefunden zu haben. In den Monarchieen der alten Welt hütet man sich wohl, die Verläumdung zu drucken; man flüstert sie sich ins Ohr; das ist perfider und sicherer. Man greift die Leute nicht von vorn an, denn sie würden sich vertheidigen; man überfällt sie von hinten. Dort führen Intrigue und Lüge die unbestrittene Herrschaft und dort wird der Fürst das erste Opfer des Giftes, dessen Ausdünstung er verhindern will. *Summa petit livor.* Die Verläumdung ist die Pest und die Geissel des Despotismus; in einem freien Lande ist sie ein Wespenstich, an den man Tags darauf nicht mehr denkt.

-- Herr Philosoph, sagte ich trocken, lesen Sie diese Zeitung, es ist darin von Ihnen die Rede.

— Ein Grund mehr, um sie nicht zu lesen. Es ist immer dasselbe Thema, acht oder zehn Substantiva mit einigen hochklingenden Beiworten; der Refrain ist immer derselbe. Wenn Sie so keck sind, den gelehrigen Schafen nicht zu folgen, die von geschickten Händen geführt werden, oder wenn Sie es wagen, eine eigene Meinung und einen eigenen Willen zu haben, so gelten Sie als ein hochmüthiger Träumer und als ein ehrgeiziger Fanatiker. Sagen Sie Ihren Mitbürgern die Wahrheit, wollen Sie sie über die Voraussetzungen der Freiheit aufklären und gegen die Gefahren der Anarchie schützen, so sind Sie ein schändlicher Aristokrat, ein knechtischer Verehrer des treulosen Albion. Denn wer dem Volk die Augen öffnet, verdirbt den Blindenführern ihr Geschäft und setzt ehrliche Leute auf's Trockene, die das niemals verzeihen. Sprechen Sie freimüthig, nennen Sie die Missbräuche und die, welche davon leben, bei ihrem rechten Namen, so sind Sie ein Schmeichler der Masse und ein feiger Demagoge. Ironisches Lob, wenn es mit Ihrer Bewerbung schlecht geht; gemeine Grobheit, wenn es gut geht; das ist das ewige Lied der Zeitungen und der Zeitungsschreiber, denen es an Selbstachtung fehlt. Es geht damit, wie mit den Drehorgeln, an denen nur die Kindsmägde und die Leute mit schlechtem Gehör Gefallen finden. Man muss Geduld üben gegen diese kleinen Leiden des menschlichen Lebens.

— Lesen Sie doch diesen Artikel, erwiderte ich ungeduldig; dann wollen wir sehen, wie weit Ihre Gutmüthigkeit geht.

Im Parlour, wo wir glücklicherweise allein wâren, begann Humbug die schmähliche Abhandlung zu lesen, während Henri nach Nachrichten ausging.

— Green kann sich nicht beklagen, sagte der dicke Redacteur lachend. Nach der rauhen Manier, mit der er behandelt ist, kann man sehen, dass seine Aktien in der Stadt gut stehen. Auch die meinigen stehen nicht schlecht. *Schamloser Falstaff* ist nicht übel; *trunkener Silen, dem selbst sein Esel nicht fehlt, wenn der Doctor bei ihm ist*, zeugt von einer mythologischen Kenntniss, die der Gelehrsamkeit des Verfassers alle Ehre macht. Das Alles aber ist das *telum imbelle, sine ictu* einer verlorenen Partei.

— Warum hindert man diese Elenden nicht, so zu reden?

— Doctor, haben Sie denn den Stein der Weisen gefunden? Vorher wissen, was die Leute sagen wollen ist eine Kunst, die man noch nicht entdeckt hat; alle Welt zu knebeln, ist das einzige Mittel, den Skandal zu vermeiden, der Sie so entsetzt; ein Kraftmittel, das die Leute tödtet, damit sie nicht schlecht leben. Ist das Ihre ärztliche Wissenschaft? Diese Schufte, werden Sie sagen, treiben gegen Bezahlung ein gemeines Handwerk; sie missbrauchen, sie prostituiren die Freiheit; das gebe ich zu, aber dieser Missbrauch darf uns nicht den Gebrauch unserer Rechte entziehen. Es gibt Frauenzimmer, die von dem Recht, auf der Strasse herumzulaufen, eine üble Anwendung machen; sollen wir deshalb unsere Frauen in einen Harem einschliessen? Es gibt Leute, die sich zum Vergnügen oder aus Trunkenheit umbringen; wollen Sie uns deshalb unter ein Regiment stellen, wie das Sancho's auf der Insel Barataria? Wollen Sie aus Furcht vor einem

Brande den Feuerstahl und die Zündhölzchen verbieten?
Wollen Sie uns aus Furcht vor einem Mörder das erste
Recht eines freien Volkes nehmen, das Recht, Waffen
zu tragen? Jede Freiheit bringt die Möglichkeit des
Missbrauchs mit sich; jede Gewalt und jedes Werkzeug
ebenso. Die Freiheit unterdrücken, um den Missbrauch
zu verhindern, das Gute unterdrücken, um das Uebel
zu beseitigen, heisst Gott selbst den Prozess machen,
und ihm beweisen, dass er bei der Schöpfung nichts
verstand.

— Wenn ihr die Verläumdung nicht verhindern
könnt, rief ich, so straft sie, sinnt auf schreckliche
Strafen; behandelt den, der mir die Ehre raubt, wie
den, der mir das Leben raubt.

— Die Gerichtshöfe stehen Ihnen offen, antwortete
Humbug, aber die Verachtung ist eine raschere und
sicherere Justiz. Morgen werden Ihre Wähler Sie für
die heutigen Schmähungen rächen. Steht es übrigens
fest, dass man uns verläumdet hat? Ich meines Theils
fühle mich gar nicht verletzt.

— Dann weiss ich nicht, was Sie in den Adern
haben, sagte ich und riss ihm die Zeitung aus den
Händen. Hören Sie nur, wie ein anonymer Feigling
einen Mann von meiner Stellung und von meinem Alter zu behandeln wagt; ich werde Ihnen dann zeigen,
wie man solche Gemeinheiten züchtigt.

Und mit einer vor Zorn bebenden Stimme las ich,
was folgt:

„Der Doctor ist ein dreifacher Dummkopf. Er ist ein Dummkopf von Geburt, den dreissigjährige Studien noch dümmer gemacht haben; es fehlte ihm nur noch ein Stückchen Ehrgeiz, um
das bischen Verstand, das ihm die Arbeit gelassen hat, vollends

zu nehmen. Man kennt die Narrheit dieses Biedermannes, der nicht weiter sieht als seine Nasenspitze reicht. Ein einfältiger Bewunderer der Vergangenheit macht er das alte Europa zu seinem Ideal; er kennt nichts besseres als diese abgelebte Gesellschaft, wo die romanische Tradition, wo der Despotismus der Verwaltung jede Unabhängigkeit und jedes Leben erstickt. Der gelehrte Smith, die Zierde zwanzig unbekannter Akademieen, hätte in seiner namenlosen Angst am Schöpfungstage sicher geschrieen: „Lieber Gott, halt ein; du wirst sonst das Chaos zerstören!“

Er gleicht den Bremsern auf den Eisenbahnen, die dem Zug, der sie fortführt, den Rücken drehen. Er sieht, er bewundert nur, was in dem Schatten der Vergangenheit verschwindet; er merkt nicht, dass sich hinter ihm eine neue Sonne und eine neue Welt erhebt, das Reich des Individuums, der Triumph der Freiheit. Eine solche Mumie soll in ihrem Raritätenkabinet bleiben und sich dort von Tölpeln bewundern lassen, wir werden ihn dort nicht stören; aber was sollen diese erloschenen Augen, dieser stumme Mund, dieser schwache Arm im hellen Lichte des öffentlichen Lebens? Unser junges und ruhmreiches Gemeinwesen braucht Männer unserer Zeit, Banquiers, die dem Fortschritte der Civilisation dienen, indem sie täglich neue Unternehmungen und Aktien schaffen, Redner, die uns zu der glorreichen Bestimmung führen, welche die Zukunft für uns bewahrt. Lasset die Todten ihre Todten begraben; uns gehören die Herzen, die für jedes grosse sociale Streben offen sind, die Köpfe, die sich für die brennenden Fragen der Gegenwart erhitzen! Mögen Maulaffen und Feiglinge für ihre alten Götzen stimmen, unsere Candidaten sind Männer, um die uns Europa beneidet, der geschickte und grossherzige Banquier Little, der beredte und berühmte Fox!

Morgen wird die Stimme des Volkes aus der Wahlurne hervorgehen, wie der Donner aus der Wolke, und wird durch ganz Amerika den Wahlsieg der Demokratie verkünden. Es lebe Little! Es lebe Fox!“

— Bravo, sagte Humbug; Doctor, Sie sind getroffen. Das ist eine hübsche Arbeit; kein Angriff auf Ihren Charakter, freilich etwas starke Scherze, aber bei alledem Schwung, Feuer, Feinheit, Beobachtungsgabe, ohne von dem modernen Styl zu reden. Der Bursche, der diese Tirade geschrieben hat, ist kein Dummkopf.

— Kommen Sie mit mir ins Büreau des *Luchs,* erwiderte ich; Sie sollen sehen, wie ein dreifacher Dummkopf diesen geistreichen Burschen beohrfeigt; das ist eine Lehre, die er nöthig hat.

— Sind Sie verrückt? rief der Dicke, indem er aufsprang. Wenn Jemand anders als ich Sie hörte, so würde man Sie zehntausend Dollars Caution stellen lassen oder Sie in Arrest schicken. Halten Sie uns für Rothhäute? Sind Sie ein Christ? In den Einöden von Arkansas gibt es Rasende, die mit der Pistole in der Faust streiten, in Massachusetts gibt es keine Rache als die des Gesetzes. Bei einem civilisirten Volke wird viel gesprochen und lebhaft gestritten; aber man ermordet seinen Gegner nicht, und eben so wenig schlägt man sich mit ihm.

— Wilde! rief ich aus, Ihr versteht nicht einmal etwas von Ehre.

— Selbst ein Wilder, versetzte Humbug lachend. Wahrhaftig, Doctor, der Aderlass hat Sie toll gemacht. Wie kann es der Sache der Gerechtigkeit und der Vernunft dienen, wenn man die Leute tödtet, oder sich von ihnen tödten lässt? Ein Duell nützt nur dem Arzt oder dem Todtengräber.

— Was machen Sie denn dann, wenn Sie feiger Weise von einem Winkelschreiber beleidigt werden?

— Lieber Doctor, antwortete der schamlose Mensch, ich wiederhole ganz leise oder ganz laut ein türkisches

Sprichwort, dessen tiefe Weisheit ich Ihnen empfehle: „*Wer sich damit aufhält, Steine nach allen Hunden zu werfen, die ihn anbellen, wird niemals am Ziel seiner Reise ankommen.*" So, jetzt will ich für unsere Wahl sorgen; thun Sie Ihrerseits desgleichen und suchen Sie recht rasch den *Luchs* und seine Rhetorik zu vergessen.

Tu ne cede malis, sed contra audentior ito.

Adieu!

Fünfzehntes Kapitel.

Erinnerung an die ferne Heimath.

Die Ankunft meiner Frau und meiner Kinder besänftigte meine üble Laune; sie brachten gute Nachrichten. Alfred und Henri hatten alle Versammlungen durcheilt und überall Beifall und Versprechungen geerntet; Jenny und Susanne hatten alle ihre Freundinnen besucht. Zweihundert der angesehensten Damen der Stadt trugen meine Photographie um den Hals; meine Wahl war gesichert.

Die Heiterkeit unserer einfachen Mahlzeit heilte vollends meine Wunden. Wir waren ein Herz und eine Seele. Meine Jenny war munterer als an der Taufe ihres Erstgebornen. Ich habe stets die Beobachtung gemacht, dass die Frauen von Natur ehrgeizig sind; ein junger und schöner Mann, der nichts bedeutet, wird ihnen niemals lange gefallen können; aber ein alter Mann wird ihr süssestes Lächeln erhalten, wenn Vermögen oder Ruhm seine weissen Haare bekränzen. Wenn die Liebe sich zu diesem berechtigten Ehrgeiz gesellt, dann wird die Frau im schönsten Sinne des Worts unsere andere Hälfte. Man lebt, man denkt,

man träumt zu zweien; das ist das vollkommene Glück
auf Erden, ein Glück, das in Frankreich, wo die Mode
den Frauen jeden Geschmack an ernsten Dingen, jede
grossherzige Leidenschaft verbietet, fast unbekannt,
aber in den vereinigten Staaten, wo die öffentliche Meinung sie zur Parteinahme auffordert, sehr gewöhnlich
ist. Susanne war noch eifriger als ihre Mutter; das
war mein Blut! Sie sprach von nichts als von meiner
Wahl. Freilich hatte sie Alfred zu einem meiner Wahl-
männer gemacht, und wenn sie sich mit mir beschäftigte, beschäftigte sie sich auch mit ihm.

Abends gab es eine neue Wahldemonstration. Die
ganze Feuerwehr in Parade mit Musik an der Spitze
zog mit Fackeln unter unseren Fenstern vorüber. Ihr
folgten die jungen Leute der Stadt, in Uniformen und
bunten Costümen, mit langen Stangen, an welchen farbige
Laternen hingen. Mitten im Zuge zeigte eine ungeheure Fahne der erstaunten Menge ein Transparentbild
mit zwei schwarzen Figuren, welche mit weissen Bün-
deln unter dem Arm aus Flammen hervorstiegen. Die
Namen Green und Smith, welche unter diesen Figuren
angeschrieben standen, gaben der Höllenscene, die die
Menge im Vorbeiziehen bejubelte, einen menschlichen
Sinn. Die Frau und das Kind, die wir gerettet hatten,
wurden in einem mit vier weissen Pferden bespannten
Wagen, der ganz mit Lampen und Inschriften bedeckt
war, im Zuge mitgeführt. Es war ein Triumphzug,
ein wahrhaft eleusinisches Fest. Von allen Seiten hörte
man Geschrei, Bravorufe, dazwischen auch manchmal
ein Grunzen, das aber sofort von Hurrahs erstickt
wurde. Die Gegner waren besiegt und durch die Schönheit dieses Aufzuges in die Flucht geschlagen. Es war
schwer für Little, mit solchen Wundern in die Schran-

ken zu treten. Was konnte er durch die Strasse führen? — zu Grunde gerichtete Actionäre? Mit diesem
alltäglichen Schauspiel verlockt man ein Volk nicht.

Um zehn Uhr las Jenny aus der Bibel vor. Wir
standen beim fünften Kapitel aus Daniel, das heisst bei
der Geschichte des Königs Belsazar, und bei der Rä-
cherhand, die auf die Mauer das Todesurtheil schrieb:
Mene mene tekel upharsin. Das war für Martha eine
schöne Gelegenheit zu prophezeien, die sie auch nicht
versäumte. Wohl oder übel verglich sie mich mit Ne-
bukadnezar und verdammte mich, zu wohnen unter
den wilden Thieren und zu essen das Gras auf dem
Felde wie ein Ochse, wenn ich jemals vergässe, dass
der Allerhöchste eine unbeschränkte Macht hat über
den Menschen, und dass er auf den Thron setzt, welchen er will. Für einen künftigen Strasseninspector
schien mir die Lehre ein wenig stark; aber vielleicht
braucht man gar nicht einmal König zu sein, um den
Stolz und den Uebermuth Nebukadnezars zu theilen.
Wer weiss, ob die assyrischen Beamten nicht noch
hochmüthiger waren als ihr glorreicher Fürst?

Ich verlachte die Sibylle; aber doch war ich durch
diese Wahlbewerbung aufgeregt, und zu aufgeregt, um
den Schlummer zu finden. Ich stopfte daher, nachdem
ich mein Zimmer erreicht hatte, eine Pfeife mit ausge-
zeichnetem virginischen Tabak, setzte mich an's Fenster und suchte meine aufgeregten Sinne zu beschwich-
tigen.

Die Strasse war leer; der Mond, der mit seinem
bleichen Licht die stummen, verschlossenen Häuser be-
schien, erhöhte noch die geheimnissvolle Ruhe der
Nacht; weithin schlief Alles; Alles schwieg. Das einzige Geräusch, welches diese allgemeine Stille störte

oder vielmehr nur noch bemerklicher machte, war das
Tiktak einer schwarzwälder Uhr, die neben meinem
Bett hing. Eingewiegt durch diesen einförmigen Ton,
betäubt durch den Tabaksrauch, liess ich meinen Träumereien freien Lauf, als plötzlich die Uhr sich belebte.
Ein Knirschen der Walzen, ein Stöhnen der Räder und
der Schnüre zeigte den Stundenschlag an. Ich erhob
mich, um dieses Meisterwerk deutscher Uhrmacherkunst
zu bewundern. Als ich hinzutrat, schüttelte ein bun-
ter Hahn, der oben auf der Uhr sass, seine Flügel und
krähte dreimal heftig. Unter dem Hahn sprang eine
Thüre auf und zeigte mir Paris mit der Seine und dem
Stadthaus von 1830. Lafayette, mit blonder Perrücke,
blauem Frack und weissen Beinkleidern schloss gleich-
zeitig einen Soldaten, einen Gendarm und eine dreifar-
bige Fahne in seine Arme, auf der man in goldenen
Buchstaben las: FREIHEIT, ÖFFENTLICHE ORDNUNG. Die Uhr
schlug eilfmal und eilfmal schüttelte der brave Lafayette
den Kopf und schwang seine Fahne; dann schloss sich
die Thüre, der gallische Hahn schlug mit den Flügeln
und krähte heftiger als vorher; dann verschwand die
Erscheinung.

Diese verlorene Erinnerung, dieses seit so langer
Zeit vergessene Motto erweckte in mir die goldenen
Träume meiner Jugendzeit. Wie schlug unser Herz im
Jahre 1830! Arm und unwissend verstanden wir damals nicht, dass die Freiheit, wie jede Geliebte, ihre
Liebhaber verräth und zu Grunde richtet. *Freiheit, öffentliche Ordnung*, entsetzliche Worte, das *Mene tekel* der modernen Zeit! Das ist das Räthsel, das die Sphynx der
Revolutionen den Franzosen seit fünfzehn Jahren aufgibt, stets bereit, den Oedipus zu verschlingen, der es
nicht erräth. *Freiheit und öffentliche Ordnung*, sind das

nicht zwei tödtliche Feinde, die abwechselnd Sieger und besiegt einen endlosen Kampf führen, dessen Einsatz wir sind? Den einen Tag gewinnt die Freiheit die Oberhand und der Himmel hallt wieder von freudigem und hoffnungsreichem Jauchzen; aber unter der Maske dieser heiteren Gottheit triumphirt die Anarchie, die den Bürgerkrieg nach sich zieht, alle Rechte angreift, alle Interessen bedroht und ein erschrecktes Volk mit Entsetzen erfüllt. Am andern Tage nimmt die öffentliche Ordnung den Platz ein mit dem Säbel in der Faust; sie bringt Frieden, stellt Ruhe her, bricht jeden Widerstand und gleitet bald durch ihre eigene Schwere dem Abgrund zu, in welchen jede Gewalt versinkt, der Niemand rathen darf und die nichts hemmt. Woher kommt dieser ewige Schiffbruch, woher kommt es, dass seit siebenzig Jahren ein ehrliches, tapferes, geistvolles Volk, immer auf's neue unzufrieden und enttäuscht, nur Ruinen aufbaut?

Und wie kommt es, dass in den vereinigten Staaten, wo die Freiheit alle Köpfe verdreht und wo Niemand von öffentlicher Ordnung spricht, der innere Friede niemals gestört wird? Warum gibt es in dieser stürmischen Demokratie, unter dieser sich selbst überlassenen Menge, ohne Polizei, ohne Gendarmen, warum gibt es hier keine Aufstände, keine Revolutionen? Amerika besitzt nicht gleich uns hunderttausend Beamte in Reih' und Glied, keine bewunderungswürdige Verwaltung, die alles befiehlt, alles verbietet, alles leitet, alles anordnet; es besitzt nicht gegenüber dieser festgeschlossenen Organisation ein gelehriges Volk, das an Befehl, Verbot, Leitung, Anordnung gewöhnt ist; und doch ist es ruhig und glücklich. Die Freiheit, in ihrer vollen Ausübung vom Gesetz gewährleistet, in ihren Ausschreitungen von der Rechtspflege bestraft, das ist die öffentliche Ordnung der Amerikaner. Ihr beschränkter Geist hat sich niemals zu jener bevormundenden Centralisation erhoben, die unsere Einheit und unseren Ruhm ausmacht. Bei diesem ursprünglichen Volk hat man die öffentliche Ordnung von der Freiheit nicht getrennt, man hat sie nicht personifizirt, man hat sie nicht mit furchtbaren Schranken und mit geladenen Kanonen umgeben. Keine Beamtenhierarchie, keine Präventivpolizei, keine Verordnungen, keine Unverantwortlichkeit der Beamten, keine Ausnahmsgerichte, nichts von jener verständigen Mechanik, die bei den civilisirten Nationen jeden Widerstand bricht und jedes Individuum zermalmt. Das Gesetz allmächtig, der Bürger verantworlicher Herr seiner Handlungen, der Beamte ohne Vorrechte, die Verwaltung dem Spruch der Gerichte unterworfen, der Richter der einzige Erklärer des Gesetzes, das ist das ganze System. Es ist von einer lächerlichen Einfachheit, nichts als Gesetze und Richter in diesem unentwickelten Staate, und doch überall Freiheit und überall Reichthum. Seltsamer Hohn des Geschicks, den unsere grossen Politiker noch nicht erklärt haben! Warum hat man den Amerikanern nicht schon zu beweisen gesucht, dass sie gegen alle Regel glücklich sind und dass sie uns um unsere Revolutionen beneiden müssen?

Unter diesen weisen Betrachtungen schlief ich ein.

Ich weiss nicht, wie lange ich geschlafen hatte, als ich mich von einer kräftigen Hand heftig geschüttelt fühlte. Neben mir an meinem Bett stand ein Gendarmeriebrigadier. Dieser Anblick machte mir Spass. Ein Gendarm! Ich war in Frankreich, daran erkannte ich mein Vaterland.

— Auf, auf, Herr Lefebure, rief mir der Brigadier mit einem gaskonischen Accent zu, der auf eine Meile weit bemerklich war.

Ich betrachtete den liebenswürdigen Boten näher, sein Gesicht schien mir nicht unbekannt. Dieses Auge, diese Stimme, dieses sardonische Lächeln, es war mein Feind, der schreckliche Geisterseher Jonathan Dream. Beim Anblick dieses Verräthers verwandelte sich meine Freude in Schrecken.

— Wer sind Sie? was wollen Sie? fragte ich. Mit welchem Recht dringen Sie Nachts bei einem friedlichen Bürger ein? Mein Haus ist meine Burg.

— Still, Bürger, antwortete der Gendarm. Sie haben Unrecht, mit der Obrigkeit zu rechten, die ihre Handlungen niemals rechtfertigt, weil sie immer Recht hat.

Darauf öffnete er seine Patrontasche und zog daraus einen Pack Stempelpapier hervor.

— Nummer eins, begann er, an den Doctor Lefebure, redend mit ihm selbst in seiner Wohnung. Eine vorläufige Verwarnung wegen frecher Kritik der Gemeindeverwaltung in einem öffentlichen Blatt aus Anlass des Strassenpflasters.

— Das ist stark, rief ich. Statt einer Verwarnung hätte die Regierung Entschuldigungen an mich richten und das Pflaster ändern sollen.

— Still, Bürger, versetzte der Soldat. Als Privatmann läugne ich nicht, dass das Pflaster von geringer Güte ist; ich habe eben selbst zwei gestürzte Pferde vor Ihrer Thüre aufgehoben; aber als Gendarm muss ich Ihre Klage für ungeeignet und unzeitig erklären. Wenn mein Herr Oberst zu mir sagte: *Brigadier, morgen Mittag ist es finster,* so würde ich antworten: *zu*

Befehl, Herr Oberst, und ich würde den ersten Strassen-
jungen, der behauptete, es sei hell, in Arrest stecken.
Die Ordre sagt, dass das Pflaster gut ist; also ist es
gut; und nur Uebelwollende brechen aus strafbarer
Bosheit absichtlich den Hals.

— Wie? sagte ich entrüstet, ich soll nicht das
Recht haben, die Verwaltung zu kritisiren, wenn sie
ihre Pflicht nicht thut?

— Im Gegentheil, Bürger, versetzte der Brigadier,
beklagen Sie sich immerhin; die französische Verwaltung liebt den Tadel, aber man muss höflich mit ihr
sein. Sie haben nicht um die Erlaubniss gebeten, sie zu
kritisiren. Sie sind zu derb gewesen, lieber Freund.

— Mein Tapferer, ich achte Sie, aber Sie haben
eine Logik wie eine Patrontasche. Die Obrigkeit ist,
wie ich glaube, für uns da und nicht wir für die Obrigkeit.

— Riesiger Irrthum, mein Guter, versetzte der
Gendarm mit einer verächtlichen Miene, die mich em-
pörte. Die Gehorchenden sind für die Befehlenden da,
nicht die Befehlenden für die Gehorchenden.

— Aber wir sind das Volk, wir sind Frankreich,
wir sind das Land.

— Das Land, mein Guter, sagte der hartnäckige
Brigadier, besteht aus Marschällen, Generälen, Obersten, Hauptleuten, Lieutenants, Präfecten, Maires und
anderen Uniformen, die ich hoch achte; das Uebrige
ist ein Haufe von Rekruten und Steuerpflichtigen, die
gehorchen und schweigen müssen . . . .

— „Ohne Murren", nicht wahr? ich kenne dieses
Lied. Ach! wenn wir eine Justiz hätten!

— Dann würden Sie keine Verwaltung haben, Bürger; Sie würden ein Irokese sein wie die Engländer

und andere Kannibalen, die thun, was sie wollen. Sie würden dann nicht die Ehre haben, ein civilisirter Mensch und ein Franzose zu sein.

— Nummer zwei, fuhr er fort. An den genannten Lefebure, für die Keckheit, in eigener trauriger Gestalt von Haus zu Haus gegangen zu sein, eine Zustellung vom Herrn Präfecten, der ihn vorläufig seiner unentgeltlichen Functionen als Mitglied der Armenpflege entsetzt.

— Die Wahlbewerbung steht Jedem frei, rief ich.

— Ohne Zweifel, antwortete der Gendarm, aber nur mit Ermächtigung der Obrigkeit.

— Nummer drei. An den besagten Lefebüre, wegen Vertheilung oder Vertheilenlassens von Wahlzetteln mit seinem Namen oder mit dem Namen anderer gleich unbekannter und anstössiger Personen; Vorladung, von heute an in acht Tagen vor dem Herrn Präsidenten und den Richtern des Zuchtpolizeigerichts zu erscheinen, um sich daselbst wegen des Vergehens der Vertheilung unerlaubter Druckschriften zu verantworten.

— Wie? ich darf an meine Wähler keinen Zettel vertheilen, der meinen Namen trägt?

— Sie dürfen Alles, antwortete der Brigadier, aber nur mit Ermächtigung der Obrigkeit. Glauben Sie denn, wenn Sie nicht der geeignete Mann sind, dass die Obrigkeit in ihrer schutzreichen Bevormundung die Maulaffen eine Dummheit begehen lassen kann, welche schliesslich in Opposition ausarten würde? Wenn ich die Regierung wäre, ich würde Sie bis auf weiteres hübsch einsperren!

— Nummer vier. An den besagten Lefebure, wegen Vereinigung mit einer Schaar von Quidams zu einer sogenannten Wahlversammlung, und wegen Bildung einer geheimen Gesellschaft oder eines geheimen Vereins; Vorladung vor das besagte Gericht, um sich dort gemäss des Artikels 291 des Strafgesetzbuchs zu Gefängnissstrafe verurtheilen zu hören, vorbehaltlich alles weiteren.

— Nummer fünf. An den besagten Lefebure, wegen Anreizung seines minderjährigen Sohnes zu einer aufrührerischen Rede in der besagten Versammlung und zu Angriffen gegen die ehrenwerthe und achtbare Person des Regierungscandidaten Monsieur Petit; Vorladung vor das besagte Gericht als Urheber, Theilnehmer und als civilverantwortlich für das besagte Vergehen, vorbehaltlich alles weiteren.

— Wie? habe ich nicht das Recht, meine Wähler zu versammeln, und haben sie nicht das Recht zu erfahren, was ihr Repräsentant denkt?

— Sie haben alle denkbaren Rechte, aber immer nur mit Ermächtigung der Obrigkeit. Es wäre nicht übel, wenn in einer Kaserne die Soldaten ohne Erlaubniss sich versammeln und schreien dürften!

— Aber wir sind doch nicht in einer Kaserne.

— Auf eine dumme Frage gehört eine dumme Antwort, erwiderte der Gendarm. Indess will ich mich herablassen, Bürger, Ihre tiefe Unwissenheit aufzuklären. Jeder Franzose ist als Soldat geboren und wartet nur auf das Kommando. Je mehr er kommandirt wird, desto zufriedener ist er. Man muss diesen Gehorsam, der ihm Vergnügen macht, nicht stören wollen. Wenn ich die Regierung wäre, ich liesse alle Schwätzer aufhängen, vorbehaltlich alles weiteren.

— Nummer sechs. An den besagten Lefebure wegen Veröffentlichung oder Veröffentlichenlassens von unnützen und strafbaren Maueranschlägen; item wegen

Organisation oder Duldung eines revolutionären Auf-
zugs und wegen Vorbereitung eines ordnungswidrigen
Auflaufs, der ohne die Vorsicht und Aufmerksamkeit
der stets wachsamen Polizei sicher zum Ausbruch gekommen wäre; Vorladung vor das besagte Gericht, um
sich daselbst zur gesetzlichen Strafe verurtheilen zu
hören, vorbehaltlich alles weiteren.

— Um Gottes willen, Brigadier, um Gottes willen,
Herr Gendarm! Ich bin das Opfer eines Irrthums! in
Frankreich würde ich ohne Zweifel ein grosser Verbrecher sein; aber wir sind in Amerika und da bin
ich unschuldig. Was in Frankreich ein Verbrechen ist,
ist in den vereinigten Staaten ein Recht.

— Verschonen Sie mich mit Ihren Klagen, antwortete der herzlose Gendarm, und zog etwas aus seiner Tasche, das wie Handschellen aussah. Als Privatmann bin ich nicht ohne Herz, aber in diesem Augenblick bin ich das Organ des Gesetzes.

— Dann ist das Gesetz ein Unsinn.

— Still, Aufrührer; genug geschwatzt. Wenn man
sie hört, sind alle Lumpe unschuldig wie neugeborene
Kinder. Unschuldig oder nicht, du kommst mir ver-
dächtig vor und zur Vorsicht lege ich Hand an dich.

Mit diesen Worten ergriff er mich mit solcher Gewalt am Arm, dass ich vor Schmerz laut aufschrie.
Dieser Schrei weckte mich; Gott sei Dank, ich hatte
geträumt!

Um diesen entsetzlichen Alp abzuschütteln, zündete
ich das Gas an. Entsetzen! ich bemerkte hinter dem
Bett den Schatten eines drohenden Arms und jenen
dreieckigen Hut, vor dem auch der Keckste erblasst.

Erstarrt, mit bebendem Herzen, blieb ich bewe-
gungslos wie ein Verbrecher, der sein Todesurtheil er-

wartet. In diesem Augenblick krähte der Hahn auf
der schwarzwälder Uhr, der Hahn, der die bösen Geister der Nacht zum Fliehen bringt; ich kehrte mich
gegen die Wand und .... brach in ein lautes Gelächter aus. Der Arm, der mich entsetzte, war mein
eigener; der dreieckige Hut war nichts als der Schatten einiger gesträubter Haare.

Ich löschte das Licht aus und sank auf mein Bett
zurück, indem ich rief: — Gendarm, tapferer, braver
Soldat, schlichtes und grossmüthiges Herz! Niemand
repräsentirt besser als du die öffentliche Ordnung eines
Volkes, das die Obrigkeit nur in Uniform und den Frieden nur mit dem Schwerte in der Hand kennt! Du bist
der Schrecken des Bettlers und Vagabunden, die Plage
des Wilddiebs, das Gewissen des Gastwirthes und Wein-
händlers, der Glaube und die Moral des Bürgers, die
rechte Hand des Herrn Maire, das Organ des Herrn
Präfecten; Gendarm! ich achte und liebe dich. Aber
verzeihe die Kühnheit meiner Phantasie. Ich wünschte,
dass eines Tages das Elend kein Verbrechen mehr
wäre; ich wünschte, dass die Polizei das Gute, das
doch die Regel bildet, nicht verhindert, um das Uebel
zu beseitigen, das nur eine Ausnahme ist; ich wünschte,
dass die Freiheit in den Besitz aller Bürger zurück-
kehrt und aus unsern Gesetzen alle Verbrechen entfernt, die es in Wirklichkeit nicht sind; ich wünschte
endlich (Diener der Obrigkeit, zucke nicht die Achseln!), ich wünschte, dass die Justiz allein dir Befehle
ertheilt, und dass dein Rächerberuf sich auf die Verfolgung der Schurken und auf die Verhaftung der ge-
setzmässig angeschuldigten Uebelthäter beschränkt! Ich
weiss, Brigadier, wie sehr du über diese amerikanische
Phantasie lachen wirst, die ich dem einundzwanzigsten

Jahrhundert hinterlasse als einen Gedanken, der eines
Tags noch meinem Namen Unsterblichkeit verleihen
wird. Dann verlange ich, dass man mir in meiner
Vaterstadt, in der Mitte der Anlage, die dann wahrscheinlich an der Stelle meines Hauses und meiner
Strasse steht, ein Standbild auf einer wasserlosen Fon-
taine errichte und darauf die Inschrift setze:

DEM TRAEUMER,

WELCHER

IM JAHRE 1862 FORDERTE,

DASS DIE JUSTIZ ALLEIN

UND LEDIGLICH AUF GESETZMAESSIGE ANKLAGE

ZUR VERHAFTUNG VON BÜRGERN BERECHTIGT SEIN SOLLE

DIE DANKBARE GENDARMERIE

AM 14. JULI 2089.

Und mein letztes Fünffrankenstück mit den Zinses-
zinsen auf zwei Jahrhunderte vermache ich der Akademie der Wissenschaften, damit sie auf hebräisch,
koptisch, sanscrit und syrisch einen Gedanken übersetzen lässt, den der Franzose in angeborener Schwäche nie verstanden hat und dem seine Sprache Ausdruck zu geben unfähig ist:

Sub lege libertas.

Sechzehntes Kapitel.

Die Wahl. — Der Sabbath.

Endlich erschien er, jener bedeutungsvolle Sonn-abend, der fünfte April, der aus einem Pariser von der *Chausée d'Antin* ein Mitglied der Gemeindeverwaltung von Paris in Massachusetts machen sollte. Um sieben Uhr Morgens, im herrlichsten Wetter wurden einhun-dert und zwanzig Wahlurnen eröffnet. Feierliche Ruhe herrschte. An der Thüre jedes Wahlbüreau sah man zwei lange Reihen von Wählern, die mit einer ächt angelsächsischen Geduld und Zähigkeit den Augenblick für die Ausübung ihrer Souveränetätsrechte erwarteten. Die Streitigkeiten hatten aufgehört; die Feinde von ge-stern wechselten nur noch Scherzreden und Hände-drücke. Jeder beugte sich im voraus dem Beschlusse der Mehrheit und behielt sich nur vor, nach einem Jahre Revanche zu nehmen.

Schon Mittags waren die Wahlurnen geleert und das Resultat der Abstimmung verkündet. Green hatte 116,735 Stimmen gegen 78,622, welche auf Little ge-fallen waren. Humbug erlangte 146,327 Stimmen, wäh-rend der unglückliche Fox nur 18,124 hatte; ich end-

lich war ungeachtet der Beanstandung einiger Wahl-
zettel durch gehässige Wahlausschüsse mit 199,999 Stimmen gewählt. Niemals war ein Strasseninspector von
einer so imposanten Majorität ernannt worden. Der
Eindruck war gross in Massachusetts, noch grösser in
England. Da der Baumwollenpreis eben gestiegen
war, erklärte die *Times* die Yankees für Wilde, bei denen Wahlen nur unter Pistolenschüssen vorgenommen
würden und zog daraus den Schluss, dass die Demokratie eine unhaltbare Regierungsform sei. Der alte
Pam nahm dies Thema im Parlament auf; er bewies
den Engländern, dass sie das erste Volk der Welt wären und dass Jonathan schon durch den Mangel eines
erblichen Adels nicht bis an die Knöchel John Bull's
reiche; John Bull verdaute diese etwas harte Wahrheit
mit seiner gewöhnlichen Bescheidenheit und bewilligte
dabei gern sein grösstes Budget.

Der liebenswürdige Truth zeigte mir meine Ernen-
nung an; er bedauerte sehr, wie er sagte, diese gute
Nachricht dem Publikum nicht mehr mittheilen zu können; aber er hatte seit gestern seine Zeitung an Eugen
Rose verkauft und zog sich von der Politik zurück.

— Sie thun recht, ʼsagte ich zu ihm. Ruhen Sie
gründlich aus, Sie haben es nöthig.

— Ausruhen ist kein amerikanisches Wort, antwortete er mir mit seinem sanften Lächeln. Jung oder alt,
krank oder gesund arbeitet ein Yankee bis zum Tode;
das ist Mannespflicht und Christenpflicht. Ich habe den
Rath Humbug's befolgt, ich habe mich wieder den Studien und Neigungen meiner Jugend zugewandt. Die
congregationalistische Kirche in der Akazienstrasse hat
mir die Stelle eines Predigers angeboten; ich habe sie
angenommen. Morgen trete ich mein Amt an.

— Gestern Redacteur, morgen Prediger! Sie sind ein Universalgenie, Sie wechseln Ihre Beschäftigung wie einen Rock. Was werden Sie in einem halben Jahre sein?

— Was Gott gefällt, antwortete der neue Pfarrer. Wenn Humbug da wäre, der der Reihe nach Pflanzer im Westen, Soldat in Mexiko, Advokat in Philadelphia, Redacteur in Paris gewesen ist und morgen Richter sein wird, so würde er Ihnen mit einem seiner Lieblingscitate erwidern:

Homo sum, humani nihil a me alienum puto.

Sie selbst, Doctor, sind bis vor kurzem Gelehrter, vorgestern Feuerwehrmann, gestern Wahlcandidat gewesen, heute sind Sie Strasseninspector, nächste Woche werden Sie wieder Arzt sein. Sie wechseln, wie mir scheint, Ihre Rolle leicht genug. Das ist einer der grossen Vorzüge unseres schönen Landes. Im alten Europa steckt man von der Geburt bis zum Tod in einem einzigen Schauspieleranzug. Man ist sein ganzes Leben lang Soldat, Richter, Advokat, Kaufmann, Fabrikant, niemals Mensch. Man hat nur die beschränkten Ideeen und Vorurtheile seines Handwerks. Bei uns ist der Stand, gleichviel welcher, nur das Oberkleid, das man nach Bedürfniss anzieht und ablegt; vor Allem und überall ist man Mensch. Hierin ruht die Wurzel jener Gleichheit, die unsern Ruhm und unsere Stärke ausmacht. Clay war Müller in Kentucky, Douglas und Lincoln waren Farmer in Illinois, der berühmte General Banks war ein Spinnarbeiter; Alle sind sie grosse Männer geworden, weil sie gearbeitet und gelitten haben. Wer sich nicht im Kampf mit dem Leben erprobt hat, weiss nicht, was er werth ist. Dieser Kampf gegen die Verhältnisse bildet den Willen und das Herz aus. Die Aristokratie wird stets zarte, verfeinerte, kränkliche Menschen erzeugen. Den Emporkömmlingen gehört die Herrschaft über die Welt. Uns gehört die Zukunft!

— Truth, Sie predigen ausgezeichnet. So lange Sie sprechen, fühle ich, dass Sie Recht haben; aber wenn Sie fort sind und ich meine Erinnerungen sammle, so erwecken mir ihre Theorieen Furcht. Wenn ich die Schwäche hätte, Sie länger anzuhören, so würde ich Alles vergessen, was mir meine Lehrer beigebracht haben. Gleichviel, morgen wollen wir Sie hören. Ein einfacher Christ, der zu seinen Brüdern spricht und ihnen in alltäglicher Sprache das Evangelium auslegt, das muss originell sein. Ich habe keine Vorstellung vom republikanischen Christenthum.

Im Augenblicke, ·wo mich Truth verliess, holte man mich ab zur Einsetzung in mein neues Amt. Jenny, Susanne, Alfred und ich stiegen mit Martha, die ohne Zweifel meinen Stolz überwachen wollte, in einen schönen Wagen; Henri setzte sich neben den Kutscher, Zambo kletterte hinten auf; zwei kräftige Traber, wie man sie nur in Amerika sieht, brachten uns nach Montmorency, dem Endpunkte meines Amtsbezirkes. Mehr als einmal mussten wir anhalten; jeder Aufseher war an seinem Posten und erwartete den neuen Vorgesetzten; ich versicherte die braven Leute meines Wohlwollens, während meine Frau und meine Tochter ihr liebenswürdigstes Lächeln verschwendeten. Wir waren wirklich zu Fürsten geboren. Das einzige, was mir auffiel, waren die Schranken, die ich unterwegs von Strecke zu Strecke antraf. Hieran erkannte ich die demokratische Knickerei, die sich jeden Dienst von denen bezahlen lässt, die davon Nutzen haben, um diejenigen, welche davon keinen Gebrauch machen, um den gleichen Betrag zu entlasten; ich gelobte mir, diesen im alten Europa unbekannten Missbrauch abzustellen und überall der Gleichheit zum Siege zu helfen. Uebrigens hielt dieser Aerger nicht Stich gegen die prachtvollen Blumensträusse, welche die Zolleinnehmer und die Oberaufseher meiner Frau und meiner Tochter überreichten. Der Wagen glich einem Blumenkorbe; wir verschwanden unter Blumen. Man empfing uns, wie Könige. Gute Leute, die gewiss nicht hebräisch verstanden, verglichen doch meine Susanne mit den Lilien des Feldes. Jenny, die vor Vergnügen fortwährend erröthete, glich einer aufgeblühten Rose. Martha war eine Pfingstrose; man hätte glauben können, das Blut würde aus ihren hochrothen Wangen hervorbrechen. Sie schnaubte wie ein müder Stier im Pfluge. O Weib, dein Name ist Eitelkeit! Ich selbst lag bequem ausgestreckt in einer Ecke meines Wagens und liess mich durch den Weihrauch meiner beginnenden Popularität nicht betäuben; aber im Innersten meines Herzens fand ich 'die Strassen bewunderungswürdig und ärgerte mich über die elende Schindmähre, die vorgestern auf einem Pflaster gestürzt war, das von so galanten Aufsehern unterhalten wurde.

Bei unserer Ankunft in Montmorency fuhr uns der Kutscher, ohne Befehl dazu erhalten zu haben, unmittelbar in den Gasthof zur Rose, zu dem Quaker Seth. Alfred und Susanne schienen vor den Augen dieses Freundes der Liebe nicht Gnade zu finden. Statt uns als Verliebte zu behandeln, liess er uns ein sehr schlechtes Mittagessen enorm theuer bezahlen. Ich reklamirte; aber Bruder Seth verband mit seiner natürlichen Habsucht den schlimmsten Fehler, den die Civi-

lisation hervorruft, er war Nationalökonom. Er hielt
mir einen Vortrag in drei Abschnitten, um mir zu beweisen, dass gut und billig leben das Elend der Völker ohne Handel und ohne Industrie kennzeichne, während die Theurung ein Beweis der vorgeschrittensten
Civilisation sei, indem die Bevölkerung das Angebot
vermindert und der Reichthum die Nachfrage vermehrt.
Ein Tag werde kommen, wo nur noch der letzte Roth-
schild im Stande sein werde, ein Ei zu bezahlen; dieser Tag werde den Zenith des allgemeinen Wohlstandes bezeichnen. Ich bezahlte, um wenigstens mit den
Worten und der Zeit ökonomisch zu verfahren. Der
Himmel bewahre mich vor einem Streite mit diesen
Fanatikern, die nur eine fixe Idee haben! Ich kenne
diese Nationalökonomen. Sie würden Frankreich, seine
Arsenale, seine Marine, sein Heer, seinen Ruhm, seine
Rechte dem Grosstürken ausliefern gegen das Versprechen der Befreiung . . . . . von der Fleischtaxe.

Es war vier Uhr, als unser Zug den Weg nach
Paris wieder einschlug. Zu meiner grossen Ueberraschung verschloss man die Thüren und Fensterläden
des Gasthauses mit eisernen Stangen, wie wenn das
Haus wegen eines Todesfalls geschlossen wäre. Es
war eine seltsame Art, die Annäherung des Sonntags
zu feiern; aber in diesem Land, dem Widerspiel aller
andern, darf man über nichts erstaunen. Freund Seth
kam mit uns zur Stadt; er bestieg ein dickes Pferd, das
er mit seinem ungeheuren Hute überschattete. Ihm
zur Seite, auf einer grossen grauen Stute, trabte Martha, hoch, aufrecht, steif wie ein Carabinier. Das waren zwei Vorreiter, die unsern Triumphzug allen Vorübergehenden ankündigten.

Bei der ersten Zollschranke fand ich den friedlichen Quaker im Wortwechsel mit dem Einnehmer.

— Ich sage euch, rief der letztere, ihr kommt nicht vorüber, wenn ihr nicht den Zoll bezahlt. Ihr seid zwei, das macht vierundzwanzig Cents und nicht zwölf.

— Freund, antwortete der Gastwirth, du hast Unrecht, dich so zu erhitzen; das ziemt weder einem vernünftigen Manne, noch einem Christen. Betrachte deinen Tarif und verlange nicht mehr von mir, als das Gesetz dir zu fordern erlaubt, sonst machst du dich eines Verbrechens der Erpressung schuldig.

— Hier ist der Tarif, versetzte der Zöllner wüthend; lies ihn selbst, unerträglicher Schwätzer! Acht Cents für das Pferd, vier Cents für den Mann; ist das deutlich?

— Ganz deutlich, sagte der Quaker; und ich rufe diese verehrten Herrschaften zu Zeugen, dass ich dir deine zwölf Cents bezahlt habe.

— Und diese Frau? erwiderte der Einnehmer und zeigte auf Martha, die weiter trabte.

— Nun, versetzte Seth mit unerschütterlichem Ernst, diese Frau ist kein Mann und ihre Stute ist kein Pferd; also ist sie dir nichts schuldig.

Darauf ritt er im Galopp fort und liess den Zöllner mit offenem Munde stehen.

— Hoffentlich, sagte ich zum Einnehmer, werden Sie ein Protokoll über diese Unverschämtheit aufnehmen.

— Nein, Herr Inspector, antwortete er, wir würden nur verlieren. Das ist einer von den abgefeimten Schurken, die mit einem vierspännigen Wagen durch unsere Gesetze fahren, ohne hängen zu bleiben. Er hat den Buchstaben des Tarifs für sich.

— Aber der Geist des Gesetzes ist gegen ihn, erwiderte ich; seine Behauptung ist absurd.

— Bei uns, Herr Inspector, antwortete der Biedermann, hat das Gesetz keinen Geist. Man kennt nur den Text. Wollte der Richter das Gesetz interpretiren, so würde er sich, sagt man, zum Gesetzgeber machen; das Recht und die Ehre der Bürger hätten dann gar keine Garantie mehr.

— Unwissende! rief ich. Nicht einmal das Abc jeder Gesetzgebung kennen sie! Wenn in einem Streite zwischen dem Fiskus und einem Privatmanne ein Zweifel besteht, muss nicht der Zweifel dem Fiskus zu gut kommen, der das allgemeine Interesse vertritt?

— Niemals, versetzte der Zöllner. Man urtheilt immer zu Gunsten des Bürgers. Der Fiskus muss schon zweimal Recht haben, um seinen Prozess zu gewinnen.

Was soll man bei einer solchen Verwilderung machen? Ich zuckte die Schultern und befahl dem Kutscher, weiterzufahren.

Die Stadt schien wie ausgewechselt während meiner Abwesenheit. Die Strassen und Plätze waren leer; man sperrte die Strassen hinter uns durch grosse Ketten, welche die Circulation hinderten. Die Fenster boten einen seltsamen Anblick; an allen Fensterbänken sah man Stiefel in Reih' und Glied, die Sohle den Vorübergehenden zugekehrt, wenn es überhaupt Vorübergehende gegeben hätte. Indem ich ein Paar dieser Stiefel mit dem Auge verfolgte, gelang es mir endlich menschliche Beine, zuletzt einen Körper in umgekehrter Lage und eine Cigarre zu entdecken, deren bläulicher Rauch zum Himmel stieg. Ich konnte mir nicht erklären, welches Vergehen man mit einer so qualvollen Stellung bestrafte; von Zambo, den ich auf geschickte Weise ausfragte, erfuhr ich jedoch, dass es nur ein beliebtes Vergnügen sei. Jeden Sonnabend versucht der Yankee sich auf diese Weise einen Schlaganfall zuzuziehen und manchmal gelingt es ihm. Wie viel weiser sind wir Franzosen! Wir setzen uns höchstens in einem Theater einem kleinen Erstickungsanfall aus.

Zu Hause empfand ich das Verlangen, diesen glücklichen Tag fröhlich zu enden; ich bat Susannen und Henri, mir meine Lieblingsarie: *Reich' mir die Hand, mein Leben* aus *Don Juan* vorzusingen. Susanne sah mich an und erblasste.

— Was hast du denn, liebes Kind? Bist du krank?

— Nein, Papa, antwortete sie, dein Verlangen erschreckt mich nur. Willst du die ganze Stadt unter unsere Fenster hetzen? Willst du unseren Ruf zu Grunde richten? Hast du vergessen, dass der Sabbath begonnen hat und dass nichts mehr die Ruhe des Herrn stören darf?

— Lieber Gott, dachte ich, hat uns denn der Verräther Jonathan bei unserer Versetzung nach Amerika in Juden verwandelt? Entschuldige, liebes Kind, sagte ich zu Susannen, ich war zerstreut; die Ereignisse des heutigen Tags haben mir den Kopf verwirrt. Geh' in mein Studirzimmer und hole mir meinen grossen Hippokrates; ich würde mich gern durch etwas griechische Lectüre erholen. Es gibt nichts erfrischenderes.

Statt aller Antwort setzte sich Susanne auf meine Kniee, legte ihre Hand auf meine Stirn, küsste mich und sagte: — Armer Vater, wie müde muss er sein! Sieh, Mama, er vergisst ganz, dass man am Vorabend des Sabbaths nur die Bibel liest.

Es war gewiss; ich war Jude, ohne es zu wissen. Dennoch empfand ich einige Zweifel, als ich beim Aufschlagen der Familienbibel die Evangelien fand und im Evangelium Marci lesen konnte, dass der Sabbath für den Menschen gemacht ist und nicht der Mensch für den Sabbath. Diese Worte erweckten mein Nachdenken; aber um Niemanden zu verletzen, behielt ich meine Gedanken für mich, liess die beiden Frauen versenkt in ihre fromme Lectüre und stieg zum Garten hinab.

Der Abend war schön, die Bäume breiteten ihre frische Laubdecke aus, die Sonne ging in einem Meere von Gold unter; Alles lud zum Träumen ein. Ich war müde, ich trat an den chinesischen Kiosk, warf mich auf den Divan und zündete eine Cigarre an. Neben mir stand ein leerer Gartensessel, ich legte meine Beine über die Lehne und bemerkte zu meiner Beschämung, dass die amerikanische Sitte doch ihr Gutes hatte.

Hinter den Jalousieladen des Gartenhäuschens verborgen ruhte ich aus und heftete die Augen mechanisch auf Zambo, der in einer Ecke des Gartens Sandstein zerklopfte, um seine Messer zu reinigen. Der arme Bursche war ganz in sein Geschäft vertieft, als Martha aus der Küche stieg, wie eine Spinne, die auf eine Fliege lauert.

— Sohn Hams, was machst du da? rief sie und entriss ihm den Hammer.

— Ich zerschlage Steine, Fräulein Martha, wie Sie sehen.

— Unglücklicher, rief sie, du brichst den Sabbath.

Zambo floh mit kläglicher Miene; seufzend ging er an meinem Ruheort vorüber, und als er die Hauskatze bemerkte, die eben eine Feldmaus fing, sagte er:

— Pascha, nimm dich in Acht; wenn du am Sabbath Rattenjagd hältst, wird dich Martha am Montag hängen.

Ich lachte noch über das dumme Gesicht des Negers, als sich zwei Personen auf eine Bank vor dem Kiosk in meiner unmittelbaren Nähe niederliesen, so dass ich kein Wort von ihrer Unterhaltung verlor. Ich erkannte den liebenswürdigen Seth, der die Einsamkeit des Sabbathabends benutzte, um der schönen Martha eine Rede zu halten.

— Theure Schwester, sprach er mit komischem Ernst und indem er jedes seiner Worte betonte, es gibt drei Dinge, die stets meine grosse Verwunderung erregen. Erstens, dass die Kinder thöricht genug sind, mit Steinen und Stöcken nach den Bäumen zu werfen, um die Früchte herabzuschlagen; wenn die Kinder ruhig bleiben wollten, so würde ein Tag kommen, wo die Früchte von selbst herabfallen. Zweitens, dass die Menschen im allgemeinen und die Amerikaner im besonderen närrisch und boshaft genug sind, sich zu bekriegen und zu tödten; wenn sie ruhig blieben, würden sie auf ganz natürliche Weise sterben. Drittens und letztens, dass die jungen Leute unvernünftiger Weise ihre Zeit damit verlieren, den jungen Mädchen nachzulaufen, die sie heirathen wollen; wenn sie zu Hause blieben und sich etwas verdienten, so würden die jungen Mädchen ihnen nachlaufen. Was sagst du dazu, Martha?

— Seth, ich sage, dass du die Weisheit des Königs Salomo, aber auch seine Eitelkeit besitzest.

— Martha, rief der Quaker mit zärtlicher Stimme, du besitzest ebenso viel Geist als Schönheit.

— Seth, antwortete Martha aufgeregt, du denkst nicht, was du sagst.

— Und du, Martha, versetzte der Andere, sagst nicht, was du denkst.

— Bravo, sagte ich leise, man liebt sich doch in Amerika. An diese Verwendung des Sabbaths hatte ich nicht gedacht. Dieses Krämervolk, das Alles berechnet und nur lebt, um sich zu bereichern, hat sich einen Tag wöchentlich zu unfreiwilliger Ruhe verurtheilt, um an diesem Tage der Jugend und der Liebe seine Schuld abzutragen. Wollen wir sehen, wie Seth seine Erklärung macht.

Nach tausend Umwegen kam der verliebte Quaker endlich zu dem Wort, das allem Anschein nach schon lange erwartet wurde.

— Martha, sagte er und stiess einen langen Seufzer aus, Martha, liebst du mich?

— Seth, antwortete die gute Christin, ist es uns nicht geboten, uns unter einander zu lieben?

— Ja, Martha; aber ich frage dich, ob du für mich etwas von jenem besonderen Gefühle empfindest, welches die Welt Liebe nennt?

— Ich weiss nicht, was ich antworten soll, stammelte die schüchterne Taube; ich habe immer versucht, alle meine Brüder in gleicher Weise zu lieben; aber wenn ich es dir gestehen soll, Seth, so habe ich oft bei der Einkehr in mein Innerstes bemerkt, dass du bei dieser allgemeinen Liebe mehr als deinen Antheil bekommst.

Das Geständniss war gemacht, es war kein Rücktritt mehr möglich; ich glaubte einen derben Kuss zu hören, der die Verlobung besiegelte, als plötzlich Martha einen schrecklichen Schrei ausstiess und auf die Bank sprang. Ein riesiger Hund, ein Neufoundländer, hatte sich zwischen das verliebte Paar gestürzt. Ich erhob mich und bemerkte im Schatten Zambo's weisse Zähne. Der Schelm lachte laut auf; er hatte, um sich an der Quakerin zu rächen, die Hausthüre geöffnet und den lästigen Gast auf Martha gehetzt, der sie so erschreckt hatte.

Ich hatte wenig Vorliebe für den Quaker, aber ich konnte doch nicht umhin, seine Festigkeit und Sanftmuth zu bewundern. Weit entfernt, sich vor dem Hunde zu fürchten, rief er ihn zu sich, zog aus seiner Tasche ein Stück Zucker und gab es dem Thiere, das seinen Liebkosungen gern folgte.

— Freund, sagte der fromme Mann zu dem Hunde, der ihn schweifwedelnd betrachtete, du hast mir den süssesten Augenblick meines Lebens gestört; ein Anderer als ich hätte dich geschlagen oder getödtet, er hätte recht daran gethan; ich werde dir den Unterschied zwischen einem Quaker und einem gewöhnlichen Menschen zeigen. Statt jeder Rache werde ich mich damit begnügen, dir einen hässlichen Namen zu geben.

Hierauf lockte Seth den Hund, der ihm nachsprang, um ein neues Stück Zucker zu erhalten, und führte ihn vor die Thüre; dann schloss er plötzlich das Gitter und schrie aus vollem Halse: — *Ein toller Hund! ein toller Hund!*

In einem Augenblicke waren die Stiefel von den Fenstern verschwunden; Tausende von Köpfen betrachteten drohend den Feind; Steine, Stöcke, Stühle fielen wie Hagel auf das Thier; ein Schuss streckte es nieder, bevor es am Ende der Strasse war; es fiel, um sich nicht wieder zu erheben, indem es ein Geheul ausstiess, das mir tief ins Herz schnitt.

Ausser mir vor Wuth ergriff ich Seth am Kragen und warf ihn vor die Thüre.

— Elender, rief ich, wer hält mich jetzt ab, zu rufen: *ein toller Quaker*, um dich niederstrecken zu lassen, wie dieses arme Thier?

— Freund Daniel, antwortete Seth, indem er seinen Hut von der Strasse auflas, ich werde dich zu finden wissen.

Kühl ging er weg.

— Gehen Sie in Ihr Zimmer, Mamsell, sagte ich zu Martha. Was thun Sie um diese Zeit im Garten?

— Ach Gott, Herr, nichts Böses, sagte sie schluchzend; ich suchte einen Schwiegersohn für meine Mutter.

Ich erstickte fast vor Zorn. — Wie viele Leute, rief ich, nennen sich und dünken sich vielleicht tugendhaft, die es machen, wie dieser feige Heuchler! Man ist stolz darauf, ein ehrenwerther und frommer Mann zu sein, weil man seinen Feind nicht anrührt, aber man entledigt sich seiner dadurch, dass man ihm einen hässlichen Namen gibt. Verleumdung! Verleumdung! du bist die Form des Meuchelmords bei den Völkern, die sich mit ihrer Civilisation brüsten. Schmach den Elenden, die sich dieser vergifteten Waffe bedienen, und wäre es auch nur, um einen armen Hund zu tödten!

Erschöpft durch dieses Selbstgespräch legte ich mich zu Bett und dachte an den trübseligen Tag, den mir die Freuden des morgigen Sabbaths in Aussicht stellten. Wie sehnte ich mich nach der frischen Fröhlichkeit der Pariser Sonntage!

— Franzosen, rief ich, liebenswürdiges, ritterliches Volk, lasst diese derben Nationen sich ihrer fieberhaften Industrie und ihrer ermüdenden Freiheit rühmen.

Verschliesst euer Ohr den wilden Demokraten, den
melancholischen Träumern, die aus euch, wenn ihr auf
sie hörtet, die Nebenbuhler der Engländer und Amerikaner machen möchten. Freunde des Weins, des Ruhms
und der Schönen, euer Loos ist besser. Lasst die Herrschaft der Welt diesen bleichen Arbeitern, die das Leben ernsthaft auffassen; behaltet euren unverbesserli-
chen liebenswürdigen Leichtsinn. Unterhaltet euch, Franzosen; treibt Krieg und Liebe; vergesst die Welt und
die Politik; — wenn ihr nachdenken würdet, könntet
ihr nicht mehr lachen!

Siebenzehntes Kapitel.

———

Reise nach einer Kirche.

Mit Tagesanbruch erhob ich mich. Ein Mann in öffentlicher Stellung muss ein gutes Beispiel geben und ich wünschte sehr, dass die Yankee's den Eifer und die Wachsamkeit ihres neuen Aedilen bewundern möchten. Mein Spaziergang war lang. Das·Pflaster gehörte ja mir. Mit eifersüchtigem Blick folgte ich allen Vorübergehenden, die wie Enten in einer Reihe hintereinander hergingen und die eine Furche in meine Trottoirs zu ziehen drohten. Auf der Strasse herrscht noch Anarchie; jeder geht, wohin und wie er mag; das ist ein Scandal, ich begreife nicht, warum man kein Gesetz gibt, das den Leuten auferlegt, nach Vorschrift der Regierung zu gehen. Es würde Frankreich, dem Staate der Ordnung und des Anstandes, wohl anstehen, diesen letzten Missbrauch zu beseitigen.

Als ich mich meinem Hause wieder näherte, bemerkte ich Zambo. Er war in Schwarz gekleidet, wie ein *Gentleman* und trug Weste, Halsbinde, Strümpfe und Handschuhe von blendender Weisse, so dass er ganz scheckig aussah. Schon von weitem. sobald er mich erkannte, lief er auf mich zu und schwang ungeduldig seine Arme.

— Massa, schrie er, Alles ist in der Kirche; eilen Sie, Sie kommen zu spät.

Zugleich gab er mir ein dickes Buch in Ledereinband und mit silbernen Schliessen in die Hand.

— Sind die Damen in der Messe? fragte ich.

— In der Messe! erwiderte er mit erstaunter Miene. Meine Herrin ist eine Christin.

— Dummkopf! sind die Katholiken vielleicht Türken?

— Massa, Massa, man sagt, dass die Papisten wie die Heiden in Afrika sind, sie haben Woduhs.

— Was ist das, ein Woduh?

— Massa, das ist ein kleiner Gott, den man sich selbst macht und der nicht der wahre Gott ist.

— Seid ihr wirklich einfältig genug, um zu glauben, dass die Katholiken Fetische anbeten? Das ist etwas, was allenfalls gut ist für euch Wilde vom Senegal.

— Massa, erwiderte er, die Papisten beten Bildsäulen an; ich habe sie davor auf den Knieen liegen sehen.

— Und du hast nicht begriffen, dass man nicht die Steine anbetet, sondern die Heiligen, deren Bild sie sind?

— Ich bin kein Gelehrter, Massa, sprach der Neger mit zerknirschter Miene; aber der Prediger, der Alles weiss, ermahnt uns oft, es nicht zu machen wie die Papisten, welche Götzenbilder anbeten.

— O Pfaffen, rief ich, ihr seid überall die nämlichen! Nichts ist leichter, als den katholischen Glauben zu begreifen, man braucht nur einen Katechismus aufzuschlagen; aber der Hass will keine Aufklärung; er will lieber die grösste Gemeinschaft der Erde belei- digen. Fahrt nur fort in diesem abscheulichen Werk, das eures Vaters, des Teufels, würdig ist. Wir Katho- liken, eure Opfer, werden keine Vergeltung durch Ver- läumdung üben. Uns genügt die Wahrheit. Jeder- mann weiss, dass Luther und Calvin zwei Verbrecher sind, die aus Ehrgeiz und Lüsternheit den menschli- chen Geist verderbt haben, indem sie ihn mit dem Rausche des Hochmuths und der Freiheit erfüllten. Die Lüge hat die Reformation erzeugt; die Reformation hat die Philiosophie erzeugt; die Philosophie hat die Revo- lution erzeugt; die Revolution hat die Anarchie erzeugt; die Anarchie hat . . . .

— Massa, sagte Zambo, unfähig, meinen heiligen Zorn zu begreifen; wenn die Papisten Christen sind, um so besser; es soll mir ganz lieb sein.

— Wie so, um so besser?

— Weil Jesus Christus für Alle gestorben ist, die ihn anrufen; er wird die Papisten erlösen wie die an- dern Christen.

— Freund Zambo, sagte ich zu ihm mit souverae- ner Geringschätzung gegenüber solcher Einfalt, du wirst niemals ein Theologe werden. Geh' in deine Kirche; ich will dich nicht aufhalten. Aber wo sind meine Frau und meine Tochter?

— Meine Herrin, antwortete er, ist in der Episko- palkirche bei der übrigen vornehmen Welt. Das Fräu- lein ist im Bethaus der Presbyterianer.

— Mit ihrem Bruder wahrscheinlich?

— Nein, Massa, mit dem jungen Herrn Rose. Herr Henri ist in der Kirche der Baptisten.

— Bravo, rief ich und stiess einen Seufzer aus; und du, Zambo, gehst jetzt ohne Zweifel zu Martha?

— Nein, nein, Massa, rief er; Martha ist Dunkerianerin, ich bin Methodist. Wir armen Neger, die von den Weissen aus ihren Gotteshäusern zurückgewiesen werden, gehören alle derselben Religion an.

— Ich verstehe, ihr habt eine schwarze Kirche und ein farbiges Christenthum. Geh' mein Freund, und bete Christum nach deiner Manier an. Unter diesen feindlichen Sekten, die sich um die Fetzen des Evangeliums reissen, wird der Herr die Seinen erkennen.

Zambo entfernte sich eilig, ich ging langsam und gesenkten Hauptes weiter. Die Entdeckung, die ich soeben gemacht hatte, schlug mich nieder. Mein Haus, mein Zufluchtsort in allen meinen Leiden, war also ein Babel, eine Höhle aller möglichen Ketzereien. Der Mann Katholik, die Frau Anglikanerin, die Tochter Presbyterianerin, der Sohn Baptist, die Magd Quakerin, der Diener Methodist; jeder hatte einen verschiedenen Glauben und entgegengesetzte Hoffnungen! Welche Verwirrung! Welche Anarchie! Das war die Hölle im eigenen Haus! Und doch liebte mich Jenny leidenschaftlich, die Kinder waren nur in unserer Nähe glücklich, die Dienstboten achteten mich; ich sah nur glückliche und zufriedene Gestalten um mich. Jeder las die Bibel nach seiner Manier, jeder hatte seinen besonderen Glauben und doch gab es keinen Streit. Nirgends Einheit, aber überall Liebe und Eintracht. Das war ein Widerspruch gegen die Ideeen meiner Kindheit, ein Geheimniss, das meinen Verstand verwirrte.

— Nein, dachte ich, ich kann diese sittliche Unordnung nicht dulden. Dieser Friede ist nur ein Trugbild; diese Blumen verbergen mir nur den Abgrund.

Wenn das fortdauert, bin ich verloren. Ich verlange, dass bei mir Alles denkt wie ich oder schweigt; ich verlange Gleichförmigkeit. Gleichviel, ob ich nur ein mittelmässiger Christ bin, Katholik bin ich mit Leib und Seele. In Kirche, Staat und Familie darf nur ein Gesetz, nur ein Wille herrschen. Nöthigenfalls werde ich heilsame Strenge anwenden; ich werde meine Frau einschüchtern, meine Kinder bedrohen, meine Dienstboten fortjagen; ich werde Alles opfern, um Gehorsam oder Stillschweigen zu erzwingen. Ich bin Franzose, es lebe die Einheit!

Unter diesen weisen Gedanken verstrich die Zeit. Es schlug zehn Uhr, als ich die Akazienstrasse betrat, eine endlose Strasse, die an Majestät und Länge der *rue de Rivoli* nichts nachgab, nur mit dem Unterschiede, dass alle hundert Schritte ein griechischer, byzantinischer oder gothischer Bau seinen Thurm oder seine Kuppel stolz zum Himmel erhob. In einem Lande, wo sich jeder seine eigene Religion macht, ist es natürlich, dass man bei jedem Schritt auf eine Kirche stösst.

Es war nicht leicht, sich in diesem Labyrinth zurecht zu finden.

Ich wendete mich an eine gute Frau, die mit einem Buche in der Hand an mir vorüberging, und bat sie, mir die Kirche der Congregationalisten zu zeigen.

— Nichts leichter als das, lieber Herr, antwortete die Alte mit liebenswürdigem Lächeln. Sie ist ein wenig weit von hier, aber mit meinen Anweisungen können Sie nicht fehlgehen. Achten Sie nicht auf die Kirchen zu Ihrer Linken; die Kirche der Congregationalisten ist rechts. Zählen Sie die Thürme, dann können Sie sich nicht irren. Die erste Kirche, fuhr sie fort mit der Geläufigkeit einer Frau, die ihren Rosenkranz

ableiert, ist Sankt-Paul, die katholische Kirche, die
zweite das Kloster der Ursulinerinnen, die dritte die
bischöfliche Kirche, die vierte das Kapuzinerkloster,
die fünfte gehört den Baptisten, die sechste den hol-
ländischen Reformirten, die siebente den Lutheranern,
die achte den schwarzen Methodisten, die neunte ist
die jüdische Synagoge, die zehnte der chinesische Tempel. Sie können ihn dort oben mit seinem doppelten
Dach und seinen Glöckchen sehen. Sind Sie einmal
dort, so brauchen Sie nur noch etwas weiter hinabzu-
gehen; Sie kommen dann zu den Mennoniten, nach den
Mennoniten zu den deutschen Reformirten, nach den
deutschen Reformirten zu den Quakern, nach den Quakern zu den Presbyterianern, nach den Presbyterianern
zu den mährischen Brüdern, nach den mährischen Brüdern zu den weissen Methodisten, nach den weissen
Methodisten zu den Unitariern, nach den Unitariern zu
den Unionisten, nach den Unionisten zu den Dunkeria-
nern. Zählen Sie dann vier Kirchen weiter, erstens die,
welche sich die *christliche* Kirche schlechthin nennt, dann
die freie Gemeinde, dann die Swedenborgische Kirche
und endlich die der Universalisten, das macht im Ganzen dreiundzwanzig Kirchen und Bethäuser; das vierund-
zwanzigste Gebäude, das ungefähr in der Mitte der
Strasse liegt, ist dann die congregationalistische Kirche.

Nachdem sie mir, ohne Athem zu holen, dieses
Kyrie hergesagt hatte, machte sie mir eine Verbeugung
und setzte ihren Weg fort.

— Bei Gott! dachte ich, wenn der Teufel einmal seine
Religion verlöre (ich vermuthe nämlich, dass man in
der Hölle irgend eine Art von Glauben an Gott hat), in
dieser Strasse müsste er sie wiederfinden. In diesem
Lande muss das Kultusministerium kein Ruheposten

sein! In Frankreich, wo der Staat nicht mehr als vier
Religionen umfasst (ich zähle Algier nicht mit), hat
die Regierung schon mitunter schwierige Momente;
aber wie soll man hier das Budget vertheilen und Ordnung stiften zwischen dreissig Kirchen, von denen jede
nach einer anderen Seite zieht und die ohne Zweifel
sich auf die christlichste Weise gegenseitig verketzern?
Das ist ein Problem, dessen Lösung ich mir nicht zu-
traue. Es lebe Spanien! Das ist ein der Tradition
treues Volk, das die richtigen Prinzipien bewahrt hat.
Das Land gleicht einem Schachbrett, wo Alles sein be-
stimmtes Feld hat, wo Leib und Seele in gleicher und
einheitlicher Weise regiert werden. Dank der Ehe zwischen Kirche und Staat ist Alles leicht. Es gibt Bischöfe, wie es Präfecten, Pfarrer, wie es Gemeinde-
vorsteher gibt; geistliche und weltliche Beamte haben
ihren bestimmten Platz in dem nämlichen Rahmen und
halten mit einander gleichen Schritt. Geburt, Taufe.
Erziehung, Communion, Conscription, Beichte, Steuern,
Presse, Tod, Begräbniss, Alles steht in Verbindung.
Die Kirche ist Obrigkeit, die Obrigkeit ist Kirche; man
excommunizirt Deserteure und Zeitungsschreiber, man
schickt dafür die Ketzer auf die Galeeren. Das Volk
wird durch Sanftmuth oder Gewalt in ewiger Kindheit
und ohne jede Einmischung seiner Seits dem Ziele zu-
geführt, das man ihm gewählt hät, ohne es zu fragen.
Eine bewunderungswürdige Politik, die das Glück der
Christenheit ausmachte, bevor der abscheuliche Luther
mit einem Schlage die kirchliche und bürgerliche Freiheit entfesselt hat, diese doppelte Pest, von der die
Welt nie mehr genesen wird! Seitdem man die Menschen selbst für ihre Seele und für ihr Leben sorgen
lässt, gibt es weder Religion noch Regierung.

Inzwischen war ich ans Kloster der Ursulerinnen gekommen; ich trat hinein. Den Kultus meiner Heimath wiederfinden, hiess mich Frankreich nähern, von dem ein neidisches Geschick mich ferne hielt. Die Kirche ist ein zweites Vaterland, aus dem es wenigstens keine Verbannung gibt.

Die Kapelle war klein, aber reich ausgeschmückt; im Hintergrund hielt eine Madonna aus Marmor unter einem Baldachin von rothem goldgesticktem Tuch das Jesuskind in ihren Armen und betrachtete es mit der unaussprechlichen Zärtlichkeit der Jungfrau, die den Erlöser geboren hat. Seltene Pflanzen, frische Blumen, bunte Fliedergarben umgaben den Altar, der von Lichtglanz strahlte, majestätische Tonwellen rauschten von der Orgel hernieder, der Weihrauch erhob sich in dichten Wolken, die ein Sonnenstrahl durchbrach, und hinter einem Gitter, das ein Vorhang verschloss, sangen Nonnen und junge Mädchen mit sanfter und feierlicher Stimme: *Inviolata, integra et casta es, Maria.* Einen Augenblick sah ich wie im Traum meine verschwundene Jugendzeit, meine fernen Freunde wieder; ich fiel auf die Kniee und weinte. Nein, eine Religion, die durch die Sinne zum Herzen dringt, ist kein Götzendienst; warum sollte nicht unser Leib so gut wie unsere Seele dem Herrn dienen?

Ich verliess das Kloster und trat einige Schritte weiter in die bischöfliche Kirche. Es war auch die katholische Messe, aber Vortrag und Gesang waren weniger gut; nach der Liturgie bestieg ein Geistlicher eine grosse Tribüne, unter dem Arm trug er ein dickes Heft, das er vor sich legte und langsam aufschlug. Es war ein Predigtbuch für alle Sonn- und Festtage des Jahres.

Als der Prediger den Vortrag gefunden hatte, den er suchte, setzte er seine Brille auf und fing an, unter der tiefsten Aufmerksamkeit der Versammlung in einförmigem Tone vorzulesen. Der Gegenstand, den er gewählt hatte, war die Menschwerdung Christi und seine Anwesenheit in Brod und Wein beim Abendmahl, eines jener Geheimnisse, an denen der menschliche Verstand verzweifelt und vor denen der Gläubige sich nur beugen kann. Aber nichts ist für die Kühnheit eines Theologen zu gross; mit einem Bibeltext, einer Definition und zwei Syllogismen würde er dem heiligen Paulus widersprechen und den Glauben selbst vernichten.

Nach dem in der Kirche herrschenden Stillschweigen zu urtheilen, waren die Zuhörer sehr erbaut. Jenny heftete ihre Augen fest auf den Vorleser und verlor kein Wort; man hätte glauben können, dass sie auch die lateinischen, griechischen und selbst hebräischen Citate verstünde, mit denen dieser Vortrag gespickt war; ich hätte nie geglaubt, dass die Scholastik so grosse Anziehungskraft besitzt. Ich meines Theils ging schon nach dem ersten Abschnitt fort; mich entsetzen diese unfruchtbaren Streitereien. Wer mir beweisen will, was unbeweisbar ist, macht mich zum Skeptiker. Ich lasse das Geheimniss gelten; denn es umgibt mich von allen Seiten. In der Natur wie in meiner Seele fühle ich die Unendlichkeit, die mich überragt; aber mein Verstand sagt mir, dass ich sie nur fühlen und nicht erkennen kann, ich, der ich nur ein in der Unendlichkeit verlorenes Atom bin. Ich kann die Hand, die mich und alle Welten aufrecht hält, nicht sehen; aber ich vertraue auf sie und ich bete sie an. Gott verlangt, indem er sich uns offenbart, nicht, dass wir ihn verstehen; er will nur, dass wir ihn lieben.

Als ich bei den Methodisten vorüberging, dachte ich an Zambo und trat aus Neugier ein. Die Versammlung war zahlreich und sehr belebt. Die Negerinnen, bedeckt mit Gold und Schmucksachen, breiteten auf den Bänken die Wolken ihrer umfangreichen Crinolinen aus, die Neger sangen mit eintöniger, klagender Stimme und lobten Gott mit der vollen Gluth liebender Herzen. Der Prediger, ein Neger von grosser Gestalt und ehrwürdigem Aussehen, ergriff das Wort und hielt eine Predigt, die mich zugleich belehrte und rührte. Wo hatte dieser Schwarze seine theologische Bildung erhalten? Ich weiss es nicht; er war ein alter Sklave, den, wie er sagte, die Güte Gottes aus einer Knechtschaft befreit hatte, die weniger hart und weniger schimpflich war als die der Sünde; aber dieser Sklave hatte gelitten und gedacht, er war ein Mann! Was man nicht in der Schule lernt, hatte ihn das Leben gelehrt; seine eindringliche und zutrauliche Sprachweise ging zum Herzen. Man bemerkte es an der Erregung seiner Zuhörer.

Er fing damit an, den Methodismus zu loben, eine Religion, die der Herr segnete, wenn man, wie er sagte, nach den Eroberungen urtheilen durfte, die sie täglich machte. In langer Reihe zählte er die Zahl der Gläubigen und den Reichthum der Kirchen auf. Vier Millionen Communicanten, zwölftausend Prediger, sechzehntausend Kirchen, für dreiundsiebenzig Millionen Grundeigenthum, das war die Frucht eines Eifers, der nie einschlief. Dem alten Europa, das die Kirche dem Staate dienstbar macht und sie in einer ewigen Unmündigkeit erhält, stellte er das junge Amerika gegenüber, welches den Christen die Sorge für ihren Cultus wie die für ihr Gewissen überlässt. — Die Freiheit,

sagte er, thut, wenn sie durch die Religion geheiligt
ist, Wunder, welche die alte Welt, in ihre Vorurtheile
begraben, niemals erblicken wird. England, so stolz
auf seinen Reichthum, verdirbt seine Bischöfe, indem
es sie mit einem heidnischen Luxus umgibt, und er-
niedrigt seine Vicare, indem es sie zu einem würdelosen
Elend verdammt, während in den Kirchen der vereinigten Staaten die hochherzige Frömmigkeit der Gläubigen den Priester, der Alles seiner Heerde verdankt,
mit Wohlstand und Achtung umgibt. Ein Fürst dünkt
sich ein neuer Konstantin, wenn er vielleicht einmal
eine Kirche errichtet und ausstattet; die Methodisten im
Norden allein haben im Jahre 1860 vier hundert und
fünfzig Kirchen gebaut. Die armen Neger der Akazienstrasse besolden ihren Kaplan besser als die Könige
des Occidents.

— Aber, fuhr er mit einer Mischung von Feinheit
und Naivetät fort, dieser Prediger, der ein so gutes
Einkommen hat, muss den Negern, die ihn gewählt
haben, eine Schuld bezahlen, deren sich die Almose-
niere der Fürsten nicht immer entledigen. Diese Schuld
ist die Wahrheit! Höret denn, rief er, was die Wahrheit mich verpflichtet, euch zu sagen! Der Schwarze
hat ein gutes Herz und eine freigebige Hand, das ist
schön, das ist christlich; aber manchmal treibt er die
Freigebigkeit so weit, dass er seine Seele in Gefahr
bringt. — Niemals, werdet ihr sagen, haben wir so
etwas gehört. Man wiederholt uns, dass der Christ
seine Seele gefährdet, wenn er der Habsucht nachgibt,
wenn er sich der Begehrlichkeit überlässt; aber wer
hat jemals behauptet, dass ein Mensch sich durch übergrosse Freigebigkeit versündigt? — Meine Brüder, ich
will euch sagen, worin diese unselige Freigebigkeit be-

steht; ihr übt sie in diesem Augenblick in der Kirche, während ihr meine Predigt anhört. — Wenn ich den Jähzorn oder die Gefallsucht, die Trunkenheit oder die Frechheit verdamme, würde dann wohl Jeder von euch diese Lehre für sich behalten? Würde er daraus für sich Nutzen ziehen? — Ganz recht, würde einer jener Männer sagen, die von Branntwein leben, ich erkenne das Bild dieses Säufers; der Pfarrer spricht von meinem Vetter Samuel. Halt, Tunkenbold, das gehört Alles für dich. — Recht so, würde eine jener schönen Midianiterinnen sagen, die um eines neuen Kleides willen ihren Mann zur Lüge und zum Betrug verleiten. Der Pfarrer thut ganz recht, wenn er die Fehler meiner Nachbarinnen blos stellt. Halt, Deborah! halt, Ischaboth! das Alles gehört für euch, ihr Buhlerinnen, nichts für mich. — Auf diese Art, meine Brüder, behaltet ihr von meinen Worten nichts für euch selbst; das erste Drittel gebt ihr euren Verwandten, das zweite euren Freunden, das letzte eurem Mann oder eurer Frau. Auf diese Weise bleibt aber die Lehre des Herrn unfruchtbar, auf diese Weise verderbt ihr eure Seele durch übergrosse Freigebigkeit. Christus selbst hat auch ein gutes Herz, aber in einer andern Weise; er ist ein Geiziger, der Alles für sich nimmt, unsere Sünden, unser Elend, unsere Schwachheit, unsere Leiden; darum sehen wir ihn auch am Kreuz mit gesenktem Haupte, mit keuchendem Athem wie einen Mann, den seine Last zermalmt. Wann, meine Brüder, wann werden wir ihm unsern Antheil an seiner Last abnehmen? Wann werden wir unserem Erlöser Erleichterung bringen, unserem Freund, Christo, der gestorben ist für den Sklaven und für den Sünder?

Bei dieser Stelle warf sich die ganze Versammlung

auf die Kniee; unter zahlreichen Thränen erhob sich ein furchtbares *Hallelujah!* zum Himmel. Die Bewegung war höchst merkwürdig, sie verstimmte mich. Ich bin weder Aristokrat noch Pflanzer; ich halte den Neger nicht für einen Affen, weil er Hände hat und sprechen kann; aber nach dem, was ich eben gehört hatte, musste ich fast argwöhnen, dass der Schwarze ein Mensch sei, wie ich, und vielleicht ein besserer Christ; dieser Gedanke erweckte mir Furcht. Zambo, mein Bruder! Jesus Christus für diese Krausköpfe gestorben! Das war mehr als mein Stolz ertragen konnte.

— Wenn das wahr ist, dachte ich im Hinausgehen, welches kolossale Verbrechen ist dann die Sklaverei! Wäre dann nicht dieser Bürgerkrieg, der jetzt den Süden zu Grunde richtet, die Züchtigung, die Gott über Kain verhängte?

Achtzehntes Kapitel.

Ein Chinese.

Es war eilf ein halb Uhr, Truth sollte um zwölf Uhr predigen; ich musste meinen Schritt beschleunigen, um rechtzeitig zum Gottesdienst der Congregationalisten zu kommen. Doch konnte ich dem Verlangen nicht widerstehen, den chinesischen Tempel zu besuchen. Ich war neugierig zu sehen, wie die Söhne des Confuzius ihr Christenthum in einem Lande eingerichtet hatten, wo die religiöse Anarchie, die Mutter aller anderen, herrscht. Eine geheime Stimme sagte mir, dass dieses alte, blasirte Volk vielleicht mehr Sinn und Verstand besässe als der protestantische Haufe.

Beim Eintritt stiess ich einen Schrei des Widerwillens aus. Ich befand mich in einer buddhistischen Pagode. Vor mir sass auf einer Erhöhung in einer Wandnische ein scheusslicher Götze von buntem vergoldetem Holz, die Beine über einer Lotosblume gekreuzt. Es war Buddha mit seinem ungeheuren Bauch, seinem Kahlkopf, seinem Höcker auf der Stirn, seinen langen Ohren und grossen Augen. Gewiss, ich bin freisinnig und ich bin stolz darauf. Ich bin seit dreissig Jahren

Abonnent des *Constitutionnel* und bin mir ebenso gleich geblieben, wie meine Zeitung. Wie der *Constitutionnel,* und ohne zu wissen warum, hasse ich die Jesuiten, das ist ein Zeichen von Aufklärung; aber sich der Freiheit bedienen, um den Götzendienst einzusetzen, das ist zu viel! Ich lasse mir die Lutheraner, die Calvinisten, die Juden und selbst die Muhamedaner gefallen, vorausgesetzt, dass sie Algerien nicht ohne Erlaubniss der Regierung überschreiten; aber was darüber hinausgeht, ist nicht mehr Freisinnigkeit, sondern Heidenthum! Es wäre ebenso gut, zum Cultus des Sonnengottes zurückzukehren!

In der Pagode war Niemand, als zwei Kinder, zwei abscheuliche kleine Chinesen, von denen jeder auf einer Seite der Götzenbühne stand. Wie Leute, welche Kaffee brennen, drehte jeder von ihnen einen flachen Cylinder, der mit einer Masse kleiner Papierstreifen besetzt oder bespickt war. Dieser Cultus war mir vollständig neu.

Das Geräusch meiner Schritte führte aus einer benachbarten Zelle eine Art von Mönch herbei. Seine braune geflickte Kutte, seine nackten Füsse, sein kahl geschorener Kopf, seine kleinen halbgeschlossenen Augen, seine gelbe faltige Haut gaben ihm das Aussehen einer alten Frau in Kapuzinertracht; es war ein Bonze. Er näherte sich mir und hielt mir, ohne ein Wort zu sprechen, eine hölzerne Schale vor; ich warf ein Almosen hinein, um mich dieses Bettlers zu entledigen.

— Ich danke, mein Bruder, redete er mich in vortrefflichem Englisch an. Möge der göttliche Fo deine Mildthätigkeit belohnen; mögest du in einem andern Leben niemals die Gestalt einer Frau oder eines Schakal annehmen.

Ich blieb sprachlos über diesen sonderbaren Segen. Der Bonze stieg zum Altar empor, zog aus einem Schrank einige Stücke versilbertes und vergoldetes Papier und verbrannte sie vor dem Götzen.

— Was machen Sie da? fragte ich.

— Mein Bruder, antwortete er, ich habe soeben dein Zehncentstück in Gold- und Silberbarren verwandelt, die ich dem Herrn der Wahrheit als Opfer angeboten habe.

— Eure Barren sind ja von Papier und keine zwei Heller werth.

— Was liegt daran? versetzte der Mönch. Fo sieht auf die Absicht und nicht auf das Metall.

— Ach, wenn doch unsere Finanzminister Chinesen wären! wollte ich ausrufen; aber ich behielt diesen vermessenen Gedanken für mich, und fragte den Bonzen, was eigentlich die Kinder machten, deren Arm unermüdlich schien.

— Sie beten für das Weltall, antwortete er. Auf jedem dieser Papiere steht die heilige Silbe geschrieben. Indem er das sagte, warf er sich zu Boden und rief: OM! OM! OM! Jeder dieser Cylinder trägt diese Inschrift tausendmal und macht fünfzig Umdrehungen in der Minute, dreitausend in der Stunde, zweiundsiebenzigtausend von einem Sonnenuntergang zum andern. Das sind also einhundert und vierundvierzig Millionen Gebete, die jeden Sonntag aus diesem einzigen Tempel emporsteigen. In der Woche, wo ich meine Cylinder durch Dampf drehen lasse, gibt es noch weit mehr; aber am Sonntag halten in diesem Lande des Unglaubens selbst die Dampfmaschinen den Sabbath und ich muss mich daher mit der Hand dieser Kinder begnügen.

Der einfältige Aberglaube dieses Götzendieners entsetzte mich.

— Wie kann man euch auf christlichem Boden
dulden? rief ich. Wenn noch Glauben in Israel zu finden wäre, so hätte man euch längst ausgetrieben, ihr
Baalspfaffen.

— Warum sollte man uns nicht dulden? antwortete der Bonze mit ruhigem Tone; die Freiheit gleicht
der Sonne, sie scheint für Jedermann. Die Amerikaner schicken Missionäre nach China, warum sollten die
Chinesen nicht Missionäre nach Amerika schicken? Man
sagt, dass Frankreich den Sohn des Himmels bekriegt,
bloss um den Tod einiger Mönche zu rächen, die von
unsern Mandarinen in gesetzlicher Weise ums Leben
gebracht worden sind; man sagt, dass Frankreich die
katholische Kirche in Peking wieder hergestellt hat, die
lange Zeit geschlossen war. Ich verwünsche das Blut,
das auf beiden Seiten vergossen ist, meine Religion
verabscheut den Mord und kennt nur die Waffen der
Geduld und Sanftmuth; aber ich segne die errungene
Freiheit und verlange, dass sie den Chinesen ebenso
zu gut komme, wie den Franzosen.

— Also eine Pagode auf den elysäischen Feldern
mit officiellem Götzendienst? Guter Mann, Sie sind
verrückt; wir brauchen keine Chinesen in Paris. Wir
haben schon genug .... von Porzellan.

— Es scheint mir, fuhr der Mönch mit einer lächerlichen Ruhe fort, dass alle Rechte gegenseitig sein
müssen. Wenn es schön und gut ist, in Peking eine
Kapelle zu eröffnen, warum sollte es denn unrecht sein,
in Paris eine Pagode zu errichten und darin die Wahrheit zu predigen?

— Unsinniger Bonze! rief ich, von einem heiligen

Eifer hingerissen, du wagst es, von Wahrheit zu reden?
Siehst du nicht, dass deine Lehre Lüge und dein Cultus Götzendienst ist? Wenn du es weisst, so bist du
ein strafwürdiger Charlatan; wenn du es nicht weisst,
so ist es die erste Pflicht des Staates, dir den Mund
zu schliessen, damit du ihm nicht in deiner Unwissenheit seine Unterthanen verführst. Freiheit des Irrthums
wäre die Freiheit des Giftes, der Brandfackel und des
Dolches; die Wahrheit allein hat das Recht zu reden.

— Ich glaubte, erwiderte der Chinese, dass es in
Amerika, in Frankreich, in England verschiedene christliche Kirchen und selbst jüdische Synagogen gäbe.

— Ohne Zweifel, und in Frankreich unterstützt
sogar der Staat jede anerkannte Religionsgesellschaft;
denn Frankreich, merke dir das, mein Guter, Frankreich marschirt an der Spitze der Civilisation, namentlich im Punkte der religiösen wie jeder anderen Freiheit.

— Der Staat, fuhr der Bonze fort, erkennt demnach drei oder vier religiöse Wahrheiten zugleich an,
die gegenseitig einen fortwährenden Vernichtungskrieg
führen? Jesus ist zum Beispiel für die Christen ein
Gott; was ist er für die Juden?

— Mein Freund, erwiderte ich dem Barbaren, ich
bemitleide deine Unwissenheit. Wenn du begreifen
könntest, was officielle Wahrheit ist, so würdest du
wissen, dass sie nur in Gegensätzen lebt. Der Traum
Hegels ist hier verwirklicht. These und Antithese mischen und vereinigen sich hier zu einer wunderbaren
Synthese.

Der Bonze öffnete seine kleinen Augen und hob
den Kopf zum Himmel. Es war deutlich, dass die
grossen Ideeen des civilisirten Europa in diesem engen
Gehirn keinen Raum fanden. Ich hätte geglaubt, dass

ein deutscher Philosoph einem Chinesen weniger fern
steht. Ich nahm meine Beweisführung unter einer andern Form wieder auf, das heisst, ich änderte die
Worte, ohne mich weiter um den Sinn zu kümmern;
das ist das wahre Mittel, um eine Diskussion zu fördern.

— Die Wahrheit, welche der Staat beschützt, erwiderte ich dem Ungläubigen, hat nichts gemein mit
der gewöhnlichen Wahrheit. Sie ist eine Wahrheit auf
breiter, umfassender Grundlage, welche alle Bekenntnisse in sich schliesst, die die Bibel, unsere heilige Schrift,
zum Ausgangspunkte haben. Das Judenthum, das Christenthum und selbst der Muhamedanismus sind Zweige
dieser Urreligion, die so alt ist wie die Welt, und welche
die Zahl ihrer Anhänger, die Moral und die Civilisation
für sich hat. Ausserhalb dieser Kirchen, die sich in
den Erdkreis theilen, gibt es nur Götzendienst und Barbarei. Es ist unser Recht und unsere Pflicht, euch nöthigenfalls mit Kanonen zu bekehren. Die Wahrheit
keimt in den blutigen Furchen, welche der Krieg zieht;
der Gott der Christen ist der Gott der Heerschaaren:
Dominus Zebaoth.

— Du bist kein Yankee, rief der Fanatiker, dessen Augen plötzlich seltsam glänzten. Ich merke es
schon, seitdem du hier bist. Das Gesicht des Angelsachsen gleicht dem Stier und dem Wolf, das deinige
dem Affen und dem Hund. Du hast Furcht vor der
Freiheit, du redest von Dingen, die du nicht verstehst,
du machst Phrasen, du bist ein Franzose!

Und als er mich stumm vor Ueberraschung sah,
fuhr er fort: — Du wagst es, die Zahl als Probe der
Wahrheit anzuführen? Die Zahl haben wir für uns.
Wieviel seid ihr Katholiken? Hundert und dreissig
Millionen. Wieviel Christen überhaupt? Höchstens drei-

hundert Millionen. Wir sind fünfhundert Millionen Buddhisten; unser Glaube erstreckt sich von Kamtschatka bis zum weissen Meer; ihm folgen die wilden Stämme Asiens, ihn verehren die Chinesen und Japanesen, das heisst Völker, die schon civilisirt waren zu einer Zeit, wo Europa noch ein Urwald und Amerika eine Wüste war. — Du sprichst von Alter? Weisst du, dass zur Zeit Alexanders des Grossen der Buddhismus schon seine Concilien gehalten hatte und dass die Inschriften des Königs Azoka, auf den Felsen Indiens eingegraben, schon damals dem Erdkreis Opfer und Almosen predigten? Weisst du nicht, dass der Buddhismus die Reformation der alten von den Brahminen verfälschten Religion ist, und dass die Veda's, die heiligen Bücher unserer Vorfahren, bis in die ersten Tage der Welt zurückgehen? Lassen wir Zahl und Alter bei Seite; das sind vielleicht nur glückliche Nebenumstände. Aber welche Religion hat zuerst die freiwillige Armuth, die Nächstenliebe und Mildthätigkeit gepredigt? Weisst du nicht, dass Fo fünfhundert und fünfzig Verwandlungen durchgemacht, und dass er sich in jeder seiner Verkörperungen geopfert hat? Er hat sich zum Lamm gemacht für den Tiger, zur Taube für den Falken, zum Hasen für den hungrigen Jäger. Hast du nicht die heilige Geschichte von Vesantara gelesen, der seine Frau und seine Kinder aus Mildthätigkeit preisgab? Sind wir nicht die einzige Religion, die sich aus Abscheu vor dem Mord des Fleisches und Blutes der Thiere enthält? Habe ich hier nicht zum Wassertrinken einen Seiher, um auch das Leben einer unsichtbaren Milbe zu schonen? Dagegen ist eure, die christliche Religionsgeschichte nur eine ununterbrochene Kette von Zank, Krieg und Mord. Heute seid ihr die Opfer, morgen die Henker.

Bei uns Buddhisten gibt es nur Märtyrer. Seit zweitausend vierhundert Jahren hat man mehr als einmal
unser Blut vergossen, man hat uns aus Indien verjagt;
aber unsere Hände sind immer rein geblieben. Wir
haben keinen Flecken aus unserer Geschichte auszulöschen; welche Religion kann von sich dasselbe behaupten? — Euer Evangelium verkündet eine wun-
dervolle Lehre; ich kenne sie und urtheile nicht nach
dem Betragen der Christen über ihren Glauben. Christi
Worte und Leiden haben mich bis ins Innerste erschüttert. Aber ich bin in anderen Ideeen erzogen; ich
habe mich seit zwanzig Jahren einem Leben voll Armuth geweiht, das mich aufrecht hält und tröstet; ich
habe ebenso wie ihr Christen den Glauben meiner Väter bewahrt; wie ihr, kann auch ich nicht meine Ahnen der Lüge oder des Irrthums anklagen. Wer von
uns irrt sich, wer von uns hat die Wahrheit für sich?
Ich weiss es nicht, und ich wünsche nichts mehr, als
mich darüber aufzuklären. Schaffen wir das Reich der
Gewalt, der Unwissenheit und Verachtung ab; lassen
wir jedem Glauben seine Bahn frei; lassen wir die
Vernunft das Werk vollenden, das Gott ihr anvertraut
hat! Am vollen Licht verschwinden alle Schatten.
Sich selbst überlassen wird die Religion, die von Menschen stammt, zerfliessen wie Schnee; die aber vom
Himmel stammt, wird emporsteigen wie eine Eiche
und die Erde mit ihren Zweigen bedecken. Oeffnet
die Welt für das Wort; ich vertraue der Freiheit, weil
ich der Wahrheit vertraue.

— Du bist eben nur ein Chinese, erwiderte ich
ihm; ich entfernte mich majestätischen Schritts und
liess den Elenden verwirrt durch meine Ueberlegenheit
stehen.

Neunzehntes Kapitel

Eine congregationalistische Predigt.

Der Gottesdienst hatte bei meiner Ankunft noch nicht begonnen. Nichts trübseligeres als ein protestantisches Bethaus. Bänke von Eichenholz, grosse Holzvertäfelungen, die die Wände verdüstern; keine Gemälde, keine Blumen, keine Lichter; etwas mattes und düsteres, was erkältend auf die Sinne wirkt. Man möchte fast sagen: ein Cultus für Blinde. Ich irre mich, eine Verzierung war vorhanden, nämlich eine grosse Tafel, auf der in ungeheuren Ziffern die Zahl 130 stand.

Die Kirche war von einer grossen Masse gefüllt; aber diese Masse war stumm. Unbeweglich auf seinem Platz und in sein schwarzes Buch versunken betete jeder Gläubige, wie wenn er mit Gott allein auf der Welt wäre. Kein Geräusch, kein Stuhlrücken; nichts von jenem reizenden Geflüster und den Verbeugungen zwischen schönen Frauen, die gern ihre Frömmigkeit und ihr neues Kleid bewundern lassen; nichts von jener liebenswürdigen Unordnung, durch welchen unsere

Kirchen einem Salon der guten Gesellschaft gleichen; es war die Stille eines Waldes.

Endlich trat der Prediger ein; sofort stieg von allen Bänken eine Melodie empor, sanfter als das Seufzen des Windes auf der Woge. Männer, Frauen, Kinder, Alles sang aus voller Seele mit einer Gluth und einem Schwung ohne Gleichen. Zum ersten Male fühlte ich, dass der Gesang die natürliche Form des Gebetes ist. Erstaunt über mein Stillschweigen zeigte mein Nachbar mit dem Finger auf die geheimnissvolle Zahl und bot mir sein Gesangbuch, welches die Melodie zum Gesang enthielt. Man sang den hundert und dreissigsten Psalm oder vielmehr eine Nachahmung dieses erhabenen Gebetes, das auch die katholische Kirche für die Todtenfeier angenommen hat. Mit einem Wort, man sang das *De profundis,* diesen Schrei der Hoffnung und Liebe, dessen wahre Schönheit uns die häufige Gewöhnung verbirgt.

> Aus tiefer Noth schrei ich zu dir,
> Herr Gott, erhör' mein Rufen;
> Dein gnädig Ohren kehr zu mir
> Und meiner Bitt' sie öffen.
> Denn so du willt das sehen an,
> Was Sünd' und Unrecht ist gethan,
> Wer kann, Herr, für dir bleiben?
>
> Auf Gott allein will hoffen ich;
> Auf mein Verdienst nicht bauen;
> Auf ihn mein Herz soll lassen sich
> Und seiner Güte trauen,
> Die zu mir sagt sein werthes Wort,
> Das ist mein Trost und treuer Hort;
> Des will will ich allzeit harren.
>
> Und ob es währt bis in die Nacht
> Und wieder an den Morgen,

Doch soll mein Herz an Gottes Macht
Verzweifeln nicht, noch sorgen.
Er ist allein der gute Hirt,
Der Israel erlösen wird
Aus seinen Sünden allen.

Nach Beendigung des Gesanges ergriff Truth das
Wort. De Maistre hat ganz Recht, wenn er den pro-
testantischen Prediger definirt als einen in Schwarz ge-
kleideten Herrn, der ganz ehrbare Dinge sagt; nie
hatte wohl jemand einen weniger priesterlichen An-
strich als mein armer Freund. Keine Tracht, die ihn
von seiner Heerde unterschied, keine Kanzel, von der
er sein Publikum beherrschen konnte; er sprach ganz
einfach vom Boden aus mit brüderlicher Vertraulichkeit, wie wenn er sich absichtlich alle Hilfsquellen der
Beredtsamkeit verschliessen wollte. Jene Stimme, die
dem Donner gleicht und allmählig sanfter wird, den
Arm, der die Rache oder die Vergebung herabruft, die
gefalteten Hände, die sich zum Himmel erheben, die
Augen, die Gott suchen und sich bei seinem Anblick
verklären, von allen diesen Schönheiten der christlichen
Redekunst verstand Truth nichts. Kaum bewegte er
die Hand, kaum hob er die Stimme, und doch lag in
dieser einfachen Rede ein unbeschreiblicher Wohlklang,
der bis ins Innerste des Herzens drang. Nie kann der
Schleier, mit dem die Rede stets den Gedanken ver-
hüllt, leichter und durchsichtiger sein. Man hörte keinen Redner, aber einen Mann und einen Christen.
Truth sprach, wie man zu sagen pflegt, „wie Jedermann"; das heisst, er sprach, wie Jedermann sprechen
möchte, und wie Niemand es thut. Nur grosse Seelen
können grosse Gedanken in allgemein verständlicher

Fassung wiedergeben. Die Kunst, die nur Nachahmung ist, reicht nicht so weit.

Das Folgende ist ungefähr der Inhalt seiner Predigt. Aber wer kann die zitternde Bewegung dieser erregten Stimme wiedergeben? Die Worte erstarren auf dem Papier; es sind welke Blumen, die Farbe und Duft verlieren. Doch will ich versuchen, ein Bild von dieser Unterweisung zu geben, die auf mich einen tiefen Eindruck machte, so sehr auch in dieser freien Behandlungsweise des Evangeliums eine Kühnheit und Originalität lag, die mich überraschte und erschreckte.

Joh. XVIII, 37. 38.

Da sprach Pilatus zu ihm: *So bist du dennoch ein König?* Jesus antwortete: *Du sayst es, ich bin ein König. Ich bin dazu geboren und in die Welt gekommen, dass ich die Wahrheit zeugen soll. Wer aus der Wahrheit ist, der höret meine Stimme.* Spricht Pilatus zu ihm: *Was ist Wahrheit?* Und da er das gesagt, ging er wieder hinaus. . . .

Christliche Brüder!

Unter den Namen, die Christus auf Erden angenommen hat, kehrt keiner häufiger wieder, als der der *Wahrheit.* Vor Pilatus, in dieser letzten Stunde, nannte sich Jesus König; aber sein Reich ist nicht von dieser Welt; es ist das Reich der Wahrheit. Den Tag vor seinem Tode, bei seinem letzten Mahle mit seinen Jüngern, lässt er ihnen zum Abschied das grosse Wort: *Ich bin der Weg, die Wahrheit und das Leben, Niemand kommt zum Vater, denn durch mich.* Mit andern Worten, wenn wir diese hebräische Redeweise in unsere moderne Sprache übersetzen: *Ich bin die lebendige Wahrheit, die zu Gott führt.*

Die *lebendige Wahrheit*, versteht ihr den Sinn und die Tragweite dieser Worte? Gibt es nicht unter euch viele, für welche die Wahrheit nichts ist, als ein gegenseitiges Verhältniss der Dinge zu einander, eine Gleichung, eine Ziffer, eine Abstraction? Gibt es nicht auch solche, für die die Wahrheit ein leeres Wort ist ohne Sinn, ein Ausdruck für eine Meinung, die ohne Unterlass Veränderungen und Entstellungen erleidet? Wie viele Weise würden gern mit Pilatus sprechen: „*Was ist Wahrheit?* Was gestern Unsinn war, was morgen Irrthum sein wird? Nichts ist wahr als das Interesse des Augenblicks." Dem Cäsar gefallen, geniessen und sich nicht um den folgenden Tag kümmern, das ist die höchste Lebensweisheit der Leute, die ganz und gar zu sterben hoffen.

Lasst uns diese Rückkehr zum heidnischen Skepticismus nicht dulden. Wir würden damit unseren Geist zur Knechtschaft und unser Herz zu allen Verderbnissen und Lastern verdammen. Lasst uns wie in den ersten Tagen des Evangeliums die Wahrheit suchen, die Wahrheit wird uns frei machen.

Wenn die Lokomotive unsere Strassen durchfährt, einen langen Wagenzug hinter sich, warum geht ihr aus dem Weg bei dem Ton der Glocke, die ihre Vorüberfahrt anzeigt? Weil man euch gesagt hat, dass diese fortschreitende Masse euch mit der ganzen Gewalt ihres durch die Geschwindigkeit verstärkten Gewichtes zermalmen würde. Das ist eine wissenschaftliche Wahrheit, die für euch eine blosse Abstraction ist. Sie hat sich in eine entschiedene Ueberzeugung verwandelt, die euren Leib vor Beschädigung bewahrt. Diese Ueberzeugung ist jetzt ein Theil von euch selbst, sie ist lebendig wie ihr.

In dieser Stadt, die sich ihrer Civilisation rühmt, gibt es Tausende von Menschen, die sich durch die Leidenschaft für den Branntwein zu Grunde richten. Warum, meine Brüder überlasst ihr euch nicht dieser Leidenschaft, die schrecklicher, aber nicht sündhafter ist, als so viele andere Laster, über die man nicht erröthet? Weil ihr wisst, dass der Branntwein ein Gift ist, welches niemals verzeiht. Die Wissenschaft vertritt euch hier die Stelle der Tugend. Das ist wieder eine zugleich physische und moralische Wahrheit, die, nachdem sie erst in eure Seele gedrungen ist, sich mit euch identificirt.

Ist das Alles? Kennt ihr nicht edle Herzen, für welche die Schwelgerei, der Ehrgeiz, die Habsucht ebenso abschreckend sind als die Trunkenheit? Fragt nur den Vater, dem man die Ehre seiner Tochter gestohlen hat; fragt die Mutter, deren Sohn an einer fernen Küste umgekommen ist; fragt den Mann, der mit dem Wucher um das Leben seiner Frau und seiner Kinder kämpft! Diese armen Opfer hassen das Laster, durch das sie gelitten haben, aus Erfahrung; andere sind glücklicher, sie verdanken ihre ganze Kenntniss ihrer Erziehung. Die Frömmigkeit einer Mutter, die Hingebung eines Lehrers hat ihnen den Instinct eingeflösst, der sie bewahrt. Dies ist wieder eine lebendige Wahrheit, eine Wahrheit, die wir durch unsere Gewissensbisse bekennen, selbst wenn wir uns weigern, sie anzuhören.

In unserem Staatswesen gibt es Patrioten, die der Laune der Menge Widerstand leisten. Ist es Stolz, ist es Berechnung? Nein; denn wen der Stolz beherrscht, der bequemt sich leicht zu jeder Niederträchtigkeit, und das Interesse geht mit dem Strom und findet seine

Rechnung dabei. Aber eine reine Seele, ein aufge-
klärter Geist hat einen höheren Standpunkt und einen
weiteren Gesichtskreis. Jeder Despotismus eines Einzelnen oder eines Volkes ist eine Gewalt, deren Leidenschaften entfesselt werden; der Gebieter kann den
niedrigen Gelüsten derer, die ihn umgeben und die ihn
betrügen, nicht entgehen. Verbrecherische Kriege,
tolle Verschwendung, Corruption nach oben, Elend
und Unwissenheit nach unten, das sind die Früchte jeder schrankenlosen Macht, die Geissel jeder zügellosen
Gewalt. Wer das weiss, wird sich niemals zum Handwerk eines Schmeichlers erniedrigen. Die Wahrheit
hält diejenigen, die sich nicht herabwürdigen können,
bei Seite und tröstet sie in ihrer Einsamkeit.

Das sind, werdet ihr sagen, alte, abgedroschene
Sätze. Seit mehr als zwei Jahrtausenden werden sie
in der Schule gelehrt; und darum steht es doch nicht
besser mit der Welt. — Warum? Weil man die Wahrheit in den Büchern lässt, wo sie todt ist; öffnet ihr
euer Herz, vermählt euch mit ihr; dann wird sie leben.
Sie wird euer Gewissen, eure Ehre, euer Heil werden.
Der Geist ist wie der Körper; er lässt sich nicht mit
Worten nähren; er braucht die Substanz der Dinge.
Einem sklavischen Volke die Freiheit geben, heisst Kindern eine Waffe anvertrauen, die in ihren Händen zer-
platzen wird. Warum? Weil die Selbstachtung und
die Achtung vor Andern, das Rechtsgefühl, die Ge-
rechtigkeitsliebe, diese wesentlichen Bedingungen der
Freiheit, keine Gesetzesparagraphen sind; sie lassen
sich nicht anordnen. Es sind Tugenden, die der Bürger nur durch Geduld und durch Uebung erlangt. So
lange die Freiheit nicht in den Herzen lebt, ist sie
nichts als ein tönendes Erz und eine klingende Schelle;

13 *

ist sie aber erst in unser innerstes Mark eingedrungen, dann kann alle Schlauheit und Wuth der Tyrannen sie uns nicht entreissen.

Es gibt also lebendige Wahrheiten, die ihren Sitz zugleich ausser uns und in uns haben. Sie setzen uns mit der Natur und mit unseren Nebenmenschen in Verbindung. Sie enthüllen uns die Gesetze der Naturkräfte und unterwerfen sie uns; sie lassen uns in jedem Menschen, der denkt wie wir, einen Freund und einen Bruder erkennen. Aber dieses Licht, welches genügt, um uns hienieden zu leiten, vermag unser Herz nicht zu erwärmen. Es bezaubert unsern Geist, zügelt unsere Leidenschaften, klärt und mildert unsern Eigennutz, macht uns aber nicht glücklich. Der Mensch hat einen Durst nach der Unendlichkeit, eine Sehnsucht nach der Ewigkeit, eine Liebesbedürftigkeit, die die Wissenschaft nicht stillen kann. Um uns das Gut zu verschaffen, nach dem unsere Seele seufzt, brauchen wir eine neue Wahrheit, die uns mit Gott in Gemeinschaft setzt, die in uns und in ihm ruht. Diese Wahrheit, die nur Gott selbst sein kann, müssen wir erkennen und lieben.

Gott lieben und dafür von ihm geliebt sein, dieses Verhältniss hat die Weisheit der Alten niemals begriffen; und die moderne Philosophie geht an der gleichen Ohnmacht zu Grunde. Vergebens sucht das Gewissen Gott, vergebens ruft es ihn mit der Verzweiflung des sinkenden Schiffbrüchigen; der kalte Verstand wiederholt uns, dass zwischen Gott und dem Menschen, zwischen der Ewigkeit und dem Geschöpf eines Tages ein Abgrund liegt, den nichts ausfüllen kann. Eine unbeugsame Natur, ein höchstes Wesen, das der Sklave seiner eignen Gesetze ist, das ist Alles, was uns die höchsten Anstrengungen der grössten Geister bieten können; die Liebe Gottes ist eine Illusion, das Gebet, dieser Schrei der Seele, ein vergebliches Murmeln, das am stummen Himmel verhallt. Schweige, Sterblicher; ersticke dein Herz, verschliesse dich in Ergebung oder Verzweiflung; du bist nur ein Atom, das von dem Rad des unerbittlichen Geschickes zermalmt wird.

Aber meine Brüder, vor neunzehn Jahrhunderten ist ein Mann auf der Erde erschienen, um die *gute Botschaft* zu bringen, um Gott und die Menschheit einander zu nähern. Dieser Prophet nennt sich Gottes Sohn und der Menschen Sohn oder er nennt sich, was vielleicht nur eine andere Bezeichnung desselben Geheimnisses ist, das Licht und die Wahrheit. *Ich bin,* spricht er, *der Weg, die Wahrheit und das Leben, Niemand kommt zum Vater, denn durch mich.* Die Welt hat diese Stimme gehört und geglaubt. Von dem Tag an, wo das Wort Fleisch geworden ist, wo die göttliche Wahrheit eine menschliche Gestalt angenommen hat, sind Glaube, Hoffnung und Liebe hienieden erschienen und in alle Herzen eingedrungen. Christus hat das Räthsel gelöst, das die Vernunft für unlösbar erklärt und worin sie nur Widersprüche erblickt. Eine lebendige Wahrheit, eine verkörperte Wahrheit, die Gott lieben kann wie einen Sohn, und der Mensch wie einen Heiland, das ist das Band der Vereinigung, das Erde und Himmel verbunden, das der Menschheit einen Vater und Gott Kinder gegeben hat! Darin ruht das Geheimniss der Offenbarung, das Zeugniss ihres göttlichen Ursprungs. Niemals würde der menschliche Geist aus sich selbst zu dieser Idee gelangt sein, die unsern Verstand verwirrt und ihn doch zugleich mit einem unendlichen Glanze erleuchtet. Ja, wenn Gott die Menschen liebt, so geschieht es nur, indem er sich selbst liebt in der Anschauung seiner ewigen Wahrheit; ja, wenn der Mensch Gott eine Verehrung erweisen kann, die für ihn nicht eine Lästerung sein soll, so geschieht es nur, wenn er einen Strahl jenes höchsten Lichtes anbetet, das nicht verschmäht, bis zu ihm hernieder zu steigen.

Christum lieben heisst die Wahrheit lieben; die Wahrheit lieben heisst Christum lieben. Das ist das grosse Geheimniss des Evangeliums! Wer es nicht begreift, ist nur dem Namen nach ein Christ.

Jetzt, meine Brüder, kehret in euch selbst ein und denket nach. Wenn ihr Christum liebt, was liebt ihr? Ist es nicht etwa blos der Märtyrer, der sein Leben für die Seinen hingegeben hat? Ist es nicht der Gekreuzigte, dessen Wunden noch bluten? Habet Acht, das ist eine menschliche Liebe; alle Bekenntnisse, alle Parteien haben ihre Märtyrer. Christus fordert mehr. Christus ist mehr, als ein angebeteter Leichnam, dessen Wundmale man küsst; Christus ist die Wahrheit und darum erhebt er Anspruch auf eure Liebe. Liebt ihr ihn so? Ihr glaubt ohne Zweifel an das Evangelium. Aber ist es für euch nicht blos ein ererbtes Vorurtheil, ein leeres Symbol, dem ihr nicht ins Gesicht zu sehen wagt aus Furcht, euch selbst ungläubig zu finden? Gebt ihr euch Rechenschaft über euren Glauben? Entfernt ihr daraus jede jüdische oder heidnische Beimischung, die seine Reinheit verändert? Macht ihr euren Glauben zur Richtschnur eurer Handlungen? Habt ihr mit der Welt und mit euch selbst gebrochen? Sprechet ihr mit dem Propheten und Apostel: Ich habe geglaubt, und darum habe ich geredet? Wenn es so ist, dann liebt ihr Christum, wie er es will; dann liebt ihr die Wahrheit.

Aber wenn die Religion für euch nur eine Förmlichkeit ist; wenn ihr darin nur eine Zuflucht sucht
gegen die Stimme der Wahrheit, die euch verfolgt;
wenn euer Glaube auf euren Lippen erstirbt und nicht
in eure Handlungen übergeht; wenn ihr euch ganz dem
Glück und der Ruhe überlasst und weniger den Irrthum, als das Aergerniss fürchtet; wenn ihr in eurer
feigen Klugheit Gott die Sorge überlasst, sein Wort
selbst zu vertheidigen; wenn eure Mildthätigkeit sich
nur mit der Erleichterung des leiblichen Elends abgibt,
ohne die Unwissenheit und das Laster zu bekämpfen;
wenn ihr nicht fühlt, dass eure erste Pflicht ist, unsterbliche Seelen der Knechtschaft der Sünde zu entreissen; wenn ihr nicht jene fromme Thorheit besitzt,
die der Weisheit des Jahrhunderts trotzt und sie mit
Füssen tritt; wenn ihr endlich nicht selbst die Werke
thut, die Christus hienieden gethan hat, dann, meine
Brüder, täuschet euch nicht, dann seid ihr vielleicht
geschickt, klug, weise, gefühlvoll; aber ihr seid keine
Christen, ihr liebt die Wahrheit nicht.

Ich habe Zweifel, werdet ihr sagen; wenn ich
glaubte, würde ich Christum lieben. Und ich sage
euch: liebet ihn, so werdet ihr glauben. Liebet ihn
als die lebendige Wahrheit, die zu Gott führt. Die Ceremonien missfallen euch, lasst sie weg; die Dogmen
erschrecken euch, lasst sie bei Seite; vielleicht sind sie
nur eine menschliche Erfindung; vielleicht werdet ihr
sie auch später noch verstehen; Christus hat weder
Dogmen, noch Ceremonien eingeführt. Vereinfacht
euren Glauben, und, wie der gläubigste und kühnste
unter den Aposteln spricht: *Den Geist dämpfet nicht;*
prüfet aber Alles und das Gute behaltet. Es gibt im neuen
Testament Stellen, die euch verwirren, lasst sie bei

Seite. Was liegt daran, dass die Evangelisten von einander abweichen, wenn nur das Evangelium immer mit sich übereinstimmt, wenn in den Worten Christi stets die Flamme der ewigen Wahrheit brennt?

Ist Christus für euch ein Gegenstand des Aergernisses? Habt ihr noch nicht verstanden, dass die Wahrheit sich verkörpern musste, um zu leben und um geliebt werden zu können? Nun, Christus selbst hat Mitleid mit eurer Schwachheit und gibt euch volle Freiheit: *Wer da redet ein Wort wider des Menschen Sohn, dem soll es vergeben werden; wer aber lästert den heiligen Geist* oder was dasselbe ist, *den Geist der Wahrheit, dem soll es nicht vergeben werden.* Suchet daher die Wahrheit um ihrer selbst willen und mit gläubigem Herzen, so wird euch die Wahrheit, wenn auch auf einem langen Umweg, stets zu Christus führen.

Die Wahrheit, sagt ihr, suchen wir und finden sie nicht. Nein, meine Brüder, ihr sucht sie nicht. Der Hochmuth eures Geistes und die Leidenschaften des Fleisches halten euch ab; in der Wissenschaft könnt ihr fehl gehen, aber die sittliche Wahrheit, die religiöse Wahrheit müsst ihr finden, wenn ihr nur suchet.

Ihr wisst, wo sie ist; sie steht bei euch an eurem Heerd, stumm, verschleiert wie Alceste nach der Flucht aus dem Todtenreich; sie erwartet euch.

Wenn ihr heimkehrt, des Lebens und eurer selbst müde, so wisst ihr wohl, dass sie dasteht und euch unter ihrem Schleier betrachtet; und ihr Blick richtet euch. Wenn ihr Nachts in dunkler Einsamkeit an die Bestrebungen und vielleicht an die Verbrechen des folgenden Tages denkt, steht sie bei euch. Ihr Auge folgt euch in die Finsterniss, ihr Schweigen lässt euch erstarren. Ihr verachtet die Menschen, ihr spielt mit

den Gesetzen, aber ihr zittert stets vor diesem Gespenst, das ihr weder bestechen noch umbringen könnt.

Sie wacht über eure Seele; ihr könnt ihr nicht ent-
fliehen. Es wird eine Stunde kommen, wo sich die
Hand des Todes auf eure Stirne senkt, wo ihr Alles,
was euch lieb ist, Geld, Ehre, Frau, Kinder nur noch
in einer Wolke seht. Aber unter Verzweiflung und
Thränen wird sie stets bei euch sein, diese verschleierte
Gestalt, bereit euch zu empfangen und euch in eine
unsichtbare Welt hinüberführen. Schuldig oder unschuldig, ihr könnt ihr nicht entgehen; sie wird eure Qual
oder eure Hoffnung sein.

Folget ihr denn hienieden; folget ihr in eurer Verwirrung und Unsicherheit; folget ihr trotz eures Unglaubens. Haltet euch an die Wahrheit, sie wird euch
retten. Dann, wenn ihr das Leben verlassen habt,
wird diese Gestalt ihren Schleier abwerfen und Christus, sichtbar in dem vollen Glanze seines göttlichen
Lächelns, wird zu euch sprechen: „Mein Sohn, erkenne
mich, ich bin die Wahrheit.“

Ich verliess die Versammlung bei den letzten Worten dieser Predigt und eilte in ein anstossendes Zimmer, wo ich Truth keuchend und halb ohnmächtig in
meinen Armen auffing. Ich ergriff seine brennende
Hand und sagte zu ihm:

— Unglücklicher, Sie richten sich zu Grunde.

— Mein Freund, flüsterte er, indem er seinen Kopf
auf meine Schulter legte, lassen Sie uns unsere Pflicht
thun; alles andere ist eitel.

Zwanzigstes Kapitel.

Ein geistliches Frühstück.

Ich führte Truth durch die Menge, welche den neuen Apostel beglückwünschte, nach seinem Hause. Er hatte im höchsten Grade Ruhe nöthig und ich forderte ihn auf, sich einen Augenblick auf sein Bett zu werfen. Unglücklicher Weise musste er aufbleiben und wieder mit seiner Person herhalten. Madame Truth hatte für die Freunde ihres Mannes ein grosses *Luncheon* in Bereitschaft gesetzt und war so freundlich, auch mich einzuladen.

Auch Jenny und Susanne waren da, entzückt von den Predigten, welche sie gehört und wahrscheinlich nicht verstanden hatten. Es ist kaum glaublich, welche Herrschaft die Rede auf die Frauen ausübt. Ich habe mich mehr als einmal, wenn ich allein und hinter doppelt verriegelten Thüren in meinem Zimmer sass, ganz leise gefragt, ob nicht die Frau ihren natürlichen Anlagen nach höher steht als der Mann. Sie hat weniger heftige Leidenschaften und eine leichtere Bildungsfähigkeit. Während Adam in seiner Unschuld einschlief, war Eva schon wissbegierig. Es scheint mir, dass, wenn wir seitdem die Gutmüthigkeit unseres Urvaters geerbt haben, die Töchter Eva's nicht von der Art ihrer Ahnfrau gewichen sind. Ich glaube mit Molière, dass es die Vorsicht erheischt, dieses boshafte und unruhige Geschlecht nicht zu sehr zu unterrichten. Wenn wir die Frauen in einer ehrbaren Unwissenheit erhalten, so geben wir ihnen alle Fehler, aber auch die ganze Ohnmacht eines Sklaven, und unsere Herrschaft ist gesichert. Aber wenn wir die naive Gluth dieser Seelen steigern, wenn wir sie mit der Liebe zur Wahrheit entflammen, wer weiss, ob sie nicht bald über die Dummheit und Brutalität ihrer Gebieter erröthen würden? Wir wollen das Wissen für uns allein behalten; auf ihm beruht unsere Ueberlegenheit.

Man setzte sich zu Tische; ich muss gestehen, dass ich von Herzen darüber froh war. Ich hatte in meinem religiösen Eifer vergessen, zu frühstücken, und die thierische Natur in mir begann, zu leiden. Die Hausfrau erwies mir die Ehre, mich an ihre linke Seite zu setzen und legte mir zum Thee zwei oder drei Stücke Schinken aus Cincinnati vor, die ich Mühe hatte, mit dem erforderlichen Anstand zu verschlingen. Susanne liess lebhafte Blicke auf mich fallen, um mir meine Gefrässigkeit vorzuwerfen. Daran erkannte ich meine Tochter wieder. In den vereinigten Staaten wie in Frankreich sind es in jedem guten Hause die Kinder, die ihren Vätern guten Ton predigen.

Als mein schrecklicher Hunger ein wenig gestillt war, knüpfte ich mit meiner Nachbarin, einer guten und liebenswürdigen Frau, die, wie es in Amerika gebräuchlich ist, ihren Mann anbetete, eine Unterhaltung an. Der Gesundheitszustand ihres Mannes erregte meine Besorgniss; es stand für mich fest, dass ihn die Kanzel noch früher aufreiben würde als die Zeitung, und ich versuchte dies der Frau auf geschickte Art beizubringen. Um sie nicht zu beunruhigen, sagte ich ihr im Allgemeinen, dass das Reden ein anstrengendes Geschäft, und dass für gewisse nervöse und zarte Temperamente zuweilen eine absolute Ruhe nöthig sei. Verlorene Mühe! Madame Truth sprach mir nur von der Grösse ihres neuen Standes. Der Stolz berauschte sie.

— Frau eines Geistlichen zu werden, sagte sie zu mir, das ist der Traum aller jungen Mädchen. Wenn Sie wüssten, welchen Verdruss ich empfunden habe, als mein lieber Joël seine erste Predigerstelle aufgab, um Redacteur zu werden! Nur das Predigtamt erfüllt alle Wünsche einer Frau, nur da ist sie im wahren Sinne des Worts die Genossin ihres Mannes, seine wahre Hälfte. Dieselben Leiden, dieselben Freuden, dieselben Pflichten.

— Predigen Sie etwa auch? fragte ich sie.

— Nicht in der Kirche; der Apostel Paulus verbietet es uns. Aber wird denn nur im Tempel das Predigtamt geübt und Gottes Wort verkündigt? Junge Mädchen unterrichten, jungen Frauen beistehen, Wöchnerinnen besuchen, mit den Wittwen weinen, bei Kranken wachen, ihnen das Evangelium vorlesen und, wenn es Noth thut, ihnen sterben helfen, das sind Werke, bei denen ich meinen Mann unterstützen und zuweilen selbst ersetzen kann. — Nicht wahr, Joël, setzte sie mit lauterer Stimme hinzu, ich bin dein Vicar und du setzest dein Vertrauen auf mich?

Truth beantwortete diese sonderbare Frage, die seltsamer Weise Niemanden zu überraschen schien als mich, mit einem Zeichen seiner Hand und mit einem sanften Lächeln. Die Frau des Predigers selbst Predi-

ger und Hilfsgeistlicher! Eine solche Albernheit war
mir noch nie in den Sinn gekommen. Freilich habe
ich stets ein vernünftiges Land bewohnt. Der Ball und
die Küche sind für eine Französin die zwei Pole ihrer
Existenz. Sie überschreiten wäre eine Unordnung und,
was noch schlimmer ist, eine Lächerlichkeit.

— Indess, fuhr Madame Truth fort, gibt es doch
noch etwas schöneres als das Predigtamt, nämlich die
Mission.

— Haben Sie denn weibliche Missionäre? rief ich
erstaunt.

— Nein, antwortete sie; die Katholiken allein haben dieses Vorrecht, um das ich sie beneide. Wir haben keine barmherzigen Schwestern; wir haben einfach Missionärsfrauen. Das ist eine Stellung, nach der
ich mich sehne. Die Arbeit seines Mannes theilen ist
etwas angenehmes; seine Gefahren theilen ist gross
vor Gott. Wundern Sie sich nicht über meinen Ehrgeiz; ich bin die Tochter eines Predigers; meine beiden Schwestern sind an Missionäre verheirathet; die
eine ist am Kap, die andere in China; alle beide segnen den Herrn, der ihnen ein ruhmreiches Loos bescheert hat.

— Ihre verheiratheten Missionäre, versetzte ich,
haben kein zu rauhes Loos. Seine Frau, seine Kinder,
sein Hauswesen mit sich nehmen ist ja kaum ein Hei-
mathswechsel. Dazu noch ein bequemes und ständiges
Amt mit einer guten Besoldung; unter diesen Verhältnissen bedarf es keiner zu grossen Tugend, um das
Evangelium zu predigen.

— Glauben Sie? versetzte meine Nachbarin er
staunt über meinen Spott. Ich weiss nicht, ob es besser ist, wenn man die Welt durchzieht, überall im

Vorbeigehen Christi Wort aussäet und diesen Keim der Gnade Gottes überlässt, oder ob es vorzuziehen ist, wenn man sich in ein begrenztes Feld einschliesst, um diese kostbare Frucht zu pflanzen, zu begiessen und bis zur Ernte zu pflegen; aber das weiss ich gewiss, das Glück, Alles was er liebt, um sich zu haben, nimmt der Aufopferung des Missionärs nichts von ihrem Werth und erhöht vielleicht nur das Verdienst seiner Hingebung. Petrus war auch verheirathet; ist er darum nicht doch der Fürst der Apostel geworden? Am Kap, wo meine Schwester eine Schule und eine Arbeitsanstalt für die jungen Negerinnen eingerichtet hat, wo sie versucht, mit Hilfe der Civilisation die Herzen für die Aufnahme des Evangeliums vorzubereiten, haben die Boers dreimal die Mission in Brand gesteckt; mein Schwager, der wie die Mehrzahl unserer Missionäre zugleich Arzt ist, hat einem armen Kaffern einen vergifteten Pfeil ausgezogen und bei dieser Operation die Hand verloren. In China haben die Taï-Pings meine Schwester von Provinz zu Provinz gejagt. Sie lebt jetzt in der Nähe von Schanghaï, zu Grunde gerichtet, krank, aber immer stark im Glauben; ihr Haus ist ein Spital für die Verwundeten, ein Zufluchtsort für Wittwen und Waisen. Mitten im Fieber und in einer ewigen Unruhe hilft sie ihrem Mann das Evangelium predigen. Gott hat sie schwerer geprüft als Abraham; er hat zweimal das Leben ihrer Kinder von ihr gefordert. Und doch ist sie glücklich, zu einem solchen Opfer auserkoren zu sein und dem Herrn selbst um den Preis ihres Herzblutes zu dienen.

Ich antwortete nichts. Es kommen in der Geschichte Abrahams Sachen vor, die mich mehr rühren als die Episode mit Isaak. Ob Tugend oder Fanatismus, dieser Gehorsam geht über meine Kräfte; ich begreife ihn nicht.

Um dieser Gedanken, die mich in Verlegenheit setzten, los zu werden, wandte ich mich gegen meinen Nachbar zur Linken. Er war der ächte Typus eines Angelsachsen: breite Schultern, eine gewölbte Brust, ein viereckiger Kopf auf einem langen Halse, scharfe Züge, eine kahle Stirn, dazu ungeheure Augenbrauen, unter welchen feurige Augen glänzten; ein Bild der Kraft und des Willens. Noë Brown, so hiess mein neuer Bekannter, war der Geistliche, an dessen Stelle Truth trat. Ich ergriff die Gelegenheit, mich zu unterrichten und fragte ihn, was eigentlich diese congregationalistische Kirche, deren Name mich in Verlegenheit setzte, zu bedeuten habe.

— Wie! sagte Brown, überrascht durch meine Unwissenheit; Sie wissen nicht, dass dies unsere alte puritanische Kirche ist, welche die Pilger, unsere durch Unduldsamkeit vertriebenen Väter, auf ihrem ersten Schiff, der „Maiblume" mit sich gebracht haben? Durch den Bruch mit den Gräueln und der Götzendienerei des anglikanischen Babylon wollten unsere Ahnen die Irrlehren der Hierarchie mit der Wurzel ausrotten. Nach dem Beispiel der ersten Christen haben sie aus jeder Vereinigung von Gläubigen eine Kirche oder unabhängige Congregation gemacht, ein vollständiges Gemeinwesen, das von den Aeltesten verwaltet und vom Prediger geleitet wird. Von diesem Heerde der Unabhängigkeit und Gleichheit ist unser Bekenntniss ausgegangen. Darin liegt zugleich das Geheimniss unseres Lebens und unserer politischen Grösse. Amerika ist nichts als ein Bund von Kirchen und selbstständigen Gemeinden; das ist die Blüthe des Puritanismus.

Hier wie überall hat die Religion den Menschen und den Bürger nach ihrem Bilde geschaffen; eine freie Kirche hat eine freie Gesellschaft erzeugt.

Diese Paradoxen, die mit aller puritanischen Ernsthaftigkeit vorgetragen wurden, ärgerten mich. Wenn man diesen Fanatikern glauben wollte, so regierte ihr Katechismus die ganze Welt. Mögen sie doch Frankreich betrachten, diese Heimath der Aufklärung und Philosophie, und sie werden erfahren, wie sich der Einfluss der Religion auf Staat und Gesellschaft auf ein Minimum reducirt. Man ist in der Kirche gut katholisch und ist anderswo, was man will. Dies versuchte ich meinem Pfaffen zu beweisen, aber er war hartnäckig wie ein Angelsachse und ein Yankee; jemehr ich Beweise anhäufte, die ihn schlagen mussten, um so heftiger stritt er.

— Sehen Sie nur die Engländer, rief er; wer ihre Kirche kennt, kennt ihre Geschichte. Geistliche Lords, Versammlungen, welche das Bekenntniss beherrschen, ein unwandelbares Dogma in neununddreissig Artikeln, ein Gebetbuch, das durch Machtgebot der Bischöfe und des Regenten eingeführt ist, privilegirte Universitäten und Schulen, ungeheures Grundeigenthum, eine beträchtliche Anzahl einträglicher Stellen; was kann daraus anderes werden als eine aristokratische Gesellschaft? Ohne die Dissidenten, die noch das Salz des Landes sind, wäre England längst wie das alte Aegypten zur Mumie geworden.

— Und die Franzosen? fragte ich, um ihn in Verlegenheit zu setzen.

— Der Franzose, antwortete er, ist Katholik, Monarchist und Soldat, während der Amerikaner Protestant, Republikaner und Bürger ist; das Alles ist so deutlich wie die fünf Finger einer Hand; es würde ebenso unmöglich sein, aus Frankreich eine Republik zu machen, als aus den vereinigten Staaten eine Monarchie. Die Verschiedenheit der Kirche begründet die Verschiedenheit der Gesellschaft.

— Darf ich fragen, welcher Gesellschaft Sie dann den Vorrang einräumen?

— Urtheilen Sie selbst, antwortete er; die eine ist eine Gesellschaft von Kindern, die andere ist eine Gesellschaft von Männern.

— Ich sehe mit Vergnügen, dass wir derselben Ansicht sind.

— Das freut mich sehr, versetzte er und fuhr ruhig fort, seinen Thee zu trinken.

— Es steht fest, setzte ich hinzu, indem ich mich zu ihm neigte, dass die Amerikaner eigentlich weniger ein Volk sind, als ein Schwarm von Auswanderern, der in der Wüste zerstreut ist. Für den Augenblick führt die Freiheit vielleicht wenig Inconvenienzen mit sich. Aber in dem Maass als Amerika älter wird, wird es die Nothwendigkeit empfinden, eine wahre Gesellschaft zu begründen, es wird sich unter das Banner der Autorität schaaren.

— Mein Herr, erwiderte er, indem er seine Tasse geräuschvoll auf den Tisch setzte, Sie missverstehen mich; ich denke das gerade Gegentheil von dem, was Sie sagen.

— Was! rief ich; sollten Sie etwa gar die Franzosen für ein Volk von Kindern halten?

— In der Politik, sagte er, unterliegt das keinem Zweifel. Aus welcher Zeit datiren sie denn ihre Freiheit? Und was für eine Freiheit? Aus dem Jahre 1789; die unsere datirt von 1620; wir sind um 170 Jahre älter als sie; wir haben die dreifache Erfahrung und die zwanzigfache Weisheit.

— Also, versetzte ich mit bewegter Stimme, erkennen Sie den Amerikanern die Palme der Civilisation zu?

— Wir wollen unklare Ausdrücke vermeiden, antwortete er kalt. Civilisation ist ein weiter Begriff; sie enthält so viele verschiedene Elemente, dass jedes Volk in seiner Art Anspruch auf den ersten Rang erheben könnte. Was macht die Civilisation aus? Die Religion, die Politik, die Sitten, die Industrie, die Wissenschaft, die Literatur, die Kunst? Oder eines von diesen Dingen? oder alle zusammen? Sehen Sie, wie verwickelt das Problem ist. Die Kunst zum Beispiel, die von feinen Köpfen die Blüthe der Civilisation genannt wird, sprosst häufig nur aus einem verfaulten Stamm hervor; auch glaube ich, dass unter unsern modernen Völkern, die doch nur von der Nachahmung der Alten leben, am Ende das Volk, welches das älteste ist, zugleich in der Kunst am höchsten steht. In Frankreich hat man einen feineren Geschmack als in England, aber der Italiener hat wieder mehr natürliches Talent, als der Franzose; in der Industrie stehen alle freien Nationen gleich hoch, und die Wissenschaft hat kein Vaterland. Was die Literatur anlangt, so findet jedes Volk in der seinigen den Ausdruck seiner Ideeen; ich überlasse den Kritikern das kindliche Vergnügen, für Dante, Molière oder Shakspeare eine Rangfolge aufzustellen. Aber die Religion, die Politik und die Sitten sind untrennbar verwachsen. Darin liegt der Saft eines Landes, darin ruht seine Zukunft; und in diesem Punkt gebe ich keck meiner Kirche und meinem Lande den ersten Rang; ich glaube an die Freiheit, ich bin Amerikaner und Puritaner.

— Mohikaner, dachte ich; man kann es übrigens
leicht merken; denn du verstehst nicht einmal, aus
Höflichkeit zu lügen.

Ich würde sicher den unerträglichen Prediger noch
in Verwirrung gesetzt haben, aber man erhob sich zu
seinem Glück von der Tafel. Ich verliess diesen beschränkten und wilden Menschen und näherte mich einem jungen Prediger, dessen artige Miene mir gefiel.
Schon vor dem Frühstück hatte mir Truth Herrn Naaman Walford als eine Säule des neuen Zion vorgestellt. Begierig den Phönix zu finden, der ein Theologe und dabei vernünftig wäre, wünschte ich von M.
Naaman gut aufgenommen zu werden; ich beglück-
wünschte ihn denn auch sofort über die ausgezeichnete
Acquisition, die seine Kirche in der Person von Mr.
Truth mache.

— Entschuldigen Sie, erwiderte er mir; ich bin
Presbyterianer.

— Presbyterianer! rief ich, und dabei machen Sie
einem Rivalen Ihre Aufwartung? Das zeugt von einem
schönen Gemüth; denn, unter uns, dieser Prediger,
dessen Hand Sie drücken, ist doch ein Ketzer, den Sie
verdammen müssen.

— Ich? erwiderte er sehr überrascht; ich verdamme Niemanden; das wäre unchristlich.

— Ich drücke mich schlecht aus, lieber Herr Naaman; ich wollte nur sagen, dass Sie nach dem Beispiel des göttlichen Hirten, welcher die verirrten Schaafe
aus dem Hause Israel sucht, sich nicht scheuen, mit
Leuten freundschaftlich zu verkehren, deren Irrthum Sie
verabscheuen.

— Mr. Truth hat mich heute Morgen wahrhaft erbaut, antwortete er, und ich glaube nicht, dass er sich im Irrthum befindet.

Jetzt war die Reihe, zu erstaunen, an mir; ich fürchtete, ihn unrecht verstanden zu haben.

— Mein Herr, sagte ich zu dem jungen Prediger, glauben Sie, dass Ihre Kirche die Wahrheit lehrt?

— Ohne Zweifel, sonst würde ich nicht in ihr bleiben.

— Dann, versetzte ich, muss es also zwei Wahrheiten geben, wie es zwei Kirchen gibt, eine presbyterianische Wahrheit und eine congregationalistische Wahrheit. Vielleicht gibt es auch noch eine baptistische, methodistische, lutherische und selbst eine katholische Wahrheit. Entschuldigen Sie meine Unwissenheit; ich vermuthete stets, die Wahrheit sei eins und es sei ein Kennzeichen des Irrthums, sich ins unendliche zu theilen.

— Doctor, sagte Naaman etwas aufgeregt durch meine französische Lebhaftigkeit, wenn Sie auf dem Meer sind und die Tageszeit wissen wollen, wie machen Sie es?

— Ich sehe nach der Sonne und die Sonne gibt mir Auskunft. Wollen Sie mir durch ein Gleichniss antworten? In meinem Alter, mein Lieber, hat man wenig Geschmack für Beispiele; man lässt nur Gründe gelten.

— Ich bin noch jung, Doctor, ich darf wohl auf Ihre Nachsicht rechnen, antwortete Naaman mit liebenswürdigem Lächeln. Die Sonne gibt Ihnen also Auskunft. Wenn es nun zwölf Uhr in Paris ist, können Sie mir dann sagen, wieviel Uhr es in Berlin ist?

— Nein; ich weiss nur, dass ein in Berlin um eilf Uhr aufgegebenes Telegramm in Paris gegen zehn ein halb Uhr ankommt, das heisst, scheinbar dreissig Minuten vor seinem Abgange. Uebrigens liegt daran nichts und ich gebe Ihnen zu, dass es zur Pariser Mittagszeit in Berlin ein Uhr, in Petersburg zwei Uhr und, wenn Sie wollen, auf den Azoren neun Uhr Abends und in Quebek sieben Uhr sein soll. Alles hängt vom Meridian ab.

— Also, sagte Naaman, es ist überall die nämliche Sonne und doch nirgends die gleiche Stunde; wie geschieht das?

— Sie sind gewiss Astrologe, versetzte ich, und wollen mich zu einem Adepten machen. Ich antworte Ihnen also, Herr Professor: es ist die nämliche Sonne, aber von verschiedenen Punkten aus gesehen.

— Noch eine Frage, Doctor, und verzeihen Sie mir dann meine Unbescheidenheit. Welche unter allen diesen Stunden ist die richtige?

— Sonderbare Frage! die Stunde ist für jeden Ort die richtige, weil die Sonne für jeden Ort an einem verschiedenen Punkt aufzugehen scheint. Ist der Herr Professor mit seinem graubärtigen Schüler zufrieden?

— Ja, Doctor, ich sehe, dass wir in der Theologie wie in der Astronomie übereinstimmen.

— Herr Naaman, erwiderte ich, ich fange an, Sie zu verstehen. Die Wahrheit ist für Sie die Sonne, die jeder von uns verschieden sieht nach dem Horizont, der ihn einschliesst. Ohne Zweifel ist es demnach in der presbyterianischen Kirche Mittag, während diese Stunde für die Baptisten schon vorüber und für die Methodisten noch nicht erschienen ist. Wer weiss, ob man nicht die Katholiken zu den Antipoden versetzt? Das ist eine sehr sinnreiche Manier, den Hochmuth mit der Frömmigkeit in Einklang zu setzen.

— Mein Herr, erwiderte Naaman erröthend, Sie
thun mir Unrecht. Sie haben meine Gedanken getroffen, aber Sie fassen meine Gefühle falsch auf. Ja, für
jede Kirche, und ich möchte fast sagen, für jeden Christen gibt es, wie ich glaube, einen verschiedenen Horizont. Geburt und Erziehung bestimmen unsern Aus-
gangspunkt; an uns ist es dann, zu jener Wahrheit
vorzuschreiten, die uns ruft; an uns ist es, durch Studien und tugendhaften Wandel uns unaufhörlich ihr zu
nähern. Mag es Kirchen geben, die durch das göttliche Licht heller erleuchtet sind, ich glaube es; aber
ich bin darum nicht minder gewiss, dass man auch in
der geringsten Kirche die besten Christen finden kann.
Es ist ein grosser Vortheil, nahe an der Sonne zu stehen, aber dies ist nicht immer ein Grund, sie besser
zu sehen. Darum, mein Herr, liebe ich meine presbyterianische Kirche und verdamme gleichwohl Niemanden.

Alles das trug Naaman mit einem reizenden Frei-
muth vor. Wie schön ist doch die Tugend in einer
jungen Seele; sie gleicht dem Lächeln des Morgenroths
in den ersten Tagen des Frühlings!

— Mein junger Freund, sagte ich zu Naaman, Ihre
Illusionen haben etwas Verführerisches; das Gefühl,
dem sie ihre Entstehung verdanken, ist höchst achtungswerth, aber der erste Hauch der Vernunft wird sie zerstreuen. Wenn jeder Christ die Wahrheit nach seiner
Manier sieht, gibt es keine Wahrheit. Wir stehen dann
wieder beim Skepticismus von Montaigne. Sie werden
keinen Lehrsatz finden, der nicht angegriffen, keinen
Glauben, der nicht erschüttert wird. Ihre Theorie, an-
scheinend so christlich, verdammt uns zu unüberwind-

lichem Zweifel und führt schliesslich zu allgemeinem Unglauben.

— Doctor, antwortete der junge Mann mit rührender Bescheidenheit des Ausdrucks, es scheint mir, dass Sie dem menschlichen Geiste, also dem Werke Gottes, den Prozess machen wollen. Man könnte ebenso gut aus der Verschiedenheit und aus der Schwäche unserer Augen den Schluss ziehen, dass wir nicht sehen. Das würde die nämliche Logik und die nämliche Sophistik sein. Die Naturwissenschaften sind Jedem von uns nur theilweise zugänglich, dem einen mehr, dem anderen weniger; hebt diese Verschiedenheit des Wissens die Wissenschaft selbst auf? Gibt es in der Physik einen einzigen unbestrittenen Lehrsatz? Wollen Sie darum läugnen, dass es eine physikalische Wahrheit gibt?

— Der Vergleich trifft nicht zu, mein lieber Naaman. Was ist von den Naturwissenschaften, wie sie vor dreissig Jahren waren, übrig geblieben? Was gestern Wahrheit war, ist heute Irrthum.

— Nein, Doctor, nur was gestern Irrthum war, ist gefallen, wie ein welkes Blatt, die Wahrheit hat sich nicht verändert; denn sie ist ja nichts als die Erkenntniss der Natur und die Natur selbst verändert sich nicht.

— Ich gebe Ihnen das zu, junger Mann, aber die religiöse Wahrheit gehört einer anderen Gattung an, als die natürliche Wahrheit.

— Doctor, versetzte Naaman, wenn ich Ihnen auch diesen übrigens höchst zweifelhaften Satz zugeben wollte, so würden wir darum nicht weiter kommen. Wie gross auch die Zahl und Verschiedenheit der Körper ist, die die Welt erfüllen, wir haben nur unsere Augen, um sie zu sehen; was wir nicht sehen, existirt nicht für uns. Von welcher Beschaffenheit eine Wahrheit auch sein mag, wir haben nur unseren Geist, um sie zu begreifen. Sind unsere Geisteskräfte doppelter Art? Gott hat Jeden von uns zur Entdeckung der natürlichen Wahrheiten mit einer Kraft des Forschungstriebes und rastloser Arbeitsamkeit ausgestattet, die wir Vernunft nennen. Gäbe es vielleicht ausserdem noch eine andere Kraft in uns, die ohne selbstthätige Anstrengung die religiöse Wahrheit in derselben Weise auffängt, wie ein Spiegel den Gegenstand wiedergibt, den man ihm vorhält? Wenn es keine solche Kraft gibt, dann ist die Verschiedenheit der religiösen Meinungen nothwendig gegeben; sie hängt ab vom Alter, von der Erziehung, von der Heimath, von der natürlichen Energie oder der Thätigkeit unseres Geistes. Wenn im Gegentheil eine solche Kraft existirt, so müssen wir Alle gleich denken, wie wir nach einem Naturgesetze Alle gleich athmen. Aber, Gott sei Dank, so steht es nicht. Gott hat Jedem von uns die Freiheit gelassen, ihn unrichtig aufzufassen, damit Jeder von uns das Recht hat, ihn zu lieben. Diese Freiheit, die Sie erschreckt, ist unsere schönste Mitgift; denn sie macht die Religion zur Liebe und den Glauben zur Tugend.

— Naaman, rief ich, Sie sind ein Apostel der Anarchie. *Une foi, une loi, un roi,* ein Glaube, ein Gesetz, ein König, war die Devise des Mittelalters, die auch jetzt noch jeder Mensch tief im Herzen trägt. Was bieten Sie uns dafür? Nichts als Verwirrung. Was soll aus einer Kirche werden, wo Jeder eine verschiedene Sprache redet und die seines Nachbarn nicht versteht?

— Mein Herr, versetzte der junge Geistliche, ich liebe die Einheit nicht minder als Sie. Christus sagt uns, dass ein Tag kommen werde, wo es nur noch *eine Heerde und einen Hirten* geben solle; ich glaube an das Wort Christi, aber Einheit ist nicht Einförmigkeit. Betrachten Sie die Natur; welche bewundernswerthe Einheit! Und doch gibt es keinen Baum, keine Pflanze, keine Blume, ja kein Blatt, das dem anderen gleicht. Aus endloser Verschiedenheit erzielt Gott die lebendigste und vollkommenste Einheit. Warum sollte das Naturgesetz nicht zugleich ein Gesetz für die Menschheit sein? Warum sollte nicht die Stimme jeder Creatur ihren Platz finden in dem Lobgesang, den die Erde dem Herrn singt? Was ist die dürftige Eintönigkeit einer einzigen Note gegenüber dieser reichen Harmonie? Für mich besteht die Einheit in der allgemeinen Kirche, in der Gemeinschaft aller Gläubigen. Wer Christum liebt, ist mein Bruder; ich sehe auf seine Liebe und nicht auf sein Symbol. Augustinus, Chrysostomus, Gerson, Melanchthon, Jeremias Taylor, Bunyan, Fenelon, Law, Chaning sind die Soldaten dieses göttlichen Heeres. Ihr Regiment ist mir gleichgültig, aber ihr Banner ist das meinige, es ist das der Wahrheit.

— Bravo, Naaman! sagte Truth und legte seine Hand auf die Schulter des jungen Geistlichen; helfen Sie mir diesen Heiden bekehren.

— Selbst Heiden! rief ich. Ich glaube, dass ich hier der einzige Christ, oder, wenn Sie es vorziehen, der einzige Katholik im wahren Sinn des Wortes bin. Während Sie die Religion zerstückeln und jeder Laune preisgeben, will ich, alten und soliden Grundsätzen treu, ein einziges Glaubensbekenntniss haben, das ein Gesetz für den Geist sein soll, und um dieses Gesetz der Wahrheit aufrecht zu erhalten, rufe ich den weltlichen Arm zur Hilfe.

— Wie ich Ihnen sagte, lieber Naaman, versetzte Truth lachend, das ist heidnischer Verfall; er ist einer der Anbeter der Gewalt, die sich einbilden, dass man die Wahrheit verordnen kann, wie man Gesetze zusammenschmiert.

— Ich bin keineswegs so lächerlich, versetzte ich etwas aufgeregt. Auch ich liebe die Wahrheit, aber ich bin kein blinder Utopist. Für Phantasten ist die Freiheit ein Universalmittel, das alle Uebel und Irrthümer heilt; die Erfahrung hat mein Vertrauen einigermassen erschüttert. Die Welt ist keine Versammlung von Philosophen, die friedlich die verwegensten Thesen diskutiren; das Volk, diese vielköpfige Hydra, ist eine Anhäufung von schwachen, unwissenden, thörichten, verkehrten, strafwürdigen Creaturen; um es zu zügeln und zu lenken braucht man einen Zaum. Dieser Zaum ist die Religion, wenn sie von einer äusseren Autorität aufrecht erhalten und anbefohlen wird. Wenn die weltliche Macht die Sache der Kirche nicht in die Hand nimmt, ist es um das Christenthum geschehen; dann ist die Gesellschaft dem Atheismus, der Anarchie, der Revolution preisgegeben. Darum, meine Herren, glaube ich an die Nothwendigkeit, oder ich will lieber sagen, an den heiligen Beruf der Gewalt für den Dienst der Wahrheit. Bin ich denn ein Heide, wenn ich nach dem Beispiel des heiligen Augustinus oder Bossuet's und so vieler anderer vortrefflicher Christen, ohne von eurem Calvin zu reden, verlange, dass die Gesellschaft der Kirche ihr Schwert leihe, oder mit anderen Worten, dass der Staat eine Religion habe?

— Eine Staatsreligion, rief plötzlich Brown, indem er sein Bulldoggenhaupt emporstreckte; was ist das für ein Ungethüm? Hat denn der Staat eine Seele, dass er eine Religion haben kann?

— Mein Herr, antwortete ich trocken, Sie wollen natürlich lieber einen gottlosen Staat und atheistische Gesetze.

— Mein Herr, versetzte der Querkopf, ich lasse mich nicht mit Phrasen abspeisen. Was heisst Staat? In einer Monarchie bedeutet es den Fürsten. Sollen denn etwa dreissig Millionen Christen die Religion Ahabs annehmen, wenn Ahab zufällig eine eigene Religion hat? Bei uns, wo die Gewalt wechselt, wird man also alle vier Jahre den Glauben ändern. Das nenne ich Atheismus vom ersten Rang; auf Befehl glauben heisst nichts glauben.

— Wenn ich vom Staate rede, unterbrach ich ihn, so verstehe ich darunter natürlich die staatliche Gesellschaft.

— Gut, versetzte er, dann wird also die Majorität über das Glaubensbekenntniss verhandeln, Anträge dazu stellen, und durch Abstimmung darüber entscheiden. Wir haben dann eine parlamentarische Religion. Man wird zum Beispiel die Menschwerdung oder die Dreieinigkeit zur Abstimmung bringen. Welche Comödie! Wie seltsam! Seitdem die Welt besteht, gibt es keine natürliche Wahrheit, die nicht ein Einzelner entdeckt hätte; langwierige Versuche, zuweilen selbst das Märtyrthum des Entdeckers sind nothwendig, um dieser Wahrheit einige Jünger zu verschaffen, ein Jahrhundert reicht oft nicht hin, ihr die Mehrheit zu gewinnen; in der Religion steht es also anders, hier täuscht sich die Majorität wohl niemals? Komische Unfehlbarkeit! Man mag uns doch lieber den Papst zurückgeben; ein Mirakel lasse ich gelten, eine Absurdität weise ich zurück.

— Herr Brown, versetzte ich mit gehobener Stimme, Sie antworten nicht auf meinen Einwurf. Wenn der Staat keine Religion hat, werden die Gesetze atheistisch sein.

— Immer Phrasen, mein Lieber, versetzte der störrige Pfaffe. Der Staat ist ein abstracter Begriff und nur eine Bezeichnungsweise für die Gesammtheit der öffentlichen Gewalten. Aber die Gesellschaft ist etwas lebendiges, sie ist die Vereinigung aller Bürger, die das nämliche Vaterland bewohnen. Wenn diese Menschen Christen sind, wenn sie eine christliche Moral besitzen, wie soll dann die Zustimmung, welche diese Menschen der öffentlichen Moral geben, mit anderen Worten, wie soll dann das Gesetz atheistisch sein? *Ein jeglicher guter Baum bringet gute Früchte.*

— Unverständiger! rief ich; wie können Sie sich einbilden, dass, wenn der Staat jede Gattung von Glauben duldet, das Evangelium darunter nicht leiden wird?

— Sie besitzen wenig Glauben, versetzte Brown und warf mir einen schrecklichen Blick zu. Sie vergessen, dass Paulus sagt: *Die Waffen unseres Heeres sind nicht irdisch.* Das Christenthum war niemals schöner und stärker, als wenn es die Welt gegen sich hatte. Blicken Sie um sich und Sie werden sehen, dass nirgends die Religion inniger mit dem Leben zusammenhängt als in Amerika; und doch kennt hier der Staat keine Religion. Kerkern Sie den Geist nicht ein, halten Sie ihn nicht in einer verderblichen Finsterniss; lassen Sie ihn frei und er wird den Weg zu Gott finden.

— Aber es ist doch unmöglich, lieber Herr Brown, dass der Staat alle Bekenntnisse unterhält und sich zum

Zahlmeister des ersten besten Fanatikers macht, dem
es einfällt, eine Kirche zu begründen.

— Ich will, dass er überhaupt Niemanden unter-
terhalten soll, rief der wilde Puritaner. Auf welchem
Recht beruht seine Einmischung? Ist sein Geld anders
als das unsrige? Wie? Der Jude soll für die Christen
bezahlen, die ihn Gottesmörder heissen? Ich soll für
die Unitarier zahlen, die mir die Gottheit Christi ab-
läugnen? Welche Ungerechtigkeit! Welche beleidigende
Zumuthung an meinen Glauben! Ueberdies, sehen Sie
doch nur, welche Rolle Sie dem Staate anweisen.
Wenn der Gesetzgeber erklärt, dass die Religion nicht
zu seiner Zuständigkeit gehört, so proklamirt er Ge-
wissensfreiheit; er handelt gerade durch seine Enthalt-
samkeit christlich. Denken Sie sich aber, dass er zehn
feindselige Glaubensbekenntnisse in Schutz nimmt, was
soll diese unverschämte Bevormundung anders bedeuten, als dass der Staat in der Religion ein politisches
Werkzeug sieht und gegen alle Bekenntnisse nur dieselbe Gleichgültigkeit und dieselbe Verachtung hegt?
Dieses schöne System haben Sie übrigens nicht selbst
erfunden, mein Herr; es ist die Politik des Heiden-
thums.

— Sehr wohl, versetzte ich; überlassen Sie jedem
Gläubigen die Unterhaltung seines Cultus, wir werden
dann sehen, wie viele Kirchen Sie haben werden. Man
wird aus Sparsamkeit Atheist werden.

— Sie täuschen sich, lieber Doctor, sagte Truth in
freundlichem Tone. Die Probe ist schon gemacht; sie
spricht gegen Sie; wir haben achtundvierzigtausend'
Kirchen, die sämmtlich aus Privatmitteln gebaut sind
und deren Werth man auf mehr als hundert Millionen
Dollars anschlägt. Wir errichten jedes Jahr zwölfhun-

dert neue Kirchen. Der durchschnittliche Gehalt unserer Prediger beträgt ungefähr fünfhundert Dollars; das macht ein jährliches Cultusbudget von vierundzwanzig Millionen Dollars; suchen Sie unter den Ländern, wo der Staat den Cultus bezahlt und Sie werden sicher kein einziges finden, das halb so viel ausgibt wie wir. Der Grund hiefür ist sehr einfach; der Staat muss mit dem Gelde, das er der Gesammtheit abnimmt, geizen, während der Einzelne sich ein Vergnügen daraus macht, seine Kirche zu bereichern und vor keinem Opfer zurückweicht. Nichts macht so freigebig wie Glaube und Freiheit.

— Sehr wohl, erwiderte ich; aber die Geldfrage ist nicht Alles; es bleibt auch noch die politische Seite. Wenn man dem ersten besten das Recht gibt, eine Kirche zu gründen, so heisst dies alle Vereinigungen anerkennen, und dem religiösen Ehrgeiz und dem Fanatismus, den heftigsten und gefährlichsten Elementen auf der Welt, freie Bahn geben. Bedenken Sie, wenn eine dieser Kirchen die Oberhand gewinnt und sich der Geister bemächtigt, so wird sie ein Staat im Staate. Sie werden alsdann, aber zu spät, den Fehler einsehen, den Sie durch den Verzicht auf eine Schutzherrschaft begangen haben, die der Regierung nothwendiger ist als der Kirche und die im Grunde nur ein Schutz der weltlichen Souveränetät ist.

— Auf diesem Punkte habe ich Sie erwartet! schrie der Puritaner, indem er sich wie ein Eber wieder in das Handgemenge stürzte. Ich kenne euch Herren Politiker; Spinoza, das Haupt der Atheisten, der Materialist Hobbes und der Skeptiker Hume haben mir Ihr Geheimniss längst verrathen. Sie brauchen eine officielle Kirche, um der Religion ganz los zu werden.

Nicht der politische Einfluss setzt Sie in Verlegenheit;
er bedeutet nichts in einem freien Lande; Sie fürchten
nur den moralischen Einfluss. Das Christenthum ist
seiner Natur nach lebhaft, angreifend, erobernd. Es
braucht den ganzen Mann; es will Alles, Gesellschaft
und Regierung nach sich ziehen und mit seinem Geiste
durchdringen; das lieben wir und das erschreckt Sie.
Bischöfe, die in ihrem Fürstenpurpur einschlafen, arme
Vikare, deren Eifer man mässigen und leiten kann,
als Religion eine Art banaler und unfruchtbarer Moral,
die dem Volke Gehorsam predigt und ihm immer nur
von seinen Pflichten, niemals von seinen Rechten redet, das ist das Ideal, welches Sie reizt und uns entsetzt. Sie weisen die Freiheit aus eben dem Grunde
zurück, der sie uns wünschenswerth macht. Wir glauben an das Evangelium, Sie fürchten sich vor ihm.

— Ich fürchte mich nur vor den religiösen Genossenschaften, erwiderte ich, und nicht vor dem Evangelium.

— Jawohl, weil die Genossenschaft die einzig mögliche Form der Freiheit ist. Sie brauchen einen Staat,
dessen Allmacht nichts beunruhigt, und der nur ver-
einzelte Individuen und stumme Gewissen vor sich hat.
Das ist der römische Despotismus in seiner ganzen
Hässlichkeit. Wir Christen stellen zwischen den Staat
und das Individuum, zwischen Gewalt und Egoismus
die Genossenschaft, das heisst die Liebe, die Mildthätigkeit, als wahrhaftes Band des Herzens, als wahrhaf-
ten Kitt der Gesellschaft. Wir brauchen Hunderte von
Vereinen und Tausende von Versammlungen, um die
Bibel zu verbreiten, um das göttliche Wort fortzupflan-
zen, um Aufklärung zu schaffen, um Armen zu helfen,
Leidende zu trösten und die Gefallenen wieder aufzu-

richten. Wir wollen, dass ein christliches Volk das Gute mittelst der freien Betheiligung aller seiner Glieder thue und Niemanden einen Beruf überlasse, den es allein erfüllen kann. Aber alle diese Genossenschaften können nur unter der Voraussetzung existiren, dass die Kirche selbst, die erste und ansehnlichste unter ihnen, unumschränkte Gebieterin in ihrer Sphäre bleibt. Die Kirche deckt und schützt mit ihrer Freiheit alle andern Genossenschaften, und auf diese Art ist die Religion, weit entfernt eine Gefahr für den Staat zu sein, das eigentliche Lebenselement der Gesellschaft. Darum, mein Herr, brauchen wir die religiöse Freiheit; wir brauchen sie, weil Christus sie uns gegeben hat und weil sie die Mutter jeder andern Freiheit ist. Wer das nicht weiss, ist weder Christ noch Bürger.

Ich würde diesen Fanatiker zur Antwort erdrosselt haben, hätte nicht eine kleine Hand zur Antwort die meinige ergriffen. Ich erkannte Susannen und lächelte.

— Lieber Vater, sagte sie ganz leise, es ist bald zwei Uhr, wir müssen fortgehen.

— Jawohl, es wird Zeit für das *Bois de Boulogne.* Ist der Wagen da?

— Papa, heute ist Sonntag; heute fährt man nicht im Wagen. Ich will dich nur in die Sonntagsschule führen.

— Du hast Recht, dachte ich. Ein Pariser, der sich in dieses schöne Land der Freiheit verirrt hat, hat es wirklich sehr nöthig, in die Schule zu gehen. Er muss Alles lernen und Alles vergessen.

In der Strasse, fern von dieser theologischen Atmosphäre, athmete ich wieder auf.

— Ach! rief ich gähnend, wie sind diese Leute schwerfällig! Man glaubt Stiere vor sich zu haben, die sich im Kreise drehen und immer die nämliche Furche ziehen. Eine Stunde Religion und Politik ist für einen Franzosen zu viel; das kann ihm jeden Geschmack am Evangelium und an der Freiheit verleiden. Wer wird denn endlich irgend etwas Vernünftiges und Unterhaltendes mit mir sprechen, über Malerei, über das Theater, über Musik oder über Krieg? Paris, Paris! wie sehne ich mich nach dem lebendigen Duft deiner Ambrosia!

Ich weiss nicht, welche Thorheit ich Susannen gesagt haben würde, hätte ich nicht den schönen Naaman neben uns gehen sehen mit dem Schritte eines Hirten, der seinen Schaafen folgt. Ich vergass, dass ich in Amerika, und dass meine Tochter für den Augenblick Presbyterianerin war.

Einundzwanzigstes Kapitel.

Die Sonntagsschule.

Wer kann mir sagen, woher die Schwäche eines Vaters für seine Tochter rührt? Von der Illusion, sich in ihr wiederzufinden, wie die Mutter sich im Sohne wiederzufinden glaubt? Ist es für uns Graubärte, denen das Leben seine Furchen durch das Gesicht gezogen hat, die Freude, uns unter einer anmuthigen und lächelnden Gestalt wieder erstehen zu sehen? Ist es der Reiz einer reinen Liebe, die nichts verlangt, als sich zu opfern? Ich weiss es nicht, aber der unvermeidliche Alfred war nicht da und ich schwelgte wie ein Eifersüchtiger in dem Glück, mit Susannen zu plaudern und zu lachen. Ich spiegelte mich in dem Glanze ihrer Augen, als mich plötzlich im Vorübergehen eine rothe Hand ergriff, die an einem langen Arm sass, während eine Grabesstimme mir zurief: *In dieser Nacht wird man deine Seele von dir fordern.* Im nämlichen Augenblick wurde ein Papier in meine Rocktasche gesteckt; ich drehte mich um, eine andere Hand ergriff mich, eine andere Stimme rief mir zu: *Denke an dein Heil,* und in meine andere Rocktasche wurde mir

gleichfalls ein Papier gesteckt. Auf diesen Lärm liefen
drei schwarze Männer herbei, erhoben den Arm wie
die schwörenden Horatier und jeder von ihnen versenkte in meinen Busen unter dem schönsten Geheul
zwar kein Schwert, aber ein kleines Buch. Dann verschwand diese Erscheinung.

— Was ist denn das? fragte ich Susannen, die
über meinen Schrecken lachte.

— Lieber Vater, erwiderte sie, das ist die Gesellschaft für religiöse Traktate, die an deiner Bekehrung
arbeitet.

— Besten Dank! rief ich und steckte die *Zeichen
des Thieres*, *die Rosen von Saron und die Trompete von
Jericho* in meine Tasche; man wird hier bereichert, wie
man anderwärts bestohlen wird. Was soll ich denn
mit diesen erbaulichen Schätzen machen?

— Nur Geduld, lieber Vater, versetzte Susanne;
wir werden sofort Gelegenheit haben, Andere damit
glücklich zu machen.

— Gestehen Sie, sagte ich zu Naaman, dass Sie
den Druck missbrauchen. Die Bibel vertheilen mag
allenfalls noch angehen, weil das einmal Ihr Steckenpferd ist; aber wozu sollen diese Erzeugnisse kindischer
Theologie dienen, die Sie auf den Strassen aussäen?

— Sie sind zu streng, antwortete der junge Geistliche; bedenken Sie nur, dass unsere ganze Religion
in der Bibel steckt. Aus der Schrift muss jeder von
uns durch die freie Anstrengung der Vernunft die Richtschnur seines Glaubens und Lebens ziehen. Ein Protestant, der nichts liest, ist kein werkthätiger Christ.
Nichts ist also natürlicher, als ein Proselytismus, der
uns ohne Unterlass zur Bibel zurückführt. Das Gewissen erwecken, jeden Menschen zum Nachdenken und

15 *

Lesen zwingen, ihm wiederholen, dass er allein mit
der Sorge für sein Heil betraut ist, das ist der Zweck
aller dieser Veröffentlichungen. — „Denke an deine
Seele, du allein bist dafür verantwortlich", das ist die
gleichförmige Nutzanwendung aller dieser kleinen Bücher.
Wenn Sie das Theologie nennen, so ist unsere ganze
Literatur theologisch; der geringste Roman ist von
demselben Geiste durchdrungen. Die Bibel kehrt hier
auf jeder Seite wieder wie der Thee. Was uns entzückt, ist nicht das Gemälde der Stürme, die das Herz
verwüsten und den Willen zu Grunde richten; es ist
das Bild einer jungen Seele, die, zwischen Versuchung
und Pflicht gestellt, den Satan zurückweist und Gott
anruft. Selbst unsere Dichtungen sind didaktische Ab-
handlungen.

— Jawohl, erwiderte ich lächelnd, die Moral tritt
darin auf.

— Besser noch, versetzte er, die Religion tritt darin auf; sie stellen dar, wie der Glaube in die Seele
dringen und das ganze Leben durchdringen soll. Die
falsche Unterscheidung zwischen Moral und Religion
ist uns unverständlich; es gibt nicht zweierlei Gewissen. Der natürliche Mensch ist mit dem letzten Heiden gestorben; wir kennen nur noch den Christen.
Wer Christ ist, ist es überall, in der Kirche, in der
Familie, in der Gemeinde, im Staat.

Ich glaube, der fromme Naaman ergriff mit Vergnügen diese Gelegenheit, um irgend eine alte Predigt
auf's neue anzubringen; indess waren wir glücklicher
Weise an der presbyterianischen Kirche angekommen.
Das war nunmehr die sechste Kirche, die ich im Laufe
des Tags besuchte als allzugerechte Sühne meiner früheren Lauheit.

Wir betraten den Lesesaal, einen grossen Raum, der mit der Kirche zusammenhing. Auf kreisförmigen Bänken sassen etwa tausend Kinder und junge Leute in Gruppen abgetheilt; darunter standen in regelmässigen Zwischenräumen die Hirten und Hirtinnen dieser anmuthigen Heerde oder, wie man sie nennt, die Ermahner *(monitors)*. Beim Eintritt Naamans erhob sich die ganze Versammlung; die Orgel spielte einen kriegerischen Marsch und dann sangen alle diese jugendlichen Stimmen im Chor unter Instrumentalbegleitung ein kurzes Lied.

Liegt ein geheimer Zauber in der kindlichen Stimme? Machen uns die Jahre, indem sie uns gleichgiltiger gegen uns selbst stimmen, zugleich zärtlicher gegen diese jungen Seelen, die in das Leben eintreten, ohne seine Gefahren zu kennen? Ich weiss es nicht, aber ich fühlte mich tief bewegt durch den Gesang dieser kleinen Soldaten, die sich so tapfer unter das Banner Christi schaarten.

— Wie viele von ihnen, dachte ich, werden in zwanzig Jahren noch dieser Fahne treu geblieben sein? Gleichviel; eine Jugend, die Muth und Glauben besitzt, ist immer ein schönes Schauspiel. Gott bewahre uns vor jenen achtzehnjährigen Greisen, die an nichts mehr glauben als an ihren Egoismus, vor jenen brandigen Seelen, die Alles anstecken, was sie berühren und die nur Verderben und Tod hinter sich lassen.

Susanne stand in meiner Nähe; das Fräulein war *monitor*.

Der Unterricht, welcher jetzt begann, bewegte sich in der Geschichte Israels zur Zeit der Könige. Ich muss zu meiner Schande gestehen, dass ich hier zum ersten Male genaue Bekanntschaft mit dem Propheten

Elisa machte. So lange er nicht in Zorn gerieth, war
er ein ganz artiger Mann. Aber ungeachtet der schönen Moral verdenke ich es ihm doch ein wenig, dass
er zweiundvierzig Knaben, die sich über seinen Kahlkopf lustig machten, durch Bären auffressen liess. Um
diesen Preis möchte ich nicht Prophet sein, nicht einmal in meinem Vaterlande.

Zwei Episoden erfreuten sich des grössten Erfolges
bei den Kindern. Diese frischen Seelen haben ein so
lebhaftes Gefühl für das Gute und das Böse. Erstlich
war es die Geschichte Naëmans, des Feldherrn des
Königs von Syrien, der Elisa um Befreiung von dem
Aussatz anflehte. Naëman kehrte geheilt und bekehrt
zurück; aber seine Bekehrung erfolgte unter politischen
Vorbehalten, die einen weiteren Beweis dafür liefern,
dass es nichts neues unter der Sonne gibt.

„Da sprach Naëman zu Elisa: „„Dein Knecht will
„„nicht mehr andern Göttern opfern und Brandopfer
„„thun, sondern dem Herrn; dass der Herr deinem
„„Knechte darinnen wolle gnädig sein, wo ich anbete
„„im Hause Rimmons, wenn mein Herr, der König,
„„ins Haus Rimmons gehet, daselbst anzubeten, und
„„er sich an meine Hand lehnet.““

„Und Elisa sprach zu ihm: „„Ziehe hin mit Frie-
„„den.““

Ich muss anführen, dass die Toleranz des Propheten ein Aergerniss für die Kinder war, und Naëman
wurde mit einstimmigem Heulen begrüsst als ein Feigling, der sich zugleich mit seinem Gewissen und seinem Interesse abfinden wollte. Bravo, liebe Jugend!
bewahre diesen heiligen Zorn. Es wird ein Tag kommen, wo Rimmon, Mammon oder Baal dir eine Hand
voll Geld oder Ehren hinstreut, wenn du ihn anbetest;

glücklich, wer sich dann nicht vor einem Götzenbilde
neigt und das Opfer seines Herzens für Gott allein auf-
spart.

Dann kam die Geschichte von Gehasi, dem Diener
des Propheten, einem geschickten Mann, der sich die
Wunder seines Herrn bezahlen liess und mit fremdem
Verdienste Handel trieb. Welche Wuth unter der jungen Zuhörerschaft! Und welche Freude, als Susanne
mit möglichst tiefer Stimme, um den Propheten nachzuahmen, den schrecklichen Fluch aussprach:

„„„War das die Zeit, Silber und Kleider zu nehmen,
„„„Oelgärten, Weinberge, Schaafe, Rinder, Knechte und
„„„Mägde?

„„„Aber der Aussatz Naëmans wird dir anhängen
„„„und deinem Saamen ewiglich.““

„Da ging er von ihm hinaus, aussätzig wie Schnee.“

Sie existirt noch, diese ehrenwerthe Nachkommen-
schaft von Gehasi, wenn sie auch im Lauf der Zeit
sich etwas verändert hat. Aussen ist sie jetzt noch
weiss wie Schnee, aber der Aussatz ist nach Innen
getreten; er verzehrt nicht mehr den Leib, sondern die
Seele.

Diese Erziehung von Kindern durch die Jugend
entzückte mich und ich drückte dem Geistlichen diese
Befriedigung aus.

— Indess, setzte ich hinzu, nehme ich an, dass
Sie sich den Unterricht im Katechismus selbst vorbehalten. Die Reinheit der Lehre würde Gefahr laufen,
durch den Mund dieser Novizen Veränderungen zu erleiden.

— Nein, erwiderte er, wir überlassen die Religions-
lehre, wie alles andere, den *Monitors*, selbstverständ-
lich unter unserer Ueberwachung. Mit achtzehn Jahren

ist man nicht so leicht Ketzer; wenn etwas zu besorgen ist, so ist es eher ein zu starres Festhalten am Buchstaben.

— Ja, wenn aber diese jungen Köpfe anfangen zu arbeiten?

— Nun gut, entgegnete der Pastor, dann sind wir da, um ihnen die Bahn zu eröffnen. Unser Wahlspruch ist der des heiligen Paulus: *Wo der Geist des Herrn ist, da ist Freiheit.* Wir haben keinen Geschmack für den Köhlerglauben, für jene gläubige Unwissenheit, der zu gleicher Zeit ein Christ, ein Muhamedaner und ein Buddhist als heilig gilt. Es gibt in der Jugend eine geistige Krise, wie es eine körperliche gibt. Es kommt die Stunde, wo man mit der Wahrheit kämpfen muss, wie Jakob mit dem Engel; nur der, dessen Zweifel besiegt sind, gilt als gewonnen für das Evangelium. Wir wollen einen durch die Vernunft geläuterten Glauben.

— Und einen vernünftelnden, setzte ich hinzu; denn jeder *Monitor* wird von hier den Geschmack am Predigen und die Manie für religiöse Thätigkeit mit fortnehmen.

— Um so besser, versetzte Naaman; für uns ist jeder Mann Priester, jede Frau Priesterin. Warum sollte es in der religiösen Gesellschaft weniger Eifer und Glauben geben, als in der politischen? Ist der Titel eines Christen weniger schön und legt er weniger Pflichten auf, als der eines Bürgers?

Ich schwieg; diese Art, die Religion als das gemeinsame Erbtheil aller Gläubigen zu betrachten, widerstrebte allen meinen Ideeen. Man hat mich gelehrt, dass die Kirche keine Republik, sondern eine Monarchie sei. Als verständiger Mensch habe ich stets die Sorge für mein Gewissen und meinen Glauben der

Kirche überlassen, in der ich erzogen bin. Die Sorge
für mein Heil geht nicht mich, sondern den an, der die
Leitung über mich hat. Warum also sich eine unnütze
Mühe machen und sich mit einer gefährlichen Verantwortlichkeit belasten?

Der Unterricht war zu Ende; Susanne befreite mich
zur grossen Freude der Kinder von allen meinen Trak-
taten; man sang ein schönes Schlusslied, und das Fest
endigte mit einer allgemeinen Austheilung von Geschen-
ken und Händedrücken. Rang, Vermögen, Alter, Anzug, Alles war seit zwei Stunden vergessen; man
glaubte sich zurückversetzt in die ersten Tage der Christenheit, wo die Menge der Gläubigen ein Herz und
eine Seele war. Und so besucht an jedem siebenten
Tage, am Tage des Herrn, die ganze amerikanische
Jugend diese brüderlichen Versammlungen, wo Liebe
und Gleichheit Unterricht ertheilen und empfangen!
Welche Unterweisung, und wäre sie die eines Bossuet,
kommt an sittlicher Wirkung dieser gegenseitigen Erziehung gleich!

Man ging weg und Alfred erschien, um Susannen
aus meinem Arme zu nehmen. Ich beneidete ihn nicht
um sein Glück; meine Gedanken nahmen einen andern
Lauf; mehr als je fühlte ich eine Vaterschwäche im
Herzen. Ich sagte mir, dass es für Susannen Zeit sei,
ihre grosse Lehrgabe im eigenen Haushalt zu üben.
Ich sah schon in der Zukunft ein ganzes Heer von En-
keln, die frömmer, energischer und glücklicher als ihr
Grossvater waren. Und indem ich die beiden Verliebten betrachtete, die leichten Schrittes vor mir hergingen,
kam ich in tiefen Träumen an meinem Hause an.

Der Rest des Tags verging mit Plaudern über Alles, was man im Lauf desselben gehört und gesehen

hatte und Gott weiss, wie viele Dinge man am Sonntag in Amerika sieht und hört! Was sind unsere Schauspiele neben diesen Festen des Herzens und des Geistes? Niemals hatte ich den Tag ernsthafter zugebracht und niemals war mir die Zeit rascher und in besserer Anwendung verlaufen.

Der Abend schloss wie gewöhnlich mit der Vorlesung aus der Bibel. Martha brachte das grosse schwarze Buch herbei; schon war es für mich ein Freund geworden. Jeden Tag fand ich darin eine Antwort auf irgend eine geheime Frage meiner Seele; ein seltsamer Zufall, der meine Philosophie in Verlegenheit setzte.

Wir waren beim siebenten Kapitel aus Daniel stehen geblieben. Die Erscheinung der vier apokalyptischen Thiere, welche die vier Monarchieen der alten Welt vorstellen, machte mir wenig Eindruck; ich besitze zu wenig Einbildungskraft, um an diesen gigantischen Träumereien Gefallen zu finden. Anders war es mit Martha, die bei jedem Wort seufzte. *Das Horn, das Augen hatte wie Menschenaugen und ein Maul, das grosse Dinge redete*, entriss ihr einen Schrei der Verwunderung, und ich sah sie ganz erregt, als der Prophet den Alten der Tage schilderte *mit seinem schneeweissen Kleid und mit Haaren wie reine Wolle, sitzend auf einem Stuhl von eitel Feuerflammen, dem tausendmal tausend dienten, während zehntausendmal zehntausend vor ihm standen*. Was für mich nur eine Allegorie war, war für sie Wahrheit, und vielleicht die einzige Manier, wie die Gottesidee in einem naiven Geist Eingang erlangen kann, der stets Bilder braucht, um die Unendlichkeit zu ahnen.

Nach diesen grossen Bildern kamen die zwei Verse, wo der Prophet den Messias ankündigt:

„Ich sahe in diesem Gesicht des Nachts und siehe es
„kam Einer in des Himmels Wolken, wie eines Menschen
„Sohn bis zu dem Alten, und ward vor denselben ge-
„bracht."

„Der gab ihm Gewalt, Ehre und Reich, dass ihm alle
„Völker, Leute und Zungen dienen sollten. Seine Gewalt
„ist ewig, die nicht vergehet und sein Königreich hat kein
„Ende."

Als ich diese Stelle hörte, erging es mir, wie dem
Propheten selbst: „ich ward sehr betrübt in meinen Gedanken und meine Gestalt verfiel, doch behielt ich die Rede in meinem Herzen." Hatte ich nicht selbst am heutigen Morgen
der Erscheinung dieses Reiches beigewohnt, das seit
neunzehnhundert Jahren unaufhaltsam vorwärts dringt?
Ich fand das Christenthum, das man im alten Europa
zu Grabe läutet, in Amerika jünger, kräftiger, siegrei-
cher als je. Dreissig Millionen Menschen unter dem
Evangelium lebend! Welches Räthsel für einen Pariser,
der eines Winterabends selbst gemeint hat, er könne
Hegel verstehen!

Ich zog mich in mein Zimmer zurück und ging
lange auf und nieder, aufgeregt durch eine Masse von
Gedanken, die sich gegenseitig bekämpften. Die Erinnerungen meiner Kindheit, die Studien meiner Jugend,
die Gedanken meines reiferen Alters und die neuen
Ideeen durchwirbelten meinen Kopf und machten ihn
zum Chaos. Es schien mir, wie wenn eine verborgene
Stimme mich hämisch verspottete.

— Bravo, Daniel, murmelte diese ironische Stimme,
du wirst ganz pfäffisch. Jetzt bist du mystisch, fana-
tisch und obendrein noch lächerlich. Bald wirst du ein
Esel sein wie Mr. Brown und geläufiger als er die
Sprache Canaans reden. O Franzosen, ewige Chamä-

leone! Chinesen in Kanton, Beduinen in Algier, Puritaner in Massachusetts, überall Schauspieler, wann werdet ihr Menschen werden? Kehre nach Paris zurück, Daniel, und an der Barrière wirst du jenen faden Gesang und dieses dicke schwarze Buch zurücklassen, das Leute von gutem Geschmack achten, aber nicht anrühren. Ein Philosoph zieht vor dem Christenthum höflich seinen Hut ab, denn man darf sich mit keiner Macht in ein schlechtes Verhältniss setzen; aber weiterzugehen ist die Schwäche eines kleinen Geistes. Der Gott des neunzehnten Jahrhunderts ist der alte Pan, den Christi schmerzensreiche Gestalt nur zu lange in den Schatten gestellt hat. Versenke dich in die Unendlichkeit, Daniel, bete die Unermesslichkeit an; das ist der moderne Cultus, der einzige, den die heutige unfehlbare Vernunft zulassen kann.

— Nein, rief ich, meine Augen haben sich geöffnet; ich habe den lästigen Traum abgeschüttelt, in dem sich unsere Seele abschwächt. Diese Kinder haben mir heute Morgens gezeigt, welches heilige Band die Freiheit und das Evangelium in eins verschlingt. Wenn für uns Alles mit dem Leib zu Ende ist, so haben wir weder Rechte noch Pflichten; dann sind wir nichts als eine Heerde von Uebelthätern, die gemästet und gezüchtigt werden muss, bis der Tod sie der Fäulniss in einem ewigen Grab übergibt. Nur der ist ein wirklicher Mensch, den die Unsterblichkeit in Verbindung mit Gott setzt. Nur der ist ein Mensch und ein Bürger, der sich an eine lebendige Gerechtigkeit, an eine unsterbliche Wahrheit anklammern kann. Der Arme, der Kranke, der Sklave, der Unglückliche, der Verbrecher sind erst seit dem Tage geheiligt, wo Christus sie mit seinem Blute losgekauft und sie mit seiner Gott-

heit bedeckt hat. Fort mit Hegel und Spinoza! Fort
mit den leeren Phrasen! Fort mit der Vergötterung
der Materie! Ich habe gesehen, wohin Völker und
Menschen mit diesen Lehren kommen; ich will weder
die gedankenlose Genusssucht der Menge, noch die
stoische Resignation der Schöngeister, ich habe etwas
Anderes nöthig, als Trunkenheit oder Verzweiflung;
ich will leben! Leben heisst glauben und handeln. Ich
bin zurückgekommen von den Träumen meiner Jugend
und dem Ehrgeiz meines Mannesalters; meine Vernunft
ruft dich an, Christus, die Erfahrung führt mich zu deinen Füssen. Gib mir die Hoffnung wieder nach so
vielen Täuschungen, die Liebe nach so viel Verrath;
und möge bald der glückliche Tag leuchten, wo das
alte Europa das Beispiel des jungen Amerika nachahmt,
und wo ein einziger Ruf von der Erde zum Himmel
steigt, ein rettender Ruf: GOTT UND DIE FREIHEIT!

Zweiundzwanzigstes Kapitel.

Die Leiden eines amerikanischen Beamten.

Nach einem wohlangewendeten Tag und einer ruhigen Nacht am frühen Morgen aufstehen, an Körper und Geist gestärkt sich in einen bequemen Schlafrock hüllen, sich in einem *rocking-chair* wiegen und beim Rauch einer Pfeife Maryland seinen Gedanken nachhängen ist eine wahre Lust, wenn man älter als dreissig Jahre ist.

Ich sass am Fenster und unterhielt mich damit, die Stadt aus dem Schlafe erwachen zu sehen. Milchhändler, Kohlenträger, Fleischer, Ladendiener durchliefen die Strasse, stiegen durch eine äussere Treppe in das Souterrain hinab und bedienten so jedes Haus, ohne die Bewohner zu stören. Alles war wie darauf berechnet, dass nichts das Heiligthum störe, in dem der Hausherr ruht. Die Wohnung eines Franzosen gleicht einem Wirthszimmer; wer mag, tritt ein; das *home* eines Angelsachsen ist eine Burg, die er mit eifersüchtiger Sorgfalt gegen lästige Neugier verschliesst. Es ist ein Heerd in dem heiligen und geheimnissvollen Sinn dieses Wortes.

Während ich eben den Fahrweg bewunderte, der von meinen Aufsehern schon gekehrt und bespritzt war, näherte sich mir im raschesten Laufe und mit starkem Geräusch ein Pferd vor einem Cabriolet. Ich habe die Pferde stets geliebt und verfolgte daher aufmerksam die stolze Haltung des amerikanischen Trabers, als das Pferd plötzlich stürzte. Aus dem Innern des Cabriolets fuhr wie mit Dampfkraft ein ungeheurer Hut, flog wie ein Pfeil über den Kopf des Pferdes und hinter dem Hute her flog ein kleiner Mann in einem langen Ueberrock. Es war Freund Seth, den offenbar die Manen des Hundes verfolgten, den er hatte ermorden lassen.

— Martha, rief ich und steckte den Kopf durch das Fenster; Martha, rasch Wasser und Essig; ich komme gleich hinab.

Als ich auf die Strasse kam, hatte sich Seth schon erhoben und abgeschüttelt; er liess seine Hände über seinen Körper gleiten, um sich zu vergewissern, dass er kein Glied gebrochen hatte, verschlang ein Glas Wasser und schickte sich an, das Pferd von Blut zu reinigen und wieder in Ordnung zu bringen, ohne ein Wort dabei zu sprechen. Martha stand neben ihm und zitterte an allen Gliedern.

— Treten Sie bei mir ein, sagte ich zu Seth; ein wenig Ruhe wird Ihnen gut thun; wenn Sie irgend welche Hilfe brauchen, so bin ich bereit.

— Doctor Daniel, antwortete er trocken, ich habe deine Dienste nicht nöthig. Auf Wiedersehen!

Er nahm das Pferd am Zügel und zog es hinkend bis zur Wohnung des Sollicitor Fox; Seth war ohne Zweifel wegen eines Prozesses in die Stadt gekommen und wäre kein Quaker gewesen, wenn er wegen eines verstauchten Beines oder eines gequetschten Kopfes auf seine Interessen vergessen hätte.

Ich begab mich auf meinen Beobachtungsposten zurück und stopfte mir eine zweite Pfeife. Ohne Leidenschaft und ohne Sorge genoss ich meine Ruhe; ich fand ein kindliches Vergnügen daran, der Sonne mit den Augen zu folgen, die über den Giebel der Häuser ihre Strahlen langsam auf die Strasse senkte. Drei Schläge an meiner Thüre zogen mich aus meiner Träumerei empor. Es war der Nachbar Fox mit einer Mappe unter dem Arm. Sein Besuch überraschte mich. Ich wusste, dass ihn seine Wahlniederlage heftig verdrossen hatte, und er war nicht der Mann, seinen Groll und Neid in zwei Tagen zu vergessen.

— Guten Morgen, Herr Inspector der Strassen und Wege, sagte er beim Eintritt in mein Zimmer.

Die Manier, mit welcher er jedes dieser Worte betonte, war mir widerwärtig. Ich bin die Geduld selbst, aber ich kann es nicht leiden, wenn man sich über mich lustig macht.

— Ich empfehle mich dem Herrn Sollicitor, antwortete ich mit schneidendem Tone. Kann ich erfahren, was mir die Ehre seines Besuchs verschafft?

— Nun, lieber Doctor, versetzte er mit spöttischer Stimme, jetzt sind Sie eine wichtige Persönlichkeit! Jetzt sind Sie auf dem Wege zur Grösse! Selbst Ihre Gegner neigen sich vor Ihrem Talent und Glück. Was können jetzt Ihre Neider sagen?

— Ich verstehe Sie nicht, Fox; was wollen Sie damit sagen?

— Ich will nichts weiter sagen, antwortete er, indem er ein Auge zukniff, als dass der tarpejische Fels nahe am Kapitol ist.

Nach diesem Gemeinplatz warf er sich in einen Lehnstuhl, öffnete seine Tabaksdose, nahm langsam eine Prise und klopfte fünf oder sechsmal auf seine Weste, um sie von einigen Stäubchen Tabak zu reinigen, die darauf gefallen waren. Dann kreuzte er die Beine, erhob seine spitze Schnauze zu mir und betrachtete mich schweigend mit der Miene eines Marders, der auf ein Kaninchen lauert.

Aergerlich über diese Umschweife erhob ich mich und sagte zu ihm:

— Haben Sie jetzt die Güte, sich deutlich auszudrücken. Was führt Sie zu mir?

— Eine Bagatellsache, erwiderte er, streckte sich auf seinem Sitz und drehte seine Daumen um einander, eine wahre Bagatellsache, eine kleine Klage auf fünfhundert Dollars.

— Ich bin Ihnen nichts schuldig, soviel ich weiss, erwiderte ich, sehr verwundert über diesen Anspruch.

— Ohne Zweifel, lieber Doctor; mir schulden Sie nichts, aber meinem Clienten, das ist etwas anderes.

Darauf öffnete er seine Mappe und zog daraus folgende Rechnung hervor:

Verzeichniss

der Kosten und Schäden

in Sachen

des Seth Doolittle

gegen

den Doctor Daniel Smith, Strasseninspector,

als civilrechtlich haftbar für die Unterhaltung der Strassen.

Dollars.

1º Für eine zerbrochene Deichsel und Ausbesserung eines neuen Wagengestells 50

2º Für eine Verwundung des Pferdes an der Schulter

und Werthsminderung desselben im billigsten Anschlag 150

3⁰ Ferner dem genannten Seth Doolittle für ein aufge-
schundenes Knie, einen eingedrückten Hut, ein zer-
rissenes Beinkleid und zerkratztes Gesicht u. s. w.
u. s. w. Entschädigung nach billigster Berechnung
aus Rücksicht für den Doctor 200

4⁰ Für Gemüthsaufregung, Gehirnerschütterung, Zeit-
verlust u. s. w. 100

5⁰ Verschiedene Kurkosten in Folge des Sturzes und
der Verwundung, ärztliche Hilfeleistung und Beistand
eines Anwalts . . . . Liquidation vorbehalten.

— Mein Herr, sagte ich zu Fox und warf ihm seine Apothekerrechnung ins Gesicht, ich liebe die Mystifi-cationen nicht und ich kann mich nur über die Rolle wundern, die Sie in dieser lächerlichen Posse spielen.

— Sehr wohl, erwiderte Fox; Sie ziehen also ei-nen Process vor. Als Nachbar wollte ich Ihnen das ersparen, aber, wenn es nichts hilft, hier ist die Vor-ladung.

— Ein Process! rief ich achselzuckend. Ein Pro-cess eines Privatmannes gegen einen Strasseninspector, gegen einen Beamten, gegen eine öffentliche Persön-lichkeit, gegen einen Repräsentanten der Regierung! Welcher Spass! Und wo bleibt der Artikel 75 der Ver-fassung vom Jahre VIII und der verfassungsmässige Schutz?

Sonderbar, ich musste selbst darüber staunen: ich sprach diesen Satz französisch. Die Angelsachsen sind so roh und so unwissend in der Verwaltung, dass ihre Sprache nicht im Stande ist, diese erhabenen Worte zu liefern, die den Ruhm und die Grösse der romani-schen Stämme ausmachen.

— Die Vorladung lautet auf heute, sagte Fox mit einer Kaltblütigkeit, die mich ausser Fassung setzte. Ich hoffe, dass Sie ihr Folge leisten, um meinen Clienten nicht unnöthiger Weise in der Stadt zurückzuhalten. Unser neuer Friedensrichter, Ihr Freund Humbug, wird diesen Handel, der eigentlich gar kein rechter Process ist, in einer Viertelstunde schlichten.

-- Wie! Sie bleiben auf der Behauptung stehen, dass ich für Strassenunfälle verantwortlich bin?

— Wer denn sonst? versetzte der Advokat. Haben Sie sich nicht um das Amt eines Inspectors beworben und es angenommen? Sind Sie nicht der Vertreter und Diener des Volkes, das Sie gewählt hat? Wenn eine Nachlässigkeit vorgeht, wer trägt die Schuld, wer soll darunter leiden?

— So steht die Frage nicht, versetzte ich mit gerechtem Stolz. Ich bin kein Pflasterer, kein Arbeiter, der von dem ersten besten abhängt, der ihn bezahlt; ich bin ein Beamter des Staats, ein Mitglied der Obrigkeit, ein Vertreter der Regierung.

— Sie sind Aufseher über die Pflasterer, erwiderte Fox, und zwar ein von den Bürgern gewählter und Ihren Wählern verantwortlicher Aufseher. Kennen Sie vielleicht ein Land in der Welt, wo die Beamtenstellen zum Vortheil der Verwaltenden und nicht zum Vortheil der Verwalteten bestehen? Ich meinestheils kenne höchstens China mit seinen Mandarinen.

— Unwissender, rief ich, lesen Sie das Gesetz!

— Lesen Sie es selbst, antwortete Fox; es steht an der Spitze Ihrer Ladung.

Ich las den Artikel und liess den Kopf sinken. Fox hatte Recht. Ich hatte mich in der Schlinge meines thörichten Ehrgeizes selbst gefangen. Diese vermeintliche Ehrenstelle, die meiner Frau, meiner Tochter und mir selbst so sehr schmeichelte, war nur ein Amt voll Sorgen und Gefahren. Ich war der Sklave der Menge, die ich den Tag vorher als Sieger begrüsst hatte. In diesem abscheulichen Lande regiert das Volk und der Beamte gehorcht. Wenn ich das gewusst hätte!

Ein Gedanke gab mir den Muth wieder. — So weit diese Yankee's zurück sind, dachte ich, so sind sie doch nicht ganz und gar Barbaren. In Frankreich, dem Heerd der Civilisation, haben wir vierzigtausend Gesetze voller Widersprüche; die Obrigkeit mag thun, was sie will, sie findet immer ein Gesetz, das ihr Recht gibt; wer weiss, ob es nicht auch in den vereinigten Staaten eine Verordnungssammlung gibt? Ich werde einen Advokaten befragen.

— Wir wollen gehen, sagte ich zu meinem Gegner. Das Gericht ist ohne Zweifel schon offen; Humbug soll uns richten. Wenn ich meinen Process verliere, so weiss ich dann wenigstens, was ich von der amerikanischen Freiheit zu halten habe, von der man mir immer den Kopf voll spricht. Eine niedliche Freiheit, wenn bei einem Volk die Obrigkeit, die menschgewordene Nation sich vor der Klage eines Privatmannes und vor der Entscheidung eines Friedensrichters beugen soll!

Auf der Strasse traf ich den Quaker immer noch unnachgiebig. Auf ein Zeichen von Fox folgte er uns schweigend. Martha näherte sich mir und sagte seufzend:

— Herr, es ist das nämliche Pflaster, auf dem deine Tochter und ich neulich gestürzt sind.

Wie mächtig wirkt oft ein Wort! Dieser einfache

Satz kehrte alle meine Gedanken um. Der Gedanke
an dich, meine theure Susanne, trübte mein Bewusstsein! Gewiss, ich habe eine politische Ueberzeugung,
die gegen die modernen Thorheiten Probe hält; mit
dem Kopfe auf dem Schaffot würde ich noch laut und
öffentlich behaupten, dass die Obrigkeit niemals Unrecht hat. Sobald sie mit sich streiten lässt, ist sie
verloren. Mag ein Pferd und selbst ein Christenmensch
auf einem unordentlich gehaltenen Pflaster den Hals
brechen, so ist das ein Unglück; aber was liegt weiter
daran? Pferde vergehen, Prinzipien bestehen! Das
allgemeine Interesse steht höher, als diese elenden Privatinteressen. In diesem conservativen Dogma bin ich
erzogen; ich bekenne mich zu ihm und doch hatte ich
vier Tage früher beim Anblick meiner verwundeten
Tochter mein Glaubensbekenntniss vergessen. Auch
ich hätte gern in meiner thörichten Wuth einen ver-
antwortlichen Beamten vor mir gehabt; und wenn ich
ihn gehabt hätte, so hätte ich gehandelt, wie dieser
elende Quaker, abgesehen von einer Kostenrechnung
von fünfhundert Dollars. Wie schwach ist unser Herz,
wie sind wir doch alle von dem republikanischen Gift
tiefer ergriffen als wir denken!

Humbug war in seinem Amtszimmer; wir traten
ein; Martha hatte ihren Geliebten nicht verlassen. War
sie ein neuer Feind, der sich gegen mich verschwor?

— Guten Morgen, Doctor, schrie Humbug, sobald
er uns sah. Das ist schön von Ihnen, dass Sie mein
bescheidenes Gericht mit Ihrer Gegenwart beehren.
Man kann den Menschen gar nicht genug zeigen, dass
man die Gerechtigkeit, die Schwester der Religion, achten muss:

Discite justitiam moniti et non temnere Divos.

-- Herr Richter, erwiderte ich, ich erscheine nicht als Freund, sondern als Partei vor Ihnen.

— Ein Process? sagte er, indem er seine grossen Augenbrauen runzelte. Haben Sie die weise Lehre unserer Väter vergessen? Um einen Process durchzuführen, braucht man sechserlei: Erstens eine gute Sache, zweitens einen guten Advokaten, drittens einen guten Rath, viertens gute Beweise, fünftens einen guten Richter, sechstens gutes Glück. Die Vereinigung aller dieser Voraussetzungen ist ein so seltener Zufall, dass ich Jedermann rathe, es mit dem Evangelium zu halten: *So Jemand mit dir rechten will und deinen Rock nehmen, dem lass auch den Mantel.* Geistige Ruhe und Processkosten werden Sie dabei noch obendrein behalten.

Während Humbug einige Papiere unterzeichnete, gewahrte ich in einer Ecke Seth und Martha in lebhafter Unterhandlung. Ich konnte ihrem Gespräch nicht folgen, von dem ich nur zufällig einige Worte erhaschte. Seth sprach von Beleidigung, von guter Gelegenheit, von Begründung eines Haushalts; Martha sprach seufzend und unter vielen Geberden von Ehrlichkeit, Liebe und Ehe. Es war deutlich, dass die beiden Turteltäubchen sich um meinetwillen herumzankten. Brave Martha! Sie wenigstens nahm es ernst mit der Bibel, die sie alle Tage las. Ihre Dienstbotentreue trug den Sieg über ihre Liebe davon. Vielleicht war es ihr auch erwünscht, sich vor der Ehe Gewissheit zu verschaffen, wer das Commando im Hause führen werde.

--- Du kannst es thun oder lassen, sagte sie und entfernte sich mit ungeduldiger Miene von dem Quaker.

— Schön, schön, antwortete Seth, man wird schon noch anderer Ansicht werden. Darauf ging er ruhigen Schrittes zu Fox, der ihm mit leichter Mühe nachwies, dass es für einen verständigen Mann ein doppelter Profit ist, eine Frau zu verlieren und einen Process zu gewinnen.

Inzwischen zeigte der Gerichtsschreiber an, dass die Gerichtsstunde geschlagen habe.

— Treten Sie ein, sagte Humbug. Doctor, ich will Sie zuerst vornehmen. Die Processe sind wie schlechte Zähne, man muss sich ihrer so rasch als möglich entledigen; sind sie einmal herausgerissen, so denkt man nicht mehr daran.

— Wie kommt es, fragte ich, dass so wenig Leute im Saal sind? Ich habe geglaubt, in einem freien Lande sei die Rechtspflege eine wichtige Angelegenheit für alle Bürger.

— Lieber Doctor, versetzte der Friedensrichter, sehen Sie diese drei Stenographen, die ihr Papier und ihre Federn herrichten? Ich kann sagen, wie einst Lord Mansfield: „Das Land ist hier." Seien Sie ruhig, ehe zwei Stunden vergehen, wird sich ganz Paris mit Ihrem Processe beschäftigen. Die Oeffentlichkeit der Rechtspflege besteht in der Oeffentlichkeit für die Zeitungen. Unterdrücken Sie die Zeitungsberichte, so kann man Sie im Geheimen aburtheilen und zwischen zwei Thüren erdrosseln, wenn gleich dreihundert Personen hinter diesen Schranken stehen. Für uns, ein Volk von dreissig Millionen Seelen, ist die Presse das Forum. Dank ihr hat die geringfügigste Sache und der niedrigste Verbrecher das ganze Land zu Richtern, Zeugen und Vertheidigern. Die Presse, lieber Freund, glauben Sie einem alten Redacteur, ist die einzige wirksame Garantie der Rechtspflege und der Freiheit.

Hinter diesen Worten Humbugs sah ich nur eins, nämlich die verdammte Tafel, die man in der Strasse aufziehen würde, um ganz Paris mit meinem unglücklichen Abenteuer zu belustigen. Um dieser Fatalität zu entgehen, fasste ich einen kühnen Entschluss. — Ich verliere meinen Process, dachte ich, aber ich bringe die Lacher auf meine Seite.

Ich wollte reden, aber schon hatte Fox seine Anträge verlesen und sein Plaidoyer begonnen.

— Es gibt, sagte er und schwang seinen Arm nach meiner Seite, es gibt gewisse Menschen, die ohne Geist, ohne Talent, ohne Fähigkeit, aber von einem lächerlichen Ehrgeiz oder vielmehr einem krankhaften Kitzel besessen um die Stimme des Volkes buhlen und sich einbilden, dass die öffentlichen Aemter zur Befriedigung ihrer kindischen Eitelkeit geschaffen sind.

Dieser Eingang genügte mir; ich hatte wenig Lust, noch mehr drucken zu lassen.

— Erlauben Sie, sagte ich . . .

— Unterbrechen Sie mich nicht, rief er mit kreischender Stimme und spreizte sich wie ein Hahn, dessen Federn sich sträuben, unterbrechen Sie mich nicht...

— Entschuldigen Sie, ehrenwerther Advokat, versetzte ich; ehe man plaidirt, muss ein Process vorliegen, und dies ist nicht der Fall.

— Herr Richter, fuhr ich fort, erst seit vier Tagen zum Inspector ernannt, könnte ich mich mit der kurzen Dauer meines Amtes entschuldigen und eine Nachlässigkeit, an der ich keine Schuld trage, auf meinen Vorgänger wälzen. Aber Gott verhüte es, dass ein öffentlicher Beamter, ein Vertreter des Volkes sich solche Chikane erlaubt. Ein Amt gibt Pflichten; ich will der erste sein, der das Beispiel der Achtung vor dem Gesetze gibt. Ich bekenne mich verantwortlich für einen mir bedauerlichen Unfall und es ist also unnöthig, einen

Mann anzugreifen, der nicht daran denkt, sich zu vertheidigen.

— Bravo, rief der Quaker, der sich nicht mehr
halten konnte. Freund Daniel, du bist ein Beamter
nach dem Herzen Gottes, ein Boas, ein Samuel; gib
mir fünfhundert Dollars oder genügende Bürgschaft,
dann erkläre ich mich für befriedigt.

— Nur noch ein wenig Geduld, versetzte ich; ich
bin bereit, auf der Stelle jede gesetzliche Entschädigung
zu zahlen und ich will nicht einmal den Betrag dieser
Entschädigung bestreiten. Ich schiebe meinem Gegner
den Eid zu; dieser fromme Quaker soll selbst den Betrag des Schadens bestimmen, den ich ihm verursacht
habe.

— Das nehme ich nicht an, rief Seth voll Verlegenheit und Wuth. Ich will lieber meinen Process
durchführen; mein Advokat hat mir einen vollständigen
Erfolg verheissen. Schwört denn ein Quaker? Daniel,
liesest du denn nicht das Evangelium? Christus spricht:
*Ich aber sage euch, dass ihr allerdings nicht schwören
sollt, weder bei dem Himmel, denn er ist Gottes Stuhl, noch
bei der Erde, denn sie ist seiner Füsse Schemel, noch bei
Jerusalem, denn* . . . .

— Schon gut, sagte Humbug; lass dieses unnütze
Geschrei. Man verlangt von dir nichts, als dass du in
Gottes Gegenwart und wie Christus es befiehlt sagen
sollst: *Das ist so* oder *das ist nicht so*. Frage dein Gewissen, bedenke dein Seelenheil. Antworte mir die
Wahrheit, die volle Wahrheit und nichts als die Wahrheit. Das helfe dir Gott!

Der Quaker kratzte sich den Kopf und betrachtete
seinen Advokaten mit kläglicher Miene. Fox blieb
stumm. Als sich Seth umdrehte und Martha schweigend

hinter sich stehen sah, erblasste er und fing an zu stammeln. Sein Gewissen, sein Interesse und seine Liebe lieferten sich einen fürchterlichen Kampf; und ich muss es zur Ehre des Quakers sagen, dass sein Interesse nicht die Oberhand behielt.

— Hier ist die Berechnung, sagte er, die Thatsachen sind genau richtig, aber an den Preisen kann man natürlich etwas nachlassen. Die Deichsel war nicht neu; aber ich muss sie doch wieder in Stand setzen lassen. Fünf Dollars sind nicht zu viel, Martha?

Das lange Frauenzimmer machte ein Zeichen mit dem Kopfe wie das Standbild des Commandeurs im *Don Juan*.

— Setzen wir fünf Dollars, fing der Quaker mit jämmerlicher Miene wieder an. Das Pferd war schon geschunden, aber die Verletzung ist wieder aufgerissen. Das ist fünf Dollars werth, nicht wahr, Martha?

— Für mich, fuhr er fort, verlange ich nichts, aber mein Rock ist zerrissen und ich habe den heutigen Tag verloren; setzen wir zehn Dollars, nicht wahr, Martha?

— Und den Advokaten, schrie Fox, willst du wohl vergessen?

— Der Advokat, versetzte der Quaker, der glücklich war, die Wuth über seine getäuschte Habsucht auf Jemanden abzuladen, der Advokat ist ein Dummkopf, der mir bloss einen schlechten Rath gegeben hat. Fünf Dollars für seine zehn unnützen Worte sind schon zu viel, nicht wahr, Martha?

Seths Augen glänzten, als er seine Geliebte mit vollem Munde über den Streich lachen sah, der dem Advokaten gespielt war.

— Hier sind die fünfundzwanzig Dollars, sagte ich, meines Theils froh, so billig losgekommen zu sein.

— Ach, Martha, rief der Quaker, das Gewissen ist etwas sehr Schädliches. Ich bin überzeugt, dass die Leute, die viel Geld verdienen, kein Gewissen haben oder keinen Gebrauch davon machen.

— Schweig', Sohn Belials, rief Martha, und segne den Himmel, der mich neben dich gestellt hat.

— Bravo, Doctor! sagte Fox und neigte sich achtungsvoll vor mir; Sie sind ein schlauer Patron, es ist gut für uns, dass sie nicht Jurist sind.

— Darin täuschen Sie sich, Collega, antwortete ich lachend; ich gehöre zum Handwerk.

— Wie so? fragte Humbug.

— Ich habe vor einigen Jahren einen Aufsatz über gerichtliche Medicin geschrieben, über die Frauen, welche vermittelst einer vorsichtigen Anwendung von Opium das Temperament ihrer Männer erheblich sanfter zu machen verstehen. Das hat mir ein Diplom von der Universität Kharkoff eingetragen; ich bin Doctor der Rechte bei den Kosaken.

— Collega, sprach Humbug mit feierlichem Tone, erweisen Sie mir die Ehre, sich neben mich zu setzen, und Sie, meine Herren Stenographen, vergessen Sie diese wunderbare Thatsache nicht. Einen Arzt, der Doctor der Rechte der Universität Kharkoff ist, so etwas sieht man nur in Amerika. Ich bin überzeugt, dass dieser Phönix, den wir zu Paris . . . . in Massachusetts besitzen, im ganzen alten Europa seines Gleichen nicht findet. Kharkoff, meine Herren! Vergessen Sie ja nicht Kharkoff!

Dreiundzwanzigstes Kapitel.

Die Verhandlung vor dem Friedensrichter.

Ich nahm neben Humbug Platz und hatte darauf
Acht, dass ich mich ehrerbietig im Hintergrund hielt;
während er kleine Civilstreitigkeiten ohne weitere Bedeutung aufrief, betrachtete ich den Saal.

Es war keine Estrade vorhanden, um den Richter
über die Gerichtsbaren zu erhöhen; eine einfache hölzerne Schranke trennte Gericht und Publikum. Humbug sass hinter einem grossen Schreibtisch, an dessen
einer Seite der *clerk* oder Gerichtsschreiber schrieb.
Dem Richter gegenüber befand sich eine Art Gitterloge,
die für den Angeklagten bestimmt war; etwas vor dem
Angeklagten stand ein Tisch für den Kläger und die
Zeugen. Das war Alles. Die Einfachheit des Schau-
spiels wurde noch dadurch erhöht, dass Niemand ein
besonderes Costüm trug. Humbug hielt die Sitzung im
schwarzen Frack, mit dem Hut auf dem Kopf; die Advokaten hatten keinen besonderen Anzug. Keine Roben,
keine Barette, keine Perrücken! Dieses ursprüngliche
Volk hat ein so naives Zutrauen zur Rechtspflege, dass
es ohne jede Förmlichkeit an sie glaubt. Man fühlt über-

all die puritanische Derbheit durch. Dazu noch ein
Ehrenplatz für die Stenographen, die das Volk darstellen, welches die Richter überwacht und die Rechtspflege beurtheilt. Das ist ächt demokratisch! Und
doch gibt es kein Land, wo die Achtung vor dem Gesetz und das Vertrauen zu den Richtern weiter geht.
Das ist eine von den eigenthümlichen Erscheinungen,
die mit höchster Evidenz beweisen, dass der Angelsachse für die Freiheit geschaffen ist, wie der Franzose
für den Krieg und der Deutsche für das Sauerkraut und
die Philosophie. Es war eine Thorheit von unseren
Vätern, zu glauben, dass die Freiheit, diese schwere
Kost, für jeden Magen passt. In ihrer Unwissenheit haben diese guten Leute nie geahnt, dass es individuali-
sirende und centralisirende Racen gibt (zwei schöne
Worte!), von denen die einen bestimmt sind, einsam
im leeren Raume zu schweifen wie der Aar, die andern, heerdenweise zu leben und sich scheeren zu lassen wie die Schafe. Politik, Religion, Philosophie,
Freiheit, das sind Alles naturgeschichtliche Fragen; es
sind Varietäten, die den *homo civilisatus* von allen anderen zweifüssigen und vierfüssigen Thieren unterscheiden. Wunderbare Entdeckung, die den erhabenen Geistern unserer Zeit zur unvergänglichen Ehre gereicht!

Als die Liste der Civilstreitigkeiten erschöpft war,
führte man einen Angeklagten in die Loge. Er war
ein junger bleicher Mann mit langem Haare, von wei-
bischem und unverschämtem Aussehen. Auf Humbugs
Frage nannte er seinen Namen und Wohnort und setzte
hinzu, dass er Schneider sei und sich für nichtschuldig
erkläre. Dann setzte er sich, vergrub die Hand in
seine Locken und betrachtete seine Ankläger mit ge-
ringschätzigem Lächeln.

— Herr Richter, sagte ein *Policeman*, dies ist einer der geschicktesten Gauner der Stadt; in dem Gedränge, wo wir ihn festgenommen haben, waren in einer Viertelstunde sechs Taschen abgeschnitten worden. Wir haben diesen Schelm gefangen, der uns sehr wohl bekannt ist; in seinem Rocke hatte er diese grosse Scheere, ausserdem haben wir nichts bei ihm gefunden.

— Ein weiterer Zeuge oder ein anderes Beweismittel ist nicht vorhanden? fragte der Richter.

— Nein, Herr Richter.

— Dann lasst diesen *Gentleman* fortgehen und versucht ein ander Mal, geschickter zu sein.

Der Dieb grüsste Humbug und zog sich ruhigen Schritts zurück, wie ein Mensch, der seine Freisprechung keinen Augenblick bezweifelt hat.

— Wie! sagte ich zu Humbug, diesen Gauner lassen Sie frei?

— Ohne Zweifel, es ist kein *corpus delicti* vorhanden.

— Aber der schlechte Ruf dieses Elenden, die abgeschnittenen Taschen, die Scheere, das sind doch Beweise?

— Nein, versetzte Humbug, das sind einfache Vermuthungen. Es ist sehr wahrscheinlich, dass dieser Mensch sich unter die Menge gedrängt hat, um zu stehlen; aber das Gesetz bestraft das Verbrechen und nicht die Absicht. Es lässt der Ueberlegung, der Furcht, den Gewissensbissen Raum. Wenn man die Leute auf die blosse Absicht hin verurtheilt, welcher Ehrenmann müsste dann nicht zehnmal in seinem Leben gehängt werden? Ueberdies, sobald Sie dem Richter das Recht geben, in der Seele des Angeklagten zu lesen, was wird dann die menschliche Gerechtigkeit anders als heuchlerische Willkür? Dann macht nicht mehr die strafbare That das Verbrechen aus, sondern die Laune. oder das Vorurtheil eines Richters.

— Glückliches Land, rief ich, wo das Gesetz den Spitzbuben beschützt!

— Noch besser schützt es den Unschuldigen, antwortete Humbug. Wer würde bei Ihrem Inquisitionssystem der Privatrache oder dem politischen Hass entgehen? Welcher Richter würde nicht mit Ihrer Interpretationsbefugniss dem Irrthum und der Reue ausgesetzt sein? Themis ist blind, mein Freund; sie sieht nicht, sie fühlt nur. Wenn Sie sie zum Handeln bringen wollen, so müssen Sie in ihre Wage ein *corpus delicti* werfen, etwas Materielles, etwas Gewichtiges, was die Wagschale zum Sinken bringt; aber Vermuthungen, Absichten, eine schlechte Vergangenheit, das Alles wiegt nichts:

Sunt verba et voces, praetereaque nihil.

In diesem Augenblick trat eine als *policeman* gekleidete Herkulesgestalt in die Sitzung, die mit ausgestrecktem Arm einen kleinen Mann schleppte. Der Kleine führte sich auf, wie ein Teufel in einem Weihwasserkessel, ohne dass ich für die Genauigkeit des Vergleichs einstehen will. Der Riese warf den Zwerg gewaltsam in die Loge; dann rückte er seinen Rock zurecht, dessen Kragen abgerissen, wischte sein Gesicht ab, das ganz zerkratzt war und sprach mit keuchender Stimme:

— Herr Richter, hier bringe ich Ihnen einen Rebellen.

— Entschuldigen Sie, sagte ich zu Humbug; Sie werden doch nicht auf der Stelle ein Vergehen aburtheilen wollen, das ausserhalb der Sitzung begangen ist?

— Warum nicht? erwiderte der Richter überrascht
von meiner Frage.

— Aber die Formen? rief ich. Lassen Sie doch
zuerst diesen Menschen ins Gefängniss setzen, lassen
Sie durch die Polizei einige Erhebungen pflegen, lassen Sie dann einen Strafantrag stellen, auf diesen Strafantrag schreiten Sie erst zu einer ernstlichen und
gründlichen Untersuchung und dann lassen Sie diese
Untersuchung genau prüfen, um weder dem Irrthum,
noch der Leidenschaft Raum zu lassen. Nehmen Sie
sich vierzehn Tage, einen Monat, nöthigenfalls drei Monate Zeit; auf die Zeit kommt es nicht an; aber beob-
achten Sie die Formen; denn sie sind die Garantie der
Freiheit.

— Seien Sie ruhig, Doctor; wir werden die Untersuchung in der Sitzung durchführen, vor dem Publikum, vor dem Lande als Zeugen. Dieses Licht durchdringt jeden Irrthum und jede Leidenschaft:

> *Solem quis dicere falsum*
> *Audeat?*

Der Angeklagte soll alle Garantieen haben, die Sie
verlangen, mit Ausnahme der vorläufigen Untersuchungshaft, auf die er, wie ich glaube, nicht soviel Gewicht
legen wird wie Sie.

— Also, fuhr der *policeman* fort, ich bin gestern
erst vom Lande angekommen und heute Morgen zum
ersten Male auf meinem Posten gewesen; da läuft dieser Herr auf mich zu, ganz ausser sich, athemlos, roth
wie eine Rübe. — „*Policeman*, schreit er mir zu, endlich finde ich Sie. Rasch, rasch, zu Hilfe, man braucht
Sie." — Was geht denn vor? frage ich ihn. „Ach,
antwortet er mir mit lautem Seufzen, ach, es geht ein
abscheuliches Verbrechen vor, wenn Sie nicht Einhalt

thun! Sehen Sie dort unten die Menge Menschen; da
ist ein Mann, der seine Frau mit einem grossen Prügel
todt schlägt. Hören Sie nur; man schreit Mord und
Todtschlag. Laufen Sie ja schnell, um ein Unglück zu
verhüten!"

— Und wer ist denn der Mann? frage ich ihn. —
„Er ist nicht gross; antwortet er mir, aber es ist ein
rechter Wilder." — Gut, sage ich, ich habe wohl
schon schlimmere gesehen.

— Weiter, weiter, sagte Humbug.

— Es ist schon aus, Herr Richter; ich laufe hin,
ich schiebe die Menge zur Seite, die nicht von der
Stelle weichen will, und da war auch wirklich der
Mann, der seine Frau mit Stockschlägen furchtbar trak-
tirte.

— Sie haben ihn festgenommen?

— Nein, Herr Richter, sagte der Herkules, indem
er sich hinter dem Ohr kratzte und seine Stimme
senkte; nein, denn es war bloss . . . . der Hanswurst
im Polichinell!

— Weiter, sagte Humbug, indem er sich auf die
Lippen biss, während das Publikum und der Angeklagte
selbst herzlich lachten.

— Nun, Herr Richter, ich gehe auf meinen Posten
zurück, natürlich ein bischen ärgerlich. Und da kommen dann alle Gassenjungen der Stadt mit diesem
Herrn an der Spitze; und alle heulen: „policeman, man
ruft Sie; Mörder! Todtschläger! Der Hanswurst er-
schlägt seine Frau!" Ich sage zu mir: man hat dir
einen Possen gespielt, was das Gesetz nicht verbietet;
du bist geschraubt, und willst schweigen; man muss
eben sein Lehrgeld bezahlen. Ich gehe meinen gewöhnlichen Schritt weiter, wie wenn nichts wäre; aber

17

dieser Herr, der, wie es scheint, dafür bezahlt ist, die
Stadt zu belustigen, pflanzt sich mit gekreuzten Armen
vor mich hin und sagt mit lauter Stimme: „Dich, dich
kenne ich, du bist ein Dieb und ein Mörder!" — Ich?
schreie ich. — „Du, antwortet er mir. Bürger! ich
rufe euch alle zu Zeugen und Richtern an. Sagt einmal, hat er nicht einen Orang-Utang erschlagen, um
ihm sein Gesicht zu stehlen?" — Bravo, mein Herr,
sage ich, jetzt ist die Reihe an mir; das ist eine Beleidigung, ich habe das Gesetz für mich. Folgen Sie
mir vor das Gericht. — Er will davon laufen, ich
fasse ihn beim Arm; er antwortet mir durch einen
Faustschlag ins Gesicht; ich hebe ihn auf und trage
ihn vorsichtig her. Und das ist er!

Der Angeklagte erhob sich sehr verlegen, erklärte,
dass er die Thatsachen nicht bestreite und entschuldigte
seinen Widerstand damit, dass er sagte, er habe keine
strafbare Handlung zu begehen geglaubt durch Scherze
wie die Polichinells.

— Sie täuschen sich, antwortete Humbug mit scherz-
haftem Ton. Wenn Sie Ihr würdiges Vorbild besser
kennen würden, so müssten Sie wissen, dass man ihn
nach jedem seiner Streiche in eine sorgsam verschlossene Schachtel einsperrt. Ich werde nicht so streng
mit Ihnen verfahren, es soll Sie bloss zehn Dollars
Strafe und zehn Dollars Genugthuungssumme an diesen braven *policeman* kosten. Danken Sie ihm für seine
Güte; denn wenn er die Finger geschlossen hätte, wären Sie todt.

Der Kleine zog aus einer schmierigen Brieftasche
einige Banknoten, die er mit saurem Gesicht dem Gerichtsschreiber übergab; seufzend ging er hinaus, be-

gleitet von dem Geheul der Menge, die dem *policeman*
Beifall klatschte. Goliath hatte diesmal David geschlagen; freilich hatte er die Rechtspflege mit ins Spiel
gezogen.

Nach dem Ritter der Madame Polichinell zogen an
uns die gewohnten Gäste der Zuchtpolizei vorüber:
Bettler, Landstreicher, Trunkenbolde, Müssiggänger,
Raufbolde, Betrüger, Spieler und andere Gauner, jede
Gattung von Elend und Laster. Als ich sah, in welcher raschen und sicheren Weise Humbug jeden Fall
untersuchte und aburtheilte, als ich namentlich sah,
wie der Verurtheilte ohne Murren eine verhängte Strafe
annahm, begann ich mich mit der amerikanischen Pro-
cedur auszusöhnen. Die Oeffentlichkeit der Untersuchung in Strafsachen ist vielleicht unter die modernen
Entdeckungen zu zählen, welche die Zeit auf ein Minimum reduziren. Der amerikanische Richter erfasst die
Worte aller Parteien im ersten Moment, anstatt sie auf
ein Papier zu fixiren, das weder den Ton, noch den
Sinn wiedergibt; er stellt Ankläger, Zeugen, Advokaten einander unmittelbar gegenüber und verdichtet gewissermassen in wenigen Augenblicken die Wahrheit,
die sich bei uns in den tausend Kanälen, durch die
wir sie abkühlen wollen, nur zu leicht verflüchtigt.
Eine gute und rasche Rechtspflege ohne Eingriffe in
die Freiheit, dieses Problem haben die Yankees gelöst.
Uns hat die Wissenschaft irre geführt, sie hat der Zufall auf den rechten Weg gebracht.

Ueber einen Punkt blieb mir jedoch noch ein Bedenken. Ich fragte Humbug, ob er nicht selbst über
seine Gewalt erschrecke. Das Vermögen, die Ehre
und die Freiheit so vieler Angeklagter in seinen Händen haben und allein darüber entscheiden, bringt eine

17*

furchtbare Verantwortlichkeit mit sich; wäre es nicht besser, sie zu theilen?

— Nein, erwiderte Humbug; dem widersetzt sieh das Interesse der Gerechtigkeit. Die Bildung eines Gerichtshofes von drei oder vier Richtern ist keine Vervielfältigung, sondern eine Theilung der Verantwortlichkeit; der Angeklagte verliert dabei seine wirksamste Garantie. Stehe ich allein vor den Blicken des Publikums, so ist es mir, wie wenn Gottes Auge mich betrachtet; ich fühle die volle Heiligkeit meiner Pflicht. Je mehr ich Collegen hätte, um so weniger würde ich mich persönlich für betheiligt halten. Was bedeutet ein Drittheil, ein Fünftheil, ein Zehntheil Verantwortlichkeit? Und an wen soll sich die öffentliche Meinung halten, wenn das Urtheil unbillig oder grausam ist?

— Indess, versetzte ich, sehen Sie nur die Jury.

— Dieses Beispiel wollte ich Ihnen eben anführen, antwortete er. In unserem Lande ist die Majorität souverän; die Mehrzahl gibt in allen Dingen die Entscheidung. Die Rechtspflege allein macht eine Ausnahme. Die Uebereinstimmung von eilf Geschworenen kann einem Angeklagten weder Leben noch Ehre absprechen; der Widerspruch eines einzigen Mannes genügt, ihren Wahrspruch aufzuhalten. Woher kommt das? daher, dass hier eine moralische Frage und kein Rechenexempel vorliegt und dass die Stimme, die freispricht, vielleicht mehr Gewicht hat, als die eilf Stimmen, welche verurtheilen. Darum verlangt auch der Gesetzgeber nicht Mehrheit, sondern Einmüthigkeit. Er will nicht eine in zwölf Theile getheilte Verantwortlichkeit, sondern eine zwölffache Verantwortlichkeit. Sie sehen daraus, dass hier nicht einmal scheinbar eine Ausnahme vorliegt; es ist vielmehr derselbe nur noch verstärkte

Grundsatz: Einheit des Richteramts mit voller und un-
getheilter Verantwortlichkeit.

Diese Auseinandersetzung überraschte mich. Ich
hatte immer geglaubt, dass die Einmüthigkeit der Jury
ein alter Rest feudaler Barbarei sei, über die wir uns
auf Kosten Englands lustig machen, und die uns unsere
eigene Ueberlegenheit nur noch stärker fühlen lässt.
Humbugs Worte störten die Heiterkeit meiner Anschauung. Vergebens rief ich mir die weisen Worte von
Montaigne ins Gedächtniss: „O, was für ein sanftes,
weiches und frommes Ruhekissen sind Unwissenheit und
Theilnahmlosigkeit für einen gut gebauten Kopf!“

Der Zweifel ist wie der Regen, kein Reisender ent-
geht ihm. Franzosen! wollt ihr den gerechten Stolz,
die wohlberechtigte Selbstzufriedenheit, die eure Kraft
und eure Freude ausmachen, bewahren, so dürft ihr
nie euren Kirchthurm aus den Augen verlieren!

Eine Bewegung, die unter den Zuhörern entstand
und die ein längeres Murmeln begleitete, kündigte uns
die Ankunft einer wichtigen Persönlichkeit an. Ein
dicker Mann schritt mit erhobenem Haupt und halbgeschlossenen Augen majestätisch vorwärts, indem er bei
jedem Schritt schnaubte und Niemanden eines Blickes
würdigte. An dem Platz für die Kläger angelangt, begrüsste er Humbug mit einer vertraulichen Handbewegung und einem gnädigen Lächeln. Es war der Banquier Little, der auf seinen aufgeblasenen Backen den
ganzen Hochmuth seiner zwanzig Millionen zur Schau
trug.

Hinter ihm führten zwei *policemen* einen langen,
mageren Mann mit hohlem Gesicht und brennenden
Augen; er hatte das Aussehen eines Spielers, der sein
Leben auf eine Karte gesetzt und verloren hat. Er

warf sich auf die Bank der Angeklagten und verhüllte sein Gesicht mit beiden Händen.

— Mein Herr, sagte der Banquier, heute Morgen wurde an meiner Kasse diese Tratte über zwei tausend Dollars präsentirt, die ich hier auf Ihren Tisch niederlege. Mein Kassier, ein intelligenter Bursche, Sie kennen ihn ja, Humbug, fand diesen Wechsel im Verfallbuch nicht vorgemerkt und kam daher ungeachtet der Geringfügigkeit der Summe auf die Idee, mir das Papier vorzuzeigen. Der Name des Ausstellers, die Indossamente, mein Accept, Alles ist falsch. Es sind seit heute früh schon dreimal ähnliche Wechsel bei mir vorgezeigt worden, die man sich aber gehütet hat, mir in den Händen zu lassen. Das ist ein Streich, den eine ganze Anzahl von Gaunern mit einander ausgeheckt hat. Man hat darauf gerechnet, dass ich zum Bürgermeister gewählt werden, heute nicht zu Hause sein, und dass mein Kassier nicht wagen würde, Wechsel mit meiner Unterschrift zurückzuweisen. Ich habe diesen Herrn festgenommen und überlasse es der Gerechtigkeit, seine Mitschuldigen zu entdecken.

— Angeklagter, sprach Humbug, haben Sie etwas zu entgegen? Denken Sie daran, dass man alle Ihre Aussagen aufzeichnen und davon gegen Sie Gebrauch machen wird; überlegen Sie daher, ehe Sie reden.

— Ich habe vorläufig nichts zu sagen, murmelte der Beschuldigte.

— Dann bin ich genöthigt, Sie unter der Anschuldigung der Fälschung vor den Assisenhof zu verweisen, setzte Humbug mit bewegter Stimme hinzu. Können Sie zwei Bürgschaften von je fünftausend Dollars bestellen? Ausserdem müsste ich Sie in Haft behalten.

— Ich werde versuchen, Bürgen zu finden, antwortete der Angeklagte.

— Sehr wohl. Nehmen Sie einen Wagen und fahren Sie mit diesen zwei *policemen* zu Ihren Freunden. Nach Ihrer Rückkehr wollen wir Ihre Bücher untersuchen und nöthigenfalls andere Vorsichtsmassregeln treffen.

— Was, Sie denken diesen Fälscher in Freiheit zu lassen? sagte ich zu Humbug; er hat Mitschuldige, er wird sie warnen und wird ausserdem selbst durchbrennen.

— Das Gesetz, antwortete der Richter, setzt die Untersuchungshaft nur für Anschuldigungen fest, welche die Todesstrafe nach sich ziehen. In allen anderen Fällen überlässt es hierüber Alles dem Ermessen des Richters. Warum wollen Sie, dass ich diesem Menschen die Mittel zu seiner Vertheidigung entziehen soll? Damit er etwa vor dem Assisenhof wie ein Opfer der Ungerechtigkeit erscheint und damit der Dieb anstatt des Bestohlenen das allgemeine Interesse in Anspruch nimmt? Wir werden in dieser Sache zu Schriftvergleichungen, zu Vernehmungen von Sachverständigen und Zeugen schreiten müssen; soll das Alles im Dunkeln und in Abwesenheit des Beschuldigten geschehen? Soll der Angeklagte nicht das Recht haben, sich über alle gegen ihn angehäuften Beweismittel zu äussern und sie zu bekämpfen? Das Untersuchungsverfahren ist keine Strafe, es ist die Erforschung der Wahrheit.

— Mit Ihrer falschen Humanität, rief ich, machen Sie die Gesellschaft wehrlos; so fasse ich die Rechtspflege nicht auf.

— Wie denn? fragte Humbug.

— Gestatten Sie mir eine Vergleichung, antwortete

ich. Es gibt in der Gesellschaft, wie in einem Walde, Stossvögel und Raubthiere; die Polizei und die Rechtspflege unternehmen eine ständige Jagd auf diese Feinde. Die Polizei umstellt sie, die Rechtspflege wartet, bis sie schussgerecht kommen; der Staatsanwalt, ein geschickter Jäger, schiesst dann diese verdammte Brut nieder. Verlangen Sie nur von dem Wolfe eine Bürgschaft, geben Sie dem Fuchs einen Geleitsbrief, Sie werden schon sehen, was aus den Schaafen und Hühnern wird. Es ist die erste Pflicht der Rechtspflege, die ehrlichen Leute zu schützen, die Schurken hat sie bloss zu züchtigen und auszurotten.

— Lieber Freund, sagte Humbug, Ihre Scherze sind grausam:

> *Quae nam ista jocandi*
> *Saevitia?*

Wenn es Wölfe unter der armen Menschheit gibt, was ich weit entfernt bin, in Abrede zu stellen, so tragen sie mindestens das nämliche Fell wie die Schaafe; bevor ich den Räuber tödte, muss ich ihn erkannt haben. Diese Aufgabe verlangt eine zartere Hand als die des Jägers. Die Rechtspflege ist, mit einem anderen Namen, die Gesellschaft selbst, die Mutter aller Bürger; bis zur Verurtheilung glaubt sie an die Unschuld aller ihrer Kinder. Dieses mütterliche Vertrauen ist nicht bloss ein leeres Wort; es ist eine thätig wirkende Zärtlichkeit, die den Angeschuldigten beschützt und unterstützt, ohne ihn einen Augenblick aufzugeben. Sie glauben vielleicht, dass die Geschwornen das Verbrechen bestrafen; geben Sie diese Täuschung auf. Die Untersuchung wird bei uns in einer so umfassenden, freien und grossmüthigen Weise geführt, dass es in der Wirklichkeit der Beschuldigte selbst ist, der sich verurtheilt und nur die Sühne seiner That annimmt. Verfolgen Sie unsere Schwurgerichtsverhandlungen und Sie werden sehen, dass es gerade die Milde unseres Verfahrens ist, die den Angeklagten entwaffnet. Gegen Angriffe setzt er sich zur Wehre; Beleidigungen erwidert er mit Frechheit; denn Stolz und Zorn beherrschen den Verbrecher ebenso wie den ehrlichen Mann; aber sich rechtfertigen, wo die Thatsachen allein anklagen, einfach sein Verhalten erklären, Rechenschaft über seine Handlungen geben, das ist ein Vorrecht der Unschuld. Nichts erschreckt den Verbrecher so sehr, als wenn er sich mit sich selbst allein sieht, wenn er den Präsidenten, der ihn schützt und die Geschwornen, die ihn hören, als Zeugen und Richter vor sich sieht. Meistentheils gesteht er auch schliesslich seinen Fehltritt oder verschliesst sich in ein Stillschweigen, das ein Bekenntniss ist. Was Sie die Schwäche unserer Gesetze nennen, macht gerade ihren Vorzug und ihre Schönheit aus.

— Ich verstehe nichts von Ihren philanthropischen Chimären, antwortete ich ihm; ich weiss nur, dass dies nicht die Auffassung und Uebung der Rechtspflege ist, die man in . . . .

— In Kharkoff bei den Kosaken hat! unterbrach mich Humbug lachend; das glaube ich, diese Leute sind ja gar keine Christen.

— Sie sind so gute Christen wie ich, erwiderte ich, aber . . . .

— Guten Morgen, Herr Richter, rief ein Mann dazwischen, den man eben in die Loge einschloss. Sein Gesicht war dunkelblau, die Augen hingen ihm wie einem Krebs aus dem Kopfe, und mit röchelnder und heiserer Stimme schrie er: — Ich bin es, Paddy; Sie erkennen mich doch?

— Zweimal in vier Tagen, das ist zuviel, sagte Humbug.

— Entchuldigen Sie, Herr Richter, versetzte der Angeschuldigte und zeigte auf die *policemen;* daran sind diese Herren schuld. Sie haben gar kein Mitleid mit den armen Leuten. Gestern, am Sonntag, gehe ich friedlich spazieren, mit meiner Flasche Branntwein in der Hand, wie ein guter Christ, der nicht verschmachten will, weil er am Sonntag nirgends etwas zu trinken findet. Ich begegne dort dem grossen Kerl und frage ihn höflich um den Weg nach dem Spitale. — „Du hast ihn in der Hand, antwortet er mir." — Das, sage ich, und ziehe meine Flasche, ist der Trost des Lebens. — „Das ist dein Feind", versetzte er. — Gut, sage ich, *policeman,* man muss seine Feinde lieben. Darauf trinke ich auf meine Gesundheit, und stosse auf einmal mit der Nase auf meinen Landsmann Patrick O'Shea, einen Sohn des grünen Erin, einen Feind der Angelsachsen. Am Sonntag kann man einem Freund nicht begegnen, ohne ein wenig mit ihm zu boxen; das ist doch zum Lachen, nicht wahr, Herr Richter? Wir waren noch nicht einmal blutig, als mir der *policeman* die Hand auf die Schulter legte. — „Hast du drei Dollars?" sagte er. — Nein, meine Tasche hat ein Loch, und meine Frau hat es noch nicht geflickt. — „Warum raufst du, sagte er, wenn du die Strafe nicht bezahlen kannst?"

— *Policeman,* antwortete ich ihm, Sie haben Recht; jeder soll sich seinen Mitteln entsprechend unterhalten. — Darauf gehe ich fort, Arm in Arm mit Patrick, ganz freundschaftlich. Aber da zieht mich Pa-

trick, weil er Demokrat .ist, mit den letzten Wahlen
auf. — „Dein Richter, sagt er, und meint damit Euer
Ehren, ist keine vier Hundsfüsse werth; und vom Doctor sagt man, dass er ein Hexenmeister ist."

— Natürlich stopfe ich ihm mit einem Faustschlag
das Maul; er antwortet auf dieselbe Weise, ich stelle
ihm ein Bein und da liegt er auf dem Boden. — Ich
erdrossele dich, rufe ich ihm zu, wenn du es nicht ge-
stehst. Und ich habe ihn wirklich gezwungen, es zu
gestehen.

— Was denn? fragte Humbug.

— Nun, Herr Richter, dass Sie vier Hundsfüsse
werth sind, und dass der Doctor kein Hexenmeister ist.

— Paddy, versetzte Humbug mit ernsthafter Miene,
wir danken dir für deine gute Meinung über uns; aber
dass du dich auf der Strasse betrunken und geprügelt
hast, kostet zehn Dollars.

— Zehn Dollars! rief der Trunkenbold, woher soll
ich sie denn nehmen?

— Wenn du sie nicht bis morgen findest, so wirst
du dafür mit fünf Tagen Arrest abquittirt.

— Aber meine Frau, meine Kinder? rief Paddy.

— Daran hättest du gestern denken sollen, rief
der Richter, heute ist es zu spät.

— Pharisäer, rief ich, endlich fasse ich euch. Ihr
habt zweierlei Gewicht und zweierlei Maass. Der Reiche kann sich, Dank seinem Geld, jedes Laster erlauben; der Arme muss im Gefängniss das einzige Verbrechen büssen, das ihr nicht verzeiht: das Elend. Ist
das Billigkeit? Ich kann für ein und dasselbe Vergehen nur ein und dieselbe Strafe zulassen; entweder
sperrt Jeden ein oder sperrt Niemanden ein. Gerechtigkeit bedeutet Gleichheit!

— Glückliche Logiker, sagte Humbug, bewunderungswürdige Lenker der Völker! Euch liegt wenig daran, ob ihr die Freiheit vernichtet, wenn ihr sie nur in gerader Linie dem Abgrund zuführen könnt. An dem Tage, wo in Polen Edelleute und Frauen unter der Knute russischer Henker ihr Leben aufgegeben haben, hat gewiss Ihr Herz vor Freuden gezittert, erlauchter Doctor von Kharkoff; gewiss haben Sie gerufen: grosser Sieg der Gleichheit!

— Nein, nein, erwiderte ich, ich verabscheue den Despotismus; die Gleichheit, wie ich sie verstehe, soll emporheben, nicht erniedrigen; ich verlange, dass man die Sklaven wie Edelleute und nicht die Edelleute wie Sklaven behandelt.

— Sehr wohl, lieber Freund, versetzte der Richter; aber hier fängt die Schwierigkeit an. Es gibt immer einen Punkt, in dem Sie die Gleichheit nicht erreichen werden, wenn Sie nicht Prokrustes nachahmen wollen, den vollkommensten aller Logiker. — Unsere alten angelsächsischen Gesetze, die Sie hart finden, und die ich gerecht und mild finde, bemühen sich stets, die Freiheit zu schonen. Abgesehen von den schwersten Verbrechen, halten sie sich an den Geldbeutel und nicht an die Person des Schuldigen. Wenn das wahre Mittel, einen Menschen, den die Leidenschaft fortreisst, zur Besinnung zu bringen, darin besteht, dass man ihm die Verantwortlichkeit vor Augen hält, die ihn erwartet, dann kommt den Geldstrafen nichts an Werth gleich; glauben Sie meiner Erfahrung. Es gibt Länder, wo der Ehebruch für eine noble Beschäftigung gilt, wo der Treubruch ein erlaubtes Spiel ist, wo man in dem Duell ein Unternehmen sieht, das dem Thäter noch Ehre macht. Bei uns nimmt man sich in Acht, die Frau oder Tochter seines Nachbars zu verführen, oder die Leute für eine Beleidigung, die man ihnen zugefügt hat, umzubringen. Warum? aus dem ganz prosaischen Grunde, weil man jede dieser liebenswürdigen Thorheiten mit fünfzehn oder zwanzigtausend Dollars bezahlen müsste. Kein Mensch will sich gern ruiniren, um das Stadtgespräch zu bilden und dabei noch die Lacher gegen sich zu haben.

So ist das Gesetz, und eine Anwendung von zehn Jahrhunderten hat seine Kraft und Weisheit bestätigt. Aber was soll man thun, wenn der Verurtheilte nichts hat? Soll man den Armen ein Privileg auf Straflosigkeit geben? oder soll man der Gleichförmigkeit die Freiheit ganz zum Opfer bringen? Unsere Vorfahren haben die Frage entschieden und uns den Grundsatz hinterlassen: *Wer nicht aus seiner Tasche bezahlen kann, soll mit seiner Haut bezahlen; luat cum corio.* Bei uns ist die Geldstrafe Regel, die Freiheitsstrafe Ausnahme. Warum? weil uns die Freiheit Prinzip ist. In Wirklichkeit ist das Gefängniss nur ein Vollstreckungsmittel gegen einen zahlungsunfähigen Schuldner. Was sehen Sie darin Ungerechtes?

— Ich vermisse darin die Gleichheit, antwortete ich.

— Nun, Doctor, dann sind Sie blind. Es gibt zwei Arten von Gleichheit; die eine, die nicht für die menschliche Gesellschaft passt, ist jene äusserliche und gewaltsame Gleichheit, die weder dem Alter, noch dem Rang, noch dem Vermögen Rechnung trägt. Die nämlichen Strafen in ungleichen Verhältnissen, das ist absolute Gleichheit, aber höchste Ungerechtigkeit. Die andere Gleichheit setzt die Strafe in Verhältniss nicht zum Begriff des Verbrechens, denn das ist nur eine Phrase, sondern zur Handlung und zur Person des

Thäters. Für den Reichen eine schwere Geldstrafe, für den Armen eine leichte Geldstrafe, und in Ermangelung der Bezahlung wenige Tage Arrest, das ist ein Verfahren, bei dem die Gerechtigkeit und die ächte Gleichheit ihre Rechnung ebenso gut finden wie die Freiheit.

— Paddy! rief ich und winkte den Trunkenbold herbei, der mich mit erstaunten Augen betrachtete; nimm diese zehn Dollars, bezahle deine Strafe, mein Guter, kehre friedlich in dein Haus zurück und sündige nicht mehr. — Das ist meine Antwort, setzte ich hinzu, indem ich mich gegen Humbug wandte; das ist ein Protest gegen die Unbilligkeit eurer Gesetze.

— Das ist gerade der beste Beweis für ihre Vortrefflichkeit, antwortete er. Wenn wir aus Liebe zur Gleichheit auf Trunkenheit Gefängnissstrafe gesetzt hätten, welche Hilfe hätten Sie dann diesem interessanten Opfer der Justiz gewähren können? Die Geldstrafe hat im Gegentheil das grosse Verdienst, dass zarte Seelen stets die Härte unserer Urtheile mildern können. Und, was auch die Juristen, diese herzlose Race, sagen mögen, wenn ein Kampf zwischen Mildthätigkeit und Gerechtigkeit besteht, so ist es immer gut, wenn die Mildthätigkeit das letzte Wort hat.

— Danke, Doctor, schrie Paddy und zerdrückte mir die Finger mit seinen Händen; ich will auf Ihre Gesundheit trinken; und den ersten, der behauptet, Sie sind ein Hexenmeister, schlage ich meiner Treu gleich todt.

— Der ist jetzt gebessert, sagte Humbug. Wenn jetzt nichts mehr auf der Tagesordnung steht, hebe ich die Sitzung auf.

Ich begleitete ihn in sein Arbeitszimmer, wo wir

den Schwurgerichtspräsidenten in grosser Aufregung an-
trafen.

— Ich habe Sie erwartet, sagte er zu Humbug,
Sie sehen mich in einer grässlichen Verlegenheit. Die
Geschworenen sind beisammen, aber der Staatsanwalt
hält mir nicht Wort; er schreibt mir, dass er im Bett
liegt und durch ein nervöses Leiden verhindert ist, auf-
zustehen.

— Nervös .... ein Staatsanwalt! das ist sehr un-
wahrscheinlich, rief Humbug.

— Mein Freund, lachen Sie nicht, helfen Sie mir
lieber. Verschaffen Sie mir irgend einen Ersatzmann
für unseren öffentlichen Ankläger.

— Da nehmen Sie gleich diesen guten Daniel, sagte
Humbug, immer zum Spass aufgelegt. Das ist der
Mann, den Sie brauchen. Er ist Doctor der Rechte
der Universität Kharkoff; er ist ein wahres Wunder
von Ernst, Unbeugsamkeit, Rechtskenntniss und tiefer
Empfindung. Da haben Sie Coke, Mansfield, Erskine
und Alles mit einander in einer Person.

— Kommen Sie rasch, mein Herr, sagte der Präsident und nahm mich beim Arm; Sie sind mein rettender Engel.

— Erlauben Sie, sagte ich zu ihm ....

— Nein, nein, unterbrach er mich, ich will nichts
hören. Nur keine falsche Bescheidenheit; Sie sind Doc·
tor, das genügt.

Zu gleicher Zeit ergriff mich Humbug am andern
Arm; ich wurde in den Saal geschleppt, den Geschworenen vorgestellt und auf meinen Platz gesetzt, ehe
ich ein Wort hervorbringen konnte. Humbug setzte
sich neben mich, lachte über mein Abenteuer und

zeigte mir auf der Bank der Vertheidiger Fox, der mich, starr vor Erstaunen, mit geschlossenen Augen betrachtete.

Es war nicht mehr möglich, zurückzutreten; das Schicksal, das meiner spottete, verurtheilte mich, ein neues Lustspiel aufzuführen:

Der Staatsanwalt wider Willen.

Vierundzwanzigstes Kapitel.

Ein Staatsanwalt.

Lieber Leser, wenn dich jemals eine verrätherische Hand unversehens ins Wasser wirft, ohne dass du schwimmen kannst, so kannst du dir ungefähr eine Vorstellung von meiner traurigen Lage machen. Ich wusste mich ausser Stande, zwei zusammenhängende Worte zu sprechen, aber mich zurückzuziehen, wäre lächerlich gewesen; die ganze Stadt hätte mich ausgepfiffen; ich entschloss mich also, gute Miene zum bösen Spiel zu machen und meine Rolle zu Ende zu führen.

Ich zog meine Schreibtafel und riss einige Blätter heraus, auf welche ich aus dem Gedächtniss einige nichtssagende, aber schön klingende Phrasen aufschrieb, die niemals ihre Wirkung verfehlen, wenn man sie in eine sorgfältig vorbereitete Improvisation aufnimmt. So gerüstet erwartete ich den Kampf mit der Festigkeit eines Soldaten, der ins Feuer geht und sich sagt, dass er bleiben wird.

Der erste Angeklagte, den man herbeiführte, war ein abscheulicher Verbrecher, der seine Frau, nachdem er ihr ein Testament diktirt, langsam vergiftet

18

hatte; das Verbrechen lag offen zu Tage, die Beweise waren zermalmend, und der Elende versuchte auch nicht einmal, sich zu vertheidigen.

— Ich bekenne mich schuldig, murmelte er mit zitternder Stimme, mit bleichem Gesichte, mit wirrem Auge. Ich verlange den Tod, den Tod. Ich will vom Leben befreit sein.

In der ganzen Versammlung entstand eine tiefe Stille.

Majestätisch erhob ich mich, setzte mein Lorgnon kühn auf die Nase, hustete dreimal, nahm meine Papiere in die linke Hand und begann, indem ich den rechten Arm im Rhythmus bewegte, mit tiefer und feierlicher Stimme:

— Hoher Gerichtshof, meine Herren Geschworenen!

Nemo auditur perire volens, man soll nicht auf den hören, der zu sterben verlangt; das ist einer der grossen und heilsamen Grundsätze, die uns die tiefe Weisheit unserer ehrwürdigen Ahnen hinterlassen hat, eine Weisheit, die hoch erhaben ist über das thörichte Wissen und den geistigen Hochmuth der heutigen Geschlechter. *Nemo auditur perire volens*, das ist ein Grundsatz, der nicht nur bestimmt ist, den Schuldigen gegen seine eigene Verzweiflung zu schützen, sondern auch der Gesellschaft die gerechte Genugthuung einer legitimen Rache zu sichern.

Ja, meine Herren, wenn ein abscheuliches Verbrechen begangen worden ist, wenn unsere bewunderungswürdige Stadt, neu verjüngt durch den Glanz der ruhmreichen Bauten, die dem erfinderischen Genie unserer geschickten und weisen Aedilen unvergängliche Ehre machen, wenn, sage ich, unsere Stadt, das moderne Rom, aber tausendmal grösser und schöner als das Rom der Cäsaren, am Morgen aus dem Schlafe geschreckt wird durch die plötzliche Kunde eines jener scheusslichen Attentate, die von einer Verderbtheit ohne Grenzen zeigen und die die giftige Frucht einer Civilisation sind, welche der Hauch der Revolutionen und der Presse verpestet hat; wenn ein solcher Fall eintritt, dann., meine Herren, muss die nie schlummernde Gerechtigkeit einen heiligen Beruf, eine ebenso schwierige als grossartige Aufgabe erfüllen. Anstatt der glänzenden Rednergabe, anstatt jener forensischen Beredsamkeit, welche die Mitgift meiner erlauchten Collegen ist, die ich nicht nennen will, um ihrer allzu grossen Bescheidenheit nicht zu nahe zu treten, statt dessen kann der Staatsanwalt, der die Ehre hat, heute vor Ihnen zu sprechen, seine Beredsamkeit nur aus seinem Gewissen schöpfen, er kann in diese Schranken nur seine energische Ueberzeugung, nur die demüthige und feste Hingebung führen, die er stets gehegt hat für die heilige Sache der Ordnung, des Gesetzes und der Gesellschaft.

Vor Ihren Augen, meine Herren Geschworenen, vollzieht sich ein grosses und schönes Schauspiel, vor Ihren Augen spielt sich auf's Neue in allen ihren Einzelnheiten eine Tragödie ab, die ohne Zweifel alle ehrenhaften Leute schmerzlich berührt, die aber nothwendig ist zur Sühne des Verbrechens und für die sittliche Hebung des ganzen Landes. Zu diesem schauerlichen Drama bildet die Ausschweifung die Einleitung, die Habsucht füllt den zweiten Akt aus, das Gift schürzt den Knoten, die Untersuchung beschleunigt durch ihre wunderbare Geschicklichkeit die schreckliche Peripetie und wir stehen hier unmittelbar vor der verhängnissvollen Katastrophe. Die rächende Entwicklung, meine Herren Geschworenen, liegt in Ihren Händen und Ihr Wahrspruch kann nicht zweifelhaft sein. Zermalmt unter dem Gewicht seines Fehltritts, getroffen von der Gerechtigkeit, hat der Beschuldigte Alles gestanden; niedergeschlagen, zerschmettert durch Gewissensbisse steht er vor Ihnen. Sein Urtheil ist auf seiner verbrecherischen Stirn zu lesen, es steht bereits in Ihren edlen Herzen geschrieben.

Aber er darf nicht glauben, dass er sich mit diesem unfreiwilligen Geständniss von der verdienten Schmach loskauft. Vergeblich sucht er sein verbrecherisches Haupt abzuwenden, vergeblich sucht er von seinen unreinen Lippen den bitteren Trank zu stossen, den ihm sein verdammenswerthes Verbrechen bereitet hat; das Gesetz, blind und stumm, in gerechter Unerbittlichkeit, in heiliger Unbeugsamkeit, verlangt, dass er seine Missethat bis auf die Hefe leert. Seine Strafe ist eine Sühne für die Vergangenheit und eine Lehre für die Zukunft.

— Genug, um Gotteswillen genug, sagte Humbug zu mir, indem er mich am Rockschoss zupfte. *Res sacra miser*, lieber Freund.

— Lassen Sie mich doch, antwortete ich ihm mit ungeduldiger Geberde. Die Anklage hat nichts mit der Humanität zu schaffen.

— Mir, fuhr ich mit neuem Eifer fort, mir, dem Diener der öffentlichen Rache, mir, dem Repräsentanten der beleidigten Gesellschaft, mir liegt die traurige und zugleich heilige Pflicht ob, mein Herz jedem Zucken menschlicher Rührung zu verschliessen, meine Aufgabe ist es, mit Ueberwindung eines nahezu unbesiegbaren Abscheues in diesem Koth zu rühren, ich muss . . .

Unvorsichtiger! mit einer prächtigen Bewegung erhob ich die Arme und öffnete beide Hände; natürlich fielen alle meine Papiere und mit ihnen meine ganze Beredsamkeit zu Boden. Ich bückte mich, um Beides aufzulesen, aber der Angeklagte machte sich diesen unglücklichen Zufall zu Nutze, sprang auf und schrie:

— Herr Präsident, wie lange werden Sie es noch dulden, dass der Staatsanwalt mit mir spielt, wie eine Katze mit der Maus? Das Gesetz sagt, dass Sie der Vertreter des Angeklagten sind; warum lassen Sie mein Elend schmähen? Ich erwarte das Urtheil, wozu ist es nöthig, meine Qual zu verlängern?

— Er hat Recht, rief ein ungebildeter Geschworener, wir sind hier, um Recht zu sprechen und nicht, um eine Predigt anzuhören.

Ich wollte reden, allein der Präsident gebot mir mit einem Zeichen seiner Hand Schweigen, bedeckte sein Haupt und sprach einfach und ohne weiteres die

Todesstrafe gegen den Schuldigen aus. Kein Resumé, keine gefühlvollen Worte, keine Unterweisung an den Angeklagten oder an die Geschworenen oder an das Publikum, nichts, was die Feierlichkeit dieses interessanten Augenblicks erhöht hätte. Im Gegentheil fing er an, mit der abgeschmacktesten Vertraulichkeit mit dem Schuldigen zu unterhandeln.

— Verurtheilter, sagte er, von menschlichem Erbarmen haben Sie von diesem Augenblicke an nichts mehr zu erwarten; Sie haben nur noch auf die Gerechtigkeit Gottes zu zählen. Wie viele Tage brauchen Sie, um Ihre Angelegenheiten zu ordnen und Ihr Gewissen vorzubereiten?

— Drei Tage werden genügen, antwortete er; ich habe Eile, fertig zu werden.

— Gut! versetzte der Präsident, in fünf Tagen von der gegenwärtigen Stunde an gerechnet werden Sie vor den einzigen Richter treten, der Ihnen verzeihen kann.

Der Verurtheilte grüsste den Präsidenten achtungsvoll und warf mir im Hinausgehen einen Blick zu, der mich in Verwirrung setzte. Hatte ich nicht meine Pflicht gethan, oder ist man selbst Mördern Mitleid schuldig?

Inzwischen wurde der zweite Angeklagte hereingeführt, ein frecher Schurke, der, seit zwei Tagen aus dem Zuchthause entlassen, sich eines Einbruchs, Diebstahls und Mordversuchs schuldig gemacht hatte. Er hatte die Fenster eines Hauses in Montmorency erbrochen, eine unglückliche Magd, die die Wohnung bewachen sollte, mit dem Tode bedroht und dann Alles geraubt, selbst Wagen und Pferde.

Das Gesicht dieses Schurken musste schon zu sei-

ner Verurtheilung hinreichen. Er war die personifizirte
Ruchlosigkeit. Man sah einen Menschen vor sich, für
den die Gesellschaft eine Feindin war und der ebenso-
viel Verachtung gegen das Gesetz als Hass gegen die
Obrigkeit hegte, mit einem Worte, eine von den wilden Bestien, die man tödten muss, um nicht von ihnen
verschlungen zu werden.

— Beschuldigter, sagte der Präsident, erklären Sie
sich für schuldig oder nicht schuldig?

— Die Frage ist fein gestellt, antwortete der Räuber mit kecker Unbefangenheit. Schuldig oder nicht
schuldig? Weder ich noch Sie wissen etwas darüber,
bevor wir die Zeugen gehört haben.

— Meine Herren Geschworenen, rief ich, was haben wir noch weiter zu hören nöthig? Achten Sie auf
dieses Geständniss. Würde jemals ein Unschuldiger einen Augenblick zögern, seine Unschuld zu betheuern?
Nur ein Verbrecher von Profession kann eine derartige
Frechheit besitzen. Betrachten Sie nur, ob diesem Elenden nicht sein Verbrechen auf seiner unverschämten
Stirn geschrieben steht?

— Ich protestire gegen diese Theorie, schrie der
Vertheidiger des Angeklagten.

Diese kläffende Stimme liess mich erbeben; noch
einmal hatte ein hämisches Geschick mich mit meinem
ewigen Gegner Fox zusammengeführt.

— Ja, fuhr er fort, ich protestire und werde stets
protestiren gegen eine Theorie, die niemals vor den
freien Gerichtshöfen Amerikas Aufnahme gefunden hat.
Sie haben nicht das Recht, die Worte eines Angeklagten zu verdrehen und daraus eine Verurtheilung abzu-
leiten, Sie haben nicht das Recht, seine Haltung, Miene
und Ton zu deuten, und daraus Schlüsse auf seine

Schuld zu ziehen. Wenn es erlaubt wäre, diese trügerischen Anzeichen zu Hilfe zu rufen, welche die Leidenschaft nach ihrem Belieben auslegt, wer könnte dann der Beredsamkeit der Herren Staatsanwälte entgehen? — Der Angeklagte schweigt? Dann schlagen ihn die Gewissensbisse zu Boden, sein Schweigen ist ein Geständniss. — Der Angeklagte protestirt mit Ruhe? dann ist er frech; die Frechheit ist ein Geständniss. — Er wird hitzig, er spottet? dann ist er ein Unverschämter, der die Justiz beleidigt; die Schmähung ist ein Geständniss. Schwäche, Energie, Demuth, Stolz, Thränen, Zorn, für eine befangene Auffassung, die nur nach einer Richtung blickt, ist Alles Geständniss. Meine Herren, warum fangen Sie nicht lieber an, allgemeine physische Merkmale der Tugend und des Verbrechens aufzustellen? Wenn die Wissenschaft die Träume Lavaters verwirklicht hat, werden Sie die Leute auf ihr blosses Gesicht hin verurtheilen; bis dahin aber überlassen Sie diese unsichere und gefährliche Kunst den Wahrsagern. Die Gerechtigkeit kennt nur Thatsachen, verhandelt nur über Thatsachen und gründet ihr Urtheil nur auf Thatsachen. Darin liegt ihre Sicherheit und ihre Grösse. Der Herr Staatsanwalt mag sein Talent für eine bessere Zeit aufsparen; lassen Sie uns zum Zeugenverhör übergehen.

— Herr Präsident, rief ich, nur aus Achtung für den Gerichtshof habe ich diese unverschämten Redensarten bis zum Schlusse ertragen; ein Staatsanwalt braucht sich von einem Advokaten nicht belehren zu lassen; ich beantrage . . . .

— Mässigen Sie sich, Herr Staatsanwalt, unterbrach mich der Präsident. Abgesehen von Beleidigungen ist der Vertheidigung Alles erlaubt und der ehren-

werthe Vertheidiger hat durch seine Worte das Recht
seines Berufes in keiner Weise überschritten. Die von
ihm aufgestellte Anschauung ist bei uns durch zahllose
Präcedenzfälle geheiligt. In allen unsern Sammlungen
werden Sie jene Grundsätze finden, deren Bekenntniss
ich mir selbst zur Ehre rechne.

Wie ein vom Blitz getroffener Titane fiel ich auf
meinen Stuhl. Der Präsident war also zum Apostel
von Theorieen geworden, welche die Anklage auf das
gleiche Niveau mit der Vertheidigung herabdrängen;
der Präsident war aus unseren Reihen geflüchtet und
machte sich zum Mitschuldigen eines Advokaten; das
war der stärkste Schlag! Wenn das bei den Yankees
Rechtspflege heisst, so verstehe ich nichts davon. Man
darf das ganze civilisirte Europa durchsuchen, man
wird nichts Aehnliches finden.

— Bravo, flüsterte mir der treffliche Humbug zu,
um mir wieder ein wenig Muth zu machen. Sie sprechen wie ein Senator; nur noch zu viel Eifer. Mässigen Sie sich, lieber Freund, Sie werden mehr Wirkung
erzielen.

Ich sollte mit meinen Ueberraschungen noch nicht
zu Ende sein. Man rief die Zeugen; ich erwartete,
dass der Präsident sie im Benehmen mit mir allein
verhören würde. Vergebliche Hoffnung! Der Präsident
verhielt sich wie eine theilnahmlose Statue, der Angeklagte ihm gegenüber beobachtete das nämliche Stillschweigen. Als ich fragen wollte, belehrte mich ein
allgemeiner Aufschrei, dass es nach dem Yankeegesetz
nur für die Gauner Begünstigungen gibt. Wenn man
den Vorsitzenden und den Beschuldigten sah, beide unbeweglich und stumm, so hätte man glauben können,
dass sie, den Vorgängen in der Sitzung fremd, nur die

Kampfrichter seien. Die Kämpfer oder vielmehr die Schlachtopfer waren die Zeugen, die dem Belieben des Advokaten preisgegeben waren und sich von einem Menschen ohne öffentliche Stellung ausfragen, Lügen strafen, tadeln und verspotten lassen mussten, der dazu kein weiteres Anrecht besass, als dass er die zweifelhafte Unschuld eines im Verbrechen ergrauten Schurken vertheidigte. Man konnte bei dieser direkten Umkehrung aller sonst gangbaren Ideeen den Angeklagten für einen Zeugen, die Zeugen für Angeklagte halten.

Eine der von Fox gestellten Fragen schien mir so ungehörig, dass ich gegen ihre Beantwortung durch die Zeugen Widerspruch erhob.

— Mit welchem Rechte? rief Fox wüthend.

— Sie vergessen, antwortete ich ihm, dass ich Ihnen keine Rechenschaft zu geben habe; ich bin der Repräsentant des Staates.

— Was ist das für ein neues Hirngespinnst? versetzte er mit gewohnter Frechheit. Innerhalb dieser Schranken gibt es keinen Staat. Hier ist nur Raum für die Gerechtigkeit, die in der Unparteilichkeit der Richter und der Weisheit der Geschworenen eine ausgezeichnete Vertretung findet. Sie sind Advokat wie ich, nichts weiter. Ich vertrete den Angeklagten, Sie vertreten den Beschädigten, dem Sie von der Gesellschaft als Stütze beigegeben sind. Sie haben kein Recht, das ich nicht auch hätte; ich besitze kein Privileg, das Sie nicht auch für sich in Anspruch nehmen könnten. Wäre es anders, so wäre die Waage der Gerechtigkeit verfälscht, die Anklage wäre stärker, als die Vertheidigung; was sollte dann aus der Freiheit der Bürger werden?

— Herr Präsident, sagte ich, ist das auch eine durch Ihre Präcedenzfälle geheiligte Theorie?

— Herr Staatsanwalt, antwortete er mir im Tone des Bedauerns, Ihre Frage setzt mich in Erstaunen. Kann die Gleichheit der Anklage und der Vertheidigung in einem freien Lande fraglich sein?

Ich musste schweigen, ich liess die Zeugen von Fox nach Belieben martern. Eins tröstete mich. Es gibt keinen Missbrauch, der neben tausend Inconvenienzen nicht doch einen kleinen Vortheil mit sich brächte. Von Kindheit auf an die rauhen Prüfungen des öffentlichen Lebens gewöhnt liessen sich die Zeugen durch die scharfen Fragen, die man an sie richtete, in keiner Weise einschüchtern. Fox kam bei dem Gefecht nicht immer obenauf zu liegen. Freilich hatte er ein. hartes Feld, und er erhob sich jedesmal wieder mit erneuter Wuth. Niemals wurde die Freiheit eines Menschen mit verzweifelterer Energie vertheidigt.

Unter den Zeugen figurirte der Quaker Seth, der in seiner Eigenschaft als Wirth eine wichtige Persönlichkeit für Montmorency war. Seth war seit seinem Missgeschick vom heutigen Morgen in keiner wohlwollenden Stimmung gegen den Advokaten und beantwortete daher seine Fragen mit einer Bosheit, die mich ungeachtet meiner schlechten Laune zum Lachen brachte.

— Kennst du den Angeklagten? fragte Fox.

— Ja, sagte der Quaker, ich kenne ihn zu seinem und meinem Unglück.

Könntest du eidlich bestätigen, dass er ein unehrlicher Mensch ist?

— Ich habe bis jetzt noch nicht gehört, dass man ihn wegen seiner Ehrlichkeit angeklagt hätte, antwortete Freund Seth mit der grössten Freundlichkeit.

— Welches Interesse konnte er wohl haben, einen Wagen und Pferde zu stehlen?

— Meines Wissens keines, sagte der Quaker. Denn er hätte viel besser gethan, wenn er sie nach dem Beispiel ehrenwerther Gentlemen gekauft und nicht bezahlt hätte. Vielleicht hatte er aber nicht so viel Credit.

Nach dem Wirth kam die Magd an die Reihe, eine dicke Blondine mit unschuldiger und heiterer Miene, die aber nichts desto weniger wie jedes Frauenzimmer vom Land Haare auf den Zähnen hatte.

— Sie behaupten, sagte der Advokat, den Angeklagten wiederzuerkennen; Sie behaupten, dass er Sie in einer mehr als unpassenden Sprachweise bedroht habe.

— Ja, murmelte sie erröthend.

— Sprechen Sie lauter, sagte Fox, die Herren Geschworenen verstehen Sie nicht.

— Ich kann nicht, erwiderte sie ganz bewegt.

— Sie können wohl; machen Sie es wie ich, schreien Sie.

— Sie, das ist etwas Anderes, sagte sie; das ist Ihr Handwerk, Sie sind von klein auf dazu erzogen.

— Sie behaupten, fuhr Fox fort, dass der Angeklagte sich gegen Sie abscheulicher Worte bedient habe, so abscheulich, meine Herren Geschworenen, dass das Schamgefühl mich verhindert, sie hier öffentlich zu wiederholen.

— Ja, sagte das arme Mädchen hocherröthend.

— Schön, wiederholen Sie einmal diese Worte vor dem Gerichtshof und den Geschworenen.

— Herr Advokat, erwiderte sie, indem sie sich aufrichtete, wenn Ihr Schamgefühl Ihnen verbietet, diese

Worte zu wiederholen, so werden Sie wohl nicht glauben, dass das meinige es mir erlaubt.

— Ganz wohl, antwortete Fox, ohne sich aus der Fassung bringen zu lassen; die Geschworenen werden das zu würdigen wissen. Sie haben gesagt, dass der Angeklagte wie ein schamloser Mensch gesprochen habe, wissen Sie wohl, was es bedeutet, wie ein schamloser Mensch sprechen?

— Ich glaube wohl, antwortete sie und betrachtete dabei den Advokaten derart, dass die ganze Versammlung in ein Gelächter ausbrach und Fox ihre weitere Vernehmung aufgab.

Nachdem die Zeugenliste erschöpft war, ergriff ich das Wort; der Zorn machte mich beredt, ich fühlte es; ich überliess mich daher auch mit vollem Behagen meiner Deklamation. In einer Rede, die stenographirt zu werden verdiente, gab ich die vollständige Geschichte dieses Räubers. Ich ergriff ihn in der Wiege, um ihn erst vor dem Gerichtshof wieder los zu lassen, wo er endlich seine gerechte Strafe erleiden sollte. Zuerst schilderte ich ihn als dreijähriges Kind, als eines jener bösen Kinder, die niemals ihrer Mutter ein Lächeln entlocken. Dann begleitete ich ihn zur Schule; ich zeigte ihn faul, lügnerisch, streitsüchtig und betonte seine Diebstähle an den Nüssen und Pflaumen der Chausseebäume als eine Vorbereitung zum Galgen. Durch einen unerhört glücklichen Zufall hatte ich unter den Zeugen drei ehrliche Kameraden des Angeschuldigten gefunden, die fünfundzwanzig Jahre vorher diese Raubzüge mit dem künftigen Verbrecher unternommen hatten. Von der Schule ging ich zur Werkstätte über und da zeichnete ich von diesem Menschen ein Bild von erschreckender Aehnlichkeit.

Eine Tirade gegen die Trunksucht, dieses verbrecherische Gift, riss die Zuhörer hin; ich war in meiner
Beschreibung noch zehn Jahre von dem Gegenstand
der Anschuldigung entfernt, als der Angeklagte bereits
in der Meinung des Publikums verloren war. Wenn
nach meiner Rede irgend etwas in Erstaunen setzen
konnte, so war es, dass er nicht schon mit fünfzehn
Jahren seinen Vater getödtet hatte. Dass freilich dieser
Verbrecher den Trieb zum Vatermorde in sich trug,
bezweifelte ich nicht, und ich sagte es auch den Geschworenen, aber der Himmel hatte dem Schurken das
schrecklichste aller Verbrechen erspart; der Elende hatte
das Glück, Waise zu sein. Während die Versammlung
an meinen beredten Lippen hing, betrachtete ich den
Beschuldigten, der sich unter der Geissel meiner rächen-
den Worte wand. Niedergeschmettert durch meine
Vorwürfe, ausser Stand, seinen aufs heftigste erregten
Gewissensbissen länger zu widerstehen, erhob er sich
und unterbrach mich, indem er mit heiserer Stimme schrie:

— Herr Präsident, wenn das noch lange so fort-
dauern soll, so habe ich genug; ich bekenne mich
schuldig. Ich will lieber meine fünf Jahre aushalten,
als diesen Herrn länger anhören.

— Unglücklicher, rief Fox, woran denken Sie?
Nehmen Sie diese unheilbringenden Worte zurück.

— Nein, nein, schrie er, dieser Herr macht mich
dumm; ich würde meinen Kopf darum geben, ihn zum
Schweigen zu bringen.

— Angeklagter, sprach der Präsident, überlegen
Sie erst, ehe Sie eine Ihnen verderbliche Erklärung
abgeben. Denken Sie daran, dass ich, wenn Sie dieses Geständniss ruhigen Bluts wiederholen, nur Ihre
Verurtheilung aussprechen kann.

— Herr Präsident, erwiderte er, ich danke Ihnen, Sie sind ein würdiger Richter; Sie zertreten nicht einen armen Erdwurm, der im Elend ist. Was wollen Sie? ich habe eben kein Glück; wenn ich auf den Rücken fiele, würde ich mir die Nase einschlagen. Kurzum, ich habe gestohlen, also soll mir mein Recht werden. Aber, was ich zu meiner Mutter gesagt, oder was ich in der Schule gethan habe, wie ich ein Strassenjunge war, das geht meines Erachtens diesen Herrn nichts an.

Mein Sieg war vollständig. Mehr noch durch mein Talent, als durch seine Gewissensbisse besiegt gestand der Schuldige sein Verbrechen. Um mein Glück vollständig zu machen, konnte Fox, dessen kecke Zunge ich fürchtete, mir nicht einmal antworten. Der Sieg blieb in den Händen der Gerechtigkeit und der Autorität.

Nach dem Schluss der Sitzung kam einer der Geschworenen zu mir und drückte mir die Hand. Er war ein berühmter Redner, ein überaus feiner Kopf, der mehr als einmal in den Kammern seine Gegner geschlagen hatte, wenn sie im Recht waren. Ein solcher Beifall erhöhte meinen Triumph, ich empfing seinen ehrenvollen Glückwunsch mit schlecht verhehlter Freude.

— Ich bin entzückt über Ihre sinnreiche Entdeckung, sprach mein neuer Freund. Bei der ersten Gelegenheit werde ich Ihrem Beispiele folgen und hoffe damit ebenso glücklich zu sein wie Sie. Einen Menschen bei seiner Geburt fassen, das Laster, den Irrthum, die schlimme Neigung bei der Wurzel anpacken, ihre ganze Entwickelung beschreiben und darlegen, das ist wunderbar. Ich glaube nicht, dass Jemand unversehrt aus einer solchen historischen Kritik hervorgehen kann; mit Ihrem Verfahren mache ich mich anheischig zu beweisen, dass Kato ein Schuft und Sokrates ein Atheist war.

— Ich habe nichts neues entdeckt, erwiderte ich bescheiden; Sie schmeicheln mir.

— Nein, sprach er, noch niemals hat man in unserem Lande eine so feine Auseinandersetzung gehört. Das ist eine ganz neue Logik, die Ihnen die grösste Ehre macht. Die Yankees sind rohe Naturen, die nur das Verbrechen und nicht den Menschen verfolgen, während für Sie die objective Handlung nichts, der Mensch Alles ist. Es liegt für die Unthat, deren man diesen Elenden beschuldigt, kein genügender Beweis vor; was liegt daran, wenn er nur fähig war, sie zu begehen? Die Vermuthung spricht gegen ihn, und überdies ist es wahrscheinlich, dass er noch viele andere Verbrechen begangen hat. Das nenne ich eine gute Rechtspflege, eine Rechtspflege, die die Gesellschaft beschützt und sich nur um das öffentliche Wohl kümmert. Sind Sie eigentlich ein geborner Amerikaner? — Diese plötzliche Frage setzt Sie in Erstaunen, fuhr er fort, ohne den Grund meiner Ueberraschung zu ahnen. Entschuldigen Sie meine Unbescheidenheit; aber meine Mutter war eine Französin, und ich verdanke ihr gewisse Ideeen, die niemals in einen angelsächsischen Kopf gedrungen sind. Diese Ideeen haben eine grosse Aehnlichkeit mit den Ihrigen und flössen mir die lebhafteste Theilnahme für die Originalität Ihres Talentes ein. — Für mich zum Beispiel ist der Staat Alles, und ungeachtet des dummen Geschwätzes unwissender Moralisten behaupte ich, dass man gegen das Interesse eines ganzen Volkes das vorgebliche Recht eines armseligen Individuums nicht in die Waagschale werfen kann. Ich bin Socialist im guten Sinne des

Worts: der Staat über dem Individuum! Dagegen haben die Yankees, diese engen und beschränkten Köpfe, aus England ein egoistisches und wildes Vorurtheil eingeschleppt. Wenn einmal ein Richter die Achtung gegen eine alte Zigeunerin verletzt, oder wenn ein Staatsanwalt bei der Anklage eines Gauners die Geduld verliert oder einen Mörder übel behandelt, steht gewiss sofort irgend ein Angelsachse auf, der auf allen Gassen und über alle Dächer das Geschrei erhebt, dass die Verfassung verletzt und die Humanität beleidigt sei. Und auf die Stimme dieses Schreiers erhebt sich dann eine schwachsinnige Menge, die hinter dem Beamten herheult, wie Hunde hinter einem galoppirenden Pferde. Man glaubt sich unter einem Volk von Dieben, von denen jeder in der Furcht, morgen selbst vor dem Schwurgericht zu stehen, die Freiheit Dritter im Interesse seiner eigenen Freiheit vertheidigt. Dank der Festigkeit meiner Grundsätze, fasse ich die Rechtspflege anders auf, und ich sehe mit Vergnügen, dass in Amerika bereits wir zwei derselben Meinung sind. Wer einmal vor den Geschworenen erscheint, ist keinesfalls ein Heiliger, und ich will lieber drei Unschuldige hängen als zwanzig Schurken durchkommen lassen. Ich bin eine robuste Natur; sehen Sie mich nur an; wir zwei könnten wohl die Erziehung dieses langweiligen Volkes auf uns nehmen, das immer nur ein Wort im Munde führt, die Freiheit.

Er nahm Abschied von mir, indem er mir wiederholt auf die herzlichste Weise die Hand schüttelte; ich liess ihn gewähren. Sonderbar! seine Lobsprüche gefielen mir nicht; mein Erfolg machte mir Angst.

— Wenn ich zu weit gegangen wäre? dachte ich. Wenn ich mich durch die Hitze der Verfolgung hätte

hinreissen lassen, wie ein Jäger, der nur auf seine Leidenschaft hört? Ich habe mich nicht getäuscht, denn
der Schuldige hat sein Verbrechen gestanden; aber
habe ich mit erlaubten Waffen gekämpft? Ist der Gerechtigkeit Alles erlaubt? Hat der Angeklagte kein
Recht auf Achtung?

Wider meinen Willen versezten mich diese Gedanken in Aufregung. Die Idee der öffentlichen Rache
genügte mir nicht mehr. In dunklen, unbestimmten Um-
rissen erblickte ich eine reinere Theorie, eine Theorie,
welche die irdische Gerechtigkeit unter die Vorschriften
des Evangeliums stellt. Ich musste mir sagen, dass
für Christen jede Schwachheit heilig, jedes Elend unantastbar sein soll, und dass die Obrigkeit gegenüber
einem Kind, einer Frau, einem Armen und selbst einem
Schuldigen ihrer Gewalt misstrauen und sich fürchten
soll, zu viel Recht zu behalten.

Fünfundzwanzigstes Kapitel.

Dinah. — Das Krankenhaus.

Als ich die Sitzung verliess, traf ich den Quaker, der mich wegen meiner Geschicklichkeit beglück-wünschte; allein das machte mir nur ein sehr geringes Vergnügen. Humbug dagegen sprach gar nichts, und doch hätte ich weit lieber Vorwürfe von ihm gehört; ich glaube, sein Zorn hätte mir in diesem Augenblicke wohl gethan.

Fox erwartete mich auf der Strasse; sein verzerrtes Gesicht, sein unheimlicher Blick zeigte, dass er sich in einer masslosen Aufregung befand.

— Sie können zufrieden sein, rief er mir schon von weitem zu. Dieser Sieg macht Ihnen alle Ehre. Hoffentlich bin ich nicht der einzige, der Ihnen Gerechtigkeit widerfahren lässt. Es wird sich wohl ein Journal finden, das die Beredsamkeit und Gelehrsamkeit des Herrn Staatsanwalts rühmt. Ein Jeffries in Amerika ist ein Ungeheuer, das man nie gesehen hat und nie wieder sieht; man muss sich beeilen, es anzustaunen.

— Uebrigens, sezte er, wüthend über mein Schweigen und zähneknirschend hinzu, darf mich das nicht wundern; es gibt nichts Gefährlicheres, als Leute, die von häuslichem Kummer erfüllt sind; sie kennen keine Schonung.

— Häuslicher Kummer versezte ich achselzuckend. Sie haben den Kopf verloren, lieber Fox; Sie wissen nicht mehr, mit wem Sie sprechen.

— Wirklich? antwortete er höhnisch; ich glaubte mit dem glücklichen Vater der allzu liebenswürdigen Susanne zu sprechen.

Die Miene dieses Menschen erschreckte mich; sein teuflisches Lachen liess mich bis ins Innerste erbeben.

— Schweigen Sie, versetzte ich, ich verbiete Ihnen, einen Namen auszusprechen, der allgemeine Achtung verdient.

— Bah! erwiderte er mit verächtlichem Lächeln, diese Strenge ist übel angebracht.

— Elender Kerl! rief ich, und packte ihn am Kragen, erkläre dich deutlich, oder ich schlage dich auf der Stelle nieder.

— Meine Herren! rief der Advokat, indem er sich loszuwinden suchte, Sie sind meine Zeugen für diese Gewaltthat. Herr Humbug, Sie werden mir Recht sprechen.

— Ohne Zweifel, erwiderte der Richter. Verlangen Sie von mir für diese etwas zu lebhafte Erwiderung eine Genugthuung, so werde ich Ihnen einen Dollar zusprechen. Wenn aber der Doctor seinerseits drei oder vier tausend Dollars fordert, so werde ich Ihnen keinen Heller schenken. Es soll mir eine Lust sein, die Verläumdung zu züchtigen.

— Die Verläumdung! schrie Fox wuthschäumend. Wohin geht denn dann jeden Tag dieses prächtige Frauenzimmer, deren Namen man nicht nennen darf?

*

Ist es meine Schuld, wenn ich jeden Morgen bei meinem Wege zu Gericht wahrnehme, wie sie geheimnissvoll in ein nichts weniger als respektables Haus schlüpft? Wen kann wohl die ehrenwerthe Tochter des ehrenwerthen Staatsanwalts in der berüchtigten Lorbeerstrasse besuchen? Ich habe sie vor einigen Stunden hineingehen sehen; ich vermuthe, dass sie noch dort ist; denn in der Regel dauert ihr Aufenthalt ziemlich lange. Verklagen Sie mich nur wegen Verläumdung, Doctor, das wird ein sehr unterhaltender Skandal werden.

Ich sank in Humbugs Arme. Meine Tochter beschimpft! Meine Susanne verläumdet! Der Schlag war für einen Vater zu schwer. Ich sah nichts mehr, ich zitterte am ganzen Körper, Schmerz und Zorn drohten mich zu ersticken. Endlich konnte ich weinen; Thränen der Wuth und Verzweiflung, die, ohne meinen Kummer zu lindern, mir doch die Herrschaft über mich selbst ein wenig wiedergaben und es mir möglich machten, zu sprechen.

— Die Lorbeerstrasse ist zwei Schritte von hier, sagte ich zu Fox; Sie werden mir dahin folgen. Humbug, Sie gehen mit mir; Herr Seth, begleiten Sie uns. Vor Allem aber lasst mir diesen Menschen nicht entwischen, denn jetzt muss das Recht seinen vollen Lauf nehmen.

— Sei ruhig, Bruder Daniel, antwortete der Quaker, wir werden dich alle drei begleiten. Er betonte die Worte alle drei, betrachtete den Advokaten von Kopf bis zu Fuss, stülpte seine Aermel auf und fing an, mit einer Ochsensehne, die er in der Hand hielt, die Luft zu durchhauen.

— Meine Herren! versezte Fox mit sardonischem Lächeln, ich stehe zu Ihrer Verfügung. Aber ich bitte

Sie, wohl zu beachten, dass ich ganz unnüz bin bei diesem Gang, den vielleicht Jemand lebhaft zu bedauern Ursache haben wird. Noch ist es Zeit, Sie zurückzuhalten; ich bin nicht boshaft, aber ich muss Ihnen mittheilen, dass ich, einmal eingetreten in jenes Haus, troz aller Bitten und Thränen es nur mit dem festen Entschluss verlassen werde, Alles zu erzählen, was ich gesehen habe.

— Vorwärts, mein Herr, erwiderte ich, Ihr Mitleid kann nichts nüzen. Auf Humbugs Arm gestüzt ging ich wie ein Betrunkener weiter. Ich konnte dich nicht schuldig glauben, Susanne; denn ich glaube an deine Reinheit, wie an die eines Engels; aber dennoch sezte mich die Zuversicht dieses Menschen in Verwirrung, ich fürchtete einen unvorhergesehenen Schlag, eine Schlinge, irgend einen Hinterhalt. Wenn man liebt, hat man eben nur für sich selbst Muth.

— Hier ist das Haus, sagte Fox, und das ist der Eigenthümer.

Ich blickte auf; das Haus hatte ein übles Aussehen. Ein düsterer und feuchter Eingang, schwarze Mauern, die Scheiben zerbrochen oder mit Papierfezen verstopft, zerlumpte Wäsche an den Fenstern; das war schlimmer, als Armuth, hier herrschte die Unordnung und der Schmuz des Lasters. Susanne in dieser Höhle! es war unmöglich.

Unter der Thüre stand ein halbnackter Mensch; die Hände in der Hosentasche rauchte er seine Pfeife und betrachtete die Vorübergehenden mit der ganzen Frechheit eines müssigen Taugenichts. Bei unserm Anblick zog er seinen durchlöcherten Hut ab, stürzte auf mich zu und ergriff meine Hände mit einer Zärtlichkeit, die mir Schauder erregte. Es war Paddy, halb betrunken, nach Branntwein und Tabak stinkend.

— Ach, mein Befreier, schrie er; das ist schön, dass Sie einen Freund aufsuchen; treten Sie ein, meine Herren; wenn Sie sich nicht vor einem Glas Wein fürchten, so kommen Sie ganz recht an.

— Paddy, fragte ich, gehört das Haus dir?

— Nein, mein Befreier, antwortete er lachend; wenn dieser Palast mir gehörte, so hätte ich ihn schon längst vertrunken. Das Haus ist Eigenthum meiner Frau; es ist recht hübsch, nicht wahr?

— Ihr vermiethet meublirte Zimmer? fragte ich, auf einen Anschlag deutend.

— Ja wohl, Herr Doctor.

— Wer sind denn eure Miether? fragte Humbug in strengem Ton. Wahrscheinlich regelmässige Kunden von mir?

— Herr Richter, versezte der Trunkenbold stammelnd, wir sind nicht reich genug, um streng zu sein; man nimmt aus dem grossen Haufen auf gut Glück, was man findet, und greift nach der Tugend, wenn man eben kann.

— Wer bewohnt denn das Zimmer im ersten Stock? fragte der Advokat mit pfiffiger Miene.

— Was geht das dich an, Schwäzer? antwortete der Säufer. Bezahlst du vielleicht die Miethe?

— Antworte, sprach Humbug, vergiss nicht, dass du vor dem Richter stehst.

— O, ich habe gar nichts zu fürchten, versezte der Irländer aufgebracht. Sie begreifen, Herr Richter, dass in einem Zimmer, das die Woche drei Dollars kostet und im voraus bezahlt wird, nur anständige Leute wohnen. Im ersten Stock wohnt eine Dame, und, fügte

er halblaut hinzu, eine hübsche, sanfte, höfliche, an-
spruchslose Dame, die Perle des Hauses.

— Wer besucht sie? fuhr Humbug fort, der mich
erbleichen sah.

— Entschuldigen Sie, Herr Richter, wir sind nicht
im Verhörszimmer. Amerika ist ein freies Land; jeder
thut, wenn er bezahlt, was er will. Wenn hier Leute
eintreten, so betrachtet man sie nicht; und wenn man
sie betrachtet, so sieht man sie nicht.

— Spielen Sie nicht den Unwissenden, erwiderte
Fox. Denken Sie daran, dass ich Manchen habe einsperren lassen, der mehr werth war als Sie. Vor einer
Stunde habe ich in dieses Haus eine junge blonde Dame
in schwarzem Seidenkleid mit einem Strohhut eintreten
sehen; wohin ging sie?

Voll Angst näherte sich Paddy mir, um meinen
Schuz anzurufen.

— Mein Freund, sagte ich zu ihm, thu' mir den
Gefallen und antworte; sei überzeugt, dass wir nichts
Schlimmes beabsichtigen; ich werde dich für deine Ge-
fälligkeit belohnen.

— Mein Befreier, versezte er, für Sie habe ich
kein Geheimniss; Sie haben mir in der Noth beige-
standen, und ich bin ein Irländer; damit ist Alles gesagt; ich würde für Sie durch's Feuer gehen.

— Um des Himmels willen, murmelte ich, indem
ich ihm einige Dollars gab, sprich!

— Nun, Herr Doctor, versezte er, dieses blonde
Fräulein kommt jeden Tag um dieselbe Stunde zu der
jungen Dame im ersten Stock. Sie ist eben droben.

— Ich glaube, meine fernere Gegenwart ist unnöthig, sprach Fox ironisch; der Herr Staatsanwalt bedarf meiner Dienste nicht mehr.

— Mein Herr, versezte ich mit einer drohenden Handbewegung, ich will Ihren nichtswürdigen Verdacht zerstören.

Leider sprach ich nur so, um mich selbst zu täuschen; ich wusste nicht mehr, was ich denken sollte, ich war in Verzweiflung; Humbug nahm mich bei der Hand und ich trat in diese Höhle ein wie ein Mensch, der dem Tod entgegeneilt.

Im ersten Stock fanden wir die Thüre offen, wir traten in eine Art Vorzimmer oder Küche ohne Vorhänge und ohne Meubles. Ich hielt an, um Athem zu schöpfen; ich hörte die Schläge meines Herzens. Nachdem sich Seth überzeugt hatte, dass der Advocat sich noch in unserem Gefolge befand, schloss er geräuschlos die Thüre, und steckte den Schlüssel in die Tasche. Wir hatten von lästiger Neugier nichts zu fürchten.

Ich war ausser Stand, zu sprechen; ich machte daher meinen Begleitern ein Zeichen, stehen zu bleiben und schlich leise bis an den Eingang des zweiten Zimmers.

Vor mir, mit dem Rücken nach mir gewandt, sass eine Frau in einem alten Lehnstuhl und hörte aufmerksam den frommen Versen zu, die Susanne zu ihren Füssen, die Bibel in der Hand, vorlas.

— Liebe Susanne, rief die Unbekannte, nächst Gott bist du es, die mir das Leben rettet. Wie wohl thun mir deine Worte! du allein hast mich nicht verlassen.

Weinend umarmten sich die beiden Frauen.

Haben die Thränen eine ansteckende Wirkung? oder war die Erregung zu stark für mich? ich weiss es nicht; aber, war es nun Jammer oder Freude, ich fing an zu schluchzen.

— Mein Vater, rief Susanne, wie kommst du hieher?

— Liebes Kind, erwiderte ich, indem ich sie an mein Herz drückte und mir mit dem Taschentuch heftig die Nase rieb, um meine feuchten Augen zu verbergen, Väter sind neugierig; es gibt Tage, wo es ihnen lieb ist, zu wissen, wohin ihre Kinder gehen.

— Neugier ist ein hässlicher Fehler, entgegnete Susanne, und drohte mir mit dem Finger. Ein wohlgezogener Vater hätte zu seiner Tochter gesagt: Erlauben Sie mir, mein Fräulein, Sie zu begleiten? Und dann hätte das Fräulein sich nicht bitten lassen, sondern, wie ich jetzt, ihren Vater beim Arm genommen; sie hätte ihn zu einer armen, jungen, hilfsbedürftigen Frau geführt, und hätte zu ihm mit einer zierlichen Verbeugung gesagt: Doctor Smith, ich bitte um Ihre freundliche Theilnahme für meine liebe Dinah.

— Mein Herr, sprach die Fremde, indem sie mich bei den Händen ergriff, segnen Sie sie, sie ist mein rettender Engel.

Indem sie sprach, hatte sie sich erhoben, und ein Lächeln überflog ihre blassen Züge, als sie plötzlich einen furchtbaren Schrei ausstiess und zitternd und mit gesenktem Haupte auf den Lehnstuhl zurück sank.

Vor ihr stand der Quaker mit gekreuzten Armen und wüthender Miene.

— Gnade, mein Bruder, murmelte die Unglückliche, habe Erbarmen mit mir.

— Also so hältst du Wort? rief Seth; deine Mutter glaubt dich auf dem Weg nach Californien; sie hat dir bei der Abreise ihren Segen gegeben, soll sie ihn zurücknehmen?

— Seth, versezte die junge Frau unter Thränen, ich reiste ab, aber der Muth verliess mich; ich kann meine Mutter und die, welche mich lieb haben, nicht verlassen.

— Sage es lieber gerade heraus, dass du ihn zu deinem Verderben wiedersehen wolltest.

— Nein, nein, rief sie, ich bin ein ehrbares Mädchen, er weiss nicht, dass ich hier bin und wird es niemals erfahren. Ich habe Niemanden als meine liebe Susanne gesehen.

— Was willst du thun? versezte der Quaker mit einer Härte, die mich verlezte; du weisst, dass es zu Hause kein Brod mehr für dich gibt.

— Seth, erwiderte sie, zermalme mich nicht, ich werde euch nicht zur Last fallen. Susanne hat für mich eine Stelle als Lehrerin in einem kleinen Städtchen gefunden, wo mich Niemand suchen wird. Ich werde von meiner Arbeit leben, und ich verlange nichts, als dass ich einmal wöchentlich meine Mutter umarmen und meine Heimath wiedersehen darf.

Inmitten solcher Familienscenen ist nichts peinlicher als die Anwesenheit eines Dritten. Ich zog mich daher mit Humbug zurück, als ich im Hintergrunde des Vorzimmers in einer dunklen Ecke unseren Fox in die Betrachtung eines vergilbten Kupferstichs vertieft sah. Es war ein Bild des Renners *Monarch*, des Siegers im Derbyrennen von 1812. Einen Bösewicht überführen und sich an seiner Verwirrung weiden ist ein doppeltes Vergnügen; ich machte mir daher auch gar kein Gewissen daraus, den Verläumder aufzuziehen.

— Ich hätte Ihnen keine solche Leidenschaft für den Turf zugetraut, sagte ich zu ihm. Es ist seltsam, dass die Lorbeeren des *Monarch* auf ein halbes Jahrhundert hinaus den berühmtesten Advokaten von Massachusetts verstummen lassen. Das gehört in die Zeitung.

— Um Gottes willen, Doctor, murmelte er, lassen Sie mich hinaus.

. Sein Gesicht war so entstellt, seine Stimme so schwach, dass er mir wirklich leid that; ich hätte ihn solcher Gewissensbisse nicht für fähig gehalten. So übel, dachte ich, urtheilt man von den Leuten. Man bildet sich ein, dass die Advokaten nur auf fremde Rechnung gefühlvoll sein können. Welch' ein Irrthum!

Ich wollte eben in das Zimmer zurückkehren, um von Seth den Schlüssel zu verlangen, den er aufbewahrt hatte, als der Quaker rasch heraustrat; an ihm hing seine Schwester, die er mit Verachtung zurückstiess. Susanne vergoss heisse Thränen, Humbug versuchte einige gute Redensarten an den Mann zu bringen, wir Alle waren erregt; Fox allein war wieder in seine vorige Bewunderung für den *Monarch* versunken; unbeweglich und stumm schien er mit seinen Blicken die Mauer durchbohren zu wollen.

— Noch einmal, rief der Quaker, indem er versuchte, die Hände, die sich krampfhaft an seine Kleider klammerten, mit Gewalt zu entfernen, wiederhole ich dir die Worte deiner Mutter: „„Nur am Arm eines Gatten sollst du unser Haus wieder betreten““. Da dieser schöne Unbekannte dir die Ehe versprochen hat, so lass' ihn doch seinen Schwur halten.

— Das gibt ja einen Process, rief ich; wohlan, edler Rächer der Unschuld, wohlan, Meister Fox, das ist der Augenblick für Sie, sich zu zeigen.

Wenn der Blitz zu meinen Füssen eingeschlagen hätte, so würde er mich weniger erschreckt haben als

die Explosion, welche meinem unzeitigen Scherze folgte.
Kaum hatte Dinah die Augen zu dem Advokaten erhoben, als sie wie toll, lachend und weinend zu gleicher Zeit, sich aufrichtete und schrie:

— Gabriel, komm, mein lieber Gabriel! Hier ist
er, mein Bruder!

Ich konnte diesen Sturm, den ich entfesselt hatte,
nicht begreifen; der Scharfblick des Quakers war grösser.
Während Dinah ihrem Gabriel um den Hals fiel, schlang
Seth den Riemen seiner Ochsensehne zwei oder dreimal um seine Faust, trat zu Fox, der sichtlich erbleichte, und sagte in einem nicht sehr beruhigenden
Tone:

— Bruder, besinne dich und erkläre dich; ich warte.

Zwischen den Zärtlichkeiten der Schwester und den
Drohungen des Bruders machte der Advokat eine so
klägliche Miene, dass ich eine wahre Freude daran
hatte. Der natürliche Mensch ist ein schlimmes Geschöpf; das Evangelium allein ist es, das uns unsere
Feinde lieben lässt.

Humbug war ein besserer Christ als ich.

— Meine Herren, sprach er mit ernster und sanfter Stimme; ich glaube, dass die Reihe an mich gekommen ist. In einer so zarten Angelegenheit gebührt
dem Richter das letzte Wort:

Nec Deus intersit, nisi dignus vindice nodus
Inciderit.

Lieber Fox, ich bin über Ihre Anschauung nicht
im Zweifel. Wenn man Sie in einem ähnlichen Falle
um Rath fragen würde, so würden Sie ohne Bedenken
antworten, dass ein Prozess wegen Bruchs eines Ehe-
versprechens für einen Advokaten die unangenehmsten

Folgen nach sich ziehen müsste, nicht nur den Verlust einer beträchtlichen Geldsumme, sondern den Ruin seiner Praxis, vielleicht sogar die Nothwendigkeit, auszuwandern. Ist das nicht Ihre Ansicht?

— Ja, murmelte Fox seufzend.

— Brauche ich noch zu erwähnen, fuhr der treffliche Humbug fort, der dem Ertrinkenden nunmehr die rettende Hand reichen wollte, brauche ich noch zu erwähnen, dass für einen Mann wie Sie diese Erwägungen, so ernst sie auch sein mögen, keinen Gegenstand der Beunruhigung bilden können? Ein Mann wie Sie hält sein Wort, wenn er es einmal gegeben hat; nicht wahr?

— Ja wohl, stöhnte der Advokat von neuem, ich habe Dinah immer geliebt; was mich abhielt, waren Schwierigkeiten . . .

— Welche nicht mehr bestehen, unterbrach ihn Humbug; dann sind wir ja Alle einig. Dann ist der Ausgang derselbe, wie in einem guten Lustspiel; in den ersten Akten Liebe, Thränen und Widerwärtigkeiten und zum Schluss die Heirath.

Fox umarmte Dinah mit saurer Miene und reichte dem Quaker die Hand; Dinah, roth vor Freude, lief auf Susanne zu.

— Theure Freundin, sagte sie, dir allein verdanke ich mein Glück.

— Das ist Alles ganz schön, sprach Seth, den sein praktischer Verstand niemals verliess. Aber weil wir da Alle so hübsch beisammen sind und den Herrn Friedensrichter bei uns haben, so steht gar nichts im Wege, den Ehevertrag auf der Stelle aufzunehmen.

— Recht gern, versetzte Humbug; Fräulein Susanne, Sie werden meinen Actuar machen. Gesagt, gethan; ich glaubte, dass solche Eheschliessungen nur
auf dem Theater ausführbar wären, wo sie sich hinter
der Coulisse gleich wieder auflösen; aber in Amerika
hat man immer so grosse Eile, dass man sich diese
Sitte angeeignet hat. Sind einmal die Liebenden einig,
so braucht man weder Verwandte - noch einen Notar.
Zwei „Ja" vor einem Friedensrichter und du bist auf
ewig verheirathet. Der Wille bedeutet Alles, die Form
nichts. Diese Leute haben keinen Geschmack an Ce-
remonieen.

Mit Freuden verliess ich das Haus, das ich mit sol-
chem Kummer im Herzen betreten hatte! Paddy machte
eine Ernte an Dollars, dass er gewiss auf eine ganze
Woche nicht mehr nüchtern wurde. Niemals hatte die
Lorbeerstrasse eine so anständige und fröhliche Gesellschaft gesehen. Ich eröffnete den Zug mit meiner Susanne, Humbug und Seth bildeten den Schluss; zwischen uns ging das neue Paar, Dinah lächelnd wie die
Morgenröthe, Fox mit gesenktem Haupte, verlegen wie
ein Fuchs, den eine Henne überlistet hat. Aber wenn
man glücklich ist, so schadet ein bischen Verlegenheit
nichts. Hatte der Unkluge zu leichtfertig mit der Liebe
gespielt, wie wurde er für seinen Fehler gestraft? Durch
den Besiz einer reizenden Frau. Ich weiss brave Leute,
die um diesen Preis gern Bösewichter würden.

Man musste Dinah's Mutter auf die Rückkehr ihrer
Tochter vorbereiten, auch Fox musste seine Heirath
seinen Freunden anzeigen und sein Haus bestellen. Inzwischen, bis zum Freudentage, behielt Susanne ihre
Freundin bei sich; mir war die Rolle des Brautvaters

zugedacht; durch die glückliche Thorheit, die ich begangen hatte, besass ich darauf einiges Recht.

Man bewilligte Fox noch eine kurze Freiheit, die
er nicht mehr missbrauchen konnte, und der ganze Zug
begab sich zu mir. Im Hause war grosse Freude; niemals war unser Mittagsmahl heiterer. Martha riss ihren Mund auf, wie einen Kamin und ächzte wie ein
Vulkan, während sie ihre Schwägerin bewunderte und
bediente. Susanne und Alfred hatten sich jeden Augenblick etwas ins Ohr zu flüstern und Dinah allein durfte
an dieser geheimnissvollen Unterhaltung, wobei fortwährend gelacht wurde, Antheil nehmen. Seth verschlang Alles, was auf dem Tisch stand, mit der Befriedigung eines Mannes, der ein grosses Geschäft beendigt hat und bei fremden Leuten speist. Humbug,
der ungeachtet seiner enormen Statur nur wenig ass
und nur Wasser trank, entschädigte sich für seine
Mässigkeit durch die heitersten Citate aus Horaz, jenem Zecher, der gleichfalls nüchtern die Freuden der
Trunkenheit zu besingen wusste:

Nunc est bibendum, nunc pede libero
Pulsanda tellus.

Ich freute mich in stiller Sammlung über die Fröhlichkeit und das Glück der jungen Leute. Nichts aber
vermag die Freude und Lebendigkeit meiner Jenny zu
schildern. Sie konnte nicht mehr an einem Platz stehen
bleiben, sie lief hin und her und belud alle Teller mit
Roastbeef, Kartoffeln, Schinken, Pastete, Käse, Obst,
Kuchen; sie liess das *Scotch-ale*, den Madeira, den
Rheinwein in Strömen fliessen; sie hatte ein liebenswürdiges Wort für alle Männer, eine Liebkosung für alle
Frauen. Eine Heirath! das war für sie das grosse Loos
in der Lotterie des Lebens. Wenn es in der Bibel einen

Vers gab, den Jenny als einen vorzugsweise auf gött-
licher Inspiration beruhenden ansah, so war es das
grosse Wort, das der Herr in der Genesis an das erste
Menschenpaar richtet: *Seid fruchtbar und mehret euch
und füllet die Erde und machet sie euch unterthan.* Die
treffliche Frau war mit Leib und Seele Amerikanerin
und Protestantin. Der Cölibat war in ihren Augen ein
Verbrechen oder wenigstens eine Krankheit, die man
nicht rasch genug heilen konnte. Wäre es nach ihrem
Willen gegangen, so hätte es auf der ganzen Welt bald
keinen Junggesellen mehr gegeben; ich glaube, sie
hätte schliesslich den Papst mit Italien vermählt.

. Am folgenden Morgen dachte ich endlich an die
Erfüllung meiner ärztlichen Pflichten im Kinderspital.
Am Krankenhaus angelangt, fragte ich nach dem Direktor; dieser Direktor war eine Frau, die Lehrerin Susannens, die berühmte Madame Hope, Doctorin der
Medizin und Professorin der Gesundheitslehre; auch ein
Unsinn, wie man ihn nur in den vereinigten Staaten
findet! Uebrigens war sie eine achtbare Matrone, die
mich als Collegen begrüsste und sofort die Krankenbesuche mit mir begann.

Das Spital war eine musterhafte Anstalt; ich habe
nirgends eine so vollendete Einrichtung gesehen. Ge-
räumige Säle mit einer kleinen Anzahl Betten in weiten Zwischenräumen, keine Bettvorhänge, viel Luft, ein
mildes Licht, Ruhe, ausgesuchte Reinlichkeit, keine Spur
jenes faden und ekelhaften Geruchs, der bei uns das
Krankenhaus zu einem Gegenstand des Widerwillens
und häufig selbst zu einem vergifteten Aufenthalt macht.
Zum ersten Male fand ich hier alle Bedingungen vereinigt, welche die Hygieine und die Humanität aufstellen.

Auf den Ruf von Madame Hope flog ein ganzer Trupp junger Frauen herbei. Ein schwarzes Kleid, eine hohe Schürze, eine kleine weisse Mütze gaben ihnen fast das Aussehen von barmherzigen Schwestern. Es waren die Assistenten des Spitals, lauter künftige Doctoren in Unterröcken für das freie Amerika. Sie folgten meiner klinischen Wanderung mit der grössten Aufmerksamkeit; ich war erstaunt über die Klarheit ihrer Angaben, wenn sie mir eine Krankengeschichte vortrugen, und über die Sorgfalt, mit welcher sie alle meine Worte und Vorschriften notirten; aber ich hatte zu viel gesunden Verstand, um diesem chimärischen Versuche eine ernsthafte Bedeutung beizumessen; ich fragte daher auch Madame Hope, welche Erwartungen sie sich denn von dieser sonderbaren Ausbildung mache.

— Ich glaube allerdings, erwiderte sie, dass wir einer grossen Reform entgegen gehen. Diese jungen Schülerinnen haben nun schon zwei Jahre das Entbindungshaus besucht; im nächsten Jahre werden wir sie in die Klinik für Frauenkrankheiten schicken und sie so zu wirklichen Aerzten ausbilden.

— Bravo! rief ich, das wird reizend für uns Graubärte sein, wenn uns ein achtzehnjähriger Hippokrates in Crinoline und Spitzen behandelt.

— Nein, nein, erwiderte sie, mit euch Herren wollen wir nichts zu schaffen haben. Aber die Geburtshilfe, die Pflege kleiner Kinder, die Frauenkrankheiten und der weibliche Irrsinn gehören uns; darauf verstehen wir uns besser als Sie. Man wird Ihnen die Chirurgie und einzelne Ausnahmsfälle überlassen; aber Alles, was eine Mutter oder eine Frau Ihnen jetzt nur mit Widerstreben anvertraut, werden wir für uns nehmen; man wird Sie aus einer Domäne vertreiben, in

der Sie sich nur mit Unrecht festgesetzt haben. Wir
wollen die Schamhaftigkeit wieder in die Medizin einführen. Wie gewöhnlich wird das Vorurtheil gegen uns
schreien; aber wir haben Frauen, Väter und Gatten
für uns, wir werden den Sieg behalten; ist das nicht
Ihre Meinung?

Was soll man einem Fanatiker antworten, namentlich wenn dieser Fanatiker eine Frau, das heisst ein
von Natur schwaches und mit einem organischen Ei-
gensinn behaftetes Wesen ist? Ich brach die Unterhaltung ab und setzte meine Besuche fort. Die Krankheiten waren nicht schwer, und die Pflege der kleinen
Kranken war eine so zarte und zweckmässige, dass
ich nur wenig mehr anzuordnen fand. Ich hatte nur
eine einzige Operation von geringer Wichtigkeit zu machen. Ich öffnete am Hals eines Kindes einen übel
aussehenden und unbequem liegenden Abscess. Die
Leichtigkeit der Hand, die Schönheit und Eleganz des
Verbandes haben immer den Ruhm unserer Pariser
Schule ausgemacht; ich hatte daher auch bei meinen
jungen Schülerinnen einen grossen Erfolg. Mein ganzer Verband mit seinen sinnreichen Windungen wurde
sofort abgezeichnet und die Zeichnung als Muster im
Operationssaal aufgehängt. Wahrhaftig, wenn ich so
viel Verstand, guten Willen, Aufmerksamkeit sah,
konnte ich wohl auf Augenblicke zugeben, dass die
Frauen zu etwas anderem gut sind, als den Kindern
Brei zu geben. *Das ist alles ganz gut*, hätte Montaigne
gesagt, *aber sie tragen ja keine Hosen!*

Zur rechten Zeit fiel mir diese verständige Erwä-
gung ein, und, ich muss es zu meiner Ehre sagen, ich
blieb der alten Lehre meiner Fakultät treu. In der
Politik mögen die Neuerungen hingehen; da sind sie

unschädlich; aber in anderen Dingen lebe das Vorurtheil! Der Beweis seiner Heilsamkeit liegt darin, dass
es die Mehrheit für sich hat und dass man die Neuerer
steinigt. Ich fand diese jungen Ketzerinnen reizend,
aber die Ketzerei selbst war abscheulich; ich konnte
sie unmöglich anerkennen.

Nach Beendigung der Krankenbesuche begab ich
mich zur Sitzung des Verwaltungsrathes; Madame Hope
begleitete mich und nahm unter uns Platz, ohne dass
ihre Gegenwart bei irgend Jemanden Befremden erregt hätte. Unter den trustees oder Verwaltern fand
ich bekannte Gestalten, den Apotheker Rose, den
wackern Oberst Saint-John, den liebenswürdigen Humbug und den unerträglichen Puritaner Noë Brown. Die
Vorsteherin ergriff zuerst das Wort; sie setzte mit den
Nachweisungen in der Hand und in guten Ausdrücken
die Unzulänglichkeit des Gebäudes und die Nothwendigkeit auseinander, einen benachbarten Garten zur
Anlage eines Spielplatzes für die Reconvalescenten zu
kaufen. Als sie geendigt hatte, verlangte man mein
Gutachten zu hören.

— Diese vortreffliche Idee, sagte ich, findet meine
vollste Zustimmung und ich bin überzeugt, wenn man
der Verwaltungsbehörde eine eben so klare und gut
ausgearbeitete schriftliche Darstellung vorlegt und ihr
dieses Projekt empfiehlt, so wird man in acht bis zehn
Jahren die Genehmigung zu dieser dringenden Verbesserung erlangen.

— Von welcher Verwaltungsbehörde sprechen Sie?
fragte der Oberst, der als Alterspräsident den Vorsitz
führte.

— Ich spreche von der Centralverwaltung der Krankenhäuser.

— Was ist denn das für ein Ungeheuer? rief Humbug lachend. Brown, ist das vielleicht ein neuer Name für den Leviathan?

-- Nur keine Scherze, sagte ich zu Humbug; ich nehme an, dass dieses Krankenhaus wie alle anderen unter dem Schutze und der Aufsicht einer grossen Centralverwaltung steht. Gleichviel, ob der Staat oder die Stadt oder eine Specialcommission die Verhältnisse unseres Krankenhauses ordnet, überwacht und organisirt, so viel ist klar, dass es immer von irgend Jemanden abhängen muss.

— Diese Klarheit, versetzte der grobe Brown, ist gerade das Gegentheil von der Wahrheit. Gott sei Dank! Wir hängen von Niemanden ab. Wir haben uns hier vereinigt, um das Elend zu erleichtern, wir wenden gemeinsam unseren guten Willen, unsere Zeit und unser Geld an, wir legen unsere Satzungen dem Staat vor, der uns Corporationsrechte ertheilt; wer sollte da noch das Recht haben, sich in unsere Angelegenheiten zu mischen? Ist die Krankenpflege ein Verbrechen? Ist sie eine ausschliessliche Aufgabe des Staates oder der Gemeinde? Ich bin ein Christ, ich unterstütze die Armen nach meiner Manier; wer kann mich in der Ausführung dieser ersten Pflicht hindern? Oder kann man etwa die Seligkeit durch Stellvertretung erwerben?

— Erlauben Sie mir, erwiderte ich ihm, Niemand verbietet Ihnen, Ihr Geld herzugeben; keine Tyrannei hat jemals die Grausamkeit so weit getrieben. Aber das Recht der Gründung eines Krankenhauses ist etwas anderes; wenn man den ersten besten ein solches Asyl eröffnen lässt, zu welcher Unordnung muss man kommen? Sie werden dann bald homöopathische Krankenhäuser haben, und wer weiss, was sonst noch?

— Homöopathische Krankenhäuser? sagte Rose; wir haben schon drei in der Stadt, und ein viertes soll errichtet werden; was ist daran schlimmes?

— Rose, lieber Freund, rief ich; Sie, ein rechtgläubiger Apotheker, behaupten solche Ungeheuerlichkeiten?

— Lieber Doctor, antwortete Rose, wir kennen eine 'offizielle Rechtgläubigkeit nicht einmal in der Religion. Wir lassen Jedem das Recht, Gott nach dem Bedürfnisse seines Gewissens zu suchen. Wir dürfen hinsichtlich der Sorge für den Leib mit Fug und Recht nicht strenger sein, als hinsichtlich der Pflege der Seele. Uebrigens, lieber Freund, sind wir beide Auguren; wir wissen beide was wir von der offiziellen Medizin und von den rechtgläubigen Pillen zu halten haben.

— Meinethalben! versetzte ich; proklamirt nur die Freiheit des Charlatanismus und der Vergiftung; nichts setzt mich mehr in Erstaunen in dieser Republik, die auf ihre Bundesfahne den Wahlspruch der Abtei Thélème setzen sollte: *Fais ce que tu voudras.* Aber ich will im Namen der Zweckmässigkeit und des gesunden Verstandes mit Ihnen sprechen; wie viel haben Sie denn bei diesem System des *laissez faire* Krankenhäuser in der Stadt?

— Höchstens ein Hundert, sagte Madame Hope.

Diese Ziffer setzte mich in Erstaunen; ich hatte nicht an diese Fruchtbarkeit der anarchischen Krankenpflege geglaubt; aber gleichwohl war ich mit meinen Gründen noch nicht in Verlegenheit.

— Hundert Krankenhäuser! rief ich; meine Herren,

beachten Sie diese furchtbare Zahl; wenn sie auch den Christen von Paris in Massachusetts Ehre macht, so müssen Sie sich doch als praktische Leute über den nothwendigen schlimmen Erfolg dieser Vervielfachung und dieser Concurrenz klar sein. Doppelter Verlust an Mühe und Geld, hier Ueberfluss, dort vollständiger Mangel an Hilfe, Verschleuderung und Armuth. Nehmen Sie dagegen an, dass eine weit verzweigte Verwaltung alle diese zerstreuten Fäden vereinigt und diesen wirren Kräften eine Richtung gibt, stellen Sie auf die Spitze der Pyramide einen wachsamen, thätigen, sparsamen Mann; sofort wird Ordnung herrschen, und mit der Ordnung alle Wohlthaten der Einheit! Aerztliche Hierarchie, regelmässige Klinik, geordneter Unterricht, Centralkasse, Centralapotheke, Centralbäckerei, Centralmetzgerei, einheitliche Verwaltung der Betten und der Wäsche, Sie haben mit einem Worte ein wahres Reich, das Reich der Krankenpflege, mit seinem Haupte, seinen Ministern und seinen Unterthanen. Das ist kein Traum; dieses Ideal ist in den Ländern, die an der Spitze der Civilisation stehen, eine Wahrheit. Ich behaupte, dass es mir, Dank der wunderbaren Macht der Centralisation, leicht sein würde, mit einer kleinen Anzahl grosser Spitäler und einer kräftigen Organisation die Zahl eurer Krankenbetten zu verdoppeln, ohne einen Dollar mehr auszugeben.

— Ich bin davon überzeugt, sagte Humbug. Mit seinem Talisman ist der Doctor im Stande, die Welt umzuschaffen und alle ungeordnete Freiheit daraus zu vertreiben. Ich verlange, dass man ihm auf demselben Wege die Leitung der Spinnereien, Giessereien, Bauwerkstätten, Fabriken und alles andere übergibt. Ich zweifle nicht, dass er mit Centralwerkstätten und

einer Hierarchie von Ingenieuren die Produktion verdoppelt und die Kosten vermindert.

— Sie sind unerträglich, erwiderte ich ihm; halten
Sie mich für einen Communisten? Weiss ich vielleicht
nicht, dass diese Einheit in der Industrie ein Hirngespinnst ist?

— Warum denn? versetzte der ewige Spötter.
Führt die Centralisation nicht auch in der Industrie
nothwendiger Weise Ersparniss an Kraft, Regelmässig-
keit in der Produktion, eine Hierarchie unter den Arbeitern und Disciplin in der Arbeit herbei?

— Ohne Zweifel, antwortete ich; aber das ist nur
die nebensächliche Seite der Frage. Diese mechanische
Einförmigkeit würde das sittliche Gesetz der Produktion zerstören. Was bedeutet diese gekünstelte Regel-
mässigkeit, wenn sie das Auge des Herrn schwächt,
wenn sie die individuelle Anstrengung, das Privatinteresse, die freie Concurrenz vernichtet? Das ist ein Was-
sertropfen in den Ozean. Was ich Ihnen vorschlage,
ist im Gegentheil . . . .

— Ist genau das Nämliche, unterbrach mich Humbug mit Lebhaftigkeit. Privatinteresse, individuelle Anstrengung, freie Concurrenz, alle diese Triebfedern, die
Sie so wohl zu würdigen wissen, sind zugleich auch
die bewegende Kraft für die Krankenpflege; und dazu
kommt hier noch die Opferwilligkeit, die nur in der
Freiheit gedeiht. Wenn der Staat oder die Gemeinde
die Aufgabe übernimmt, an meiner Stelle und für mich
die Armen zu unterstützen, wenn dieser grosse Mechanismus mir die Uebung meiner vornehmsten Christenpflicht abnimmt, so zahle ich mit saurer Miene eine
dürftige Abgabe, und dabei bleibt es. Aber wenn Sie
die Sorge für das Elend und die Freuden der Armen-

pflege mir überlassen, so opfere ich Ihnen meinen letzten Heller. Ich kümmere mich wenig um die anderen Krankenhäuser in der Stadt, ich kenne sie nicht; aber dieses gehört mir, diese Kinder sind die meinigen und ich liebe sie, wie wenn Gott sie mir selbst bescheert hätte. Wenn mein Tageslauf zu Ende ist, wenn ich traurig und müde bin, komme ich hieher; unter meinen kleinen Schützlingen vergesse ich meine Sorgen. Fragen Sie diese Herren, was sie die freiwillige Krankenpflege kostet. Ich schätze niedrig, wenn ich sage, dass sie ihnen den zehnten Theil ihres Einkommens wegnimmt; ich traue dem Staat nicht zu, dass er uns für seine offiziellen Krankenhäuser ein Zwanzigstel nehmen würde. Alles würde über Tyrannei schreien. Mag Geld verschleudert und Kraft vergeudet werden, ich gebe es zu; aber man muss das Resultat betrachten, und ich behaupte mit den Nachweisen vor meinen Augen, dass die individuelle Armenpflege die dreifache und vierfache Fruchtbarkeit der organisirten Armenpflege besitzt. Ihr System, lieber Doctor, wirft ohne Unterlass zwischen den Willen und die That ein Hinderniss, vor dem Alles zu Eis wird. Wir sind keine Blödsinnigen, also lassen Sie uns handeln und sehen Sie, was ein Volk mit der Freiheit erreichen kann. Vom politischen Standpunkt hat der Staat alles Interesse, uns die Ausübung einer so liebreichen und rein menschlichen Tugend zu überlassen; vom ökonomischen Gesichtspunkte macht er ein ausgezeichnetes Geschäft; er vervielfältigt die Hilfeleistung und die Unterrichtsgelegenheit, er dient zu gleicher Zeit der Wissenschaft und der Humanität.

— Meine Herren, sagte der Oberst, es scheint mir, dass wir uns von unserer Frage zu weit entfernen. Man verlangt von uns zwanzigtausend Dollars für die

Vergrösserung und Verbesserung unseres Krankenhauses; wir können nur eins thun; wir wollen Beiträge zeichnen und an unsere übrigen Mitglieder eine Aufforderung zur Betheiligung richten. Ich habe keine Kinder und habe diese Kleinen an Kindesstatt angenommen; ich will vorangehen, ich zeichne tausend Dollars.

Die Liste ging von Hand zu Hand; als sie an mich kam, that ich wie Rose und unterzeichnete fünfzig Dollars.

— Gestatten Sie mir ein letztes Bedenken, sagte ich zu dem Ausschuss. Ich sehe, dass wir um zehntausend Dollars einen Garten von geringer Ausdehnung kaufen; ist das nicht zu theuer?

— Es ist das Doppelte des wirklichen Werthes, antwortete Madame Hope, aber der Eigenthümer will ihn nicht billiger weggeben.

— Das ist spasshaft! rief ich. Ein Privatmann will sein Belieben und seinen Eigennutz höher stellen, als das Interesse der Armen! Man muss ihn expropriiren, wenn er nicht anders will; ermuthigen Sie nicht durch Ihre Schwäche solche gehässige Speculationen.

— Doctor Smith, sagte Brown mit zusammengezogenen Augenbrauen, das ist wieder Communismus im höchsten Grade.

— Nun, nun, versetzte ich achselzuckend, soll denn das Sonderinteresse dem allgemeinen Interesse nicht weichen?

— Ohne Zweifel, antwortete der Puritaner; aber nichts ist so gefährlich wie banale Sätze. Die Freiheit wird immer mit grossen Worten todtgeschlagen. Das Eigenthum, mein Herr, ist kein Interesse, es ist ein Recht. Das allgemeine Interesse ist ein elastischer und vager Begriff, der dem ungerechtesten wie dem wohl-

begründetsten Anspruch zur Deckung dienen kann.
Bevor wir diesen Begriff anwenden, definiren Sie mir
ihn erst.

— Unsere Gesetze haben die Frage schon entschieden, sagte Humbug. Es gibt bei uns nur vier Fälle
der Zwangsenteignung: ein Weg, eine Strasse, eine Eisenbahn, ein Canal. Aber obgleich bei uns das Ge-
meindewesen eine eminente Entwickelung erlangt hat
und die Stadt in Allem, was sie angeht, vollkommen
souverän ist, so gilt nichts desto weniger das Eigenthum als etwas so heiliges, dass die Gesetzgebungsge-
walt des Staates interveniren muss, ehe man daran
rütteln darf. Ein Gesetz bestimmt die Richtung und
ermächtigt zum Grunderwerb nach vorgängiger Entschädigung. Für alles Andere, für Schule, Krankenhaus, Gemeindehaus, Kirche stellt das Gesetz das Pri-
vatrecht höher als ein Interesse, das schliesslich doch
nur das einer Corporation oder eines Stadtviertels ist.
Doctor, wohin käme man mit Ihrem System? Man
würde mich der Erbschaft meines Vaters berauben,
mir meine Erinnerungen entreissen, mein Theuerstes
verspotten und mein heiligstes Eigenthum zerstören,
und warum? — um ein Theater oder eine Schenke zu
bauen. Das darf nicht sein.

— Was? rief ich; in einer Republik, wo das Volk
herrscht, wagt man diese veralteten feudalen Grundsätze
zu vertheidigen?

— Sie verstehen nichts von der Freiheit, sagte
Brown. Je demokratischer ein Land ist, um so stärker muss das Individuum, um so heiliger muss das
Eigenthum sein. Wir sind ein Volk von Königen; Alles, was das Individuum schwächt, führt uns zur De-
magogie, das heisst zur Unordnung und zum Umsturz;

Alles, was das Individuum stärkt, führt uns zur Demokratie, dem Reiche der Vernunft und des Evangeliums.
In einer freien Nation muss jeder Bürger unumschränk-
ter Herr seines Gewissens, seiner Person und seines
Vermögens sein; sobald man bei uns, anstatt von individuellen Rechten zu sprechen, vom allgemeinen Interesse zu sprechen beginnt, wird es um das Werk Wa-
shingtons geschehen sein; wir werden zu einer gewöhnlichen Pöbelmasse und werden einen Gebieter erhalten.

— Meine Herren, sagte der Oberst, der sich nur
schwach für unsern Streit interessirte, es steht nichts
mehr auf der Tagesordnung, die Sitzung ist geschlossen.
Entschuldigen Sie mich, wenn ich Sie verlasse. Es
sollen schlechte Nachrichten vom Kriegsschauplatz ein-
gelaufen sein und ieh wünsche, bald die Wahrheit zu
erfahren.

Es war mir lieb, den Puritaner und seine rauhe
Sprache los zu werden; aber unglücklicher Weise hatte
ich ihm gefallen oder vielmehr er hatte, wie ich vermuthe, die rühmliche Absicht gefasst, mich zu seinem
Fanatismus zu bekehren.

— Doctor, sagte er zu mir, ich muss Sie um eine
Gefälligkeit ersuchen. Wir haben vor kurzem in unserem District einen Arbeiterverein gegründet. Wir
richten eine Bibliothek, eine Modellsammlung, zwei
Zeichnensäle, öffentliche Vorträge und ein Lesezimmer,
mit einem Worte Alles ein, was für einen Verein dieser
Art zweckmässig ist. Die Kosten des Unterhalts werden
die Arbeiter selbst tragen; uns liegt der Gedanke fern,
uns ihnen als Wohlthäter aufzudrängen und ihr unab-
hängiges Wirken irgendwie zu stören. Es muss der
erste Grundsatz der Mildthätigkeit sein, niemals die
Würde oder die Verantwortlichkeit der Unterstützten

zu schwächen. Allein für die sehr beträchtlichen Kosten der ersten Einrichtung würde die Börse unserer Arbeiter nicht hinreichen; wir brauchen mindestens zehntausend Dollars. Um diese Summe zu erhalten, veranstalten wir öffentliche Vorlesungen gegen Eintrittsgeld. Der berühmte Everett hat uns seine Mitwirkung versprochen, ebenso der beredte Sumner. Wir werden hoffentlich auch den Philosophen Emerson und den Dichter Longfellow dafür gewinnen. Ich meinerseits werde eine Vorlesung halten, worin ich zeigen will, dass das Evangelium durch die Begründung der freien Arbeit und durch die Hebung der Arbeiter zu gleicher Zeit den Reichthum und die Freiheit der modernen Völker geschaffen hat. Sie werden mir Ihre Theilnahme nicht abschlagen. Zwei Vorträge des gelehrten Arztes unseres Krankenhauses über die Gesundheitspflege bei Neugeborenen sichern uns die Theilnahme aller Mütter und tragen uns wenigstens vierhundert Dollars ein.

— Haben Sie die Erlaubniss der Regierung? fragte ich ihn.

— Wahrlich Doctor, ich sage Ihnen, Sie werden geraden Weges ins Paradies eingehen, antwortete der Querkopf. Durch die Behandlung kleiner Kinder sind Sie selbst wie ein Kind geworden; Sie können nicht mehr ohne Gängelband gehen. Welche Erlaubniss brauche ich, um die Leute aufzuklären und ihnen Gutes zu erweisen?

— Wie! rief ich; Sie dürfen öffentliche Vorlesungen halten und zu den Arbeitern von Politik sprechen, ohne dass sich die Regierung darein mengt?

— Gewiss, versetzte er; wenn wir unsere Pflicht vergessen, ist ja das Gesetz und die Rechtspflege da; das genügt.

— Nein, das genügt nicht; der Staat kann nicht dem ersten besten das Recht überlassen, öffentlich zu sprechen. Die oberflächliche Belehrung, das Halbwissen flösst dem Volk einen unheilvollen Ehrgeiz ein; Sie setzen das Land und selbst die Religion in Gefahr.

— Das Zwielicht ist besser als die Nacht, es kann Neigungen und Leidenschaften regieren, versetzte Brown; und wie kann man das Licht überhaupt finden, wenn man es nicht sucht? Wir müssen also zum Volke reden und uns ohne Unterlass in Verbindung mit ihm erhalten. Das ist für uns als Demokraten und Christen eine Lebensfrage. Die Republiken gehen durch Unwissenheit zu Grunde und wenn Sie Unglauben fürchten, müssen Sie das Volk aufklären. In jedem Augenblick und überall brauchen wir Licht. Wenn das Christenthum eine Fabel ist, mag es fallen, ist es Wahrheit, so soll es herrschen. Oder glauben Sie vielleicht, dass wir Geistliche blosse Marktschreier sind, die vom Irrthum und der Leichtgläubigkeit leben?

— Beruhigen Sie sich, antwortete ich, wir wollen die Frage nicht so hoch anpacken. Sie werden mir zugeben, dass Sie, wenn Sie den Arbeitern einen Versammlungsort geben, einen Klub stiften, in dem die Arbeiter unbeschränkte Herren sind?

— Ohne Zweifel, weil er ihnen gehört.

— Sehen Sie denn nicht ein, dass dieser Klub bei dem ersten Streit mit den Arbeitgebern der Heerd einer Arbeitercoalition werden wird?

Wer kann die Arbeiter daran verhindern, erwiderte der Fanatiker kaltblütig, wenn sie eine Coalition bilden wollen? Wer seine Arbeit verkauft, hat eben so viel Recht, wie derjenige, welcher sie kauft. Das ist ein vollkommen freier Handel.

— Aber Sie predigen ja die Anarchie, rief ich, entrüstet über solche Verblendung.

— Mein Herr, entgegnete er mit seiner gewöhnlichen Grobheit, Ihre Sprache ist nicht die Amerikas. Unter Anarchie versteht man bei uns einen Angriff auf die Freiheit Anderer, nicht die Vertheidigung der eigenen Freiheit. — Glauben Sie mir, fuhr er fort und blickte begeistert zum Himmel auf, in der Pflege des Geistes ruht das Heil der christlichen Demokratie; sie erhält sich nur durch Bildung. Lassen Sie die Arbeiter lesen, sich belehren, alle möglichen Fragen erörtern; heben Sie sie, im schönsten Sinne des Worts, heben Sie sie bis zu Ihrem Standpunkt und heben Sie sich mit ihnen, dann werden Sie weder Coalitionen, noch Communismus, noch alle die Thorheiten fürchten, die den alten Continent in Schrecken setzen. Das sind Krankheiten, welche die Unwissenheit erzeugt; wir, Doctor, haben den Beruf, sie zu heilen. *Sursum corda*, das ist mein Wahlspruch!

— Den ich mit ganzem Herzen annehme, zählen Sie auf mich, antwortete ich, wider meinen Willen durch das Feuer seiner Begeisterung hingerissen. Mit Humbug allein fragte ich diesen, ob er mich nicht noch begleiten wolle.

— Sehr gern, Doctor Paradoxus, erwiderte er mit boshaftem Lächeln; Sie unterhalten mich zu vortrefflich mit Ihren prächtigen Theorieen. Je länger ich Sie höre, um so mehr weiss ich die Grösse unserer Institutionen zu schätzen.

— Ich danke für Ihr Compliment, antwortete ich ihm; es scheint, mein Lob der Centralisation macht auf Sie den Eindruck eines Nachweises der Freiheit *per absurdum*; Sie sollten milder sein, lieber Freund, und daran denken, dass es auf Erden noch andere Länder gibt als Amerika.

— Ich weiss, wo Sie hinauswollen, erwiderte er, Sie Fanatiker für die romanische Einheit, Sie frommer Anbeter Frankreichs. Auch ich liebe die Franzosen, Lafayette's Enkel sind für mich Brüder; aber dieses geistreiche Volk mag entschuldigen, wenn ich behaupte, dass es seit siebenzig Jahren eine völlig unlösbare Aufgabe verfolgt. In der Verfassung die Freiheit, in der Verwaltung den Despotismus aufpflanzen, heisst mit gebundenen Armen und Beinen gehen wollen; alle Geschicklichkeit der Welt würde das nicht zu Stande bringen.

— Wirklich? versetzte ich, über seine Eitelkeit lächelnd. Sagen Sie mir doch als praktischer Mann, was den Franzosen fehlt, um sich bis zur Civilisation der Yankees emporzuschwingen?

— Nur eins, erwiderte er mit grossem Ernst. Sie haben bei allen ihren politischen Systemen das Hauptstück vergessen. Ihre Staatsmänner sind alle wie der zerstreute Sam.

— Wer ist das?

— Das war der Bote meines Heimathsdorfes, versetzte Humbug heiter, ein schlauer und witziger Bursche, kühn bis zur Verwegenheit, sparsam bis zum Geiz, pünktlich bis zur Kleinlichkeit, der Stolz und die Ehre Connectikuts. Er hatte nur einen Fehler; er war in hohem Grade zerstreut. Eines Tages, wo er mehr als fünfzig Paquete unterwegs auszutheilen hatte, sah man ihn jedesmal in unruhiger Aufregung. — Ich habe etwas vergessen, sagte er, aber ich weiss nicht was. Endlich kommt er nach Hause, seine Kinder springen ihm entgegen. „Guten Tag, Vater, wo ist denn die

Mutter?" Lieber Gott, schrie Sam, indem er sich vor den Kopf schlug, das war's, was mir gefehlt hat; ich habe meine Frau vergessen!

Ganz so steht es mit den Franzosen; nehmen Sie nach Belieben eine jener Verfassungen, die man ihnen dutzendweise verfertigt hat; Sie werden Alles darin finden, den Staat und seine Rechte, das Individuum und seine Rechte; aber eins fehlt . . .

— Nun, was denn? rief ich.

— Die Gesellschaft, antwortete Humbug. Niemals ist einem französischen Gesetzgeber noch der Gedanke gekommen, dass die Gesellschaft, das heisst, die Association in allen ihren Formen, die freie Thätigkeit einer Vereinigung von Individuen, einen Platz in dem politischen Leben der Nation einnimmt. Wir Amerikaner räumen ihr das weiteste Gebiet ein, in Gemeinde, Kirche, Schule, Krankenhaus, Universität, Wissenschaft, Literatur, Kunst. Jede Association gilt für uns nur als eine erweiterte Familie, und alle diese Vereinigungen, die sich von Stufe zu Stufe erheben, bilden eben so viele Mittelglieder zwischen dem Einzelnen und dem Staat. Amerika ist genau genommen nur ein Verein von Familien, die ihre Angelegenheiten selbst besorgen. Was gibt es in Frankreich Aehnliches? Dort sieht man nur eins, die Verwaltung, einen riesigen Polypen, der seine Saugarme überall hinstreckt, sich an Alles anklammert, Alles erfasst und Alles erstickt!

Monstrum horrendum, immane, ingens, cui lumen ademptum.

Das Land ist entzweigeschnitten; auf der einen Seite steht die Gewalt mit allen Hilfsquellen einer furchtbaren Centralisation, auf der anderen Seite die Masse, die mehr oder weniger gern gehorcht. Daher alle die

Revolutionen, die dieses schöne Land zerreissen, daher ihr stetes Misslingen. Bald schwächt man die Autorität und beschränkt sie bis zur Ohnmacht; man glaubt die Freiheit zu vergrössern, gelangt aber nur zur Anarchie; bald wirft man sich auf das entgegengesetzte System, man spannt alle Bande straff an; man glaubt der Ordnung zu dienen und gelangt nur zur Willkür. Ein so beklagenswerthes Schauspiel bietet ein edles Volk, das sich aus dem Abgrund nur erhebt, um auf der anderen Seite wieder darin zn versinken!

— Und wie wäre zu helfen, lieber Freund? Wer weiss, ob nicht der Nationalcharakter die Ursache dieses beständigen Misslingens ist?

— Ich glaube nicht, versetzte Humbug, dass es Völker gibt, die zur Sklaverei geboren sind, ich nehme selbst die Neger nicht aus; ich sehe übrigens nicht, dass Frankreich jemals einen schlechten Gebrauch von der Association gemacht hat. Dank der Verwaltung, die bei jeder Revolution oben schwimmt und sich bei jedem Schiffbruche bereichert, hat man den Franzosen stets jene friedliche Freiheit, die alle andern mässigt und klärt, versagt. Man hat ihnen zehnmal ein Stimmrecht gegeben, dass ihnen nichts half; aber auf die Unabhängigkeit in ihren eigenen Angelegenheiten müssen sie noch immer warten. Eine Stunde lang sind sie Könige und schon den folgenden Tag versagt man ihnen die Freiheit zu handeln und zu reden. Unter solchen Bedingungen gewinnt man keine politische Erfahrung; die Souveränetät ist noch nicht die Freiheit. Mit der ersteren erlangt ein Volk oft nur das Recht, sich zu Grunde zu richten; erst mit der letzteren lebt und gedeiht es und hat sein Glück und seine Ehre in eigener Hand. Erst wenn die Franzosen den Versuch ge-

macht haben, sich selbst zu regieren, wird man sie
verurtheilen können; bis dahin hat Niemand das Recht,
sie anzuklagen. Lafayette, dessen in Frankreich vielleicht vernachlässigte Schriften man bei uns liest, hat
schon vor fünfzig Jahren jene Freiheit des Lebens, jene
Freiheit der Vereinigung gefordert, die unsere Grösse
ausmacht. Wenn ich die Ehre hätte, sein Landsmann
zu sein, so wäre das eine Erbschaft, die ich gern erheben möchte. Wer den Franzosen begreiflich macht,
dass die Centralisation sie knechtet und dass nur die
Association sie befreien kann, der wird für alle Zeiten
den Revolutionskeim aus dem Boden reissen und endlich in ein grossherziges Land den Baum der Freiheit
pflanzen, der nie verdorren wird. Er kann dann sicherer als Archimedes ausrufen: Eureka; denn er hat zu
gleicher Zeit zwei Schätze entdeckt, die kostbarer sind,
als alle Reichthümer der Erde: die Freiheit und den
Frieden.

— Bravo, Humbug! rief ich, das nenne ich Beredsamkeit. Aber, lieber Freund, wenn Sie solche Ge-
schichten in Paris in Frankreich erzählen wollten, würde
man Sie als einen Träumer auspfeifen, selbst wenn
man Sie nicht unter den Beifallrufen der modernen
Athener als einen Aufwiegler einsperren würde.

— Das sollte mich nicht wundern, versetzte er; die
Athener von ehemals hatten einen Philosophen, den die
Pythia für den weisesten unter den Menschen erklärte;
darum haben sie sich auch beeilt, ihn ums Leben zu
bringen. Die Schöngeister der Agora, die praktischen
Leute, klagten Sokrates als Revolutionär und als Atheisten an. Wie steht es denn heute mit dem Andenken
dieser grossen Staatsmänner, die in jeder Tonart wiederholten, dass sie das Vaterland gerettet hätten und

die sich natürlich ihre Dienste gehörig bezahlen liessen? Ein guter Bürger lässt sich nicht durch solche elende Hindernisse aufhalten; er vertheidigt die Wahrheit mit einer unbesiegbaren Hartnäckigkeit, er warnt vor den Klippen, er kämpft, er ruft, bis ihn die Wogen verschlingen; manchmal rettet er die Leute wider ihren Willen und von seiner Mitwelt erwartet er nichts. Der Dank ist die Tugend der Zukunft.

— Sonderbares Volk! murmelte ich. Bei diesen Krämern werden die Ueberzeugungen zu Leidenschaften, während bei uns, einem so heldenmüthigen und pathetischen Volk, die Leidenschaften und Interessen zu. . . . Ich behielt den Rest meiner Betrachtung für mich.

Die Schule.

Unter diesem Gespräch waren wir in die Bundes-
strasse gelangt. Vor uns erhob sich auf einem Hügel,
der die Stadt und ihre Umgebung beherrschte, ein stolzer Bau von gewaltigem Aussehen, ein viereckiger
Thurm mit zwei Seitenflügeln. Wäre ich in einem civilisirten Land gewesen, so würde ich gesagt haben:
„Das ist die Gendarmeriekaserne oder das Regierungs-
gebäude"; bei diesem wilden Volk ohne Polizei und
ohne Regierung war es nur der Abcpalast, es war die
Schule! Man kann eine Nation nach ihren Bauwerken
beurtheilen.

— Nun, Doctor, fragte Humbug, wie gefällt Ihnen
unser neuer Jugendpalast?

— Von aussen sehr gut, antwortete ich; aber er
scheint mir schlecht angelegt zu sein. Ich sehe dort
oben an jener Thüre grosse fünfzehnjährige Jungen
und junge Mädchen von demselben Alter zugleich eintreten; das ist nicht passend. In jeder wohlorganisir-
ten Schule trennt man die Geschlechter; ihr scheint
von dieser Vorsicht gar nicht einmal eine Idee zu haben.

— Zwei Eingänge für Kinder, die in dem nämlichen Saale arbeiten sollen? sagte Humbug, wozu?

— In dem nämlichen Saale? rief ich; woran denken Sie? das wäre ja der Gipfel der Unsittlichkeit.

— Etwas Unsittliches kann ich bloss in Ihrer Idee finden, versetzte Humbug lachend. Unsere Kinder, lieber Doctor, sind ehrbare Kinder; man findet bei uns nur
Virgines lectas puerosque castos.
Die Schule ist eine grosse Familie, wo es nur Brüder und Schwestern gibt, die in der Arbeit wetteifern. Wie kommen Sie denn zu dieser entsetzlichen Aengstlichkeit?

— Nun, lieber Freund, dann sind die Yankees Engel, die Männlein und die Weiblein.

— Die Yankees, versetzte der Richter, sind Menschen, welche sich die Mühe geben, nachzudenken und zu überlegen.

— Und Europa, erwiderte ich, mit seiner zweitausendjährigen Erfahrung ist wahrscheinlich nur eine Närrin, die nicht weiss, was sie sagt und thut?

— Lieber Doctor, sagte Humbug, die Engländer haben uns zuerst ausgelacht; jetzt ahmen sie uns nach. In zehn Jahren wird es in England keine einzige Schule mehr geben, in der nicht die beiden Geschlechter vereinigt sind. Was die anderen europäischen Völker betrifft, so ist ihre Erziehung so lange Zeit in den Händen der Geistlichkeit gewesen, dass es mehr als eines Tages bedarf, um ihre Vorurtheile zu zerstören. Wir erziehen unsere Kinder weder zu Mönchen noch zu Soldaten; wir wollen Menschen für den Dienst der Gesellschaft vorbereiten. Warum soll man also nicht aus der Schule ein Bild der Familie und der Gesellschaft machen?

— Ihr seid unvorsichtig, rief ich, ihr spielt mit dem Feuer.

— Wir sind Familienväter, versetzte Humbug; wir wissen aus Erfahrung, dass es für die Veredelung des Herzens, für die Bildung des Characters und für die Erzeugung grossherziger Ideeen nichts besseres gibt, als diese erste Gemeinsamkeit der Arbeit und des Studiums:

Emollit mores, nec sinit esse feros.

Unvorsichtig und unsinnig ist nur die angebliche Weisheit des alten Continent. Knaben und Mädchen trennen, sie von frühester Jugend auf belehren, dass sie für einander eine geheimnissvolle Gefahr sind, die jugendliche Einbildungskraft trüben und aufregen und dann plötzlich im gefährlichsten Augenblick die Männer glühend und verwegen, die Frauen unruhig, schüchtern und schutzlos der Welt preisgeben, das ist masslose Thorheit; entschuldigen Sie, würdiger Doctor. Ihre klösterliche Erziehung ist nur ein Deich, der alle Leidenschaften ansammelt und vergrössert; unsere gemeinsame Erziehung gewöhnt die Kinder daran, sich wie Geschwister zu lieben und sich gegenseitig zu achten.

— Ist es möglich, rief ich, dass die Gefahren Ihres Systems Ihnen nicht in die Augen springen?

— Fragen Sie unsere Lehrer, rief er; Sie werden nicht einen finden, der nicht auf unsere gemischten Schulen stolz wäre. Diese Erfindung und die Ehre derselben gehört Amerika an. Wie immer haben wir Vertrauen auf die menschliche Natur und auf die Freiheit gehabt, und wie immer hat der Erfolg unser Vertrauen gerechtfertigt. Nirgends ist der Unterricht besser, nirgends die Sittlichkeit grösser, als bei dieser uns so theueren Einrichtung. Der Wetteifer zwischen beiden Geschlechtern ist ein Sporn ohne Gleichen. So jung er auch ist, schämt sich der Mann, sich den ersten Rang abgewinnen zu lassen; die Frau aber ist geduldig und hat eine raschere Auffassung; bei diesen ersten Studien, die nichts abstraktes bieten, trägt sie fast immer den Sieg davon. Aber das ist nur die nebensächliche Seite der Frage. Die jungen Mädchen gewinnen bei dieser Einrichtung ebensosehr an Character und Willensstärke als die Knaben an Herz. Die Mädchen lernen uns kennen und unter uns, mein lieber Daniel, wir sind nur so lange gefährlich, als man uns nicht kennt. Von den Knaben geachtet, lernen sich die jungen Mädchen selbst achten; sie wählen frei den Platz, der ihnen zusagt; und zum Beispiel in den Erholungsstunden hält sie eine natürliche Klugheit von ihren Schulgenossen fern. Die jungen Leute ihrerseits erlangen in unseren Schulen jene Zartheit des Gefühls, jene ritterliche Höflichkeit, welche der Umgang mit Frauen allein verschaffen kann. Was gibt es wilderes und brutaleres als den englischen Schüler, der sich selbst und der Tyrannei seiner älteren Kameraden überlassen ist? Haben Sie *Tom Brown* gelesen? Man muss dabei über die Civilisation erröthen. Ich möchte lieber unter den Rothhäuten als unter den Schülern von Eton oder Rugby aufwachsen. Bei uns dagegen werden die jungen Leute zusammen gross; mit sechzehn Jahren, mit zwanzig Jahren sind ihre Beziehungen ebenso einfach, ebenso geschwisterlich, wie wenn sie noch auf den nämlichen Schulbänken sässen. Es kommt mehr als eine Heirath zwischen alten Schulkameraden vor; Achtung und Freundschaft führen zur Liebe und überdauern sie. Hat man in dem von Ihnen vergöttertem

Europa schon eine so christliche und vollkommene Idee gehabt?

— Das ist nur ein Traum, erwiderte ich.

— Treten Sie ein, Ungläubiger, versetzte Humbug; Sie werden sehen, dass dieser Traum eine Wahrheit ist.

— Bitte, noch ein Wort, erwiderte ich; angenommen, dass alle diese Kinder Heilige sind, wo wollen Sie Leute finden, die fähig sind, diese himmlische Phalanx zu erziehen? Welcher Lehrer kann zugleich die Schüchternheit eurer jungen Mädchen ermuthigen und das stürmische Temperament eurer Knaben besänftigen? Wo soll man den Phönix suchen, der in jeder Gemeinde für die Ehre und die Tugend eurer Kinder eine sichere Bürgschaft bietet?

— Treten Sie nur ein, antwortete Humbug; vielleicht werden Sie gerade Ihre liebe Susanne bei der Arbeit finden.

— Sie sind verrückt, rief ich, und stiess meinen Stock auf den Boden; also einer zwanzigjährigen Frau wollen Sie Männer anvertrauen, die schon den Bart am Kinn haben? Ein schöner General für eine solche Armee! Das wird ein hübscher Respekt sein!

— Auch wieder ein Vorurtheil der alten Welt, lieber Doctor. Bei einem jungen Menschen, der seine Mutter und Schwester lieb hat, ist nichts natürlicher als die Achtung gegen eine Frau; der Gehorsam gegen einen Lehrer, der ihn bedroht und züchtigt, ist weit weniger natürlich. Die Gewalt hat wenig Macht über das Herz eines Kindes; je grossherziger es ist, um so mehr wird es Widerstand leisten; aber gegen Sanftmuth und Liebe ist es wehrlos. Auch in diesem Punkt gibt die Erfahrung der alten Weisheit, die nichts ist als ein veralteter Irrthum, ein schlagendes Dementi. Die Frauen Neu-Englands sind mit der Opferwilligkeit von Missionären in den verheerenden Süden, in die Einöden des Westens ausgezogen, um junge Seelen zu erziehen, um sie für Gott und die Wahrheit zu gewinnen. Wir haben Lehrer, die Niemanden nachstehen, aber die Anstrengungen unserer begabtesten Pädagogen scheitern oft da, wo ein Yankeemädchen Wunder wirkt. Die Kindheit gehört den Frauen; wir haben nur das Verdienst gehabt, dieses Naturgesetz zu erkennen und anzuwenden.

— Amen, antwortete ich achselzuckend. Nun, so lassen Sie uns diese schüchternen Lämmer und diese gelehrigen Schaafe bewundern, die von einer Hirtin geführt werden, die eben so unschuldig ist, wie ihre Heerde.

Uebel gelaunt betrat ich den grossen Saal; Unvernunft ist mir zuwider. Aber ich muss zu meiner Schande gestehen, kaum hatte ich den Fuss in das Heiligthum gesetzt, so war ich schon verführt.

Ich befand mich in einem weiten Raume, wo Luft und Licht durch grosse Fenster Zutritt hatten; die Wände waren vorzüglich rein gehalten und hie und da mit Tafeln oder mit naturgeschichtlichen Darstellungen oder mit physikalischen oder geometrischen Figuren bedeckt. Jedes Kind hatte sein eigenes Pult, das durch vier Gänge, zwischen denen es stand, vollkommen isolirt war. An diesem polirten Tisch sitzend, der wie ein Spiegel glänzte, allein und ohne Nachbarn, ist der Schüler sein eigener Herr; wenn er zerstreut ist, wenn er nicht arbeitet, fällt die ganze Verantwortlichkeit auf ihn. Der Lehrer überwacht von einer Erhöhung aus mit einem Blick diese langen hintereinander stehenden Pultreihen, obwohl diese Ueberwachung bei einem ehrgeizigen Volke, wo jeder sich unterrichten will, um zu Vermögen und Einfluss zu gelangen, nur wenig nöthig ist. Die Fehler der Amerikaner nützen ihnen in der That mehr als uns unsere Tugenden.

Meine Susanne lehrte in dem grossen Saale. In diesem Augenblick trug das Fräulein sieben oder acht grossen Schlingeln Geometrie vor; die Schüler hörten übrigens, diese Gerechtigkeit muss ich ihnen widerfahren lassen, ihrer liebenswürdigen Lehrerin mit der grössten Aufmerksamkeit zu.

— Komm, lieber Papa, sagte Susanne voll Freude, nimm diese Kreide und beweise uns den Lehrsatz vom Quadrat der Hypotenuse.

Es wäre mir schwer geworden, irgend einen Lehrsatz zu beweisen; ich bin auf der französischen Universität viel zu gut erzogen worden, um etwas von Geometrie zu verstehen; Alles, was ich in dieser Beziehung behalten habe, beschränkt sich auf einen alten Vers, den man vielleicht jetzt noch in der Umgegend der polytechnischen Schule nach irgend einer Volksmelodie summt:

> Das Viereck der Hypotenuse,
> Ist, wenn ich's berechne mit Musse,
> Gleich den Quadraten beiden
> Auf den zwei übrigen Seiten.

Ich überliess es also Susannen, auf der Tafel das rechtwinklige Dreieck A B C zu zeichnen, auf jeder Seite ein Quadrat zu errichten u. s. w. u. s. w. und flüchtete mich, damit meine Tochter nicht über die Unwissenheit ihres Vaters erröthen musste.

In einem der kleineren Säle (es waren ihrer nicht weniger als acht) fragte eine andere junge Lehrerin neun' bis zehnjährige Kinder über die Ströme und Flüsse Frankreichs aus. Ich war erstaunt über ihr Gedächtniss und ihre Kenntnisse, und hätte als Franzose bei einer Prüfung über die amerikanische Geographie diesen jungen Gelehrten dagegen nur den Mississippi, den Hudson und den Potomak nennen können, die einzigen Ströme, von denen ich jemals gehört habe. Freilich geht uns Amerika am Ende wenig an (es ist ja so weit entfernt), während Frankreich, die Königin der Wissenschaften und Künste, die Amerikaner über alle Massen interessiren muss. Das ist einfach die Bewunderung der Barbaren für die Civilisation.

Nach der Geographie wurde laut vorgelesen und deklamirt. Ein kleiner neunjähriger Bursche erhob sich und trug ohne Schüchternheit und ohne Frechheit eine der schönsten Stellen aus dem *Hiawatha* von *Longfellow* vor. Obgleich das junge Wunder durch die Nase sprach, was in Amerika ein fast allgemeiner Fehler ist, so trug er doch seine Aufgabe mit grosser Richtigkeit der Betonung und mit wahrem Gefühl vor; es gibt bei uns berühmte Schauspieler, die es niemals dahin gebracht haben. Nach der Poesie kam die Beredsamkeit an die Reihe. Ein blondhaariger Junge erhob sich, spreizte seine Füsse auseinander und stimmte mit lebendigem Ausdruck einen Hymnus auf den Ruhm Amerikas an:

Freunde und Mitbürger!

Unser Volk steht erst in seiner Kindheit und doch ist es das erste der Welt. Wer ist der Held des vorigen Jahrhunderts, der grösste Mann und beste Mensch, der Freund seines Landes und der Freiheit? Die Welt antwortet: Der Amerikaner George Washington. Wer war damals der grösste Physiker? Der Amerikaner Franklin. Der grösste Theologe? der Amerikaner Jonathan Edwards. Wer ist der grösste Rechtsgelehrte des neunzehnten Jahrhunderts? Ein

Amerikaner, der Richter Story. Wer sind die ersten Redner unseres Zeitalters? Clay, Webster, Everett, Sumner, lauter Ameri kaner. Wer sind die ersten Geschichtsschreiber? Die Amerikaner Prescott, Bancroft, Lothrop - Motley, Ticknor. Wer ist der erste Naturforscher? Der Amerikaner James Audubon. Wer sind die grössten Philosophen und die wahren Weltweisen unserer Zeit? Channing, Emerson, Parker, lauter Amerikaner. Wer ist die grösste Romanschriftstellerin? Mistress Beecher Stowe, eine Amerikanerin. Wer sind die grössten Erfinder? Withney, der die Maschine zur Reinigung der Baumwolle erfunden hat; Fulton, der Schöpfer der Dampfschifffahrt; Morse, der Erfinder des elektrischen Telegraphen; Maury, der unfehlbare Strassen über den Ocean gezogen hat, sämmtlich Amerikaner.

Muth also, ihr Söhne der Puritaner! euch gehört die Zukunft. Bevor das Jahrhundert zu Ende geht, werdet ihr hundert Millionen Menschen zählen; was ist euch gegenüber das getheilte und geknechtete Europa? Die Natur hat euch die grössten Seeen, die mächtigsten Ströme, die schönsten Häfen gegeben; ihr habt fruchtbare Ländereien in unerschöpflicher Menge. Eure Kohlenminen sind so gross wie ganz Frankreich. Die Industrie hat euch mehr Eisenbahnen, mehr Dampfschiffe, mehr Fahrzeuge geschaffen, als alle eure Rivalen zusammen besitzen. Eure Männer sind die tapfersten, kühnsten und klügsten der Welt; eure Frauen die schönsten der Schöpfung. Muth also, du Stamm, den der Himmel gesegnet! Die Welt ist dein, denn du bist das freieste und das christlichste Volk!

— Lieber Freund, sagte ich zu Humbug, findet denn unter allen den Tugenden, die ihr euren kleinen Heiligen lehrt, auch die Bescheidenheit ein Plätzchen?

— Sie müssen nachsichtig sein, Doctor, antwortete er verlegen. Wenn man Kinder erzieht, ist es gut, ihren Patriotismus etwas anzufeuern. Das ist das beste Mittel, um später nicht den Egoismus die Oberhand gewinnen zu lassen. Ich gestehe übrigens gern, dass die Eitelkeit unsere schwache Seite ist; unsere kolossale Entwickelung verdreht uns den Kopf und verleitet uns zu mehr als einem Fehler. Wer ohne Sünde ist, der werfe den ersten Stein auf uns. John Bull hat die Ueberzeugung, dass er der geborne König der Meere ist; und ich bin sicher, dass man in Frankreich der Jugend in jeder Tonart wiederholt, dass die Franzosen das erste Volk der Erde sind und dass die ganze Welt nur Augen hat, um sie zu bewundern.

— Aber welcher Unterschied! rief ich. Frankreich ist eben Frankreich!

-- Amerika ist Amerika, versetzte er lachend; jeder Christ ist von der nämlichen Thorheit erfüllt; es gibt keine Dummheit, zu der man nicht ein Volk hinreissen könnte, wenn man ihm mit dem gehörigen Nachdruck zuruft: „Engländer, raubt diese Provinz, ihr seid Engländer! Franzosen, schlagt euch um nichts und wieder nichts herum, ihr seid Franzosen! Amerikaner, seid unverschämt gegen Europa, ihr seid Amekaner!" Der Nationalstolz ist für die Massen der rothe Lappen, den man dem Stier vorhält, wenn er mit gesenktem Haupt ins Messer rennen soll. Lieber Freund, wir müssen mit vollen Händen die Bildung um uns streuen, wir müssen überallhin Licht verbreiten, wenn wir nicht wollen, dass das Volk beständig das betrogene Opfer von Marktschreiern bleiben soll, die mit seinen edelsten Leidenschaften und mit seinen besten Neigungen spielen.

In diesem Augenblick schlug die Uhr zur Erholungsstunde. Ich eilte auf den Tummelplatz, wo ich den liebenswürdigen Naaman als Führer einer neuen Miliz wiederfand. Drei bis vierhundert Kinder waren in Reihen aufgestellt, die Mädchen auf einer Seite, die Knaben auf der anderen. Eine Glasthüre, die auf den

Hof ging, wurde geöffnet, und in der Thüre ein Piano aufgestellt, auf dem zwei junge Lehrerinnen vierhändig den Marsch aus Oberon spielten. Sofort setzten sich die Kolonnen in geordnete Bewegung; die Kinder hüpften, liefen und hielten nach dem Tact an; die Kette löste sich und schloss sich mit wunderbarer Genauigkeit. Es war eine Mischung von Tanz und Turnen, die das Auge entzückte, etwas edles, kühnes und doch zugleich anmuthiges. Wurde so vielleicht die griechische Jugend geübt? Zum ersten Male verstand ich, warum Plato den Tanz und die Musik unter die ersten Pflichten des Bürgers setzte. Ich war entzückt, und hätte mich nicht ein Rest von Scham und mein grauer Bart abgehalten, so hätte ich gern einen Platz in diesem militärischen Ballet eingenommen. Warum sollte ich nicht mit Kindern tanzen? die Spartaner thaten es ja auch.

— Mein junger Freund, sagte ich zu Naaman, dieses Spiel ist reizend, mein Herz ist von diesem Anblick entzückt; aber lösen Sie mir doch einen Zweifel. Wo bin ich? wohin hat man mich geführt? dieses elegante Haus, diese prachtvoll ausgestatteten Tische, diese schönen Bücher mit prächtigem Lederband, das Alles gehört ohne Zweifel einem Privatinstitut, in dem man nur reiche Kinder aufnimmt. Wer ist der Vorstand dieser schönen Anstalt?

— Sie belieben immer zu scherzen, Doctor Smith, versetzte der hübsche Prediger; Sie befinden sich in der Volksschule des zwölften Arrondissements im dritten Bezirk. Wir haben in unserer guten Stadt Paris achtzig solche Häuser, und das ist noch nicht genug.

— Sehr schön; aber wie kann der Sohn armer

Aeltern zu dem Aufwand dieses kostspieligen Unterrichts beitragen?

— Was denken Sie sich denn? rief Naaman. Wissen Sie nicht, dass die Erziehung unentgeltlich ist?
Haben Sie niemals Ihre Steuerrechnung angesehen?
Wir sind die Söhne jener Puritaner, die, kaum gelan-
det auf den dürren Felsen von Plymouth, sofort Schulen eröffneten, um den Satan, das ist der wahre Name
der Unwissenheit, zu bekämpfen. Das Teuflische in
uns ist die Dummheit, das Göttliche der Geist. Die
Pflege der Schulen ist unser Steckenpferd; der Schulaufwand ist daher bei uns das stärkste Kapitel im Budget, wie das Heer oder die Marine bei den Völkern,
die sich für civilisirt halten. Hier, in unserem Massachusetts, betragen die Ausgaben für den Unterricht beinahe den vierten Theil unseres gesammten Staatsauf-
aufwandes, in dem kleinen Staate Maine ein volles
Drittheil; das würde für Frankreich ein Budget von
vier bis fünfhundert Millionen ausmachen.

— Grosser Gott, dachte ich, wenn diese Leute
nicht verrückt sind, was sind dann wir? — Sagen Sie
mir, Herr Naaman, wer bewilligt denn diese Mittel und
wie ist die Verwaltung Ihrer Schulen eingerichtet?

— Die Bewilligung erfolgt durch die Gemeinden,
antwortete er; die Gesammtheit der Einwohner bestimmt den Betrag der Steuer; es ist das vielleicht die
einzige Auflage, die unter dem steten Beifall der Pflich-
tigen fortwährend wächst. In diesem Punkt gibt es in
Amerika keine Partei; alle Bekenntnisse, alle Ansichten
wetteifern, um aus unseren Schulen die reichsten und
am besten dotirten Anstalten des ganzen Landes zu
machen.

21

— Und natürlich, sagte ich, will dann jede Con-
fession in der Schule dominiren.

— Nein, entgegnete er; Sie werden vielleicht darüber erstaunen, aber ein kirchlicher Einfluss dringt niemals in diese Mauern. Der Unterricht beginnt täglich
mit dem Gebet des Herrn und mit einer Vorlesung aus
der Bibel, die aber von keinerlei Betrachtung begleitet
ist. Der Unterricht ist nach dem ganzen geistigen Bil-
dungsgang unserer Lehrer ein wesentlich christlicher;
aber er ist weder protestantisch noch katholisch. Hier
geben wir unseren Kindern die Mittel, die Wahrheit zu
suchen, wir waffnen sie gegen die Unwissenheit, wir
bereiten sie vor, den guten Kampf zu kämpfen; aber
der dogmatische Unterricht bleibt der Kirche und den
Sonntagsschulen vorbehalten. Auf diese Weise vermeiden wir es, diese jugendlichen Gewissen zu trüben und
gewöhnen unsere Kinder daran, sich alle als Brüder
in Jesu Christo zu betrachten.

— Schön; aber wer garantirt Ihnen für die Lehrer?

— Der Erziehungsausschuss, erwiderte Naaman,
ein Ausschuss, der von allen Bürgern derselben Gemeinde frei gewählt wird und der unmittelbar unter
der Regierung des Staates steht. Diese Ausschüsse
schliessen die hervorragendsten Kräfte des Landes in
sich. Es gilt für einen Ruhm, zur Aufsicht über die
Erziehung berufen zu werden; unsere besten Bürger,
wie Horace Mann und Bernard haben schon eine Stelle
im Bundessenat ausgeschlagen, um Schulvorsteher in
Massachusetts oder Connecticut zu bleiben.

— Ist das möglich? rief ich.

— Was ist dabei Wunderbares? versetzte der junge
Geistliche. Glauben Sie, dass man in einem Lande,
wie das unsrige, sich nicht darüber klar ist, was das

Gedeihen und die Grösse einer Nation ausmacht? In einer Republik, in einem Staat, wo das Volk souverän ist, muss man die Unwissenheit besiegen, oder man wird von ihr vernichtet; es gibt keinen Mittelweg. Unsere Staatsmänner haben für die Erziehung eines Volks, das an die Wahrheit glaubt und sie liebt, nur ein Mittel gefunden, die Aufklärung; dadurch macht man aus dem geringsten Bürger einen Menschen, der unterrichtet genug ist, um nicht betrogen zu werden und klug genug, um sich selbst zu regieren.

— Und haben Sie diese Aufgabe gelöst?

— Ja, erwiderte er, diese Aufgabe ist gelöst, seitdem wir Schulen haben, die so ausgezeichnet eingerichtet und so vollständig unentgeltlich sind, dass kein Hausvater mehr uns seine Kinder vorzuenthalten wagt. Wenn die Gemeinde Alles liefert, selbst Bücher, Papier und Federn, wer sollte dann dumm oder leichtsinnig genug sein, die nationale Freigebigkeit nicht zu benützen und seine Kinder zur Unwissenheit und zum Elend zu verdammen?

— Hoffentlich, erwiderte ich, ist bei Ihnen die Verpflichtung zum Schulbesuch gesetzlich ausgesprochen. Nach solchen Opfern hat der Staat das Recht, die Leute zum Unterricht zu zwingen. Er darf keine unvernünftigen Thiere mehr in der Gesellschaft dulden.

— Wir haben jeden Zwang verschmäht, antwortete der junge Prediger. Wir haben keineswegs an unserem Recht dazu gezweifelt; aber wir scheuten uns, eine so wohlthätige Einrichtung mit einer gehässigen Massregel zu verbinden. Geldstrafen und Gefängnissstrafen würden unsere Schulen nur verhasst machen; wir überlassen diese Härten solchen Regierungen, die mehr auf den Gehorsam als auf die Liebe ihrer Unterthanen sehen. In der allgemeinen Verbreitung des Schulunterrichts besteht die ganze Frage; wir haben dieses vortreffliche Ziel erreicht, ohne an der Freiheit zu rütteln. Unsere Schulen, die allen Kindern bis zum sechzehnten Jahre geöffnet sind, locken auch die Widerspenstigsten herbei. Sie werden in Neu-England keinen eingeborenen Bürger treffen, der nicht unseren Schulunterricht genossen hätte.

— Bravo! rief ich, dieses Werk macht den Christen Amerikas die grösste Ehre.

— Auch die Politik findet dabei ihre Rechnung, so gut wie die Religion, versetzte er; wir sind zu einem für unsere Zeitgenossen überraschenden Resultat gelangt. Durch die Vollkommenheit unserer Schulen haben wir unmerklich die Gemeinsamkeit der Erziehung wieder hergestellt, die dem Alterthum so theuer war. Unser Unterricht steht auf einer hinreichend hohen Stufe, um den Sohn reicher Aeltern für den Eintritt in eine Gelehrtenschule vorzubereiten; er ist einfach genug, um den Sohn armer Aeltern nicht abzuschrecken und ausgiebig genug, um ihn für seine Stellung in der Gesellschaft so vorzubereiten, dass er niemals über seine Unwissenheit zu erröthen braucht. Unsere ganze Jugend, verstehen Sie wohl, was ich sage, unsere ganze Jugend kommt hieher, um Lesen, Schreiben, Rechnen, Geometrie und Zeichnen zu lernen. Wir verbinden damit etwas Unterricht in der Geographie, der Geschichte, der Physik, der Chemie, und wir nehmen auch keinen Anstand, zu den Kindern von Moral und Politik zu sprechen; wir erklären ihnen die Verfassung ihres Landes, denn sie sind Bürger. Dank der Reichhaltigkeit und der Tüchtigkeit unseres Unterrichts empfängt der Sohn des Millionärs seine Bildung an der Seite des ir-

ländischen Taglöhnersohnes. Ich bemerke dort unten
eine Tochter von Green, die mit dem Kinde einer armen Obsthändlerin aus der Nussbaumstrasse spielt. Hier
herrscht die ächte Gleichheit, die Gleichheit nach oben,
die Gleichheit, die emporhebt; hier wird der Patriotismus und die Liebe zur Freiheit unterhalten. Die Bildung einer Generation ist die Bildung eines Volkes;
das ist unser Wahlspruch und das macht aus unseren
Schulen einen von Allen geliebten und für Alle geheiligten Ort.

— Das ist schön, das ist gross; aber verzeihen Sie
mir ein letztes Bedenken. Wenn Sie die Kinder aus
dem Volke unterrichten, fürchten Sie nicht, ihnen dadurch zugleich einen verderblichen Ehrgeiz eingeflösst
zu haben? Setzen Sie nicht dadurch Menschen in die
Gesellschaft, die mit ihrem Loose unzufrieden sind?.
Geben Sie ihnen nicht Wünsche und Bedürfnisse, welche über ihre Stellung hinausragen?

— Das ist ein veralteter Einwurf, entgegnete Naaman, der seit langer Zeit in Amerika keine Geltung
mehr hat. Wenn wir unsere jungen Leute beim Aus-
tritt aus diesen Mauern im Stich lassen würden, so
wären Ihre Befürchtungen gegründet; aber bedenken
Sie, dass unsere Gesellschaft und unser Staatsleben
zwei Schulen sind, die sich niemals verschliessen. Zunächst machen sich bei uns sämmtliche gebildete Männer eine Ehre und ein Vergnügen daraus, zur Ausbildung ihrer Mitbürger beizutragen. Sehen Sie, wie unsere Mauern von Anschlägen bedeckt sind; es gibt keinen Abend, wo nicht irgend eine politische, literarische
oder wissenschaftliche Vorlesung gehalten wird. Das
Licht strömt massenhaft auf uns ein; man muss zwei-
fach blind sein, um unwissend zu bleiben. Denken Sie

sich neben diesem allgemein zugänglichen Unterricht
die rastlose Thätigkeit der Kirche und jene tausend
Vereine, wo Arme und Reiche unaufhörlich zu Werken der Bekehrung oder der Mildthätigkeit verbunden
sind. Dazu das politische Leben, das alle Ideeen in
Bewegung setzt und alle Seelen befruchtet. Endlich
und vor allem Anderen bedenken Sie die Wirksamkeit
der Presse, des öffentlichen Wortes, das niemals ver-
siegt. Es gibt keine Kirche, keinen Verein, keine
Corporation, keinen Einzelnen, der nicht sein Journal
hielte; selbst die Kinder haben ein besonderes, das
child's paper, das vor vier Jahren gegründet ist und
schon über dreihundert tausend Leser hat, von denen
der älteste noch keine fünfzehn Jahre ist. Wer könnte
dieser Fluth widerstehen, die stets im Steigen begriffen
ist? Wer würde da nicht fortgerissen durch die Wogen der Civilisation, die die Menschheit einer besseren
Zukunft entgegentragen?

— Ihr seid also ein Volk von Gelehrten?

— Nein, erwiderte er lächelnd. Die Gelehrsamkeit
bildet, wie die Künste, den Luxus alter Nationen; wir
besitzen ihn noch nicht. Wir sind Emporkömmlinge;
wir brauchen vielleicht ein Jahrhundert, ehe wir die
Musse haben, für uns an eine uneigennützige Kultur denken zu können; aber ich darf sagen, dass die Sonne
ein weniger unwissendes Volk noch nie beschienen hat.
Blicken Sie um sich; bei uns gibt es keine Bauern,
sondern Gutsbesitzer, keine Handwerker, sondern Tech-
niker. Wenn er seine Werkstätte verlässt, zieht der
Arbeiter seinen schwarzen Rock an und besucht eine
Vorlesung über Washington oder über die neuesten
Entdeckungen Livingstone's in Afrika. Sein Nachbar,
ein Goldarbeiter, arbeitet noch in einer Zeichenschule

oder hört einen Vortrag über Chemie an. Alle beide sind *gentlemen* ungeachtet ihrer russigen Hände; sie haben beide für geistige Genüsse dieselbe Vorliebe wie Sie. Gehen Sie in den Westen und treten Sie in irgend ein in der Tiefe des Waldes verborgenes *loghouse;* die Frau des Pioniers wird Sie empfangen; Sie werden sehen, wie sie das Brod knetet, oder die Butter rührt. Warten Sie bis zum Abend, und die nämliche Frau wird sich ans Clavier setzen und wird mit Ihnen von Politik, von Moral, vielleicht von Metaphysik sprechen. Die Lectüre eines Kochbuchs verschliesst ihr nicht das Verständniss für Emerson und den Geschmack für Chaning. Wir können nicht Allen materiellen Reichthum verleihen, obgleich Wohlstand in Amerika leichter zu erlangen ist wie in jedem anderen Lande; aber wir bieten jedem einen Reichthum, der nicht Rost noch Diebe zu fürchten hat; wir machen auch dem Aermsten jene geistigen Genüsse zugänglich, die für jedes Alter und in jeder Lage eine Stärkung und ein Trost sind. Dadurch glauben wir das Wort unseres göttlichen Meisters zu erfüllen und die Menschen zu Gott zu führen, indem wir ihren Geist und ihr Herz ausbilden.

Ich betrachtete den jungen Mann mit einer Bewegung, deren ich nicht Herr werden konnte; solchen Enthusiasmus, solchen Glauben sah ich nie auf einem menschlichen Antlitz strahlen. Für Naaman war Wissenschaft und Religion nur ein zweifacher Name der Wahrheit; beide durchdrangen sein Herz mit gleicher Stärke; zu beiden hegte er die gleiche Liebe.

— Freund, rief ich, Sie haben mich besiegt! Hier stehe ich, wie der heilige Paulus auf dem Wege nach Damaskus, vom Blitzstrahl der Wahrheit getroffen, und höre die Stimme, die mir zuruft: „Es wird dir schwer werden, wider den Stachel zu löcken." Ich ergebe mich, meine Augen öffnen sich; ich erkenne und bewundere die Grösse dieses Landes. Welches intensive Leben! Herz und Geist, Alles ist in Thätigkeit. Kein Zwang, keine Schranken! Der Mensch ist der Herr seines Schicksals; sein Glück und sein Verdienst liegt in seiner eigenen Hand. Hier herrscht die Wahrheit, nicht die offizielle Lüge, hier gibt es keine Vorurtheile, keine Fesseln; überall ertönt der Ruf eines von Hoffnung trunkenen Volks: Vorwärts! vorwärts nach einer Welt, wo das Elend geheilt, die Gewalt gebrochen, der Geist zur Herrschaft erhoben wird! Ich bin stolz, ein Bürger dieses schönen Landes zu sein. Es lebe die Freiheit! Es leben die vereinigten Staaten! Es lebe die grosse Republik!

Meine Stimme wurde durch einen Trommelwirbel erstickt, dem lautes Trompetenschmettern folgte. Zwei Zuaven stürzten in den Saal; der eine lief zu Susannen und fasste sie zärtlich bei der Hand, es war Alfred; der andere fiel mir um den Hals, es war mein Sohn Henri.

— Vater, sagte er, die Südbündler haben den Potomak überschritten, Washington ist bedroht, unsere Milizen werden aufgeboten, Freiwillige aufgerufen; wir ziehen noch diesen Abend ab. Komm' rasch, die Mutter erwartet dich.

Siebenundzwanzigstes Kapitel.

Der Ausmarsch der Freiwilligen.

Am Arme meiner Kinder verliess ich diesen friedlichen Ort, wo ich endlich das Geheimniss der amerikanischen Grösse gefunden hatte. Die Stadt bot einen
ganz veränderten Anblick; alle Häuser waren beflaggt.
An jedem Fenster breitete das Banner der Union, vom
Wind bewegt, seine roth und blauen Streifen und seine
vierunddreissig Sterne aus, wie einen stummen Protest
für den Bund. An allen Ecken verkündete ein ungeheurer Anschlag das Missgeschick der Bundesarmee
und rief die Bürger auf, dem Vaterland in seiner Gefahr zu Hilfe zu eilen. Bewaffnete Bataillons zogen
unter dem Tone der Pfeifen und Trommeln durch die
Strassen. Die Kirchen waren mit Freiwilligen ange-
füllt, die den Gott ihrer Väter anrufen wollten, bevor
sie in die Schlacht zogen. Ueberall wurden die kriegerischen Gesänge von religiösen Liedern übertönt;
Väter, Mütter, Schwestern gaben den jungen Freiwilligen das Geleite und sprachen ihnen Muth zu. Man
drückte sich die Hände, man weinte, man umarmte sich,

man hob die Hände zum Himmel. Es war die Gluth
eines Kreuzzuges!

Sehr aufgeregt kam ich nach Hause. Als Pariser
habe ich mitten unter Aufständen gelebt und bin im
Bürgerkrieg aufgewachsen; das sind Erinnerungen, die
mich traurig stimmen; aber hier in diesem Ausmarsch
an die Grenzen, in diesem Enthusiasmus, der ein ganzes Volk zum Heer trieb, lag etwas so edles und gross-
artiges, dass ich mich begeistert fühlte. Selbst die Gefahr, der Alfred und Henri entgegengingen, erschreckte
mich nicht; eine geheime Stimme trieb mich an, mit
ihnen zu ziehen. Hatte nicht auch ich ein Haus und
eine Familie zu vertheidigen? War nicht Amerika,
wo ich diese theuren Güter besass, mein Vaterland?

Vor meinem Hause fand ich ein ganzes Zuavenregiment, das aus Freiwilligen des Stadtviertels gebil-
det war. Man hatte den alten Oberst Saint-John auf
ein weisses Pferd gehoben; der tapfere Veteran vergass seine Gicht und seine Wunden, um die jungen
Leute ins Gefecht zu führen. Neben dem Oberst mar-
schirte Rose in Hauptmannsuniform, begleitet von seinen acht Söhnen und vier hübschen jungen Leuten,
Söhnen von Green. Fox, der Lieutenant geworden
war, stand perorirend und gestikulirend inmitten einer
Gruppe; er athmete Blut und Mord. Sein hoher Hemd-
kragen und seine Tabaksdose passten wohl nicht recht
zu seiner Uniform und würden mich bei einer anderen
Gelegenheit zum Lachen gereizt haben. Aber er sprach
mit so viel Feuer, dass ich ihn wirklich kriegerisch
aussehend fand. Das war etwas anderes, als hand-
werksmässige Soldaten. Das waren Bürger, die entschlossen waren, für ihr Vaterland zu sterben.

— Nachbar, sagte Rose zu mir, wir zählen auf

Sie; wir Alten müssen mit dem Beispiel vorangehen. Wir brauchen einen Arzt für unser Zuavenregiment, Sie sind einstimmig gewählt worden, es fehlt uns nur noch Ihre Zustimmung.

— Ich gebe sie, rief ich; ja, ihr lieben Freunde, ich ziehe mit euch; wir wollen über unsere Kinder wachen und im Nothfall mit ihnen kämpfen. Es lebe die Union! Es lebe das Vaterland!

Dieser Ausruf wurde in allen Reihen wiederholt, vermischt mit dem Rufe: Es lebe Daniel! Es lebe der Major! Ich fühlte mich bis ins Innerste meines Herzens gerührt durch den Zuruf dieser tapferen Jugend; erhobenen Hauptes und mit glänzendem Blicke betrat ich mein Haus. Ein neues Leben eröffnete sich vor mir, ich war glücklich.

Jenny fiel mir weinend um den Hals, aber sie machte nicht den leisesten Versuch, meinen Muth zu erschüttern. Es schien ihr natürlich, dass der Vater den Sohn begleitete und dass die Frauen allein zu Hause blieben. Ebenso entschlossen war Susanne, nur an ihrer Blässe konnte man sehen, wie tief sie erregt war; ihre Lippen beteten, ihre Augen blickten zum Himmel, aber sie sprach kein Wort, das Alfred hätte aus der Fassung bringen können und schien nur mit den Vorbereitungen zu unserer Abreise beschäftigt. Theure Frauen! Auch sie begriffen ihre Pflicht und liebten ihr Vaterland!

Einige Stunden genügten, mir eine passende Uniform zu schaffen. Rose machte mir ein vortreffliches Besteck zum Geschenk, ich kaufte Revolver, einen Säbel, ein Pferd, um drei Uhr war ich fertig; wir zogen noch am Abend ab.

Bis jetzt hatte ich kaum nachgedacht, die französische Leidenschaftlichkeit hatte mich fortgerissen. Aber im Augenblick, wo ich das Haus verlassen sollte, in dem ich so glückliche und so wohlangewendete Tage zugebracht hatte, empfand ich eine mir unerklärliche Traurigkeit; ich ahnte, dass ich von meinem Zuge nicht wiederkehren würde. Und wenn ich wiederkehrte, würde ich dann wohl meinen Henri mit mir führen und Alfred, den ich wie meinen Sohn zu lieben begann?

Ich suchte eben diese trüben Gedanken abzuschütteln, die, so oft ich sie verjagte, stets auf's neue auf mich einstürmten, da trat der alte Oberst bei mir ein. Sein Anblick that mir wohl; er war einer jener tapferen Soldaten, die ihr eigenes Blut opfern, um das Anderer zu schonen; wir konnten keinen ehrenwertheren und zuverlässigeren Führer bekommen.

— Oberst, sagte ich zu ihm, nachdem ich seine Glückwünsche entgegengenommen hatte, wir sind jetzt beide allein, lassen Sie mich offen mit Ihnen sprechen. Was ist eigentlich, unter uns, Ihre Ansicht über den Werth dieses neuen Aufgebots? Es ist etwas Schönes um den Enthusiasmus, aber was bedeutet das gegen Uebung und Disciplin? Ungeachtet des Muthes dieser braven jungen Leute sind es doch nur Bataillons, die sich beim ersten Feuer auflösen werden.

— Geduld, Major, antwortete der Veteran. Ich bin weniger streng als Sie und habe doch mein ganzes Leben lang Krieg geführt. Ein Aufenthalt von zwei Monaten hinter den Wällen von Washington wird diese Freiwilligen in Soldaten verwandeln. Die Disciplin ist ohne Zweifel viel werth, aber sie ist am Ende etwas, was auch für den Dümmsten erreichbar ist. Das Herz dagegen, die Ueberzeugung, die Vaterlandsliebe, kann

man Niemanden beibringen. Und doch ruht gerade
darin der Schwerpunkt, was auch die Säbelhelden behaupten mögen. Zur Führung des Bajonnets gehört
ein geschickter und kräftiger Arm; aber die Seele gibt
diesem Arm Kraft. Einige Jahre Krieg und Leiden
reichen hin, um ein Volk militärisch auszubilden und
mit jedem Feinde auf gleiche Stufe zu stellen. Dann
handelt es sich nur noch um die sittliche Energie, sie
gibt den Ausschlag, und darum sind Bürgerheere die
besten.

— Entschuldigen Sie, Oberst; ich glaubte stets,
dass gegen alte Soldaten nichts aufkommen könne.

— Irrthum, entgegnete Saint-John. Bei einer Re-
vue oder einer Parade ist es möglich, im Krieg ver-
hält es sich anders. Einen guten Stamm von Unter-
offizieren, junge Soldaten und alte Generäle, weiter
braucht man nichts. Nur die Jugend vermag es, ohne
Klagen zu marschiren, ohne Murren zu gehorchen, erhobenen Hauptes der Gefahr zu trotzen, lächelnd in
den Tod zu gehen. Je verständiger, frömmer und patriotischer diese Jugend ist, um so mehr darf man auf
sie zählen. Im alten Europa hat man andere Anschauungen; dort drüben regieren noch das Vorurtheil und
die brutale Verehrung der rohen Gewalt. Uns hier
hat die Civilisation aufgeklärt. Ohne Zweifel wird der
Sieg stets dem Feldherrn zufallen, der im entscheiden-
den Moment auf einen bestimmten Punkt die stärkere
Truppenmacht wirft. Aber unter gleichen Bedingungen
ist ein junger und patriotischer Soldat mehr werth als
ein im Handwerk ergrauter Söldner. Betrachten Sie
nur den Krimkrieg; sicherlich haben sich die russischen
und englischen Veteranen vortrefflich geschlagen, aber
wem anders gebührt die Krone, als den französischen

Rekruten, diesen heldenmüthigen Kindern, die für einen Tag vom Pfluge weggenommen werden, die gestern noch Bauern waren, und morgen wieder Bürger sind? Das ist unser Vorbild, und das wollen wir auch mit unseren jungen Amerikanern leisten.

— Aber ihr habt keine Generäle, erwiderte ich; euer Land ist ein friedliches Land, das bis jetzt mehr Farmer und Kaufleute als Cäsare erzeugt hat.

— Seien Sie ruhig, antwortete der Oberst, Sie sollen Generäle haben, mehr als Sie wollen. Der Krieg ist wie die Jagd ein sehr einfaches Handwerk, in dem sich mancher vom ersten Tage an auszeichnet. So mancher ist heute noch Schmied, Mechaniker, Advokat oder Arzt, der morgen im Felde als General erwacht. Blicken Sie in die Geschichte; es gibt unfruchtbare Zeiten, wo Wissenschaft, Kunst, Industrie wie ausgestorben sind; aber zu keiner Zeit hat es an Soldaten gefehlt. Der angeborene Sinn für Jagd und Kampf liegt tief im Menschen; der Friede unterdrückt ihn, zerstört ihn aber nicht. Mag der Krieg kommen, er wird uns Helden schaffen; gebe nur der Himmel, dass das Volk sie alsdann nach ihrem wahren Werth beurtheilt und ihnen nicht die Freiheit opfert!

— Wahrhaftig, Oberst, erwiderte ich, Sie sprechen mit geringer Achtung vom Krieg.

— Weil ich ihn aus Erfahrung kenne, versetzte er traurig; ich weiss, was dieses blutige Spielwerk ist. Wenn Schönredner, die ruhig hinter ihrem Ofen sitzen, sich ein Vergnügen daraus machen, die Gefechte und den Ruhm zu feiern, so kann ich über solche Verkehrtheit nur die Achsel zucken. Der Krieg ist die schrecklichste Geissel, der Feind der Arbeit und der Freiheit, der Ruin der Civilisation. Wehe denen, deren Ehrgeiz

diese furchtbare Pest über die Erde bringt, aber dreifacher Fluch denen, die die verruchte Hand an das
eigene Vaterland legen! Mit Gottes Hilfe werden wir
sie ihr Verbrechen schwer büssen lassen; der Krieg ist
zugleich die Züchtigung des Hochmuths und der Thorheit, eine grausame Lehre, die man erst versteht, wenn
es zu spät ist.

Die Töne der Musik kündigten uns die Stunde des
Aufbruchs an. Henri und Alfred an der Hand ging ich
hinab. Jenny umarmte uns alle drei mit dem Muthe
einer christlichen Gattin und Mutter. Susanne gab in
wortloser Aufregung jedem von uns eine Bibel, die wir
stets bei uns tragen sollten. Martha hatte sich auf eine
prophetische Rede vorbereitet; aber beim ersten Worte
gerieth das arme Mädchen in ein furchtbares Schluchzen, nahm Henri wie ein Kind in ihre Arme und bedeckte ihn mit Thränen und Küssen. Ich drückte ihr
die Hand, sie fiel mir um den Hals; halb erwürgt stieg
ich zu Pferde.

Im nämlichen Augenblick lief Zambo in einem lächerlichen Aufputz herbei, mit einem roth und blauen
Gürtel, einem Federhut und einem Schleppsäbel.

— Massa, schrie er, nehmen Sie mich mit, ich bin
ein Tapferer. Meine Haut ist schwarz, aber mein Blut
ist roth. Wenn sie mich nicht vor dem Sieg tödten,
werde ich sie alle erschlagen.

Nicht ohne Mühe konnte ich des armen Burschen
los werden. Ich trug ihm die verständigsten Gründe
vor, um ihm die Lächerlichkeit seines Muthes zu beweisen. Wenn man krause Haare hat, ist man nicht
zum Schlagen, sondern zum Geschlagenwerden geboren. Unnütze Mühe! Zambo hatte einen zu spitzen
Gesichtswinkel, um für die grossen Entdeckungen un-

serer grossen Geister zugänglich zu sein. Der arme
Teufel hielt sich für einen Menschen, Christen, Bürger,
und trug dabei eine schwarze Haut! Das war Wahnsinn! Ich war genöthigt, Drohungen anzuwenden, um
ihn zur Rückkehr ins Haus zu bewegen, wohin er endlich heulend flüchtete. Es war eben Zeit, diese traurige Komödie zu beendigen; die Truppen waren aufgestellt, die Trommeln wirbelten, der Aufbruch erfolgte.

So lange ich mich in der Nähe meines Hauses
wusste, wagte ich nicht umzublicken, ich wollte keine
Thränen vergiessen, aber am Ende der Strasse wandte
ich mich zurück; die drei Frauen schwangen ihre Ta-
schentücher und sahen uns nach. Mein Herz schlug
gewaltig.

— Mein Gott! rief ich, deinem Schutze vertraue
ich meine Lieben. — Zum ersten Male weinte und betete ich, und ich fühlte mich getröstet.

Um vier Uhr wurden wir in Schlachtordnung auf
dem Rathhausplatze aufgestellt. Green besichtigte uns
und hielt eine patriotische Ansprache mit einer Wärme,
die an Beredsamkeit streifte. Seine Stimme wurde
durch unsere Zurufe übertäubt. Dann trat allgemeine
Stille ein; Jeder sammelte sich. Ich allein vom ganzen Regiment war vielleicht in lebhafter Aufregung.
Sonderbar! ich sehnte mich darnach, ins Feuer zu
kommen. In einem Augenblick der Ruhe ging ich lachend, plaudernd, gestikulirend durch die Reihen meiner Kameraden; ich fand ein Wort für jeden Soldaten,
ich scherzte mit denen, die erregt waren, ich ermu-
thigte die, welche zu lächeln versuchten, ich versprach
allen meine Hilfe für den Augenblick der Gefahr, ich
hatte schon das Kanonenfieber.

Humbug, der sich auf dem Platz zu mir gesellte,
betrachtete mich mit erstaunter Miene.

— Doctor, was sind Sie für ein Mensch! sagte er
seufzend zu mir. Ich bewundere Ihre gute Laune und
Ihre Fröhlichkeit. Sie waren ein furchtsamer Bürger,
jetzt sind Sie ein kühner Soldat. Sind Sie ein Irländer? Haben Sie in Ihren Adern das Blut
> Non paventis funera Galliae?
Wir Angelsachsen bringen auf das Schlachtfeld auch
> Devota morti pectora liberae,
aber wir besitzen weder dieses Feuer noch diese ritterliche Anmuth. Fürwahr, wenn man Sie sieht, muss
man den Kampf für ein Fest, die Gefahr für eine Lust
halten. Sie könnten einem bei der grössten Abneigung
Lust zum Sterben machen.

Trommelwirbel verhinderte mich zu antworten;
Humbug umarmte mich zärtlich und warf mir noch in
lateinischen Versen sein ganzes Herz zu; einen Augenblick später hatte ich meinen alten Freund für immer verloren.

Der Abend war schön, der Mond war frühzeitig
aufgegangen und beleuchtete in der Ferne eine weite
Prairie, die von Pappeln begrenzt und mit Weiden besetzt war; am Horizonte sah man die Silberwellen eines Stroms. Es lag ein gewisser Reiz darin, sich von
seinem Pferde ruhig forttragen zu lassen, und sich inmitten dieser schönen Landschaft seinen Träumen hinzugeben. Längere Zeit hatte ich mich diesem Vergnügen mit offenen Augen überlassen, als zwei Reiter neben mir hielten. Ich erhob das Haupt und erkannte
zu meiner grossen Ueberraschung den düsteren Brown
und den liebenswürdigen Truth.

— Was wollen Sie hier? rief ich. Was soll dieser

22

grosse Hut, dieser gestreifte Ueberzieher, dieser Säbel an Ihrer Seite? Das ist weder ein kriegerisches, noch ein geistliches Costüm.

— Doctor, erwiderte der Puritaner, der Krieg ist eine entsetzliche Krankheit, die Seele ist in nicht geringerer Gefahr als der Leib. Sie pflegen den Leib, wir die Seele; wir sind Aerzte wie Sie.

— Ich freue mich, Sie als Collegen zu begrüssen, antwortete ich; aber das Geschäft ist rauh. Für einen Chirurgen geht es noch an; das Mitleid ist ihm eine unbekannte Schwäche, das Herz muss schweigen, damit die Hand nicht zittert; aber Sie, Truth, wie werden Sie das Geschrei der Verwundeten, die Verzweiflung der Sterbenden ertragen?

— Es ist meine Pflicht, versetzte er; Gott wird mir Kraft verleihen, solange er meinen Dienst für nützlich oder nothwendig hält. Ich gehöre dem Herrn an.

Der Marsch war nicht lang; um acht Uhr wurde Halt gemacht. Der Oberst hatte uns das Marschiren lehren wollen, und die Lehre war nicht unnütz; das Regiment sah aus wie eine Heerde versprengter Schaafe. Indess beglückwünschte der wackere Saint-John die Neulinge und gewöhnte sie allmählich daran, ihn wie einen Vater zu betrachten und auf ihn ihr volles Vertrauen zu setzen.

— Major, sagte er zu mir, lachen Sie nicht. Ehe ein Monat vergeht, werden wir den Preussen gleichkommen. Wenn ein Mensch sich für einen Soldaten hält, so ist er es schon halb; Sie werden sehen, was ein Bürgerheer heisst.

Mitten im Felde schlug man ein Bivouak auf. Feuer wurden angezündet, die Pferde an Pfähle gebunden und Jeder ass fröhlich von den Vorräthen, die

er mitgebracht hatte. Für die Rekruten war diese
erste Mahlzeit unter freiem Himmel ein Fest; der Krieg
hatte sie noch nicht mit der Sehnsucht nach Bequem-
lichkeit und mit Heimweh erfüllt.

Das Abendessen war rasch beendigt. Jetzt setzten
sich die Soldaten, anstatt zu lachen und zu schreien,
schweigend auf ihre Mäntel, um dem Geistlichen zu-
zuhören. Unser Generalstab bildete einen Kreis, Truth
trat vor uns, öffnete die Bibel und las mit begeisterter
Stimme das Loblied, das David sang, da ihn Gott aus
der Hand seiner Feinde errettet hatte:

„Der Herr ist mein Fels, meine Burg und mein Erretter.

„Gott ist mein Hort, auf den ich traue, mein Schild und
„mein Heil.

„Ich will den Herrn loben und anrufen, so werde ich von
„meinen Feinden erlöset.

„Denn wo ist ein Gott ohne den Herrn? Und wo ist ein
„Hort ohne unsern Gott?

„Er lehret meine Hände streiten und meinen Arm den eher-
„nen Bogen spannen.

„Ich will meinen Feinden nachjagen und sie vertilgen, und
„will nicht umkehren, bis ich sie umgebracht habe. Ich will sie
„umbringen und zerschmeissen, und sie sollen mir nicht wider-
„stehen, sie müssen unter meine Füsse fallen.

„Sie rufen, aber da ist kein Helfer; sie rufen zum Herrn,
„aber er antwortet ihnen nicht.

„Ich will sie zerstossen wie Staub auf der Erde, wie Koth
„auf der Gasse will ich sie verstäuben und zerstreuen.

„Der Herr lebet und gelobet sei mein Hort, und Gott, der
„Hort meines Heils, müsse erhoben werden.“

Während Truth diese schöne Dichtung vortrug,
blickte ich um mich. Alle Offiziere hörten ihm betend
zu, ihre Augen strahlten von gläubigem Enthusiasmus.
Die letzten Flammen unserer Feuer, die dem Erlöschen

nahe waren, erleuchteten diese edlen Gestalten und warfen einen geheimnissvollen Glanz auf sie. Ich glaubte mich ins siebzehnte Jahrhundert und in ein Lager von Rundköpfen versetzt. — Das ist also, dachte ich, das Volk, dem unsere Pariser Zeitungen jeden Patriotismus und jede Religion absprechen! Nein, der Militärdespotismus wird sich niemals in diesem hochherzigen Lande festsetzen; dieser Boden, den die Puritaner urbar gemacht und bestellt haben, kann nur die Frucht der Freiheit tragen.

Nach Beendigung der Vorlesung drückte ich Truth die Hand und benützte das Vorrecht meiner Stellung, um alle Abtheilungen zu besichtigen und meinen Sohn und Alfred aufzusuchen. Ich fand sie alle beide an der Erde liegend, in ihre Mäntel gewickelt und sich mit leiser Stimme unterhaltend. Von wem sprachen sie? Ich wusste es.

— Kinder, sagte ich, wenn man Soldat ist, muss man seine Kräfte schonen, und Schlaf ist hiezu die erste Bedingung. Macht mir Platz zwischen euch und träumt mit geschlossenen Augen.

Hierauf umarmte ich meine beiden Söhne zärtlich, schloss sorgfältig meinen Mantel, zog die Kapuze über das Gesicht und schlief so ruhig und leichten Herzens ein, wie wenn ich zu Hause gewesen wäre. Wer sich seinem Vaterlande hingibt, wem es vergönnt ist, sich für das zu opfern, was er liebt, dem wird die Anstrengung süss, für ihn hat selbst die Gefahr ihren Reiz.

———

Eine Lustreise.

Mein friedlicher Schlaf wurde durch ein Traumgesicht unterbrochen. Ein Mensch oder vielmehr ein Gespenst mit spöttischem Auge, mit gerunzelter Stirn hatte sich auf mich geworfen und drohte mich zu ersticken. Ich erkannte Jonathan Dream; er allein besass diesen furchtbaren Blick.

— Nun, Doctor, sagte er mit schneidender Stimme, die Probe ist gemacht, Sie bezweifeln jetzt den Magnetismus und seine Wunder nicht mehr; Sie sind in acht Tagen ganz Yankee geworden.

— Ja, ja, murmelte ich, und ich bin stolz darauf. Ich habe eine Frau und Kinder nach meinem Herzen; ich darf mein Vaterland lieben, der Freiheit dienen und sie schützen, ich bin mein eigener Herr, ich glaube an das Evangelium, ich bin glücklich; wenn es ein Traum ist, wecken Sie mich um Gotteswillen nicht auf.

— Bravo, rief die Stimme, ich bin gerächt. Jetzt auf den Weg nach Frankreich, nach Paris!

Ich fühlte wie eine Hand meinen Mantel entfernte und unter meine Kapuze glitt. Ich sprang in die Höhe, ich wollte rufen; vergebliche Anstrengung! ich war magnetisirt. Ein unsichtbarer Arm ergriff mich bei der einzigen Haarlocke, die auf meiner kahlen Stirn übrig geblieben war und führte mich mit rasender Geschwindigkeit durch die Luft.

Ich hatte mich von meiner leicht begreiflichen Aufregung noch nicht erholt, als ich mich in der Luft schweben und wie ein Vogel über meinem Hause kreisen sah. Der Verräther hatte mir die Sprache genommen und liess mich jetzt, indem er mich immer festhielt, bis an das Fenster meines Parlour hinabgleiten. In diesem theuern Orte sah ich meine Jenny, Susanne und Martha um einen Arbeitstisch versammelt, der arme Zambo sass in einer Ecke am Boden und schluchzte. Susanne las mit unsicherer Stimme aus dem Evangelium vor. Meine Frau und Martha zerschnitten Leinwand und machten Charpie.

Mein Herz rief und segnete sie. Sofort erhob Jenny ihren Kopf.

— Susanne, sprach sie zitternd, mir ist es, wie wenn ich deinen Vater hörte; ich bin überzeugt, dass er in diesem Augenblick an uns denkt.

— Das ist eigenthümlich, Mama, versetzte Susanne; ich habe das nämliche Gefühl.

— Wirkung des Magnetismus, murmelte Jonathan mit unheimlichem Lachen. Was sagen Sie zu dieser Erfahrung, gelehrter Doctor?

— Mein Gott, sagte Jenny, indem sie sich erhob, der du mir meinen Mann gegeben und mir befohlen hast, ihn zu lieben, beschütze ihn, ich flehe dich darum. Entferne die Gefahr und den Tod von seinem Haupte und dem meiner Kinder. Aber vor Allem, Herr, geschehe dein Wille, dein Name sei gelobt!

— Amen, sprach Susanne; Amen, wiederholte Martha, und die drei Frauen brachen in Thränen aus, während sich Zambo ein Taschentuch in den Mund stopfte, um sein Geheul zu ersticken.

O meine Lieben! Ich öffnete meine Arme gegen euch, da fühlte ich mich zum zweiten Male in den leeren Raum geschleudert und von einer unwiderstehlichen Gewalt davongetragen. In einem Augenblick war die grosse Stadt mit ihren schwankenden Lichtern verschwunden; nach der Stadt verschwanden die Wiesen, die Wälder, das Land, ich hörte nur das Pfeifen des Windes und das Seufzen der Wogen. Wie in der Tiefe eines Abgrundes sah ich die Wellen in den blassen Strahlen des Mondes zittern; ich war zehntausend Fuss über dem Ozean.

— Jetzt wollen wir uns unterhalten, sagte der grässliche Zauberer, der über mir schwebte wie ein Adler, der eine Taube in den Klauen hält. Doctor Lefebure, Sie haben das Wort; es wird mir Vergnügen machen, Ihre angenehme Unterhaltung geniessen zu können.

— Ungeheuer, rief ich, wie lange soll ich noch dein Opfer sein?

— Lieber Freund, antwortete er kichernd, Sie sind nicht sehr höflich. Es ist eine Grobheit, wenn man einen Menschen dutzen will, den man erst zweimal gesehen hat; in Ihrer Lage ist es überdiess eine Ungeschicklichkeit; denn ich brauchte nur die Finger zu öffnen, um Sie in die Wogen zu stürzen und ich glaube nicht, dass die französische Gendarmerie ungeachtet aller ihrer Wachsamkeit Ihnen hier viel helfen könnte. Seien Sie also artig und unterhalten Sie mich. Ich bin müde, ich habe viel Fluidum verloren, ich kann

nicht gut mehr als hundert Meilen in der Stunde machen; wir werden nicht vor morgen früh in Paris sein.
Wir müssen also eine ganze Nacht zusammen leben;
das Wetter ist schön, der Weg angenehm, wir wollen
uns freundschaftlich unterhalten.

Was kann man in den Wolken plaudern als von
Metaphysik?

— Herr Jonathan, sagte ich und nahm meinen
achtungsvollsten Ton an, glauben Sie an Gott?

-- Gott, antwortete er in lebhaftem Ton und wie
wenn er einen eingelernten Spruch wiederholte, Gott
ist ein altes Wort für die Personification der Idee.

— Sprechen Sie französisch, wenn ich bitten darf,
rief ich.

— Meinethalben, sagte er, Gott ist die Idealisirung
der Persönlichkeit.

— Wenn das Ihr Französisch ist, Herr Zauberer,
dann sprechen Sie lieber griechisch mit mir.

— Gut, antwortete er artig, Gott ist die Kategorie
des Ideals, nichts weiter.

— Ich verstehe Sie nicht, erwiderte ich.

— Weil Sie nicht Deutsch verstehen, antwortete
er. Die Philosophie ist eine mystische Sprache, die
nach Frankreich von jenseits des Rheins kommt. Ich
habe berühmte Gelehrte gesehen, die diese Sprache
zwanzig Jahre lang gesprochen haben, ohne etwas davon zu verstehen, und die desshalb doch den grössten
Beifall fanden.

— Setzen Sie mir Ihr System auseinander, versetzte ich mit erzwungener Sanftmuth. Sie sind ein
grosser Mann, ein Genie, und ich würde erfreut sein,
mich in Ihrer Schule zu bilden. Haben Sie auch die
Gefälligkeit, mich etwas weniger fest an den Haaren

zu ziehen, ich habe einen empfindlichen Kopf und ich bin überzeugt, dass Absalon, als er an einem Baum hing, wenig Lust hatte, zu philosophiren.

— Ich bin ein Schüler von Spinoza, sagte Jonathan, aber ich bin weiter gegangen als mein Lehrer. Es gibt weder Materie, noch Geist in der Welt, es gibt nur eine Gesammtheit von organischen Kräften, die sich ins Unendliche scheiden; die Pflanze, das Thier, der Mensch sind eben so viele Formen dieser Lebenskraft, eben so viele Wasserblasen, die an der Oberfläche des Ozeans der Dinge aufsteigen und wieder in die Tiefe sinken, um von neuem daraus hervorzugehen. Das Leben und der Tod sind einfache Erscheinungen ohne Wichtigkeit; das Individuum verschwindet, die Gattung dauert fort, und das ist die Hauptsache. Es liegt wenig daran, was das Rad zermalmt, wenn es sich nur unaufhörlich dreht. Das ist mein System. Es lässt sich mit Allem vereinigen.

— Und erklärt gar nichts, rief ich. Wer hat denn jene Kräfte geschaffen?

— Woran denken Sie, Doctor? antwortete der Magier. Schaffen, das wäre eine Störung jener allgemeinen und vorherbestimmten Ordnung der Dinge; es hat niemals eine Schöpfung gegeben. An einen Anfang glauben, hiesse an einen Willen glauben; das würde das ganze System über den Haufen werfen.

— Ich glaubte immer, entgegnete ich, man müsse die Systeme den beobachteten Thatsachen accomodiren?

— Das ist ganz gut für die Physiker, wir dagegen accomodiren die Thatsachen den Systemen, wir sind Philosophen.

— Das ist sehr sinnreich, erwiderte ich, aber lösen Sie mir doch einen Zweifel; ich habe immer geglaubt, der Mensch sei nicht sehr alt auf der Erde.

— Das ist auch meine Meinung, versetzte er; es ist höchstens zwölf bis fünfzehntausend Jahre, dass der Mensch aufgetreten ist, aber er ist kein Produkt einer Schöpfung. Die Natur . . . .

— Was ist Natur, Herr Dream?

— Ein anderer Name für die Universalkraft.

— Was ist Universalkraft?

— Ein anderer Name für die Natur.

— Ich danke Ihnen für diese philosophische Erklärung.

— Die Natur, fuhr er fort, zeigt in bestimmten Epochen eine verdoppelte Energie, eine Art Fieber, in welchem sie einzelne Gattungen verbessert und nöthigenfalls umarbeitet. Auf diese Art ist allem Anschein nach der Mensch auf die Erde gekommen, als eine Abart vom Affen oder Hund.

— Und die Sprache, und das Gewissen? rief ich.

— Das bedeutet wenig, erwiderte er. Das hängt von einer einfachen physiologischen Veränderung ab. Durch etwas mehr Feinheit im Bau des Larynx ist aus einem thierischen Geschrei eine artikulirte Sprache geworden. Ein Gewissen ist nicht möglich ohne einen bestimmten Nervenapparat; folglich ist das Gewissen eine Sache des Nervenbaues. Eine Anhäufung der grauen Substanz, ein einfaches Naturspiel war hinreichend, den Herrn der Schöpfung zu erzeugen.

— Ein armseliger Herr, wenn er nur das erste und boshafteste unter den Thieren ist.

— Keineswegs, versetzte Jonathan; denn Dank seinem Nervenapparat hat er allgemeine Ideen und das macht aus dem Menschen eine Gattung für sich.

Er ist das einzige Thier, das man mit Worten unterhalten und betrügen kann. Der Mensch sieht gewisse
Thatsachen, die sich in regelmässiger Reihenfolge wiederholen und die er Wahrheiten nennt; er ersinnt eine
universelle Wahrheit, die alle besonderen Wahrheiten
umfasst und unterstützt; er bemerkt einzelne schöne
Gegenstände, und er denkt sich eine Schönheit aus,
die das Muster und der Typus aller anderen ist. Das
Ideal führt ihn irre und tröstet ihn; das heissen dann
die guten Leute Gott.

— Bravo, erwiderte ich, ich begreife jetzt allmählich, was die Kategorie des Ideals ist. Die Seele ist
ein Spiegel, der Bilder wiedergibt, die nicht existiren;
oder wenn Sie wollen, der Mensch sieht sich selbst in
diesem Vergrösserungsspiegel und wirft sich, ein neuer
Narziss, vor diesem vergrösserten Bilde auf die Kniee.

— Nicht übel für einen Neuling, sagte der Zauberer.

— Also gibt es auf dem Weltall kein höheres Wesen als den Menschen?

— Ganz richtiger Schluss, sagte Jonathan.

— Wenn es also niemals Menschen auf der Erde
gegeben hätte, so würde es keine Gottesidee gegeben
haben und folglich würde Gott nicht existiren.

— Bravissimo, erwiderte er, Sie werden ein Philosoph.

— Nein, gewiss nicht, rief ich; ich weiss nicht,
ob meine Anschauungsweise mit meiner sonderbaren
Lage zusammenhängt; aber diese ganze Metaphysik
scheint mir in der Luft an einem Haar zu hängen wie
ich. Was ist jene Natur, die eine verdoppelte Energie
zeigt? Nichts als ein Wort für das höchste Wesen,
das in seiner Güte den Menschen und die Welt ge-

schaffeu hat. Was sind jene Gewebeveränderungen, jene physiologischen Metamorphosen anderes als eine wohltönende Phrase, die das Unbekannte durch das Unmögliche zu erklären sucht? Was ist jene gewissenlose und sittenlose Gewalt, die ein mit Gewissen und Sittlichkeit begabtes Geschöpf hervorbringt? Eine Chimäre. Von meinem hohen Standpunkt aus beurtheilt man die Dinge auf eine ganz andere Weise, man findet sich nicht mit leeren Worten ab; die Naturgesetze, das heisst eine verständige Ordnung, eine beständige und fortwährende Schöpfung, offenbaren mir und rufen mir zu, dass ein allmächtiger und allgegenwärtiger Wille die Welt erhält und ihre Auflösung verhindert. Die Natur sehe ich nirgends, Gott fühle ich überall.

— Bravo, dreifaches Bravo! sagte der Magier.

— Also haben Sie mir vorhin nicht Ihr System dargelegt? versetzte ich hocherstaunt.

— Dieses System ist das meinige, sagte er, denn ich habe es gestohlen; aber ich glaube nichts davon. Gestern auf der Fahrt durch Tübingen, wo ich einen guten Freund von mir, einen ehrlichen Theologen, der stets träumt, aufsuchen wollte, habe ich einen grossen Metaphysiker bemerkt, der vor lauter Studium über seinem Hegel eingeschlafen war. Ich habe ihm mit einem Schlage seine Pfeife, seine Brille und sein System weggerafft; wenn er aufgewacht ist, wird er zum Sehen nur noch seine Augen und zum Nachdenken nur noch seinen Geist gefunden haben.

— Der arme Mann! rief ich; was wird er denn mit diesen Werkzeugen, deren er sich niemals bedient hat, anfangen?

— Bah! erwiderte der Zauberer, Sie kennen die deutschen Philosophen nicht. Das sind Seidenwürmer, die in den Büchern leben; sie ziehen aus der ersten besten Scharteke einen Faden, mit dem sie sich in ein gutes System einspinnen, das für Licht und Lärm undurchdringlich ist. Der gute Mann braucht blos einen neuen Cocon zu spinnen. Die Wahrheit bedeutet nichts, die Logik Alles. Hegel ist todt, es lebe Schopenhauer! Es gibt immer einen König in diesem Reiche der Träumer.

— Ihre Scherze sind grausam, rief ich. Man hält doch einen Menschen nicht zehntausend Fuss hoch in der Luft, um sich über ihn lustig zu machen.

— Ihre Fragen sind impertinent, erwiderte er trocken. Wie können Sie einen Geisterseher fragen, ob er an Gott glaubt? Wir allein wissen, was die Seele ist, wir allein haben den Beweis ihrer Unsterblichkeit in den Händen.

— Was ist denn die Seele? fragte ich ungeduldig.

— Sie ist eine magnetische Kraft, antwortete Jonathan. Diese Nomade, die Gott geschaffen und mit Bewusstsein ausgestattet hat, bildet sich selbst eine Hülle, wie das Getreidekorn, das man in die Erde streut, Wurzeln, Halme und Aehren ansetzt. Wenn der Körper alt ist, wirft die Seele in unvergänglicher Jugend und Thätigkeit nur eine abgenutzte Hülle ab und entfliegt in eine bessere Welt, um eine neue Form für ihre unsterbliche Kraft zu suchen. Sehen Sie die Körper, die im Weltraume strahlen, Jupiter, Saturn, Sirius! Es sind eben so viele Sphären, die von Geistern bewohnt werden, die sich zu ihnen emporgeschwungen haben. Die unendliche Leiter der Schöpfung hinaufsteigen, uns Gott stets nähern, ohne ihn je zu erreichen, das ist unsere ruhmreiche Bestimmung. Der Tod ist nur ein Uebergang zu einem intensiveren Le-

ben. Nichts, kein Sonnenstäubchen geht hienieden verloren; warum sollte also das Bewusstsein erlöschen?
Ist Gott etwa ein launischer Künstler, der das Meisterwerk seiner Grösse und Güte selbst zerstört?

— Mein Herr, rief ich, diese Worte sind schön und
gehen mir zu Herzen; aber geben Sie mir doch den
Beweis, den Beweis, den die Menschheit seit sechstausend Jahren verlangt.

— Nichts leichter, versetzte Jonathan, wir wollen
zum Sirius fliegen, der dort oben über unseren Häup-
tern glänzt; dort werden Sie eine der Stationen sehen,
die Sie eines Tags bewohnen werden. Vor noch nicht
langer Zeit habe ich Washington dort besucht.

Das Anerbieten war wohl geeignet, meine Neugier
zu reizen; aber der verdammte Zauberer hatte schon
sein Spiel mit mir getrieben und ich traute seiner Zau-
berei nicht mehr. Aus Furcht vor den Anstrengungen
einer neuen Reise lehnte ich ab. Ich hatte Unrecht,
ich werde vielleicht keine solche Gelegenheit wiederfinden.

— Werden wir bald angelangt sein? fragte ich Jonathan.

— Diese Frage ist nicht sehr liebenswürdig, erwiderte er. Blicken Sie hinab; sehen Sie nicht ein kleines Licht auf der See? das ist die Signallaterne der
Arabia, die Boston an dem Tage verliess, wo ich Sie
nach Amerika gebracht habe; sie ist jetzt halbwegs
von Europa; wir haben also noch sechshundert Meilen
oder sechs Stunden Wegs zu machen.

Ich seufzte und schwieg.

— Lieber Freund, sagte der verhasste Magier, Sie
sind sehr widerwärtig. Wenn Sie das Streiten nicht
lieben, wenn die Metaphysik Ihre Nerven angreift, so

wählen Sie irgend einen gewöhnlichen Gegenstand, über den wir uns leichter verständigen können. Sprechen wir von Politik!

— Was denken Sie von der Sklaverei? rief ich; was denken Sie von dem Bruderkrieg, der die vereinigten Staaten zerreisst? Ueber diesen Punkt sind alle ehrlichen Leute einer Meinung; ich nehme an, dass Sie den Despotismus verabscheuen und die Sklaverei hassen, da Sie als Geisterseher ohne Zweifel eine unsterbliche Seele achten ohne Rücksicht auf die Farbe der Haut, die sie bedeckt.

— Schön, das ist eine ganz friedliche Frage, erwiderte er, aber sie ist delikater als Sie glauben. Nicht die Gesetze entscheiden darüber, ob ein Mensch herrschen oder gehorchen soll.

— Was denn?

— Das magnetische Fluidum, antwortete er mit unerträglicher Ruhe. Was die Philosophen Willenskraft, Energie, Macht nennen, ist nichts anderes als das Fluidum, aus dem unsere Seele besteht. Das Quantum ist für jeden verschieden und ungleich. Die Frau ist zum Beispiel ein magnetischeres Wesen als der Mann; darum sehen Sie, dass in den meisten Haushaltungen, was auch die Gesetze darüber verordnen mögen, der Mann gehorcht. Die Kinder, die das Gesetz gleichfalls ihren Eltern unterwirft, sind Haustyrannen, die ihre Launen zum Gesetz für das ganze Haus und ihre Mutter zur Sklavin machen. Warum? Weil sie sehr viel Fluidum besitzen. Greise dagegen haben bei ihrem kühlen Temperament keinen Einfluss mehr auf ihre Umgebung. Verliebte . . .

— Um Gottes Willen, versetzte ich gähnend; wir

wollen von Politik sprechen, nicht von Naturwissenschaften.

— Geduld, erwiderte Jonathan in scherzendem Ton.
Wenn es erwiesen ist, dass die Neger weniger Fluidum besitzen, als die Weissen, so ist die Frage entschieden, die Sklaverei ist erlaubt.

— Mein Herr, entgegnete ich, Ihre Paradoxen langweilen mich.

— Paradoxen! rief er. Sie sind kein Kind Ihrer
Zeit, Doctor *Rococo;* lesen Sie die Schriften Ihrer grossen Historiker und Politiker und studiren Sie die Racen-
frage, so werden Sie finden, dass heutzutage die Moral nichts als Physiologie ist.

Ich besitze von Natur eine grosse Sanftmuth, alle
Welt weiss es, nur meine genauesten Freunde nicht,
die wie gewöhnlich nur meine Fehler an mir sehen.
Aber wer sich im Geist an meine Stelle versetzt, wird
begreifen, dass mir die Geduld ausgehen konnte. Seit
sechs Stunden an den Haaren hängen und sich durch
einen Unbekannten wer weiss wohin schleppen lassen,
war an und für sich schon so ärgerlich, dass er nicht
noch obendrein in der Politik anderer Ansicht als ich
zu sein brauchte.

— Mein Herr, sagte ich trocken zu meinem Gegner, lassen Sie das Licht Ihres Geistes anderswo leuchten. Ich kann Sie leider nicht ersuchen, mich zu verlassen, aber ich erkläre Ihnen, dass ich Sie von jetzt
an nicht mehr anhöre.

— Wie wollen Sie das anfangen? versetzte er mit
spöttischem Tone.

— Jedes weitere Wort, rief ich, ist eine Beleidigung, für die Sie mir Rechenschaft geben müssen.

— Ein Duell in diesen reinen Höhen, sagte der

Zauberer, das wäre originell; ich werde es überlegen, vorläufig werden Sie mich aber gern oder ungern anhören müssen, ich glaube nicht, dass Sie meiner Gesellschaft los werden.

— Sie wissen nicht, erwiderte ich zähneknirschend, wessen ein Franzose fähig ist.

— Ich halte ihn jeder Thorheit für fähig, antwortete Jonathan, ausgenommen einer unmöglichen.

— Unmöglich! rief ich, dieses Wort ist nicht französisch.

Mit Blitzesschnelle zog ich eine Scheere aus meinem Besteck und durchschnitt die Haarlocke, die mich in der Hand dieses Elenden hielt.

Augenblicklich begann ich zu fallen und drehte mich im Wirbel rechts und links, wie ein sinkender Papierdrache. Im ersten Augenblick überliess ich mich ganz der Freude über die wiedererlangte Freiheit und beunruhigte mich nicht weiter über meinen raschen Fall; aber meine Besinnung kehrte zurück, als ich das Rauschen der Wogen und das Pfeifen der Windstösse hörte. Es war zu spät; das Meer öffnete seinen Abgrund, um mich aufzunehmen und spie mich weniger glücklich als den Propheten Jonas keuchend und erstarrt wieder auf die Oberfläche. Ich verlor den Muth nicht, ich begann mit verzweifeltem Eifer zu schwimmen. Eine Seereise von fünfhundert Meilen auf diese primitive Manier zurückzulegen war viel, aber konnte ich nicht vielleicht auf dieser Weltstrasse des Ozeans irgend einem Dampfschiffe begegnen? Ich blickte in die Ferne nach einem Lichte, aber ich sah nur Nacht. Plötzlich sah ich das grässliche Gespenst, um mich auf's neue fortzuschleppen, zu mir niedersteigen wie eine Schwalbe, die eine Mücke an der Oberfläche des Wassers fängt.

— Doctor, rief er mir hohnlachend zu, ich hoffe, dass das Bad Ihr Blut abgekühlt hat; wir wollen unsere Unterhaltung da wieder aufnehmen, wo wir stehen geblieben sind.

— Eher sterben, als deine abscheulichen Sophismen anhören, rief ich, schloss meine Faust und versetzte meinem Feind einen so furchtbaren Schlag, dass alle Knochen meiner Hand krachten. Vor Schmerz stiess ich einen lauten Schrei aus und . . . .

Neunundzwanzigstes Kapitel.

Das kürzeste im Buch und das interessanteste für den Leser.

. . . erwachte in meinem Bett.

Dreissigstes Kapitel.

———

Missliche Folgen einer Reise nach Amerika.

Nachdem ich mich von dieser Gefahr oder von diesem Alp befreit hatte, brauchte ich einige Zeit, um mein volles Bewusstsein zu erlangen. Wo war ich? In welches Land hatte mich mein Henker geschleudert? Die Bettvorhänge waren geschlossen, ich zog sie zurück; das Zimmer war düster und still, es herrschte die Ruhe und das Halbdunkel, mit dem man einen Kranken umgibt. Als sich meine Augen an die Dunkelheit gewöhnt hatten, konnte ich um mich blicken. Ein Tisch, der mit unordentlich aufgehäuften Papieren, Büchern und Broschüren bedeckt war, ein Büchergestell, auf dem eine Masse gebundener und ungebundener Bücher stand und lag, ein Haufe von Scharteken, der in Form einer schwankenden Pyramide von der Erde aufstieg und jeden Augenblick einzustürzen drohte, Alles war an seinem Platz; ich war in meinem alten Arbeitszimmer! Ich war in Paris in Frankreich und endlich von meinen Irrfahrten zurückgekehrt. Soll ich es gestehen? Diese Rückkehr zum Mittelpunkt der Civilisation machte mir nur ein sehr mittelmässiges

23*

Vergnügen; ich hatte Geschmack an der Freiheit gewonnen.

Ich läutete, Jenny trat auf den Fussspitzen ein
und fragte mit leiser Stimme, ob ich gerufen hätte.

— Gewiss, liebes Kind, erwiderte ich; lasst mir
vor Allem Licht ein, dieses Zimmer ist wie ein Grab.

Jenny öffnete die Vorhänge ein wenig und rief
Susannen herbei, die ganz leise den Kopf zur Thüre
hereinstreckte und anhielt, um mich mit unruhiger
Miene zu betrachten.

— Nun, mein Fräulein, sagte ich heiter, umarmt
man heute seinen Vater nicht?

Anstatt sich in meine Arme zu werfen, näherte
sie sich mir mit furchtsamem Schritt und ergriff weinend meine Hand.

— Wie geht es dir, Papa? murmelte sie.

— Sehr gut, mein Kind, abgesehen von der Ermüdung und Aufregung der Reise.

— Ah! rief Susanne. — Ah! rief Jenny.

In diesem Ausrufe lag ein so seltsamer Ausdruck,
dass ich meine Tochter und meine Frau der Reihe
nach betrachtete. Sie schienen mir in hohem Grade be-
stürzt.

— Was habt ihr denn? fragte ich. Was habe ich
denn gesagt, das euch erschrecken könnte?

— Mein Freund, erwiderte Jenny, ich bitte dich,
dich vollständig ruhig zu verhalten, wie es der Doctor
Olybrius angeordnet hat.

— Wer ist denn der Doctor Olybrius? Doch nicht
etwa der Dummkopf, der ein dickes Buch geschrieben
hat über *das Fasten aus dem Gesichtspunkte der Gesundheitslehre und Schifffahrtskunde?* Was habe ich mit diesem pfäffischen Pedanten zu schaffen?

— Daniel, versetzte meine Frau trocken, der Doctor Olybrius ist der Arzt, den Jedermann zu Rathe zieht. Er hat dir seit acht Tagen die Sorgfalt eines Collegen und eines Freundes erwiesen.

— Seit acht Tagen! schrie ich, indem ich mich aufrecht setzte. Du träumst, liebes Kind. Wie hat mich dein Doctor in Paris behandeln können, während wir in Amerika waren?

— Höre mich an, Daniel, sprach meine Frau mit erregter Stimme, höre mich ohne Unterbrechung an; es handelt sich dabei um deine Gesundheit und vielleicht um dein Leben. Gestern, am Dienstag, waren es acht Tage, dass du in einem höchst beklagenswerthen Zustande nach Hause gekommen bist. Du hattest irgend einen Charlatan aufgesucht, und wenn ich dem Doctor glauben darf, so muss dir dieser Mensch einen Opium - oder Haschischtrank beigebracht haben, der dich unfehlbar hätte tödten müssen, wenn nicht deine kräftige Natur und vielleicht unsere Pflege dich gerettet hätten. Die ganze Woche hast du in einer vollständigen Lethargie oder in einem grässlichen Delirium zugebracht. Du hast furchtbare Träume gehabt, die uns mehr als einmal für deinen Verstand fürchten liessen. Heute hast du die Besinnung wieder erlangt, wie es der Doctor Olybrius voraussagte; dabei hat er aber zugleich bemerkt, dass diese Rückkehr zur Gesundheit die grösste Schonung erforderlich mache, dass du voraussichtlich einige Zeit brauchen würdest, um deine Träumereien abzuschütteln und dich wieder an das wirkliche Leben zu gewöhnen, und dass bei einer solchen Krisis Ruhe und Stillschweigen absolut nothwendig seien.

Jetzt war die Reihe an mir, meine Frau mit

Schrecken zu betrachten. Was war an dieser Fabel, die sie mit solcher Sicherheit vortrug? Ich war fest überzeugt, in Amerika gewesen zu sein; ein französisches Gehirn wäre nie im Stande gewesen, auch nur zu träumen, was ich gesehen hatte; ausserdem sind blosse Delirien zusammenhangslos und hinterlassen keine Erinnerung. Aber wenn Jenny in Frankreich geblieben war, während ich in Massachusetts lebte, wer war denn dann diese amerikanische Jenny, die ich so zärtlich an mein Herz drückte? Hätte ich, ohne es zu wissen, zwei Frauen gehabt? Gab es zwei Susannen und zwei Henri, den einen in Paris in Frankreich, den anderen in Paris in Amerika? Hatte ich eine doppelte Existenz? Hatte ich eine Seele in einem doppelten Leib? Welcher Wirrwarr! Welches Chaos!

— Verdammter Jonathan! murmelte ich, der Teufel soll dich holen und deine Geisterseherei dazu! Jetzt bin ich in einer schönen Verlegenheit!

Plötzlich ging mir ein Licht auf; ich ärgerte mich, meine Frau auch nur einen Augenblick lang angehört zu haben. Hatte mir nicht Jonathan vorausgesagt, dass ich allein mein Gedächtniss behalten sollte, und dass meine Familie aus geborenen Yankees bestehen würde? Alles erklärte sich auf die natürlichste Weise; Jenny war der Spielball einer Einbildung. Wenn in meinem Hause Jemand träumte, so war es nicht ich, sondern meine Frau.

Dieser einfache Gedankengang gab mir meinen Muth und zugleich meine Würde zurück.

— Meine Liebe, sagte ich zu Jenny, traue dem Scheine nicht. Dein Olybrius ist ein Esel; ich bin niemals krank gewesen. Der Beweis dafür ist, dass ich nur fünfundsiebzig Pulsschläge in der Minute habe, dass ich vor Hunger fast sterbe und dass ich mit deiner Erlaubniss jetzt aufstehen und frühstücken will.

Statt jeder Antwort brach meine Frau in Thränen aus. Das ist eine Art der Argumentation, die Aristoteles mit Unrecht vergessen hat; sie spielt in der Rhetorik der Haushaltungen eine bedeutende Rolle; ein so behandelter Mann ist schon halb verloren.

Als gut erzogene Tochter suchte Susanne natürlich ihre Mutter noch zu übertreffen; sie hing sich an meinen Hals und rief schluchzend:

— Papa, guter Papa, mache uns keinen Kummer! erwarte wenigstens den Doctor.

— Ich werde ihn ausser Bett und nicht nüchtern erwarten, antwortete ich; übrigens, meine Kinder, will ich euch nicht betrüben. Ich bin Arzt und gebe euch mein Ehrenwort, dass ich mich sehr wohl befinde; wenn meine Versicherung euch nicht genügt, so lasst den Nachbar Rose heraufkommen, er ist auch Doctor und wird euch bald beruhigt haben.

Der Vergleichsvorschlag wurde angenommen und Rose sofort herbeigerufen. Er trat mit einer so linkischen und feierlichen Miene ein, dass ich ihm ins Gesicht lachen musste.

— Guten Morgen, alter Freund, rief ich und reichte ihm meine Hand.

— Sie erweisen mir zu viel Ehre, Herr Doctor, antwortete er und setzte sich in meinen grossen Lehnstuhl.

— Haben Sie die Gefälligkeit, meinen Puls zu fühlen und diesen Damen zu sagen, ob ich mich nicht vollkommen wohl befinde.

Er ergriff meinen Arm, zählte ernsthaft die Schläge

der Pulsader und wandte sich dann mit erstaunter
Miene zu Jenny, indem er sprach:

— Wenn ich eine Meinung haben dürfte, so würde
ich mir erlauben, zu bemerken, dass dieser Puls durch-
aus nichts ungewöhnliches zeigt. Er ist regelmässig,
sogar ein wenig schwach, wie bei einem Menschen,
der nichts gegessen hat. Die Gefahr ist vorüber, so
weit überhaupt eine Gefahr bestanden hat, was ich
nicht zu behaupten wage. Ich glaube, setzte er hinzu,
indem sich sein Gesicht aufheiterte, dass ein kaltes
Huhn und eine Flasche alter Bordeaux angezeigt wäre;
das ist eine Verordnung, die sich der Herr Doctor, ob
krank oder nicht, wohl gefallen lassen kann.

Die beiden Frauen verliessen das Zimmer, um für
mein Frühstück zu sorgen; Rose erhob sich, näherte
sich mir und legte den Finger geheimnissvoll auf den
Mund.

— Nicht wahr, Doctor, sagte er ganz leise, Sie
werden von jetzt an nicht mehr mit Opiaten spielen?

— Tu quoque? rief ich. Mein Lieber, das Opium
hat mit dieser Angelegenheit gar nichts zu schaffen;
ich bin einfach magnetisirt worden.

— Schön, erwiderte er, Sie, Doctor, ein Mensch
von gesundem Verstand, ein vorurtheilsfreier Kopf,
glauben an den Magnetismus, dem doch die Akademie
der Medicin die Existenz abspricht?

— Er ist mir zu augenscheinlich bewiesen worden,
als dass ich ihn noch in Abrede stellen könnte, antwortete ich seufzend. Sie sehen in mir ein Opfer dieser beklagenswerthen Entdeckung. Ich bin nach
Amerika versetzt worden.

Bleich und sprachlos vor Entsetzen wich Rose von
mir zurück.

— Ja, versetzte ich, ich bin nach Amerika versetzt
worden, ich, mein Haus und unsere ganze Strasse. Ich
habe Sie dort auch gesehen, lieber Rose; Sie waren
ein Patriot, ein tapferer Mann und ein Zuavenhaupt-
mann.

— Schweigen Sie, sagte er, ums Himmels Willen
schweigen Sie! Wenn Sie Jemand anders hörte, als ich!

— Zweifeln Sie an meinen Worten? erwiderte ich;
wollen Sie Beweise?

— Gott behüte mich davor, Ihnen zu widersprechen! rief der Apotheker; wir haben zusammen in den
Reihen der Nationalgarde gedient, ich halte Sie für
einen Ehrenmann, und es würde mir unlieb sein, wenn
Ihnen etwas Schlimmes zustossen sollte. Hören Sie
also den Rath, den mir meine Hochachtung für Sie
eingibt. Seien Sie klug, seien Sie vorsichtig! Sie sind
in Amerika gewesen, meinethalben; Sie sagen es, ich
glaube es; aber in Ihrem Hause glaubt Alles das Gegentheil. Sie stehen mit Ihrer Meinung ganz allein.
Nun, Sie kennen das Sprichwort:

Quand tout le monde a tort, tout le monde a raison.
Wenn Sie darauf beharren, von dieser magnetischen
Reise zu sprechen, so fürchte ich, die Ungläubigen
werden sich in ihrer Weise an Ihnen rächen und
Sie für einen Mann ausgeben, der . . .

Er hielt inne, legte einen Finger auf seine Stirn,
schüttelte den Kopf und sah mich mit einem Ausdruck
des Bedauerns an.

— Was? rief ich, glauben Sie etwa, dass ich verrückt bin?

— Nein, gewiss nicht; ich weiss schon, woran ich
mich zu halten habe, aber wer kann dem allzu raschen
Urtheil Anderer Halt gebieten? Ihr Abenteuer ist so

ausserordentlich, dass es klug sein würde, wenn Sie das Geheimniss für sich behielten.

— Herr Rose, antwortete ich, setzen Sie sich; wir wollen uns unterhalten, und Sie werden sehen, dass ich niemals bei gesünderem Verstande war. Wie befinden sich Ihre neun Söhne?

— Recht wohl, sagte er, ich danke Ihnen, sie sind jetzt alle untergebracht bis auf meinen Benjamin.

— Alfred heisst er, nicht wahr?

— Ja, erwiderte er lächelnd, ein hübscher junger Mann von vierundzwanzig Jahren. Es ist eine grosse Freude für einen Vater, wenn er endlich seine ganze Familie versorgt und gut versorgt sieht.

— Was sind denn Ihre Söhne? Erzählen Sie mir, lieber Nachbar, sprechen Sie, Ungläubiger, überzeugen Sie sich, dass ich an Geist und Herz jünger bin als mit zwanzig Jahren.

— Der älteste, sprach er, ist der einzige, der mir Kummer gemacht hat, er war immer das Bild seiner verstorbenen Mutter. Eigensinnig, ehrgeizig, hatte er immer seine eigenen Ideeen, er wollte Niemanden nachstehen, ich konnte nichts mit ihm anfangen. Ich habe mich daher auch darauf beschränken müssen, ihn in die polytechnische Schule zu stecken, die er mit Auszeichnung absolvirt hat. Er hätte einen hübschen Platz bei der Tabaksregie haben können, aber er ist wie ein durchgegangenes Pferd, das sich nicht zügeln lässt. Der Junge ist mit einigen Erfindungen im Sack in die Welt hinausgelaufen; er ist jetzt Director einer Fabrik und behauptet, dass er dabei reich wird. Gott gebe es! aber die Industrie ist ein unzuverlässiges Geschäft; erst wenn man todt ist, kann man wissen, ob man Glück gehabt hat. Ich habe immer Angst um dieses Kind

ausgestanden. Meine anderen Söhne dagegen, die ich
nach meinem Wunsch erzogen habe, haben mir nur
Freude gemacht. Sie haben eine gelehrte Erziehung
erhalten, und Dank der geschickten Anwendung von
Connexionen habe ich sie alle in der Verwaltung vorwärts gebracht. Zwei habe ich beim Zollwesen, zwei
andere bei der Centralsteuerverwaltung; zwei sind
schon Steuereinnehmer, der achte ist bei der Forstver-
waltung; mein Alfred endlich ist Privatsekretär bei
einem Präfekten und steht am Beginn einer grossen
Laufbahn. Wenn ich einige Empfehlungen für ihn er-
halte, so ist er, ehe zwei Jahre vergehen, Rath bei der
Präfektur mit einem Gehalte von achtzehnhundert
Franken.

— Was? rief ich, Sie, Rose, ein Patriot, haben
Ihre Kinder zu Bedienten gemacht, während Sie ihnen
eine unabhängige Laufbahn eröffnen und sie zu Bürgern erziehen konnten?

— Doctor, antwortete der Apotheker, ich habe den
Rath und das Beispiel von sehr gescheuten Leuten befolgt. Wenn der Staatsdienst auch nicht glänzend ist,
so ist er doch etwas sicheres. Man hat keine Sorgen,
man braucht sich nicht zu plagen; wenn man ein kleines Vermögen hat, so spielt man ein wenig an der
Börse, um sein Einkommen zu erhöhen; man versucht,
eine Frau mit einer hübschen Mitgift zu bekommen,
deren Eltern nicht gar zu jung sind; man lebt friedlich
und beschliesst sein Leben in Musse mit einem kleinen
Ruhegehalt in irgend einer Provinzialstadt.

— Das ist das Leben einer Auster.

— Die Austern verhalten sich ruhig, versetzte er,
und das ist die Hauptsache. Was haben Sie denn,
wenn Sie Fabrikant oder Kaufmann oder Rheder sind?

Heute werden Sie von der Revolution zu Grunde gerichtet und morgen vielleicht von einer starken Regierung, die Krieg anfängt, ohne Obacht zu rufen oder
Jemanden darüber zu fragen. Und dabei mehren sich
Steuern, die Handelskrisen und die Concurrenz mit
jedem Jahr; Alles ist verschworen gegen die Geschäfts-
leute. Unsere Gesellschaft ist dazu nicht geschaffen.
Ein grosser Narr, wer ein solches Risiko auf sich
nimmt, während er so leicht im Dienste seines Landes
ein friedliches und ehrenvolles Leben führen könnte.
Die Verwaltung ist Frankreich! Die Demokraten und
die Missvergnügten mögen lärmen, so viel sie wollen;
ich will meine Söhne lieber unter denen haben, die
verzehren, als unter denen, die verzehrt werden.

— Und um das zu erreichen, müssen Sie betteln
und die Hand ausstrecken.

— Ja, sagte er lachend, ich habe mir schon einige
Demüthigungen gefallen lassen müssen. Königinnen
zur rechten Hand, Königinnen zur linken Hand, Minister und Kammerdiener, Alle habe ich angefleht, Allen
geschmeichelt; aber ich habe mein Ziel erreicht, und
das ist die Hauptsache. Machen Sie keine so grossen
Augen, Doctor; ich habe es gemacht, wie Jedermann,
und Sie werden es machen wie ich. Ich bin darum
nicht weniger patriotisch und stets bei der Opposition;
ich gehöre wie ganz Frankreich zum linken Centrum,
und, unter uns, ich bin stolz darauf. Aber wenn die
Zukunft meiner Kinder auf dem Spiele steht, so stecke
ich meine Ansichten, die mir nichts helfen, in die
Tasche.

— Um sie am Tag der Revolution wieder hervor-
zuholen, nicht wahr? sagte ich ironisch.

— Ohne Zweifel, versetzte er freundlich. Man

dient einer Regierung, aber man gibt sich nicht für sie auf. Einer der grossen Vorzüge bei der Verwaltung ist es, dass ihr die Revolutionen immer nützen. Die Spitze fällt ab, die jungen Leute rücken nach; alle fünfzehn Jahre gibt es eine Krisis; glücklich, wer die Gelegenheit ergreifen und eine gute Nummer erwischen kann.

— Sie sind ein Weiser, Herr Rose.

— Ganz einfach ein verständiger Mensch, erwiderte er mit stolzer Bescheidenheit. Sehen Sie zum Beispiel meinen Alfred; er hat ausgezeichnete Studien gemacht, er hat beim grossen Examen den Preis im französischen Vortrag bekommen. Wenn ich auf ihn gehört hätte, wäre er Advokat geworden, eine hübsche Laufbahn, aber langwierig, schwierig, mühsam, die für den Augenblick zu nichts führt. Dagegen braucht der Junge bei seinem Geist, seinem feinen und artigen Benehmen nur zwei oder drei glückliche Chancen, um in zehn Jahren Unterpräfekt, in fünfzehn Jahren Präfekt und vielleicht Senator zu sein.

— Ach, mein Gott, rief ich, hören Sie den Lärm in der Strasse?

Rose lief an's Fenster.

— Es ist nichts, sagte er, es ist nur ein Pferd gestürzt und ein Mann über den Kopf des Pferdes auf die Strasse gefallen.

— Ich bin verloren; das kostet mich wieder fünfhundert Dollars.

— Was haben Sie denn, lieber Doctor? sprach der Apotheker, der sich meinen Schrecken nicht zu erklären vermochte. Dass ein Unbekannter in der Strasse den Hals bricht, kann man alle Tage sehen;

was kann das Ihnen schaden? Das sind Strassenunfälle, für die man Niemanden verantwortlich machen kann.

— Zum mindesten geht das eure Verwaltung an, sagte ich zu ihm, da ich inzwischen wieder zu mir kam und bedachte, dass ich nicht mehr in Amerika war.

— Die Verwaltung ist niemals verantwortlich, versetzte Rose in heiterem Tone. Sie sorgt für uns auf unsere Rechnung und Gefahr.

— Es muss doch ein Inspector da sein.

— Ohne Zweifel, erwiderte er; aber der Inspector hängt vom Präfekten und der Präfekt von der Regierung ab, die ihrerseits wieder nur von Gott und von sich selber abhängt. Wie mein seliger Vater sagte, es gibt drei Arten von zufälliger Beschädigung, für die man keinen Ersatz erhält, Schiffbruch, Feuersbrunst, Handlung des Fürsten. Gegen den Schiffbruch und die Feuersbrunst hat man heutzutage die Versicherungen; aber gegen Handlungen des Fürsten bleibt uns immer nur, was unsre Ahnen schon hatten, die Resignation.

— Auf diese Art, rief ich, verfährt man nicht in....

Rose sah mich an, ich biss mir auf die Lippen und schwieg.

— Uebrigens, fuhr der Apotheker fort, werden Sie von diesem abscheulichen Pflaster, das seit zehn Jahren die Verzweiflung aller Kutscher ausmacht, bald befreit sein; im nächsten Monat werden Sie expropriirt.

— Wie, ich expropriirt?

— Sie wissen es noch nicht? versetzte er; das Verfahren ist seit acht Tagen im Gange.

— Ich widersetze mich, ich ergreife Beschwerde.

— Beschwerde, wozu? sagte er in väterlichem Tone. Mein lieber Nachbar, Sie kennen die Fabel vom eisernen Topf und vom irdenen Topf. Machen Sie kein böses Gesicht, das ist nutzlos und manchmal schädlich; verständigen Sie sich mit der Verwaltung, sie wird Ihnen einen anständigen Preis für Ihr Haus zahlen, was wollen Sie mehr?

— Ich will mich nicht aus meinem Vaterhause vertreiben lassen; die Zeitungen sind da, ich werde Lärm schlagen.

— Die Zeitungen, sprach der Apotheker. Ich wollte, sie würden alle unterdrückt. Wozu nützen sie denn seit zehn Jahren? Früher, unter der vorigen Regierung, sagten sie wenigstens den Ministern die Meinung, das war unterhaltend; jetzt weiss ich nicht, was man ihnen für eine Krankheit eingeimpft hat, sie sind stumm wie Fische. Sie enthalten nur noch Anzeigen. Soll ich jährlich fünfzig Franken dafür zahlen, dass man mir ein Verzeichniss aller faulen Geschäfte ins Haus schickt, deren Vorzüge um fünf Franken per Zeile gerühmt werden? Wenn ich die Regierung wäre, würde ich alle Zeitungen verpflichten, die Wahrheit zu sagen; ausserdem genügt mir der Moniteur und selbst der ist überflüssig.

— Sind Sie ein Liberaler?

— Liberaler und Freimaurer bis in den Tod, erwiderte er und erhob die Hand mit groteskem Ernst. Seit vierzig Jahren hat sich mein politisches Glaubensbekenntniss nicht um ein Jota geändert. Es lebe unsere unsterbliche Revolution und das Kaiserreich, das die ruhmreichen Prinzipien von neunundachtzig bis nach Moskau getragen hat! Nieder mit den Aristokraten und den Emigranten! Nieder mit den Jesuiten, die die Ursache unseres ganzen Unglücks sind! Ich bin kein Feind der Religion, denn das Volk muss sie haben; aber ich will eine patriotische und wohldenkende Geistlichkeit. Ich hasse das treulose Albion, ich verfluche den russischen Despotismus; ich will, dass Frankreich alle Unterdrückten befreit, die Polen, Ungarn, Wallachen, Serben, Griechen, Maroniten, Italiener und Neger. Im Uebrigen liebe ich den Frieden und die Künste, und man wird mir niemals genug thun können für unsere grosse Nationalbühne, die *Comédie française*, wo ich noch Talma im *Sylla* beklatscht habe:

J'ai gouverné sans peur et j'abdique sans crainte.

Ich will eine starke und patriotische Regierung haben, die auf die ehrlichen Leute hört, und die Advokaten und Schwätzer zum Schweigen bringt. Ich verlange eine Armee, die Europa die Spitze, eine Marine, die England Trotz bieten kann, überall Kanäle, überall Eisenbahnen; ich verlange, dass die Regierung jedem Taglöhner Arbeit und Brod gibt. Dabei verlange ich ein kleines Budget und wenig Steuern. Ich will nicht, dass der Staat sich mit dem Schweiss des Volkes mäste. Das ist mein Glaubensbekenntniss; es ist das aller guten Franzosen.

— Und die Freiheit? fragte ich; ich sehe nichts von ihr in Ihrem Programm.

— Sie täuschen sich, versetzte er. Habe ich Ihnen nicht gesagt, dass ich eine energische Regierung verlange, eine Verwaltung, die jeden individuellen Widerstand überwindet? Sobald die Staatsgewalt, über ihre wahren Interessen aufgeklärt, uns zwingen will, frei zu sein, werden wir auch die Freiheit haben und werden sie dem ganzen Erdball mittheilen.

— Was verstehen Sie denn unter Freiheit? fragte ich ihn.

— Nachbar, erwiderte er, das ist eine Frage, die recht beweist, wie sehr Sie bei gesundem Verstand

sind. Eine Masse von Einfaltspinseln schreien: Freiheit! Freiheit! ohne die Schlinge zu sehen, die ihnen
der Fanatismus und die Aristokratie stellen. Ich will
keine falsche Freiheit, die nur dem Reichthum und
dem Aberglauben ein Privileg gibt. Als Patriot, als
Freund der Aufklärung will ich keine religiöse Freiheit,
die nur den Pfaffen nützen würde. Wenn das Volk
frei sein soll, muss man den Pfaffen einen Maulkorb
anlegen. Ich will keine Freiheit der Vereine, die nur
den Kapuzinern helfen würde; ich will auch nicht, dass
man unter dem Titel der christlichen Mildthätigkeit den
Armen mit öffentlichen Almosen besticht und ihm ein
vergiftetes Brod reicht. Ich will nichts wissen von der
Freiheit des Unterrichts, die unsere Kinder nur den
Jesuiten in die Hände liefern würde. Ich will nichts
wissen von einer Freiheit der Departements, die uns
wieder zur föderativen Selbstständigkeit der Provinzen
führen würde; ich will keine Freiheit der Gemeinden,
die nur den Despotismus des Gutsherrn und des Pfar-
rers wieder ins Leben ruft und uns zu gesinnungs-
losen Sclaven macht. Die Hand des Staates ist mehr
werth als diese anarchischen Rechte, mit denen nur
unruhige Köpfe, Aristokraten, Fanatiker und Heuchler
Missbrauch treiben würden. Ich bin ein Freund des
Volkes, es lebe die Gleichheit!

Mit Entsetzen betrachtete ich diesen ehrlichen
Böotier. Es war schauderhaft, wenn ich im Stillen
daran dachte, dass ich mich vor meiner Reise nach
Amerika auf der gleichen Stufe des Schwachsinns be-
funden hatte! Auch mein Patriotismus kannte nur eine
Gleichheit der Knechtschaft, auch für mich bestand die
öffentliche Freiheit in der Zerstörung aller besonderen
Freiheiten, wie wenn nach diesem Vernichtungsprocess

24

etwas anderes übrig bliebe als der rohe Mechanismus der Verwaltung. Jonathan! Jonathan! verfluchter Zauberer! Warum hast du mich zu einem Fremdling in meinem eigenen Lande gemacht, oder warum versetzest du nicht alle Franzosen auf acht Tage nach Amerika?

— Nun, Nachbar, sagte der Apotheker, überrascht von meinem Schweigen, was halten Sie von meinen Grundsätzen? Bin ich ein Mann des Jahrhunderts, bin ich ein Patriot und Franzose vom alten Schlag? Sind das nicht die Lehren, die auch Sie stets vertreten haben?

— Sie haben Recht, antwortete ich; aber ich vermisse bei der Aufzählung jener Freiheiten, vor denen wir Angst haben, jene, die uns noch übrig bleiben.

— Bah! erwiderte er, Sie scherzen; ist denn die Aufhebung der Gewerbebeschränkungen nichts? Und ist nicht das allgemeine Stimmrecht Alles? In der Stunde einer Wahl erkennt man die Menschen, die sich der Gewalt nicht verkaufen. Seit vierzig Jahren, ich kann mir diese Anerkennung nicht versagen, habe ich stets mit der Opposition gestimmt. Man kann mich brechen, aber ich lasse mich nicht beugen.

— Vorläufig aber lassen Sie sich ohne Widerrede expropriiren?

— Unter uns, es ist mir unangenehm genug, versetzte der Apotheker. Aber was wollen Sie? ich bin ja doch blos ein einzelner. Als Bürger trotze ich jedem Tyrannen, aber als einfacher Inhaber einer Gewerbsconcession kann ich mich nicht mit der Verwaltung, die ich jeden Tag brauche, auf schlechten Fuss setzen. Ueberdiess kommt auch das Prinzip in Betracht; das Privatinteresse muss dem allgemeinen Interesse nachstehen. Bedenken Sie nur, dass Ihr Haus, wenn es erhalten bleiben sollte, die allgemeine Baulinie um zwei volle Centimeter überragen würde. Wer könnte einen solchen Verstoss gegen die Symmetrie aushalten? Wir Pariser werden alle mit einem feinen Augenmaass geboren. Jeder Vorübergehende würde durch eine solche Ungeheuerlichkeit beleidigt sein und sich gehörig über unseren Magistrat lustig machen.

— Ja, erwiderte ich, das Recht bedeutet nichts, der rechte Winkel und die gerade Linie Alles.

— Mein Herr, versetzte der Apotheker, sprechen Sie mir nicht übel von der geraden Linie; ich würde sonst eine schlechte Idee von Ihrer Aufklärung und Ihrem Geschmack erhalten.

— Sie lieben also diesen kürzesten Weg von einem Punkte zum anderen so sehr, dass Sie ihm ohne Bedauern Ihr Geschäft zum Opfer bringen würden?

— Und ob ich ihn liebe? versetzte er; horchen Sie, Nachbar, ich werde Ihnen im Vertrauen eine Idee mittheilen, von der Sie, wie alle meine Freunde, entzückt sein werden.

— Ich lausche Ihren Worten, wie ein Mann, der nichts wünscht, als sich bekehren zu lassen.

— Sie sehen, sprach er, was man aus Paris macht. Alte Häuser, alte Erinnerungen, alle diese Reste einer rohen Vergangenheit fallen täglich unter dem Hammer der Arbeiter und werden durch gerade Strassen und neu geschaffene Paläste ersetzt. Das ist prächtig; selbst ein Pariser findet sich hier nicht mehr zurecht. Ehe zehn Jahre vergehen, wird Paris eine ganz neue Stadt, das Theater. das Gasthaus, das Kaffeehaus der ganzen Welt sein. Nun gut! ich gehe von den nämlichen Ideeen aus und habe einen noch kühneren und schöneren Plan ersonnen. Ich verlege ganz Frankreich nach

Paris; die Provinz verschwindet, es gibt keine Auver-
gnaten, keine Gascogner, keine Savoyarden, es gibt
selbst keine Franzosen mehr, wir werden Alle Pariser. — Die Aufgabe ist grossartig, fuhr er fort; es
handelt sich um die Stärkung und Concentration der
nationalen Einheit, die noch immer viel zu wünschen
übrig lässt, aber das Mittel ist äusserst einfach. Ich
verlängere den Boulevard Sebastopol auf der einen
Seite bis Bayonne, auf der anderen bis Dünkirchen;
ich führe die Rivolistrasse mit dem einen Ende bis
Brest, mit dem anderen bis Nizza. Auf der ganzen
Länge des Weges reisse ich Alles nieder, damit nichts
die gerade Linie stört. Welche Perspective! Welche
Aussicht! Und bedenken Sie, dass der Aufwand ganz
unbedeutend ist. Die Expropriationen werden nicht
viel kosten und der Mehrwerth der Bauplätze wird ungeheuer, weil man sich immer in Paris befindet. Alle
Städte werden nur noch Vorstädte von Paris sein. Mitten auf der Strasse lege ich eine Eisenbahn an; auf
beide Seiten kommen Häuser mit Arkaden, damit der
Fussgänger weder vom Regen, noch vom Schmutz zu
leiden hat; in entsprechenden Entfernungen lege ich
Theater und allenthalben Kaffeehäuser an. Paris wird
auf diese Art der Spazierweg der ganzen Menschheit.
Das ist noch nicht Alles; ich rufe die Künste zu Hilfe,
um meinen Bauten noch mehr Styl zu verleihen. An
dem einen Ende jenes Boulevards von zweihundert Meilen Länge, gegen Bayonne hin, errichte ich eine hundert und zwanzig Fuss hohe Bildsäule der Ruhmesgöt-
tin, an dem anderen Ende, gegen Dünkirchen hin,
eine Statue der Siegesgöttin; auf der Höhe der Rivolistrasse bei Brest eine Gruppe von Kriegern, in der
Tiefe bei Nizza Nymphen, welche Lorbeerkränze ver-

theilen. Im Mittelpunkte endlich, also in der Gegend von Bourges, baue ich eine Walhalla, ein riesenhaftes Pantheon. Eine Säule, oder vielmehr ein kolossaler Pfeiler aus übereinandergelegten Kanonen wird das Standbild einer Minerva mit Speer, Helm und Panzer bis in die Wolken erheben; das soll Frankreich darstellen als Königin der Civilisation, der Künste und des Friedens. Rund um die Säule lege ich eine weite Halle an, auf welcher Granaten und Haubitzen stehen; in das Innere stelle ich die Standbilder aller unserer nationalen Berühmtheiten: Duguesclin, Dunois, Condé, Turenne, Hoche, Kléber, Masséna, Murat u. s. w.; oben darauf errichte ich allegorische Bildsäulen, jede fünfundzwanzig Fuss hoch, auf der einen Seite den Krieg, der die Industrie und die Künste beschützt, auf der anderen die Eroberung, die die Freiheit ins Ausland trägt, in der Mitte das Glück und die Schönheit, welche die Tapferkeit krönen. Das wird edel, das wird grossartig, das wird eines jener patriotischen Denkmale, die ein ganzes Jahrhundert unsterblich machen und zwanzig Generationen begeistern. Die Unendlichkeit in der Einförmigkeit, welches Ideal!

— Bei den Griechen, antwortete ich, bestand, wie ich glaube, das Wesen der Schönheit in der Verhältnissmässigkeit und in der Verschiedenheit.

— Die Franzosen sind keine Griechen, rief er; wir sind Romanen, uns gefällt nichts als das Enorme und Symmetrische, für uns ist nur das Riesige schön.

Ich seufzte, senkte den Kopf und schwieg.

— Nun, Doctor, jetzt sind Sie wieder in Ihr Stillschweigen versunken; was sagen Sie zu meinem Project?

— Ich sage, erwiderte ich achselzuckend, dass ich

aus einem Lande komme, wo man es sich zur Aufgabe macht, Menschen zu erziehen, anstatt Steinhaufen
umzuwerfen und Denkmäler zu erbauen. Hallen, Säu-
len, Triumphbogen, Standbilder bilden am Horizont eine
schöne Perspective; aber es gibt noch etwas schöneres,
grösseres, etwas lebendiges, das auch in der engsten
Strasse einen herrlichen Glanz verbreitet und aus der
düstersten Hütte einen Palast macht, das ist die Freiheit.

— Gut, versetzte er mit dem Tone eines beleidigten Erfinders, Sie fallen wieder ganz in Ihre vorigen
Grillen; ich sehe, dass mein Bleiben unbescheiden wäre.

Er erhob sich; ich liess ihn gehen. Was ging
mich dieser alte Narr an? Ich hörte, wie er im Salon
mit meiner Frau sprach, und ich konnte den Namen
Olybrius und die Worte unterscheiden: Beeilen Sie sich,
es ist Zeit. — Was bedeuteten diese Worte? Ich be-
kümmerte mich nicht darum, was sehr unrecht war;
denn den Dummköpfen muss man immer misstrauen.

Einunddreissigstes Kapitel.

-- --

Eine Pariser Familie.

Endlich erhob ich mich und machte Toilette, aber nicht, ohne mich wiederholt nach meinem kleinen Hause in Amerika zu sehnen. Kein Bad, wo ich meine müden Glieder erfrischen konnte, kein Feuer in meinem Zimmer, kein heisses Wasser; die Franzosen haben noch nicht begriffen, dass es die erste unter allen häuslichen Freiheiten ist, wenn man Alles unter seinen Händen und keine fremde Hilfe nöthig hat. Ich musste ohne Unterlass läuten und bei jedem Glockenton trat ein Lakai von feierlichem und vornehmem Aussehen ein, der mich über seine weisse Halsbinde hinweg hochmüthig betrachtete und mit mitleidiger Herablassung bediente. Wo warst du, armer Zambo? du warst linkisch und komisch, aber du liebtest mich doch.

Beim Rasiren betrachtete ich mich im Spiegel und fand zu meinem lebhaften Vergnügen mein ehemaliges Gesicht wieder. Nicht als ob ich schön gewesen wäre, aber ich war einmal daran gewöhnt; nichts ist so störend, als wenn man sich unter einer fremden Maske suchen muss. Im Speisesaal traf ich meine Frau und

meine Tochter, die mich mit schlecht verhehlter Unruhe erwarteten. Jenny gab sich den Anschein, als
arbeite sie an einer Stickerei; Susanne arbeitete gleichfalls und liess von Zeit zu Zeit einen traurigen und
furchtsamen Blick auf mich gleiten. Ich setzte mich
zu Tische und frühstückte gleichwohl mit dem besten
Appetit. Die Aufregung und das Wassertrinken der
letzten acht Tage liessen mich ein französisches Frühstück und meinen alten Bordeaux mit Entzücken geniessen. Ich fand mein Vaterland wieder, mein Herz
wurde warm, ich hatte dichterische Ideeen, was mir
in Massachusetts niemals begegnet war. — Mein Vaterland! Ich liebe dich, wie ein Verliebter seine Geliebte, indem ich unaufhörlich mit dir zanke und dir
doch jede Schönheit und jede Tugend wünsche. Mein
theueres Frankreich! du bist mangelhaft erzogen, aber
die Natur hat dich überreich ausgestattet. Nichts kommt
der Milde deines Himmels, dem Reichthum deiner Ern-
ten, der Schönheit deiner Früchte, dem Feuer deiner
Weine gleich. Deine Söhne sind, wenn das Fieber
der Revolution sie nicht bethört, höflich, liebenswürdig, geistreich, und deine Töchter sind noch weit
feiner als ihre Männer. Was fehlt dir also, um die
glücklichste und edelste Nation der Welt zu sein?
Nichts als jene Freiheit, über die du dich lustig machst
und die du nicht kennst!

— Woran denkst du, Susanne? sprach ich zu meiner Tochter, deren Schweigen mich befremdete; denn
gewöhnlich zwitscherte sie wie ein Vogel.

— An nichts, lieber Vater.

— Wirklich? Mein kleiner Finger verräth mir,
dass das Fräulein sich um ihren ältesten Freund beunruhigt.

— Ich will es nicht läugnen, Vater.

— Mein Kind, diese Gedanken musst du verjagen.
Ich befinde mich so wohl, dass ich mich nur mit deinem Glück beschäftigt habe. Sage mir, Töchterchen,
wann wirst du heirathen?

Jenny erhob sich, wie von einer Feder aufgeschnellt;
Susanne erröthete bis über die Ohren.

— Keine Kinderei! rief ich. Susannchen, du wirst
bald zwanzig Jahre, und du bist keine von den kleinen Närrinnen, die beim Worte Heirath anfangen zu
schielen und ihre Nasenspitze zu betrachten. Wenn dein
Herz gesprochen hat, sage es mir; ich habe volles Vertrauen auf dich, mein Kind; ich nehme im voraus den
Schwiegersohn an, den du mir bestimmt hast.

— Susanne, sagte meine Frau mit erregter Stimme,
geh' in mein Zimmer und hole mir Wolle für meine
Stickerei.

Mit diesen Worten gab sie meiner Tochter ein Zeichen des Einverständnisses, das auf gut französisch
heissen sollte: „Lass uns allein."

Sobald Susanne vor der Thüre war, brach Jenny los.

— Daniel, sagte sie, du bist grausam; was hat
dir denn das Kind gethan?

— Was? ich darf meine Tochter nicht fragen, ob
sie liebt?

— Meine Tochter, versetzte Jenny, liebt Niemand.
Sie ist ein ehrbares Mädchen, die es machen wird, wie
ihre Mutter; sie wird den Tag ihrer Hochzeit erwarten,
um dann den Gatten zu lieben, den ihre Eltern ihr
bestimmt haben.

— Den Tag ihrer Hochzeit? rief ich; das ist etwas spät. Wenn sich dann die Liebe nicht am ersten
Tage einschleicht, wird sie Tags darauf die Thüre ver-

schlossen finden. Sein Glück der Wahl seiner Eltern überlassen ist gefährlich. Man heirathet für sich, nicht für seine Mutter. Das Pflichtgefühl ist etwas schönes, aber es kann nicht jene erste heilige Zärtlichkeit eines sich frei hingebenden Herzens ersetzen.

— Ich weiss nicht, wie du zu diesen Grundsätzen kommst, sagte Jenny trocken; du solltest dein Haus zu hoch achten, um es mit diesen traurigen Paradoxen zu erfüllen.

— Aber, mein Kind, auf der ganzen Welt wählen die jungen Mädchen ihre Männer selbst. Sieh nur nach Amerika!

— Sind wir denn Irokesen? unterbrach mich meine Frau.

— Sieh nach England, Deutschland, selbst nach Spanien; dort heirathet man den, den man liebt, und ich weiss nichts davon, dass die Ehen dort weniger glücklich wären als in Paris.

— Du bist nicht bei Verstande, Daniel.

— Das heisst, Madame, eins von uns ist vom Vorurtheil geblendet und hat verkehrte Anschauungen.

— Ja wohl, erwiderte sie, nur mit dem Unterschied, dass du allein deiner Meinung bist und dass in Frankreich Jedermann denkt, wie ich.

— Ach! murmelte ich, *Jedermann*, das ist mein alter Haustyrann, den ich wieder vorfinde. Meine Frau war doch in Amerika besser!

Streiten war unnütz, Zanken ist mir verhasst; ich griff also zu einem Mittel, das Sokrates noch nicht kannte, ich zündete meine Pfeife an und überliess mich meinen Gedanken.

Der Friede war nur von kurzer Dauer. Henri trat in das Zimmer und umarmte mich schüchtern. Ich betrachtete meinen Sohn und erkannte ihn kaum wieder. Das war nicht mehr mein kühner Freiwilliger, der jeden Augenblick bereit war, nach Indien oder in den Krieg zu ziehen, das war ein hübscher kleiner junger Mensch, der wie eine Puppe aussah. Er trug den Scheitel mitten auf dem Kopfe wie eine Frau, dazu ein gesticktes Hemd, einen kleinen Stehkragen, ein schottisches Band, das ihm als Halsbinde diente; man hätte glauben können, ein junges Mädchen im Ueberzieher vor sich zu sehen; in seiner ganzen Erscheinung lag etwas Anmuthiges, Zartes und Indolentes.

— Woher kommst du, mein Lieber? fragte ihn seine Mutter.

— Von meinem Friseur, Mama.

Von seinem Friseur! Mein Sohn brauchte also einen Perrückenmacher! Ich betrachtete ihn wie eine Merkwürdigkeit.

— Du bist heute Morgen auf der Reitschule gewesen? fuhr Jenny fort.

— Ja wohl, Mama, und im Fechtsaal.

— Bravo, sagte ich, ich liebe diese männlichen Uebungen. Ein junger Mensch muss reiten, schwimmen, boxen, fechten und schiessen können, ein civilisirter Mensch muss ohne Unterlass gegen die Verweichlichung einer entnervenden Lebensweise ankämpfen; aber, lieber Henri, damit ist nicht Alles gethan, man muss auch einen Stand ergreifen. Du bist sechzehn Jahre, du bist ein Mann. Was willst du werden?

— Armer Kleiner! rief Jenny, lass ihn doch seine besten Jahre geniessen; er ist ja noch nicht einmal Baccalaureus.

— Gut, so soll er es werden,

— Ich habe ja Zeit, Papa, versetzte Henri gähnend. Im nächsten Jahr gibt du mir einen Einpauker.

— Wozu? muss man dich abrichten wie einen Pa-
pagei?

— Jedermann nimmt einen Repetitor an, versetzte
Jenny achselzuckend. Sieh nur den Sohn des Banquier Petit. Er wusste gar nichts, er war ein Schwachkopf, und in drei Monaten ist ihm eine ganze Ency-
klopädie eingetrichtert worden, selbst seine Examina-
toren haben sich über ihn gewundert.

— Und drei Monate später war er unwissender als
vorher?

— Was liegt daran? sagte Jenny; er war doch
Baccalaureus und das ist ein Titel, der zu Allem führt.

— So werde es also, mein Sohn, und warte nicht
bis zum nächsten Jahr; ich wünsche, dass du mit sieb-
zehn Jahren einen Stand hast.

— Vorher muss er doch noch sein Rechtsstudium
durchmachen, entgegnete meine Frau.

— Jawohl, drei Jahre lang im *Bois de Boulogne*
und anderswo spazieren laufen und endlich eine chronische Krankheit überstehen, die man Examen nennt.
Drei Jahre, die schönsten seines Lebens, in Müssiggang
oder in traurigen Vergnügungen verlieren! davon will
ich nichts wissen. Henri soll zuerst einen Stand wählen, später kann er dann sein Rechtsstudium in ernsthafter Weise durchmachen. Sprich, mein Sohn, welchen Beruf wählst du?

— Welchen du willst, antwortete er und umarmte
seine Mutter. Jenny lächelte ihm zu und schien ihm
zu sagen: „Geduld, mein Sohn, dein Vater hat seinen
Verstand nicht beisammen.“

— Du fühlst keine besondere Neigung, keinen speciellen Beruf in dir? fragte ich Henri.

— Nein, Papa, das ist deine Sache. Vorausgesetzt, dass ich in Paris bleiben, reiten und mich mit meinen Freunden amüsiren kann, ist mir Alles gleichgiltig.

— Theurer Junge, wie er uns lieb hat! sagte Jenny und strich seine Locken zurecht.

— Dich amüsiren, rief ich, woher hast du denn solche Grundsätze? Lieber Freund, der Mensch ist nicht zu seinem Amüsement auf der Erde. Die Arbeit ist Gottes Gebot, der Zügel unserer Leidenschaft, die Ehre und das Glück unseres Lebens. In Amerika gibt es keinen jungen Menschen deines Alters, der nicht völlig selbstständig wäre und das volle Gefühl seiner Pflicht und Würde besässe.

— Daniel, sprach Jenny mit sichtbarer Ungeduld, warum quälst du dieses Kind, das nichts wünscht, als dir zu gefallen? Warte doch ein wenig, er wird dasselbe thun, wie Jedermann.

— Das heisst, er wird nichts thun.

— Er wird eine Stelle bekommen.

— Das ist's ja, was ich sagte, versetzte ich, empört über diese widerliche Schwäche. Eine Stelle, das ist das grosse Wort, mein Sohn bekommt eine Anstellung!

— Wie Jedermann heutzutage, erwiderte meine Frau. Zeige mir einen einzigen Sohn aus einem guten Hause, der etwas Anderes thut! Warum willst du den Sonderling spielen?

— Was? sagte ich zu Henri, du willst nicht lieber deines Glückes Schmied sein und deine Stellung nur deiner Arbeit und deinem Talent verdanken? Hat denn die Unabhängigkeit keinen Werth? Willst du nicht Advokat, Arzt, Fabrikant, Kaufmann werden?

— Warum schlägst du ihm nicht lieber vor, Krämer zu werden? sagte Jenny mit einer Geringschätzung, die mich aufbrachte.

— Schön, Madame! also für eigene Rechnung Zucker abwiegen ist etwas schimpfliches; aber für Rechnung der Regierung Briefe siegeln und Quittungen aneinanderfädeln ist etwas edles, etwas rühmliches! Und um dahin zu gelangen, muss man bitten, betteln, seine Ansichten verläugnen, Leuten schmeicheln, deren Hand man nicht berühren möchte.

— Jedermann thut dasselbe, erwiderte Jenny. Hältst du dich für verständiger oder für tugendhafter als Andere?

— O Vorurtheil, Vorurtheil! rief ich. Alter Paul-Louis, du hast Recht; wir sind ein Volk von Bedienten!

Ich war wüthend. Mit grossen Schritten lief ich durch das Zimmer und schlug mit der Faust auf den Tisch. Henri hing den Kopf und schwieg. Jenny, bleich und mit zusammengepressten Lippen, folgte meinen Bewegungen mit ihren Blicken.

— Daniel, sprach sie endlich, ich bitte dich, diese lächerliche Scene zu beendigen; du vergissest, dass ich nicht im Stande bin, solche Aufregungen zu ertragen. Wenn du bei kaltem Blut bist, wirst du hoffentlich Vernunft annehmen. Aber in diesem Augenblicke weisst du nicht mehr, was du sagst.

— Madame, entgegnete ich, es scheint mir, dass diese Worte in Gegenwart meines Sohnes sehr ungeeignet sind; man lässt es an der mir schuldigen Achtung fehlen.

— Mein Freund, erwiderte sie, du bist krank.

— Genug! rief ich, dieses Bedauern ist im höchsten Grade unpassend. Ich werde euch zeigen, wer das Haupt der Familie ist. Ungeachtet eurer Vorurtheile und eurer Verzweiflung werde ich meine Tochter zwingen, nach ihrer Neigung zu heirathen, werde ich meinen Sohn zwingen, einen Beruf nach seinem Geschmack, einen unabhängigen Beruf zu wählen.

— Daniel, du bist verrückt, rief Jenny mit gefalteten Händen.

— Ich bin völlig bei Verstande, Madame, und ich werde beweisen, dass ich Herr im Hause bin.

— Er ist verrückt, rief meine Frau und brach in Thränen aus; sie warf sich in die Arme Henri's, der gleichfalls anfing zu weinen.

In diesem Augenblick wurde die Flügelthüre weit geöffnet und der Doctor Olybrius angemeldet.

Zweiunddreissigstes Kapitel.

Der Doctor Olybrius.

Ich sehe ihn heute noch vor mir, wie er hereintrat. Eine kahle Stirn mit einigen rothen Haarlocken,
die rechts und links herabhingen, eine goldene Brille,
ein frömmelndes Lächeln, ein dreifaches Kinn, das in
der Tiefe einer weiten Halsbinde verschwand, ein grü-
ner Frack, der mit Bändern von allen Farben des Re-
genbogens besetzt war, Alles verkündete einen Dummkopf, der Glück gehabt hat. Hinter ihm zogen wie zwei
Gerichtsdiener der Advokat Reynard, der mit seinen
Marderaugen überall ein Loch zu suchen schien, um
sich zu verkriechen, und der dicke Oberst Saint-Jean,
der an seiner Krücke seinen Bauch und seine Gicht
nachschleppte. Was sollte dieser wunderliche Aufzug
bedeuten? Leider sollte ich es zu spät auf meine Kosten erfahren.

— Guten Morgen, schöne Frau, sprach Olybrius
und küsste meiner Frau die Hand; haben Sie sich ein
wenig von Ihrer Aufregung und Ermüdung erholt?
Schonen Sie sich nur, das Herz ist die schwache Seite

der Frauen; lassen Sie sich nicht durch Ihre Empfind-
samkeit tödten.

— Guten Morgen, Doctor, fuhr er in herablassen-
dem Ton fort, indem er mir seine Hand reichte, die
ich nicht zurückzuweisen wagte; ich bin erfreut, Sie
ausser Bett zu finden. Ich komme auch eigentlich nur
als Freund und nicht als Arzt. Ich habe es soeben
diesen Herren erklärt, die sich gerade als Nachbarn
nach Ihnen erkundigen wollten und nicht mit mir ein-
zutreten wagten.

— Guten Morgen, Herr Lefebure, sagte der Oberst.
Sacrebleu! wir sind also krank gewesen? Aber die
Haltung ist gut, ich bin erfreut, Sie zu sehen, sacre-
bleu!

Reynard fluchte nicht, aber er machte mir in ho-
nigsüssem Tone ein so zweideutiges Compliment, dass
ich dadurch verletzt wurde, ohne zu wissen warum.

— Wie geht es Ihnen? fragte Olybrius.

— Sehr gut, antwortete ich.

— Um so schlimmer, erwiderte er, das ist unna-
türlich; das ist ein Beweis, dass die Macht des Giftes
noch nicht gebrochen ist. Nach einer achttägigen Ver-
heerung, die das Opium angerichtet hat, sollten Sie
heute halb todt sein, ohne Puls und ohne Sprache.

— Er ist von Eisen, sagte der Oberst. Sacrebleu!
das hätte einen Karabinier gegeben.

— Lieber Collega, sagte ich zu Olybrius, Ihre Dia-
gnose war falsch. Aber mein Fall ist so ausserordentlicher Art, dass auch jeder andere Gelehrte an Ihrer
Stelle mit seinem Latein zu Ende gewesen wäre. Ich
war nicht durch Opium vergiftet; ich war magnetisirt
und nach Amerika versetzt, woher ich in dieser Nacht
zurückgekehrt bin.

— Bigre! schrie der Oberst, das ist stark; ich habe ein ganzes Regiment von Gaskognern kommandirt, die im Aufschneiden und im Schlagen nicht ihres Gleichen hatten, aber Ihnen gebührt die Palme!

— Lieber Collega, entgegnete Olybrius in bittersüssem Ton, ich weiss immer, was ich sage. Die Thatsachen liegen vor; nichts ist so störrisch wie eine Thatsache. Dass Sie sich einbilden, in Amerika gewesen zu sein, wundert mich nicht, das ist die Wirkung des Opiums; aber ich, der Sie acht Tage lang Tag und Nacht behandelt hat, versichere Ihnen, dass Sie mit Fleisch und Bein in Ihrem Bette geblieben sind und Paris nicht verlassen haben.

— Mein Herr, antwortete ich, ich komme aus einem Lande, wo die Wahrheit unbeschränkt regiert und wo mir alle offiziösen und offiziellen Lügen ein Greuel geworden sind. Glauben Sie, was Sie wollen; ich kann Ihnen nur eines sagen: Mein Leib oder meine Seele, was von beiden weiss ich nicht, hat acht Tage in Amerika zugebracht.

— Wirkung des Opiums, sprach Olybrius, zog seine Dose und nahm eine Prise. Das Gehirn ist noch nicht frei, der Wahn dauert fort. Mein Lieber, Sie müssen dagegen mit Ihrer Vernunft reagiren, sonst würde Ihr Gehirn der Schauplatz schwerer und dauernder Störungen werden. In einem solchen Falle ist, wie Sie wissen, das erste Mittel, dass man seine fixe Idee aufgibt und seinem Arzte auf's Wort glaubt. Sie sind nicht in A—me—ri—ka ge—we—sen, fuhr er fort und sprach jede Sylbe mit herrischem Tone aus.

— Mein Herr, erwiderte ich ihm, Sie werden mir doch erlauben, meine Ansicht zu behalten.

— Daniel, rief meine Frau ganz in Thränen, um's

Himmels Willen, sei nicht halsstarrig, es ist dein Verderben!

— Guter Gott, liebe Freundin, versetzte ich lachend,
mit welcher Stimme du mir das sagst! Ich glaube
fast, die arme Rachel in der Rolle der *Roxane* zu
hören:

> Ecoutez, Bajazet! je sens que je vous aime,
> Vous vous perdez; gardez de me laisser sortir.

Statt aller Antwort hob Jenny ihre Arme gen Himmel, nahm Henri bei der Hand und flüchtete aus dem
Zimmer, indem sie den Kopf in ihrem Taschentuch
verbarg.

— Sacrebleu! sagte der Oberst, Sie kränken Ihre
Frau. Beim Teufel! um einer Frau angenehm zu sein,
darf man sogar lügen. Sie sind ja gar kein Franzose!
Sacrebleu!

— Lieber Nachbar, sprach der Advokat mit halb-
lauter Stimme, wie wenn er anfangen wollte, zu plai-
diren; lassen Sie uns die Sache vernünftig anfassen.
Wenn Sie wirklich in Amerika gewesen sind, so haben Sie dieses Land genau gesehen, Sie müssen es
durch und durch kennen; wenn Sie nur geträumt haben, so besitzen Sie über diesen Punkt nur unvollstän-
dige, verwirrte und, um es gerade herauszusagen, chi-
märische Vorstellungen. Erlauben Sie mir, Ihnen einige
Fragen vorzulegen, die Sie in das wirkliche Leben zurückführen und Ihnen gestatten werden, sich selbst
von der Unrichtigkeit oder Wahrheit Ihrer Eindrücke
zu überzeugen.

— Sprechen Sie, mein Herr; ich höre.

— Haben Sie während ihres Aufenthalts in Amerika die Leute auf der Strasse mit Pistolen aufeinander
schiessen sehen? Hat man täglich zwei oder drei Per-

sonen kraft jener Volksjustiz aufgehängt, die die Amerikaner *Lynch-law* nennen, und die sie dem Namen nach und vielleicht der Idee nach von uns entlehnt haben?

— Mein Herr, antwortete ich, überlassen Sie diese Faseleien den Zeitungen. Die Amerikaner sind hundertmal friedlicher und civilisirter als wir Selbst das Duell ist dort unbekannt.

— Sacrebleu! rief der Oberst, das ist zu stark. Wie kann ein Land existiren, wo man sich nicht schlägt? Es gibt also wohl nur barmherzige Schwestern in diesem Kloster?

— Wirkung des Opiums! sprach Olybrius; man sieht Alles im schönsten Lichte.

— Oder vielmehr im hässlichsten, versetzte der Oberst. Sacrebleu! wenn ich in diesem Loch wäre, ich würde sie alle beohrfeigen, um zu sehen, ob sie Herz im Leibe haben.

— Gibt es eine Regierung in Amerika, fragte der Advokat, oder haben Sie wenigstens zufällige Spuren einer solchen entdeckt?

Mein Herr, erwiderte ich, es gibt dort die beste Regierung, die, welche am wenigsten regiert und den Bürgern die meiste Freiheit lässt, sich selbst zu regieren.

— Wirkung des Opiums, versetzte Olybrius. Jedermann weiss, dass Amerika eine reine Anarchie ist.

— Mein Herr, entgegnete ich ungeduldig, wenn Sie sich die Mühe nehmen, die vereinigten Staaten zu besuchen, so werden Sie dort eine Bundesregierung und vierunddreissig Einzelstaaten, fünfunddreissig Senate und fünfunddreissig Volksvertretungen finden. Ich glaube nicht, dass blosse Wilde eine so geordnete Verfassung ersonnen haben.

— Sacrebleu! sagte der Oberst, fünfunddreissig Nester voll Advokaten und Schwätzer! Wenn solche Thorheiten überhaupt möglich wären, würde ich die Reise nur zu dem Zweck unternehmen, um diese Brut auseinander zu jagen! Den Degen in die Hand, ausgelegt, und alle Vögel fliegen davon; und dann hat man eine Regierung, die gut daran ist, sacrebleu!

— Gibt es Ministerien? fuhr der Advokat in sanftestem Tone fort.

— Ohne Zweifel.

— Zum Beispiel ein Cultusministerium?

— Nein, die Kirchen sind völlig unabhängige Vereine. Jeder kann ein Bethaus eröffnen, ohne dass er etwas anderes als das Gesetz zu fürchten braucht.

— Das ist unmöglich, erwiderte der Advokat, das würde die Gesellschaft den Intriguen der Pfaffen, dem religiösen Fanatismus preisgeben. Jeder Tag würde eine Bartholomäusnacht bringen.

— Mein Herr, antwortete ich, dieser Zustand ist vielleicht unmöglich, aber er existirt; und ich muss hinzufügen, dass in keinem Lande mehr Toleranz und christliche Liebe geübt wird.

— Wirkung des Opiums! sprach Olybrius.

— Und nicht nur die Kirche ist frei, fuhr ich in lebhafterem Tone fort, der Unterricht und die Armenpflege sind es ebenfalls. Jeder kann unterrichten, jeder kann das Elend erleichtern, ohne dass er es nöthig hat, die Hand nach der Regierung auszustrecken und sich an die Polizei zu wenden, wie wenn es sich um die Eröffnung eines unsittlichen Instituts handelte.

— Das sind Träume, sagte der Advokat, das ist thatsächlich unmöglich.

— Wirkung des Opiums! sprach Olybrius.

— Doctor Olybrius, rief ich, wenn unter uns Jemand eine fixe Meinung hat, so bin ich's nicht, wie mir scheint.

— Ich habe überhaupt keine Meinung, Doctor Daniel, versetzte er, ich rufe diese ehrenwerthen Herren zu Zeugen an; es genügt mir, zu konstatiren, dass Sie bis jetzt noch kein Wort gesagt haben, das mit dem gewöhnlichen Menschenverstande übereinstimmt.

— Gibt es in Amerika einen Staatsrath? fuhr der Advokat fort, der die ganze Zähigkeit eines Untersuchungsrichters angenommen hatte.

— Nein; die Justiz genügt für Alles, die Verwaltung ist ihr unterworfen.

— Welche Chimäre! erwiderte Reynard; ein Volk kann nicht sechs Monate leben ohne jene wunderbare Trennung der Gewalten, die den Ruhm unserer unsterblichen *Constituante* ausmacht. Nehmen wir an, das Wohl des Staates erfordere, dass Sie ohne weiteren Prozess verhaftet werden, was würde man in einem solchen Falle im Lande der Huronen machen?

— Was man machen würde? antwortete ich. Das Verfahren dafür ist vollständig vorhanden; man würde den Verwegenen, der sich über die Gesetze zu stellen wagt, vor Gericht laden und ihn zu einigen hunderttausend Franken Schadenersatz verurtheilen.

— Woran denken Sie? Was würde dann aus den Präfekten werden? Das wäre ein verlorenes Handwerk.

— Präfekten, versetzte ich, gibt es nicht.

— Keine Präfekten, rief er lachend, keine Präfekten? Was soll aus den Bürgern werden, wenn man nicht für sie handelt?

— Lieber Gott, versetzte ich, sie besorgen ihre eigenen Angelegenheiten selbst. Daran haben Sie wohl noch nicht gedacht, Sie Staatsmann.

— Nein, erwiderte er trocken, ich denke nur an mögliche Zustände. Wer leitet denn da drüben die öffentliche Meinung und lehrt die Bürger denken?

— Niemand.

— Was? es gibt keine Leitung der Presse?

— Nein, mein Herr. In diesem Lande der Huronen, wie Sie es nennen, sagt und druckt Jeder, was er will, die Justiz und die Gesetze bieten die einzige Garantie gegen Missbrauch. Dort werden die Zeitungen als eine Wohlthat betrachtet. Man begünstigt, man hebt sie in jeder Weise. Keine Kaution, kein Stempel, nichts, was die Verbreitung des Lichtes hindert, nichts, was die Freiheit stört.

— Bigre, sagte der Oberst, das ist ein Land, wo die Gendarmerie beschäftigt sein muss.

— Es gibt keine Gendarmerie, Herr Oberst.

— Keine Gendarmerie! rief er. Sacrebleu! Ich habe genug, ich will nichts weiter hören. Wenn Sie nicht für die Zwangsjacke reif sind, lieber Nachbar, so verlange ich, dass man alle Irrenhäuser zerstört. Etwas von Ihrem Kaliber habe ich noch nicht gesehen. Keine Gendarmerie! Warum sagen Sie nicht gleich: keine Armee, keine Infanterie, keine Cavallerie, keine Artillerie, keine Generäle, keine Obersten, keine Hauptleute, eine Gesellschaft von Hottentotten oder Irokesen, wie sie in der Welt noch nicht dagewesen ist?

— Herr Oberst, erwiderte ich, Amerika hat siebzig Jahre lang keine Armee gehabt; sobald der Friede wiederkehrt und die Union wiederhergestellt ist, wird die Armee neuerdings abgeschafft. Wie Sie sagen, es ist eine Gesellschaft von Hottentotten.

— Genug, junger Mann, entgegnete er stirnrunzelnd; respektiren Sie meinen grauen Schnurrbart. Ich bin ein guter Kerl, sacrebleu! Aber ich habe schon Leute aufgespiesst, die sich nicht halb so lustig über mich gemacht haben, wie Sie seit einer Viertelstunde.

— Wirkung des Opiums! sprach Olybrius. Wie sollte man ohne Gendarmerie und ohne Armee leben? Man könnte sich ja zu jeder beliebigen Stunde auf der Strasse oder anderswo versammeln, von Politik sprechen, die Regierung kritisiren, bewaffnet ausgehen und wer weiss was sonst noch thun?

— In der That, mein Herr, versetzte ich, das Alles kommt vor und gleichwohl wird der Friede dadurch nicht gestört. Freie Bürger, die an die Freiheit gewöhnt sind, wissen sich selbst zu regieren. Für den Nothfall ist das Gesetz da; ein Polizeibeamter und ein Richter genügen, um die Ordnung aufrecht zu erhalten oder ihren Bruch zu rächen.

— Es ist genug, sagte Reynard, indem er dem Doctor mit den Augen zuwinkte. Olybrius, ich bin überzeugt.

— Wie wird denn in Ihrem Schlaraffenlande die Heilkunde ausgeübt? fragte der Schwachkopf, indem er gravitätisch seine Dose zwischen den Fingern drehte.

— Das ist, antwortete ich, eine der Erscheinungen, die mich am meisten überrascht haben; dort praktiziren die Frauen und zwar mit Erfolg.

— Bigre, sagte der Oberst, warum habe ich nicht einen Regimentsarzt im Unterrock gehabt, als ich in

Constantine drei Monate auf dem Rücken lag mit einer Kugel im Schenkel?

— Und, fuhr ich fort, das ist nicht der einzige Beruf, den die Frauen ausüben; sie haben sich auch des Unterrichts bemächtigt, sie erziehen das junge Amerika.

— Das muss eine hübsche Zucht geben, sagte der Oberst. In einer Schule muss man vor Allem lernen, sich gehörig zu prügeln, als erste Vorbildung für den Krieg und die Civilisation! Was geht dagegen aus jenen Buden hervor? Federfuchser und . . . .

— Aus ihnen gehen siebenmal hunderttausend Freiwillige hervor, die sich heldenmüthig schlagen.

— Sacrebleu! erwiderte der Oberst, jetzt kommen Sie der Presse ins Handwerk. Seit zwei Jahren erzählt mir meine Zeitung jeden Morgen von diesen prächtigen Rekruten, die hinter einander herlaufen, ohne sich zu erwischen. Ach, wenn ich da wäre, blos mit meinem vierzehnten leichten Regiment, wie würde ich auf der oder jener Seite zuklopfen, je nach Befehl der Regierung. Amerika wächst mir zum Hals heraus; ich verlange zur Abwechselung und zur Unterhaltung, dass man die Revolution in ein anderes Land verlegt.

— Herr Oberst, ich kann nicht annehmen, dass Sie die Sklaverei vertheidigen würden?

— Ich kümmere mich nichts um eure Schwarzen. Aber ich verfluche eure Amerikaner! Sie sind ein Haufe von Hottentotten und von Demokraten, die den Europäern das schlechteste Beispiel geben und einen Schandfleck für die Civilisation bilden. Mir wäre es das liebste, wenn der Norden den Süden verschlingen und daran ersticken würde. Das ist meine Politik, und ich stehe nicht allein mit meiner Meinung, sacrebleu!

— Herr Doctor, sprach Olybrius, indem er sich

mit Würde erhob, erlauben Sie mir, unsere Unterhaltung mit einigen Worten zusammenzufassen. Die
Entgegnungen dieser Herren, Ihrer Freunde, Ihrer
Nachbarn, diese Entgegnungen, die voll Geist und
Verstand waren, haben Ihnen die Ueberzeugung geben müssen, dass Ihr Gehirn sich nicht in einem nor-
malen Zustande befindet. Eine Gesellschaft ohne
Verwaltung, ohne Heer, ohne Gendarmerie, in völli-
ger Wildheit, mit der Freiheit für jeden, nach seiner
Manier zu beten, zu denken, zu reden, zu handeln,
das ist, wie Sie selbst gestehen werden, eine jener
abscheulichen Ausgeburten krankhafter Phantasie, wie
sie nur das Opium erzeugen kann. Ihr System hätte
keine Viertelstunde Lebensdauer; denn es ist die Ne-
gation aller Grundsätze und Voraussetzungen jener
Civilisation, die die Einheit unserer grossen Nation
geschaffen hat. Die Weisheit unserer Väter hat
durch die Herstellung der Hierarchie und Centralisation in der Verwaltung seit langer Zeit Frankreich zum
ersten Rang erhoben und den Franzosen gezeigt, dass
die Freiheit im Gehorsam besteht. Darin beruht unser
Ruhm und unsere Macht; vergessen Sie das nicht, lieber Collega, und kommen Sie zur Besinnung. Diese
anarchischen Ideeen, die Ihren Geist trüben und die
niemals einem Franzosen in den Sinn kommen können,
müssen Ihnen zur Genüge sagen, dass Sie krank sind,
und um so kränker, je weniger Sie es fühlen. Aerztliche Pflege ist für Sie dringend nothwendig, und ich
darf hinzusetzen, dass nur eine energische Behandlung
Ihnen den Besitz Ihrer Geisteskräfte und die verlorene
Ruhe wiedergeben kann.

— Warum sagen Sie nicht gleich, dass ich ein
Narr bin und dass man mich einsperren muss?

Olybrius seufzte, nahm eine Prise zwischen den Zeigefinger und Daumen, sog sie langsam ein und betrachtete mich mit betrübter Miene.

— Armer Freund, sagte er, Sie sind wirklich heftig angegriffen; aber ich werde Sie heilen, ich werde Sie wider Ihren Willen retten.

Ich fühlte den Zorn in mir aufsteigen, ich hatte Mühe, meine Fassung zu bewahren.

— Mein Herr, erwiderte ich, wir wollen diese Komödie beenden; sie dauert schon allzulange, ich bin ihrer müde.

Olybrius wurde roth bis über die Ohren.

— Mein Herr, entgegnete er mit grober Stimme, Sie schlagen einen sonderbaren Ton an.

— Aergern Sie sich nicht, lieber Doctor, Sie könnten sich einen Schlaganfall zuziehen.

— Doctor Daniel, erwiderte er zähnefletschend, ich dulde keine Unverschämtheiten. Wissen Sie, junger Mann, mit wem Sie sprechen?

— Ja, mit einem alten Esel.

— Mein Herr, vergessen Sie nicht, dass Sie einen Mann vor sich haben, den alle Souveräne Europas mit Auszeichnungen geschmückt haben.

— Gut, lassen Sie uns davon reden. Man lässt einen Band voll Dummheiten in rothes Leder binden und trägt ihn auf die Gesandtschaft, worauf man zum Comthur oder zum Ritter des Ordens vom Flusspferd oder vom Condor ernannt wird. Orden sind das Almosen, das die Fürsten den literarischen Bettlern zuwerfen.

— Wissen Sie, mein Herr, versetzte Olybrius wuthschäumend, wissen Sie, dass ich mit zweiunddreissig

Jahren mit Einstimmigkeit zum Mitglied der medizinischen Akademie ernannt wurde?

— Bei Gott, versetzte ich, ich habe weit mehr
Recht als ich dachte. Hätten Sie wirklich Talent besessen, so würden Sie Feinde gehabt haben; man hätte
Sie bis zu Ihrem fünfzigsten Jahre vor der Thüre stehen lassen und Sie würden nur mit schwacher Stim-
menmehrheit gewählt worden sein. Aber ein Esel thut
Niemanden wehe; also lässt man ihn in die Akademie
laufen wie in eine Mühle.

Ich fühlte es, dass ich ein wenig zu weit gegangen war. Der Oberst lachte aus vollem Halse, aber
Reynard betrachtete mich auf seltsame Weise und Olybrius erstickte fast. Ich sah schon den Augenblick
kommen, wo die Rollen wechselten und der Kranke
dem Arzt zur Ader lassen musste. Der Advokat musste
übrigens Gold in der Kehle führen; denn zwei Worte,
die er Olybrius ins Ohr flüsterte, gaben dem Schwachkopf seine ganze Heiterkeit wieder. Ein teuflisches
Lächeln erhellte sein runzliches Gesicht. Er näherte
sich dem Oberst, klopfte ihn auf die Schulter und
führte ihn in eine Ecke, wohin ihm Reynard, sein treuer
Rathgeber, auf dem Fusse folgte.

Dieses Verfahren, dieser Kriegsrath, den man in
meiner Gegenwart und ohne meine Zuziehung hielt,
schien mir seltsam. Heftig ging ich auf und nieder
und wollte eben losbrechen, als Olybrius fortging, ohne
mich zu grüssen. Reynard dagegen machte mir eine
tiefe Verbeugung, und der Oberst näherte sich mir mit
strahlender Miene, seine Augen glänzten.

— Wissen Sie, sagte er händereibend, dass Sie
diesen Stümper hübsch bedient haben?

— Es war unrecht von mir, antwortete ich.

— Das will ich nicht sagen, versetzte Saint-Jean;
Sie haben mir ein fabelhaftes Vergnügen gemacht,
sacrebleu, ich verabscheue diese Lumpe, die sich mit
Kreuzen und Bändern bedecken lassen und dabei nur
die Haut Anderer zu Markte tragen; aber, unter uns,
der gute Mann ist damit nicht zufrieden. Es ist begreiflich, nicht wahr? Er behauptet, dass Sie ihn beleidigt haben, er verlangt, dass Sie sich bei ihm entschuldigen.

— Ich? rief ich.

— Seien Sie ruhig, sagte der Oberst, ich habe ihm
schon die Meinung gesagt; er ist vernünftig, ich habe
die Sache in Ordnung gebracht.

— Sehr schön.

— Sie schlagen sich mit ihm.

— Wir schlagen uns? rief ich erstaunt. Wann
denn?

— Auf der Stelle. *Brühwarm,* wie man in meinem
Regiment sagte. Nichts ist so gefährlich bei diesen
Sachen als die Abkühlung. Durch eine Frist von vierundzwanzig Stunden bin ich wenigstens um zehn Duelle
gekommen. Mein Wagen steht unten, wir können weg-
fahren; ich habe ausgezeichnete Pistolen, Sie werden
Ihre Freude daran haben. Auf dreissig Schritte habe
ich einem jungen Mann das Ohr weggeschossen, weil
er mich von der Seite ansah unter dem Vorwande,
dass er schiele. Kommen Sie, mein wackerer Doctor,
die Augenblicke sind gezählt. Auf den Weg, sacrebleu!

— In einem Augenblick bin ich bereit, antwortete ich.

— Sie wollen Ihre Frau und Ihre Kinder umarmen? Unpraktisches Verfahren! Man regt sich auf
und die Hand zittert. Nur keinen tragischen Abschied;

trinken Sie lieber ein Glas Madeira und rauchen Sie
zwei Cigarren, das hebt den Muth und stärkt den Vor-
derarm.

Ich hatte keine Hebung meines Muthes nöthig, der
Zorn riss mich fort. Ich trat in das Wohnzimmer;
Jenny, bleich und stumm, sass da und drückte ihre
Kinder an sich; sie hatten Alles gehört.

— Du gehst mit dem Doctor? fragte Jenny mit
sterbender Stimme.

— Ja, liebes Kind, es ist wahrscheinlich, dass ich
auf einige Tage verreise.

— Du wirst bald wiederkommen, versetzte sie und
hielt wie erschreckt inne.

— Ja, antwortete ich, wenn Gott will, werde ich
bald wiederkommen. Lasst mich aber euch Alle umarmen vor meiner Abreise.

— Lebe wohl, lieber Henri, und sei meiner Er-
mahnungen eingedenk. Es ist nichts geschehen, um
dir Willensstärke einzuflössen, das ist ein grosses Unglück; denn den Platz, den der Wille in unserer Seele
nicht ausfüllt, nehmen die Leidenschaften ein. Bilde
dir vernünftige Ansichten und einen energischen Charakter; dadurch wird man ein Mann. Ergreife einen
unabhängigen Stand, erwarte dein Glück nur von dir.
Beuge dein Haupt vor Niemand, sieh zu, dass du nie
vor Gott erröthen musst und beunruhige dich nicht
über die Zukunft. Das Glück liegt nicht in den Dingen dieser Erde, sondern in der Freudigkeit eines guten Gewisssens; die wahre Grösse ist die eines ehrlichen Mannes, der sich durch Arbeit und Tugend emporgehoben hat. Lebe wohl, sei ein guter Christ und
Bürger; erinnere dich daran, dass es zwei unfehlbare
Mittel gibt, um den Eigennutz, der uns beherrscht, zu

überwinden: die Liebe zu Gott und die Liebe zur Freiheit.

— Lebe wohl, Susanne, und wähle dir selbst deinen Gatten. Sieh weder auf Stand, noch auf Geld, blicke auf das Herz, das ist der einzige Reichthum, den weder die Zeit noch das Unglück zerstören kann. Nimm vor Allem einen Mann, den du achtest und der dir gleichgesinnt ist; sei stolz auf den Vater deiner Kinder. Die Liebe verfliegt, aber Vertrauen und Achtung bleiben am häuslichen Heerde zurück und werden im Alter etwas süsseres und wohlthuenderes als die Liebe. Wenn du Kinder bekommst, so lasse ihrer Seele die vollste Entwickelung; lehre sie nicht die grausame Klugheit unserer Zeit, die Alles auf das Interesse zurückführt; lasse sie träumen, wie ihr Grossvater, müssten sie auch leiden, wie er. Die Unglücklichsten hienieden sind nicht die Weinenden.

— Lebe wohl, meine theure Jenny, verzeihe mir, wenn ich dich verletzt habe, und gestatte mir einen letzten Rath. Ihr Französinnen besitzt zu viel Geist und Feinheit; man muss einfacher sein, um glücklich zu sein. Warum geht ihr fortwährend aus? Die Welt kann euch nur Aufregung und Langeweile bieten. Erinnert euch an das, was der heilige Paulus sagt: *„Der Mann ist nicht geschaffen um des Weibes willen, sondern das Weib um des Mannes willen."* Vermählt euch mit eurem Hause, sucht eure Lust darin, den Willen eures Gatten zu erfüllen und seid die Königin des Bienenstockes; in den Gott euch gesetzt hat: hier liegt das Glück, das ihr in der Ferne sucht, und das euch vergeblich in einem verödeten Hause erwartet. Oh, meine Jenny, warum sind wir nicht in Amerika? Dort war Liebe und Glück zu finden.

Meine Frau war sehr aufgeregt und weinte; aber bei meinen letzten Worten entzog sie sich meinen Armen und zitterte, als ich sie an mich drückte. Henri empfing meine Liebkosungen mit kühler und verlegener Miene; Susanne allein fiel mir um den Hals und benetzte mich mit ihren Thränen.

Noch einmal drückte ich sie Alle an mein Herz und verliess dann meine Wohnung, um nicht mehr wiederzukehren. Die Treppe hinabsteigen und in den Wagen springen, wo der Oberst mich mit seinen Pistolen erwartete, war das Werk eines Augenblicks. Ich fragte Saint-Jean, wohin wir führen.

— Ich weiss es nicht, erwiderte er, wir folgen dem Wagen von Olybrius; ich glaube, dass er uns nach Saint-Mandé in einen Privatgarten bringt. Seitdem man Vincennes und das Bois de Boulogne verunstaltet hat, um englische Parks daraus zu machen, gibt es gar kein Vergnügen mehr. Man kann sich doch unmöglich in einer gewundenen Allee schlagen; man ist nicht im Stande, die Leute fern zu halten, die einem auf dem Fusse nachfolgen und die abgezählten Schritte wieder verwischen. Es fehlt uns in Paris an einem abgeschlossenen Kampfplatz, das ist eine Schande für die alte französische Ehre, sacrebleu!

Der Oberst wurde langweilig und verfiel in häufige Wiederholungen; ich beeilte mich daher, ihm durch eine Cigarre den Mund zu schliessen, legte mich in die Wagenecke und folgte der französischen Mode, die uns immer erst zum Nachdenken kommen lässt, wenn es zu spät ist. In meinem Alter und wegen einer solchen Veranlassung war dieses Duell eine Thorheit, zu der ich mich durch einen Raufbold und einen Dummkopf hatte hinreissen lassen. Ich war entschlossen, nicht auf Olybrius zu feuern; aber das konnte mich nicht rechtfertigen. Was? ich hatte nicht die Kraft besessen, einem thörichten Vorurtheile zu widerstehen? Meine Gedanken und meine Gewissensbisse führten mir wieder Amerika vor die Seele, ich sah die sanften und edlen Gestalten, die guten und aufrichtigen Freunde wieder, die mich zur Höhe ihrer Anschauung emporgehoben hatten. Truth, Humbug, Naaman, Green und selbst Brown lächelten mir zu, und mit ihnen jene ganze amerikanische Familie, die mein Herz erfreute, mit Einschluss von Martha und Zambo. Welcher Unterschied zwischen beiden Ländern! Das Paris, in dem ich lebte, schien mir eine fremde Stadt, die Strassen meiner Kindheit waren verschwunden und meine Erinnerungen mit ihnen; meine Nachbarn erschienen mir unwissend, aufgeblasen, egoistisch; ihre Handlungen, ihre Sprache, Alles war blosse Form, nirgends Wahrheit, nirgends Einfachheit. In Massachusetts hatte ich in acht Tagen im frischen Luftstrom der Freiheit mehr erlebt als in Paris in fünfzig Jahren. Meine Augen hatten sich geöffnet, ich hatte den alten Menschen ausgezogen, meine Heimath war dort drüben, wo man mich liebte, wo ich lebte; meine Seele entflog über den Ocean.

In diese Träumereien vertieft kam ich erst wieder zu mir, als ich aus dem Wagen stieg. Wir befanden uns in dem Hofe eines grossen Gebäudes mit vergitterten Fenstern, das ungefähr aussah wie eine Erziehungsanstalt, ein Kloster oder ein Gefängniss. Im Hintergrund lag ein Garten, den mir Reynard als den Ort des Kampfes bezeichnete; er ersuchte mich, mich dahin zu begeben, während er mit dem Oberst und zwei Freunden die Kampfbedingungen feststellen wollte.

Ahnungslos schritt ich vorwärts; plötzlich fiel hinter mir ein Gitter zu, ich drehte mich um, vier starke Männer ergriffen mich an Armen und Beinen; ich wehrte mich wie ein Rasender, ich schrie, man erstickte meine Stimme. In einem Augenblick war ich in ein niedriges Zimmer getragen, hingeworfen, festgehalten, auf einen Stuhl gebunden. Dann fing plötzlich Alles an, sich vor mir mit unglaublicher Geschwindigkeit zu drehen, ein Strom eiskalten Wassers stürzte auf meinen Kopf herab, ich ward ohnmächtig.

Dreiunddreissigstes Kapitel.

Ein Narr.

Saint - Mandé im Hause des Doctor Olybrius.

Den 20. April 1862.

— Es gibt drei Klassen von Personen, welche das Gesetz missachtet und der Polizei preisgibt, die Frauenzimmer, die Narren und die Journalisten. Aber, wie gross auch ihre Schlechtigkeit (ich spreche von den Journalisten) oder ihr Fehler sein mag, ich glaube doch, dass diese Armen der Gerechtigkeit und des Erbarmens nicht unwerth sind. Wenn sie schuldig sind, warum soll sie nicht ein Richter verurtheilen? Wenn sie nur unglücklich sind, warum will man sie wie Schuldige behandeln? Das ist eine Frage, die ich allen Menschenfreunden, die übrige Zeit haben, dringend empfehle. Es ist schön, kleine Chinesen loszukaufen; es ist schön, die Wittwen von Malabar, die ihren Gatten bis in den Tod folgen wollen, vor dem Feuer zu retten (das Beispiel könnte ansteckend wirken), aber es wäre vielleicht auch nicht übel, die Humanität in

26*

Frankreich selbst zu vertheidigen und armen Geschö-
pfen, die Opfer ihrer Erziehung, ihrer Geburt oder der
Gesellschaft sind, die Garantieen des Rechtsschutzes zu
verleihen. Auch ein Traum, den ich für mich behalten muss bei Strafe von Sturzbad und Aderlass.

— Mein Loos steht fest; ich habe gegen das Vorurtheil ein gefährliches Spiel gespielt und habe es verloren. Ein Esel, der sich Arzt nennt, hat mich für
verrückt erklärt, meine guten Freunde haben mit Vergnügen das Urtheil der Dummheit bestätigt, jetzt bin
ich hier eingeschlossen, für immer eingeschlossen. Kann
ich in meinem Gehirn die Flamme erlöschen, die es
erleuchtet? Kann ich die Wahrheit läugnen? Nein!
ich habe die Freiheit gesehen, ich habe mit dem Rand
meiner Lippen von diesem berauschenden Honig ge-
kostet, ich habe das unvergängliche Ideal in der Ferne
erblickt, ich bin ein Narr! Ich will nicht genesen!

— Die Franzosen besitzen noch mehr Geist, als
sie sich selbst zuschreiben. Leute einsperren, die denken, urtheilen, und reden, das ist ein Majoritätsstreich,
dessen Erfolg unfehlbar ist. Wo die Gewalt ist, ist
das Recht. Geht nur, ihr glücklichen Schaafe! zieht
still auf die Weide oder wiederholt euch blökend, dass
ihr die Könige der Welt seid; eure Hirten werden euch
dieses unschuldige Vergnügen sicher nicht versagen.
Unterhaltet euch, geniesst das Leben, ihr habt nichts
zu fürchten; die Wahnsinnigen, die eure Ruhe stören
könnten, sitzen hinter Schloss und Riegel; je weiser
man ist, um so mehr lacht man.

— Meine Frau besucht mich nicht; sie ist so gefühlvoll, der Jammer würde sie tödten! Meine Kinder
will ich nicht sehen. Armer Henri, wie könnte er sein
Glück machen, wenn er meine Krankheit erbte? Und

dich, meine Susanne, liebe ich zu sehr, um dich weinen zu sehen. Die Thränen einer Tochter sind vielleicht die einzige Prüfung, die einen Märtyrer erschüttern könnte.

— Meine Nachbarn haben mich nicht vergessen. Rose schreibt mir, dass mein Missgeschick ihn nicht überrascht hat. Er glaubt darin die Hand der Jesuiten zu erkennen; meine Frau ging zu oft in die Messe! Er ist einem weitläufigen Complot auf der Spur, das die ehrwürdigen Väter geschmiedet haben; sie sind es, wie er sagt, die den Norden auf den Süden hetzen, die Europa in Aufruhr bringen und den Sturz des Sultans vorbereiten. Alle Revolutionen sind ihr Werk, sie sind die Ursache alles Unglücks; seine Zeitung hat ihm dieses furchtbare und scheussliche Geheimniss enthüllt. Rose ist ein vernünftiger Mann, er läuft frei auf der Strasse herum; ich bin ein Narr, mich sperrt man ein!

— Hier ist ein Brief vom Saint-Jean. Der wackere Oberst entschuldigt sich, ohne sein Wissen zu meiner Festnehmung geholfen zu haben.

— Er wollte, wie er schreibt, dem Doctor Olybrius die Ohren abschneiden; aber der Feigling hat sich dieser Operation nicht unterwerfen wollen. Der Oberst setzt hinzu, dass er gegen mich im Unrecht sei und dass er bereit ist, es gut zu machen. Um mir jedes Recht zu einer Klage über ihn zu nehmen, macht er mir den Vorschlag, dass wir uns gegenseitig eine Kugel durch den Kopf schiessen sollen. Allein das Spiel ist nicht gleich, ich kann dieses liebenswürdige Anerbieten nicht annehmen. Saint-Jean schreibt von Politik, er sieht für das nächste Frühjahr auf allen Seiten den Krieg losbrechen, seine Freude ist ungeheuer. Er ist Soldat und überzeugt, dass die Menschen bloss auf der

Erde sind, um sich gegenseitig todt zu schlagen. Wenn die Mütter unter unsäglichen Aengsten ihre Söhne bis zum zwanzigsten Jahre erzogen haben, so ist das nur geschehen, um sie auf die Schlachtbank zu schicken. Den Oberst lässt man frei herumlaufen, er ist ein vernünftiger Mann, ich bin ein Narr!

— Lesen wir die Zeitung; ich bin nur noch ein Zuschauer, der aus seiner vergitterten Loge die Komödie und die Komödianten seiner Zeit betrachtet. Ich will von dem einzigen Recht Gebrauch machen, das mir übrig bleibt, ich will zischen!

„Soeben ist ein neues Werk von M. Reynard, unserem gros-
„sen Redner, unserem berühmten Publizisten erschienen. Dieses
„Buch, welches unfehlbar seinem Verfasser die Pforten der Aka-
„demie für Staatswissenschaften eröffnen wird, führt den Titel
„*die Einheit.* M. Reynard führt den unwiderleglichen Beweis, dass
„alles Unglück und alle Revolutionen Frankreichs von einer ein-
„zigen Ursache herrühren, von der Schwäche unserer Centralisation.
„Heutzutage, wo die Eisenbahnen und Telegraphen jede Entfer-
„nung beseitigt haben, kann Frankreich, das Musterland, endlich
„eine Verfassung finden, die ihm gestattet, seine grosse Bestim-
„mung zu erfüllen. Der Verfasser vereinigt in derselben Hand
„die geistliche und die weltliche Macht, ein wunderbares Mittel,
„um endlich jenen Zwiespalt auszugleichen, der die Welt seit dem
„fünfzehnten Jahrhundert zerreisst; er unterdrückt die Provinzial-
„vertretungen, die Kammern, die Presse und alle jene Werkzeuge
„der Opposition, die vielleicht entschuldbar waren in einem kriti-
„schen Zeitalter, in einer Periode des Kampfes und des Ueber-
„ganges, die aber keine Existenzberechtigung mehr haben in ei-
„nem geordneten Jahrhundert, wie das unsrige und bei der ersten
„centralistischen Nation des Erdballs. Ein einziger Mann, ein
„Papst der Civilisation steht im Mittelpunkt des Staates, in sei-
„nem Kabinet befindet sich der Knoten unseres Telegraphennetzes,
„er wird ganz Frankreich durch seinen unfehlbaren und unwider-
„stehlichen Willen beherrschen. Als Organ der Volkssouveränetät

„wird er die personifizirte Demokratie, die menschgewordene Na-
„tion darstellen. Dann kann nichts mehr den Fortschritt hem-
„men, jede Meinungsverschiedenheit hat aufgehört, alle Häupter
„der Anarchie fallen auf einen einzigen Streich.

„Sobald man in das Detail des Werkes eingeht, wird man
„durch die Einfachheit dieses Systems unwiderstehlich hingerissen.
„Das ist das Kennzeichen aller grossen Entdeckungen. Fortan
„wird es in Frankreich nur noch eine Seele und einen Gedan-
„ken geben. Das ganze Land wird eine grosse sinnreiche Ma-
„schine sein, die eine einzige Triebkraft leitet und regelt. Was
„könnte diese grossartige Harmonie, die aus einer einzigen Note
„besteht, noch stören? Eine einzige Depesche nach allen vierzig-
„tausend Gemeinden wird vom Morgen bis zum Abend die Stim-
„mung von vierzig Millionen Bürgern ändern. — „Arbeitet“,
„spricht der Telegraph, und sofort wird es Arbeit vollauf für
„alle Welt geben. — „Lernet“, und die Unwissenheit wird auf-
„hören. — „Seid tugendhaft“, und man wird die Börse schlies-
„sen. — „Seid glücklich“, und wir werden glücklich sein.

„Es ist unglaublich, dass die Menschheit so alt geworden ist,
„ohne diese wunderbare Entdeckung ins Werk zu setzen, die den
„Namen des Herrn Reynard unsterblich machen wird. Aber freilich!
„der Dampf datirt erst von gestern, der elektrische Telegraph erst
„von heute. Uebrigens haben unsere Könige schon eine Ahnung
„jener Wahrheit gehabt, die jetzt ein genialer Mann in helles
„Licht setzt. Ohne sich jemals um Recht oder Gerechtigkeit zu
„kümmern, haben unsere grossen Fürsten stets jeden störenden
„Widerstand beseitigt; sie wollten Einheit um jeden Preis. Da-
„rum bewundert auch die Geschichte einen Franz I., einen Riche-
„lieu, einen Ludwig XIV. und einen Napoleon. Schon Saint-
„Simon hat diese wunderbare Reform im Dämmerschein erblickt,
„aber der Ruhm, ihr Prophet zu sein, gebührt unstreitig unserem
„erhabenen und tiefen Denker Reynard. Jeder Franzose muss
„ihn um seine Entdeckung und seinen Erfolg beneiden.“

— Mein Gott, dachte ich, Reynard geht spazieren,
er kann gehen, wohin er will, er wird bewundert und

beneidet, er ist ein Philosoph, er ist mehr, er ist ein grosser Mann, und ich bin ein Narr!

— Was sehe ich? den Namen meines Henkers? Ich will doch lesen, was dieser Intrigant zu Stande gebracht hat.

„In der gestrigen Sitzung der Akademie der Medizin wurde „eine Mittheilung mit dem höchsten Interesse aufgenommen. Eine „unserer medizinischen Celebritäten, der berühmte Irrenarzt Oly-„brius, hat einen Aufsatz über den Geist, das Genie und die „Narrheit vorgelesen. Er hat dargelegt, dass vermöge des sym-„pathischen Bandes, welches in uns die Thätigkeit des Gehirns „mit der des Magens in Verbindung setzt, von dem letzteren Or-„gan in letzter Instanz alle jene Nervenkräfte ausgehen und be-„herrscht werden, welche die Laienwelt Fähigkeiten nennt. Der „Geist ist eine Neurose, das Genie eine chronische Gastritis und „die Narrheit eine akute Gastritis. Zur Unterstützung seines Sy-„stems führte der Vortragende ein höchst interessantes Bei-„spiel an. Er hat in diesem Augenblick einen überaus kostbar-„ren Versuchsgegenstand zu seiner Verfügung. Es ist dies ein „gewisser Doctor L....., welcher sich in seiner Narrheit einbil-„det, dass er plötzlich nach Amerika versetzt worden und dort „eine ganze Woche geblieben sei. Die Delirien dieses armen „Mannes zeigen eine Mischung von Sinnestäuschungen, Erinnerun-„gen und originellen Ideeen, welche der Doctor Olybrius mit der „grössten Sorgfalt verfolgt und beobachtet. Die Krankheit ist „im höchsten Grade akut; allein der gelehrte Olybrius verzweifelt „nicht daran, sie auf einen chronischen Stand zurückzuführen „und sie durch Anwendung von Aderlässen, Sturzbädern und „eine zweckmässige Diät in ein anderes Stadium zu bringen. „Wenn es ihm gelingt, ist das Problem gelöst. Aus einem halb-„geheilten Narren wird ein Genie. Sobald der Versuch beendigt „ist, wird der gelehrte Irrenarzt den Gegenstand der Akademie „unterbreiten. Es ist kaum nöthig, auf die Folgen dieser wun-„derbaren Entdeckung hinzuweisen. Frankreich hat Mangel an „grossen Männern, während ihm auf diese Art nichts leichter „sein würde, als sie künstlich zu verfertigen und die ganze

„Welt ,damit zu versehen. In Charenton allein gibt es dreitau-
„send Kranke, die man mittelst einer richtigen Behandlung in
„weniger als sechs Monaten in Dichter, in Musiker, in Künstler
„jeder Art verwandeln könnte. Zu Hunderten gibt es dort unbe-
„kannte Mozarte und Raphaels.

„Dieser Vortrag, der allenthalben mit feinen Bemerkungen
„und geistreichen Worten durchwoben war, wurde in tiefster Stille
„angehört und häufig durch schmeichelhaftes Beifallsgemurmel un-
„terbrochen. Es ist schwer, mehr Geist zu zeigen als der Doctor
„Olybrius; wir hatten Besorgnisse für seine Gesundheit äussern
„hören; allein als wir ihn sahen, wurden wir durch die Festig-
„keit seiner Muskeln und die Kraft seiner Lungen beruhigt."

— Dreifacher Esel! rief ich; und doch bist du weniger einfältig als deine Zuhörer! du bist ein Gelehrter, ein Akademiker, ein Philosoph, und ich, der dich
auszischt, bin ein Narr!

— Nein, ich kehre nicht zurück in diese aufgeblasene Gesellschaft, die vor der Wahrheit Furcht hat
und die man, wie die Lerchen, vor dem Spiegel fängt,
indem man sie blendet. Wenn mich die Menge ver-
stösst, so verbanne ich sie dagegen aus meiner friedlichen Wohnung; die Einsamkeit gibt mir die Freiheit wieder. Hier kann ich leben und sterben, getröstet durch das Evangelium und umgeben von jenen
alten Freunden, die stets treu bleiben und niemals lügen: Sokrates, Demosthenes, Cicero, Dante, Cervan-
tes, Louis de Léon, Milton. Auch euch, ihr Dichter,
Redner, Bürger, haben die Menschen verschmäht, verflucht, verjagt, eingekerkert, ermordet. Narren und
Aufrührer bei Lebzeiten seid ihr erst nach eurem Tode
zu Weisen und Patrioten geworden. Nur den Opfern,
die sie erwürgt hat, errichtet die Welt Altäre. Die Geschichte der Bildung ist die Geschichte der Märtyrer.

— Warum sollte ich nicht auch eine Leidensstunde

haben? Bin ich auch kein grosser Mann, so habe ich
doch eine grosse Sache vertheidigt. Wer weiss, ob
nicht mein Vaterland noch aus Ekel über die Dummheit,
die es entnervt, mir meinen wilden Sinn und meine
Rauheit verzeiht? Was bitter ist für den Geschmack,
ist süss für das Herz, sagt ein Sprichwort; so steht es
auch mit der Wahrheit. Sie ist heilsam wie der Duft
der Wiesen und des Waldes, wie der Wind, der über
Gletscher und Meere weht; wer in dieser lebendigen
Luft gelebt hat, erstickt in den Niederungen und den
Sümpfen.

— Aber ich hoffe vergebens; ich bin ein Narr.
Wäre ich verständig, so würde ich es machen, wie
andere geschickte Leute, ich würde mich trösten und
mit der Menge heulen. Aber ich will nichts von jenen
Freuden wissen, die mich traurig stimmen; ich ziehe
mein Gefängniss und meinen Traum vor.

— Jeden Morgen tröstet mich eine Erscheinung in
der Stille meiner armseligen Zelle. Ich sehe die Gipfel
in der Ferne sich erhellen; es ist das Morgenroth, das
aufsteigt, das Morgenroth eines Tages, den ich nie
wiedersehe. Was liegt daran? Was ist jener lichte
Punkt, der den Horizont durchdringt und vor sich die
fliehenden Schatten verjagt? Es ist das neue Jerusalem, die Stadt der Zukunft. Dort ist Alles verändert,
die letzten Spuren des heidnischen Staatswesens sind
verschwunden, das Individuum herrscht, es ist König.
Von Allen geachtet, wie es Alle achtet, ist es unum-
schränkter Herr seiner Handlungen und allein für sein
Leben verantwortlich, es hat nichts zu fürchten als die
Gesetze. Die Kirche hat die evangelische Unabhängigkeit wiedererlangt, sie hat das widernatürliche Band
zerrissen, mit dem sie Constantin zum Unglück der

Welt gefesselt hat. Zurückgekehrt zu ihrem göttlichen Bräutigam ist sie die Richtschnur, der Trost und die Hoffnung aller Seelen; das Evangelium ist ein Freiheitsbrief. Die Bildung, mit vollen Händen verstreut, öffnet alle Herzen der Wahrheit; die Werke der christlichen Liebe, an denen Alle Theil nehmen, öffnen dem Vereinigungstrieb, dem Bedürfniss gemeinsamer Handlung, das die Grösse der menschlichen Gesellschaft ausmacht, eine neue Laufbahn. Die Provinzen haben ihre alte Kraft wiedergewonnen; die Liebe zum engeren Vaterland verstärkt und verdoppelt die Liebe zum weiteren. Die Gemeinde hat ihre Fesseln durchbrochen, sie lebt, sie wirkt, sie ruft ihre Kinder zu sich und behält sie bei sich. Die *Times* ist nicht mehr das einzige politische Organ für Frankreich; die Presse ist frei; jeder sagt, was er denkt, und denkt, was er sagt. Der Staat, in seine natürlichen Grenzen zurückgeführt, ist nur noch eine Wohlthat. Nach aussen ist er das Schwert des Landes, nach innen ist er das Gesetz, nichts weniger, nichts mehr. Wahrheit, Gerechtigkeit, Freiheit, ihr glänzt wie friedliche Gestirne an diesem neuen Himmel; vor euch erbleichen die Geisseln des alten Europa, die Gewalt, die Intrigue, die Lüge. Frankreich, glücklich und stolz, entwickelt sich im Wohlstand und im Frieden, es wird das Muster und Vorbild aller Nationen; dort ist es schön zu leben, dort ist es süss zu sterben.

— Das ist mein Traum; er wirft in mein Gefängniss einen heiteren Schein, der mein Herz erwärmt. Wie wird es schön sein an jenem Tage, wo jede Maske fällt, und wo die Narren zu Weisen, die Weisen zu Narren werden! Dann, gegen das Jahr 2000, werden fromme Pilger zahlreich wie Ameisen die Zelle besu-

chen, wo ich, ein neuer Daniel, die Zukunft verkündete. Dann werden auch ein Paar Neugierige, ein
Paar Gelehrte, die sich immer mit unnützen Dingen
beschäftigen, unter den Trümmern der Vergangenheit
nachforschen, was aus gewissen längst verschwunde-
nen Gattungen der Franzosen des neunzehnten Jahrhunderts geworden ist. Man wird fragen, was aus
dem Jesuitenfresser, aus dem Entdecker der centralistischen Racen, aus dem Anbeter des Religionsstaates
geworden ist. Und der Vater, der mit seinen Kindern
die Säle des naturgeschichtlichen Museums durchwan-
dert, wird seinen erstaunten Söhnen ein riesiges Glas
zeigen, worin in Essig aufbewahrt mit seinen Orden
und Diplomen der letzte Olybrius ruht.

Amen, *Amen*, Amen, AMEN!

Vierunddreissigstes Kapitel.

Ein Weiser.

Der Doctor Olybrius etc. etc. an Frau Doctor Lefebure.

Den 22. April 1862.

Hochverehrte Frau!

„Unser armer Freund hat viel gelitten; es geht ihm jetzt etwas besser; er isst, trinkt und schläft, er hat keinen Willen mehr, und das ist die Hauptsache!

„Die Krise ist furchtbar gewesen; bei jedem Versuch einer Behandlung gerieth er in Tobsucht. Das ist ein besonders charakteristisches Symptom seiner traurigen Krankheit. Der Franzose ist von Natur sanft, liebenswürdig, höflich, stets bereit zu thun, was seine Gebieter, seine Freunde oder seine Frau ihm befehlen. Blicken Sie auf die Geschichte unserer glorreichen Revolution! Um Frankreich zu retten und ihm die Liebe zur Gleichheit, Gerechtigkeit und Brüderlichkeit einzuimpfen, hat der Convent alle Gesetze ausser Wirksamkeit gesetzt. Er hat die Bürger zu Grunde gerichtet, verjagt, deportirt, bombardirt, füsilirt, guillotinirt. Hat ein einziger von ihnen Widerstand geleistet? Erfreut sich heutzutage irgend etwas einer wohlberechtigteren Popularität als jene unsterbliche Versammlung? Aber leider wird der Franzose, sobald die Narrheit ihn packt, eigenwillig und boshaft. Wenn man ihn festnimmt, wehrt er sich; wenn man ihn einschliesst, wird er wüthend; er denkt und spricht von nichts als von Freiheit. So gross ist die intellektuelle und sittliche Entartung, welche eine heftige Neurose bei schwachen Naturen hervorruft.

„So weit war es auch mit unserem armen Freunde gekommen. Zu seinem Glück wachte ich über ihn. Zwei reichliche Aderlässe, drei kräftige Abführmittel, eiskalte Sturzbäder haben ihm die Ruhe wiedergegeben, deren er bedurfte. Die Krankheit wird hoffentlich ihre akute Natur aufgeben; wenn sie chronisch wird, dürfte sie überraschende Resultate ergeben, auf welche ich grosse Hoffnungen für meinen Ruf setze.

„In diesem Augenblicke ist er ruhig; er beschäftigt sich mit Schreibereien, beides ein nur zu sicherer Beweis, dass er noch weit von seiner Heilung entfernt ist. Ich übersende Ihnen hier seinen Kram, den er *Paris in Amerika* betitelt; ich habe nichts daraus entfernen wollen, selbst nicht die Schmähungen, mit denen er mich überhäuft und die wirkungslos zu meinen Füssen gleiten. Als Ritter von siebenundzwanzig Orden, als Mitglied von dreiunddreissig auswärtigen Akademieen und zweiundachtzig Provinzialgesellschaften habe ich für meinen Namen weder von der Zeit, noch vom Neid etwas zu fürchten. Frankreich hat den Namen Olybrius stets in Ehren gehalten. Hüten Sie sich indessen solche Thorheiten zu verbreiten oder gar drucken zu lassen; nichts wirkt ansteckender als die Chimäre, das menschliche Gehirn ist schwach und die Neurose ist eine schlimme Krankheit, vor der man sich hüten muss. Sammeln Sie diese Papiere; Sie werden Ihnen dazu dienen, eine nur zu nothwendige Blödsinnigkeitserklärung aussprechen zu lassen. Ich kann nicht annehmen, dass ein vernünftiger Franzose, der seine Zeit und sein Land kennt, nur zwei Seiten von diesen Träumereien lesen kann, ohne zu erklären, dass ihr Verfasser ein Narr und seine Einschliessung dringend geboten ist.

„Indem ich mich zu Ihnen wende, hochverehrte Frau, erlaube ich mir, einen zarten Punkt zu berühren. Empfindsam, wie Sie sind, bedürfen Sie der grössten Schonung; machen Sie Besuche, suchen Sie Gesellschaft auf, suchen Sie sich zu zerstreuen, Langeweile könnte Ihnen tödtlich sein. Ich verordne Ihnen Zerstreuung und Unterhaltung. Kehren Sie ins Leben zurück und gewöhnen Sie sich an eine Unabhängigkeit und Einsamkeit, welche alle Ihre Freunde Ihnen zu erleichtern suchen werden. Nähren Sie keine eitlen Hoffnungen; sie würden nur Aufregungen im Gefolge haben, welche Ihre schon allzusehr erschütterte Gesundheit noch mehr schwächen müssten. Der arme Doctor wird sein Haus nicht wieder betreten. Welche Form auch seine Krankheit annehmen mag, selbst wenn sie eine bloss literarische Thorheit würde, welche mit der Genialität Aehnlichkeit hätte, stets wird es die Vorsicht gebieten, einen für seine Familie und die Gesellschaft so gefährlichen Menschen genau zu beaufsichtigen. Sie dürfen es mir glauben, hochverehrte Frau, die Wissenschaft ist unfehlbar und ein Olybrius täuscht sich niemals. Wahnsinn aus Liebe wird geheilt, wenn man jung ist, alte Leute sterben daran; Wahnsinn aus Ehrgeiz macht zuweilen im reiferen Alter dem Menschenhasse Platz; dieser Freiheitswahnsinn aber wird niemals geheilt werden.

„Indem ich mich Ihnen bestens empfehle, verbleibe ich etc. etc.

Druck von Junge & Sohn in Erlangen.